美军机动战思想研究

刘　鹏◎著

WUHAN UNIVERSITY PRESS
武汉大学出版社

图书在版编目(CIP)数据

美军机动战思想研究/刘鹏著.—武汉：武汉大学出版社,2024.7
(2025.3 重印)
ISBN 978-7-307-24348-4

Ⅰ.美… Ⅱ.刘… Ⅲ.军事战略—研究—美国 Ⅳ.E712

中国国家版本馆 CIP 数据核字(2024)第 073507 号

责任编辑:孟跃亭 责任校对:汪欣怡 版式设计:韩闻锦

出版发行:武汉大学出版社 (430072 武昌 珞珈山)
 (电子邮箱:cbs22@ whu.edu.cn 网址:www.wdp.com.cn)
印刷:武汉邮科印务有限公司
开本:720×1000 1/16 印张:24.25 字数:367 千字 插页:2
版次:2024 年 7 月第 1 版 2025 年 3 月第 2 次印刷
ISBN 978-7-307-24348-4 定价:98.00 元

前　　言

当前，美军作战概念加速迭代、作战实践不断变化，背后始终有一种一以贯之、稳定不变的思想内核——用巧劲、谋巧战、求巧胜，谋求机动制胜、智胜对手。对美军来说，这既是面对"势均力敌的对手"、不占据绝对优势情况下的主动选择，也是适应战争形态向智能化战争演变、争夺"制智权"这一战场新制权的前瞻谋划。注重智斗的机动战思想一方面为美军作战概念和实践创新提供思想支撑，另一方面在作战概念与实践创新中不断丰富发展。谋求智取巧胜的机动战思想是对美军崇尚实力、技术至上的传统思维方式和战争方式的纠偏和补充，是美军当前作战概念与实践创新的"根"与"魂"，是支撑美军未来战争的思想源代码。因此，只有准确把握这一思想，才能把握美军作战概念与实践创新跳动的脉搏，破解美军未来战争的底层逻辑，进而拨开层层迷雾看清其真实面目。

然而，作为活力对抗中的活思想，美军机动战思想本身无定式，美军自身也无定论，仍处于不断争鸣和辩论中，其本质隐藏于复杂多变的表象之下。本书从历史和战争实践出发，厘清美军机动战思想的源与流，在此基础上总结提炼美军机动战思想的本质内涵、主要特征、作战原则、作战艺术及制胜机理。研究发现，美军机动战思想的本质内核是"以巧战制胜为精髓、以主动进攻为本性"。其巧战基因蕴含于六种关键要素之中：节奏、灵动、适应、突然、杠杆、要害。其主动进攻本性体现为五种机动进攻理念：体系割裂、寻弱攻击、攻心瓦解、打破平衡、奇正互动。其主要特征是机变性、主动性和开放性。这一思想凝结为指导作战实践的三条原则：基于力量思维的避强击弱原则、基于谋略思维的出奇制胜原则、基于系统思维的协同制胜原则。这一思想蕴含的作

1

战艺术体现为时空变换艺术、优劣转换艺术、非对称制胜艺术、体系优胜艺术和顶点掌控艺术。本书基于复杂性科学、信息科学和认知科学等跨学科研究发现，这一思想的制胜机理包含体系破坏制胜机理、信息机动制胜机理和认知机动制胜机理。

美军机动战思想的强点与弱点。其强点在于机变性和主动性强、开放性好。其机变性有利于适应战争的不确定性和复杂性，彰显战争艺术的灵动性、想象力和创造力。其主动性释放思想活力和创造力，能够不断推陈出新、引领实践发展，使技术和武器装备的潜力得到充分释放。其开放性有利于吸收各国机动战思想精华、学习各学科前沿理论，从而不断丰富发展、保持活力，使制胜理念符合战争制胜的一般规律、顺应战争形态演变趋势。其弱点是存在三种内在缺陷：第一，战争观扭曲，导致赢在物理层面而输在精神和心理层面。美军作为维护美国全球霸权的工具，以适者生存的社会达尔文主义为战争观，以侵略扩张为本性，思想深处刻有主动进攻的天然基因。虽然认识到真正的胜利在于"精神—心理—物理"三位一体，但是战争观扭曲导致其侵略成性、不断进攻，能够消灭对手肉体却难以征服对手精神，赢在战场却输在人心，陷入"精神—心理—物理"三元割裂甚至背道而驰的矛盾。第二，方法论缺陷，重机巧、功利和实用而难以真正思考制胜大道。美军思想深处刻有重实用和功利的基因。"有用即真理"的美式实用主义成为美军半官方哲学，深刻影响其军事思想、塑造其认知格局、支配其行动方式。其"巧战"本质上是精于算计的"小聪明"而缺乏"大智慧"，导致近几场战争一再陷入由短期机动制敌转变为长期消耗受制于敌的怪圈。方法论缺陷还体现为无止境追求机动导致机动变异——使消耗增加、机动受限。形式上对机动的无限追求实质是思想上丧失机动性的反映，造成思想与行动、理论与实践、战略与战术的脱节并加重矛盾对立。第三，思想文化底蕴不足。美军自身历史有限，先天基因储备不足，既没有善于哲学思辨的丰厚土壤，也没有涵养哲学思想的悠久历史，导致美军奉行拿来主义，很多重要思想都是其他军队的舶来品，难以真正学深悟透、消化吸收。例如，其对孙子思想的学习注重于"奇正""诡道"之术，却忽视慎战的忠告。此外，美国军工复合体不仅凌驾于国家利益之上，而且绑架甚至扼杀了真正的思想。

　　针对美军机动战思想的强点与弱点，本书从不同角度凝练智胜之道。本书从借鉴角度凝练机动制胜的战争艺术，包括迂曲增力、时空集优、优势递减、积差优胜、跨域循环等；从活力对抗角度凝练制敌机动的战争艺术，包括倚地增效、实力容错、以静制动、以动制动、动态平衡等；从纵向对比和横向对比角度思考凝练智胜之道。

　　本书主体分为环环相扣的四章。第一章美军机动战思想的历史考察。通过历史考察厘清美军机动战思想的源与流，包括八种理论来源、四个发展阶段、四大主要流派和四种代表理论。第二章美军机动战思想的精髓要义。基于历史考察归纳并提炼美军机动战思想的精髓要义，包括六种构成要素、五种机动进攻理念、三个主要特征、三条作战原则、五种作战艺术和三种制胜机理。第三章美军机动战思想的现实应用。基于美军机动战思想的精髓要义研究该思想如何支撑并引领当前美军作战概念与实践创新，并在双向互动过程中不断丰富发展。第四章智胜思考。从多角度分析美军机动战思想的强点与弱点，从中思考提炼智胜之道。

　　本书借鉴多学科前沿理论对美军机动战思想进行跨学科研究，形成四点新的认识：一是对美军机动战思想本质内核的认识；二是从机动战思想地位作用出发认识美军作战概念与实践创新的"根"与"魂"；三是发掘美军机动战思想的强点与弱点，从中认清美军未来战争的底层逻辑；四是针对其强点与弱点探索机动制胜的艺术及制敌机动的艺术。

目　　录

绪　　论

一、问题的提出

2023 年 8 月，美军颁布新版顶层联合作战条令《联合作战》，正式将新"联合作战概念"写入条令，这标志着美军联合作战理论发生重大变化。美军新"联合作战概念"将"拓展机动"作为最重要的核心原则。从"全域机动战"到"拓展机动"，当前美军作战概念不断更新、加速迭代。但是，变化之中亦有不变——都是机动战思想的具体体现。作战概念是作战思想的外在表现，作战思想是作战概念的本质内核；作战概念动态变化，作战思想相对稳定；经过实践检验的作战概念沉淀为作战思想，推动思想向前发展。在美军作战概念不断更新背景下，如果不能从思想深处把握其本质并在基础理论研究上有所突破，就容易被眼花缭乱的表象迷惑、陷入误区。

机动战思想是美军新作战概念背后的本质内核。因此，只有深刻理解美军机动战思想的内涵，才能把握变化不定的作战概念的"根"与"魂"。按照这一逻辑，本书拟解决以下问题。

（1）如何理解和把握美军机动战思想的本质内涵及精髓要义？

（2）美军机动战思想经历了怎样的历史演进？

（3）当前时代背景下，机动战思想如何支撑和引领美军作战概念与实践创新？

（4）美军机动战思想有哪些强点与弱点？其中蕴含哪些可以借鉴的机动制胜艺术？

二、研究价值

技术在变，武器在变，战争特点在变，但是人性不变，战争本质不变。机动战思想恰恰为美军理解人性、深入对手思想、把握战争本质提供了思维框架。这种思想聚焦战争中人的因素，以人的思想为战场，以人的精神和心理领域为重心。这种思想是对美军崇尚实力、技术至上的传统思维和战争方式的纠偏和补充。本书研究的价值在于从作战思想深处挖掘美军新作战概念的本质内核与制胜机理，探索机动制胜的特点规律。

一是透过现象认清本质。从"空地一体战"到"空海一体战"、从"全域机动"到"拓展机动"，近年来美军作战概念层出不穷、作战实践加速演变。多变的概念和行动背后都有万变不离其宗的思想内核，都有相通的底层逻辑，都以稳定的思想为支撑——机动战思想。本书把握美军作战概念与实践变化背后的思想脉搏，透过现象认清本质，从而在思想上保持清醒、理论上保持警醒。

二是透过历史把握现实。历史是过去的现实，现实是历史的延伸。现实的作战概念不是凭空产生的，其根源隐藏于历史深处，其演变有迹可循。只有寻根溯源、摸清演变轨迹、深挖思想内核，才能真正认清现实作战概念的本质。本书正是从历史纵深出发，厘清美军机动战思想的源与流，构建宏阔历史架构，进而归纳总结思想的精髓要义，通过历史考察思考兴战之因、胜战之法，从而为深入理解现实问题的来龙去脉、真正把握美军作战概念与实践创新的本质奠定坚实的历史基础和理论基础。

三是透过具体问题探索一般规律。本书研究没有拘泥于具体问题本身，也没有止步于作战概念解析层面，而是以具体问题为牵引、从新作战概念出发深入作战思想层面，探究战场制胜的一般规律，探索穿越时空、具有普适价值的战争艺术。本书既思考机动制胜的战争艺术，也思考制敌机动的战争艺术，还从纵向对比和横向对比中思考凝练胜战之道。

三、概念界定

概念是"反映事物本质特征的思维单元"①，是学术研究的起点。定义是"描述一个概念，并区别于其他相关概念的表述"，分为内涵定义和外延定义。作为在活力对抗中不断变化的活思想，美军机动战思想本身没有固定模式，令人感到既古老又时新、既似曾相识又难以把握。甚至美军自身也处于争论之中、尚未达成共识，频繁使用"机动"等概念但至今未对这种思想给出完整的定义。为统一认识、避免误解，本书在考察美军定义基础上对相关概念进行界定，以明确研究对象、框定研究范围、确定研究起点。

（一）机动

"机动"（maneuver）是构成"机动战思想"的关键词，是理解美军机动战思想的逻辑起点。本书从"机动"入手，层层深入厘清其他概念。

1. 美军定义

"机动"是美军作战条令及军事理论著作中的高频词，不同语境下有不同含义。美军军语词典对"机动"定义如下："①为了将舰船、飞机或陆上部队置于相对于敌的优势位置而进行的运动；②为模拟战争在海上、空中、陆地或地图上进行的战术演习；③为了让舰船、飞机或车辆遂行预期的运动而采取的行动；④在作战地区内通过运动（与火力和信息相结合）使用兵力，以取得相对于敌人的优势位置。"②第四种定义与美军联合作战条令《联合作战纲要》对"机动"的定义一致，都是从作战角度定义"机动"。

美军联合作战条令《联合作战纲要》从"机动"的目的及"机动"与其他作战原则关系出发提出："①机动的目的是通过灵活运用战斗力将敌人置于

---

① 王子舟. 学术规范手册［M］. 北京：北京大学出版社，2021：26.

② U. S. Joint Chiefs of Staff. DOD Dictionary of Military and Associated Terms［Z］. Washington DC：Joint Chiefs of Staff, 2021：135.

不利位置。②机动是部队相对于敌军的运动，目的是实现或维持相对于敌人的优势位置。有效的机动能够让敌人丧失平衡，从而有效保护友邻部队。机动有利于扩大战果，保持行动自由，并通过不断给敌人制造新难题而减少己方弱点。"①

以上文献定义"机动"的突出特点是立足于敌对双方互动角度研究"机动"，聚焦于争取对敌优势。敌对双方活力对抗是军事领域的根本矛盾，是研究作战问题的关键。美军定义"机动"的启示在于："机动"的目的能否实现，不是单凭美军一厢情愿，而取决于对手如何反应，因此要从敌对双方互动角度出发研究"机动"这种特殊的运动，既要研究美军"机动"，也要研究对手的反应与反机动，通过矛盾分析和比较研究得出全面、客观的研究结论。

2. 英文通用定义

在权威英语词典中，"机动"的通用释义如下。《牛津英汉词典》：①精细而巧妙的运动；②聪明的计划、行动或运动，用于使某人获得优势；策略、手段、花招、伎俩。《朗文当代高级英语辞典》：①做出的熟练或谨慎的运动、动作；②经过巧妙或精心计划而采取的行动，旨在获得优势；策略、妙计、花招。《朗文当代高级英语辞典》对"机动"的常用度统计显示，"策略"（即军事领域的"计谋、计策、谋略"）常用度最高。可见，在英文中"机动"在广义上偏重"计谋、谋略、诡计"，与我国传统军事思想中"出奇""用诈""诡道"的内涵相通。

3. 本书观点

通过辨析上述定义并结合美军作战理论与实践，本书将美军"机动"的本质属性总结如下。"机动"本质上是一种运动，这是美军"机动"的一般属性。"机动"区别于一般运动之处在于相对性，在空间上争夺相对于敌的优势位置，在时间上争取先机之利，在心理上形成心理优势（出敌不意）。这构成美军"机动"的第一种特殊属性——相对性。这种特殊运动的目的在于塑造

①　U. S. Joint Chiefs of Staff. JP 3-0, Joint Operations ［Z］. Washington DC：Joint Chiefs of Staff, 2018：A-2.

"优势差"，形成有利于己不利于敌的非对称、不平衡态势。要实现这样的目的需要不断施计用谋、出奇用诡，从而构成美军"机动"的第二种特殊属性——谋略性。"机动"的预期目标与实际效果往往有差距，甚至背道而驰。这是由活力对抗的本质决定的。在活力对抗中，"机动"的对象是有思想、能适应、善变化的人，"机动"会引起对方"反机动"，能否实现预期目标不取决于单方设计，而是取决于双方互动及其他因素产生的摩擦。这构成"机动"的第三种特殊属性——效果的不确定性。美军"机动"的特殊性还体现为"运动+火力+信息"的三位一体，除"运动"外还具备打击内涵并通过信息增效，构成动打一体、信息赋能的作战行动，"动"是外在表现，而"打"是内在本质。这构成"机动"的第四种特殊属性——对抗性。

根据美军"机动"概念的一般性和特殊性，本书研究的美军"机动"包含狭义和广义两个方面。狭义上，美军"机动"是敌对双方为争取优势采取的作战行动，优势包括时间、空间和心理等维度。其本质是塑造并利用相对优势。内在构成要素包括"运动+火力+信息"。随着战争形态向智能化演进，"智能"正成为新增要素。外在表现为行动的灵活性、流动性、非线性、对抗性。"机动"既是科学也是艺术。科学性是指"机动"要实现预期效果就要遵循战场制胜的一般规律，可以用科学的方法进行研究。系统科学认为，"机动"是系统内部各要素之间互动以及系统与外部环境互动的途径。"机动"制胜的内在机理在于通过机动促进己方互动、破坏敌方互动，在机动中制造并利用复杂性，攻击敌方关键弱点。艺术性是指"机动"的实战运用没有定式，因具体条件灵活变化。理想的"机动"如奔涌的洪流，既有流水的灵动，也有水的冲击力。广义上，美军"机动"是求新求变的思维方式和不守常规的行动方法。思维方式上采取创造性思维，思想方法上遵循间接路线思想，行动方式上强调出其不意。

(二) 机动战

1. 美军定义

美军机动战思想与实践历史悠久，但是"机动战"（maneuver warfare）概念却出现较晚，其形成过程如图 0.1 所示。

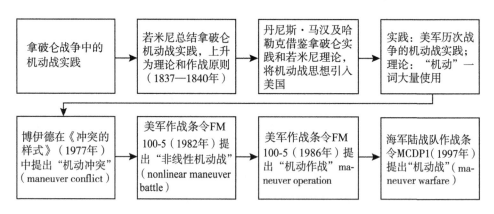

图 0.1　美军"机动战"概念形成过程

美军认为"机动战是理念而没有定式……虽然更为有效，但也更难掌握"。因此，美军《军事及相关术语词典》和《联合作战纲要》均未给出"机动战"定义。

美海军陆战队认为，机动战"是一种作战哲学，通过采取各种迅速、猛烈、出其不意的行动制造混乱无序且迅速恶化的态势，使敌方无法应对，以瓦解敌方凝聚力为目的……是思考在战争中如何以己方最小代价给敌方制造最大决定性影响的'巧战'哲学（a philosophy for fighting smart）"。① 这一定义对机动战的理解上升到作战思想和哲学层面，揭示机动战思想的精髓是"巧战"。这一理念得到其他权威文献的印证。美国《海军作战纲要》指出，机动战"是一种哲学思想而不是定式"。美军《机动战手册》指出，机动战思想就是军事领域"柔道"② 之术，精要是借力发力——巧借对手自身力量使其失去平衡，从而将对手打倒。

---

① Headquarters U. S. Marine Corps. MCDP-1 Warfighting ［R］. Washington DC：U. S. Marine Corps，1997：73，95，96.

② WILLIAM S. L. Maneuver Warfare Handbook ［M］. New York：Routledge，2018：2.

2. 本书观点

作为活力对抗中的活思想，美军机动战思想本身无定式，其本质隐藏于复杂多变的表象之下，美军自身也无定论（仍处于不断争鸣和辩论中）。为界定研究对象、框定研究范围，本书在研究国内外大量文献基础上对美军机动战思想形成以下认识："美军机动战思想"是以"巧战"为精髓、以主动进攻为本性的作战思想。本书从时间、空间、心理等维度，以及目标、方式和手段相统一的角度分析如下。时间维度：战前，在机动中塑造相对优势；战中，利用优势谋求"四两拨千斤"的智胜效果。空间维度：在活力对抗中沿着抵抗力最弱的路线、采取敌方最意想不到的方式实现出奇制胜。心理维度：以进入并影响敌方思想为智胜关键。主要目标、方式和手段：影响敌方的精神和心理，进而瓦解其内在凝聚力。这一思想是"精神—心理—物理""思想—时间—空间"两个"三位一体"：通过物理空间的体系破坏影响敌方精神和心理，瓦解其凝聚力；通过时间和空间的机动进入并影响敌方思想，使其无法适应战争的不确定性。这两个"三位一体"既蕴含美军机动战思想的制胜奥秘，也隐藏着其致命缺陷。

（三）机动战与消耗战

美军内部围绕"机动战"与"消耗战"形成针锋相对的两大学派："机动战学派"和"消耗战学派"。在美军作战理论与实践中，"机动战"与"消耗战"作为一对矛盾既对立又统一，并根据具体条件相互渗透、相互转化。因此，要全面理解美军机动战思想，就要研究与之相对应的消耗战思想及二者之间的关系。

"消耗"是"以逐渐的、零敲碎打的方式消灭敌方军事能力的过程"[1]。"消耗战"是"通过长时间的打击逐渐使敌人筋疲力尽"的作战形式。其思想

---

[1]　CARTER M. A History of Modern Wars of Attrition ［M］. London：Praeger Publisher, 2002：6.

内核是"通过消耗敌方人员物资消磨其作战意志，直到敌方放弃战斗或最终被消灭"①。消耗战主要特点如下：一是效果逐渐累积、线性叠加，从量变逐渐到质变而非突变；二是时间通常持久，而非速战速决；三是目的是消磨敌方作战意志；四是衡量胜利的重要标准是"战损率""交换率"。

如图 0.2 所示，机动战极端形式是单靠机动造势就成功慑服对手，避免实际交战；消耗战极端形式是通过无限制使用暴力征服对手，如原子弹的使用导致一切作战艺术荡然无存。实践中，很少有单纯的机动战或消耗战，往往是二者交互并存，只是存在程度差异，占主导地位的一方决定作战形式总体性质。美军认为，为实现胜利通常需要将机动与消耗相结合。②

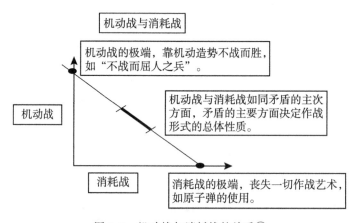

图 0.2　机动战与消耗战的关系③

机动战思想并不排斥形式上的消耗，而是包含一切有利于实现"巧战"

————————

　　① Marinus. Marine Corps Maneuver Warfare：the historical context ［J］. Marine Corps Gazette，2020，9：87.

　　② Headquarters，Department of the U. S. Army. FM 3-0，Operations ［Z］. Washington DC：Department of the U. S. Army，2022：1-3.

　　③ ROBERT R. L. The Art of Maneuver：Maneuver-Warfare Theory and AirLand Battle ［M］. Novato：Presidio Press，1991：150.

的消耗，如美国独立战争期间南方游击队对英军的消耗，积小胜为大胜；同样，消耗战思想也不排除形式上的机动，如第一次世界大战初期交战各方为了绕过绵亘阵线都一再向翼侧机动，最终"奔向大海"、陷入僵持。

第一章　美军机动战思想的历史考察

"欲知大道，必先为史。"

——龚自珍

本章从历史纵深出发，坚持外因与内因、理论与实践、历史与逻辑相统一：首先研究外来影响（美军机动战思想八种理论来源），而后研究美军自身实践（分为四个发展阶段），进而研究在发展过程中形成的四个主要流派及各流派在交流互动、相互影响中产生的四种代表理论，从而对美军机动战思想的源与流构建较完整的认知架构，为揭示其本质奠定理论与实践基础（如图 1.1 所示）。

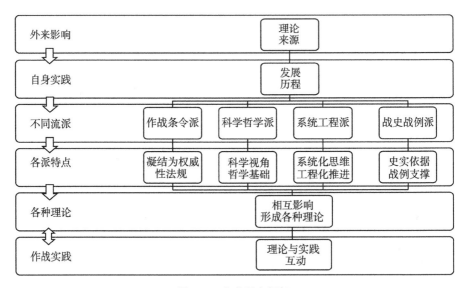

图 1.1　本章研究框架

第一节　外来影响：美军机动战思想的理论来源

机动战思想并非美军独有和独创，而是根源于优胜劣汰、适者生存自然法则下人类为保存自己、消灭敌人激发的生存本能。当洞穴中的原始人类不再局限于面对面搏斗而是第一次从背后袭击敌人时，机动战思想胚芽就开始萌发——运用智谋"巧战"而不是依靠蛮力硬拼。人类对机动战思想的朴素认识和实践运用远早于这一概念本身。较大规模机动战实践可以追溯到公元前1482年古埃及与反埃及联盟之间的美吉多会战。被誉为"欧洲出生的啼声"的马拉松会战（公元前490年）蕴藏着机动制胜思想，孕育美军机动战思想的遗传基因。

美军机动战思想既有体现其国情军情、历史文化传统的特殊性，也具有机动战思想的一般性，在传承各国机动战思想精华中不断丰富发展。尽管美军只有约250年的历史，但是机动战思想却根植于2500多年人类战争史。正因为向下扎根深（从历史深处学习他国思想精华），向上生长才后劲充足（产生大量理论和实践成果）。本书主要依据博伊德在《冲突的样式》中确立的研究框架，并参照杜普伊总结的人类军事史上六个重要战术体系，将美军机动战思想理论来源归纳为八种思想。本节主要探究各种思想对美军的影响，各种思想的精华置于附录，各种思想与美军的互动贯穿于全书各章。

本书选取的八种思想来源遵循以下标准：一是权威性。本书以美军机动战思想集大成者博伊德的研究框架为依据，以其讲座课件、讲座实录及论文等第一手资料为证据，同时参考美军理论著作和学术文章，构建美军机动战思想理论来源的权威证据链，确保每种思想对美军的影响都有据可查。美军内部将亚历山大、成吉思汗、拿破仑、德军"闪击战"、以军速决战等作为机动战思想理论来源已成为普遍共识。二是时代性。能够有效解决所处时代的重大作战问题。作战思想引领时代之先，特色鲜明、独创性强，对后世特别是美军产生重要影响。三是系统性。具有能够作为该思想灵魂与核心的标签式人物，产生重大标志性实践成就（经典战例）或理论成果（代表理论），或引发作战方式、编制结构、武器装备及综合保障等发生一系列变革。四是代表性。能够代表该国军队在特定历史时期作战理论与实践的最高成就，能够代表所处时代作战思想的先进水平，能够代表不同战争形态下作战方式的发展方向。

一、斜行机动：亚历山大战争艺术对美军机动战思想的影响

美国军事思想深受古希腊影响，古希腊为美军战争艺术提供"一个很好的起点"。在古希腊战争艺术史上，亚历山大机动战思想是影响美军的一座高峰。如果说在亚历山大胜利的根源里总能找到亚里士多德思想的影子，那么在美军机动战思想源头也总能发现亚历山大的思想之光。其思想闪光点突出体现在斜行机动上，将艺术的想象力和创造力凝结于以暴力为本性的战争，给充满血腥的战场增添了灵动感，使美军深受启发。特雷弗·杜普伊（也译为"杜派"）从中总结出"斜行""空隙""快速""机动""突然"等思想精要。[①] 博伊德从中提炼出"非对称""决定性局部优势""杠杆"等机动制胜精髓，并发现物理空间"非对称部署""斜行机动"[②] 制胜的关键在于影响敌方心理和精神空间，产生"恐惧""困惑"，进而深刻揭示人的思想才是机动战的真正战场。亚历山大机动战思想精华蕴藏于战争实践，对美军的影响主要体现为：以速度为武器，实现以少胜多；巧用力量，实现机动与打击相结合；在机动中寻找并攻击敌方关键弱点；在斜行机动中制造非对称态势。

---

① DUPUY T. N. The Evolution of Weapons and Warfare [M]. London: Jane's Publishing Company Limited, 1982: 10, 15.

② BOYD J R. Patterns of Conflict [Z]. edited by Chet Richards and Chuck Spinney, Atlanta: Defense and National Interest, 2007: 24.

二、机动聚优：汉尼拔战争艺术对美军机动战思想的影响

迦太基军事统帅汉尼拔被美军誉为"最富想象力、最足智多谋的军事指挥家""有史以来最伟大的军事天才之一"，对美军及其他各国军队影响深远。德国军事家、陆军元帅施利芬毕生研究坎尼会战并效仿坎尼模式制订"施利芬计划"。苏联军事理论家伊谢尔松将机动战思想复兴喻为坎尼模式重生。美军思想家杜普伊从汉尼拔征战经验中总结出"翼侧或后方进攻比正面进攻更有效"① 的制胜艺术。博伊德通过研究坎尼会战发现汉尼拔以少胜多的奥秘在于通过不均衡地分配力量在机动中制造局部优势（机动聚优），其本质是制造并利用奇正变化实现出奇制胜。汉尼拔的战争艺术体现在美军机动制胜的原则之中：基于系统思维协同制胜，基于作战力量巧用强弱，基于谋略思维出奇制胜。

三、狼群战术：成吉思汗战争艺术对美军机动战思想的影响

游牧民族以狼为图腾，狼群战术既是对成吉思汗机动战思想精华的提炼，也是美军任务式指挥、模块化编组、分布式机动作战等思想的灵感来源。在以骡马为主要机动工具的时代，成吉思汗将机动战思想推向高峰，被美军视为机动战先驱和伟大实践者。成吉思汗的机动战实践通过博伊德等学者的理论升华融入美军机动战思想，产生广泛而深远的影响。博伊德将成吉思汗的制胜秘诀归结为四个"关键非对称优势"，即机动力优势、通信优势、情报优势、领导力优势，并以 OODA（observation，orientation，decision，action，即观察、判断、决策、行动）环为分析框架揭示成吉思汗机动战思想精髓——"数量处

---

① DUPUY T. N. Understanding War: History and Theory of Combat [M]. Falls Church: NOVA Publications, 1987: 3.

于劣势，但是来无影、去无踪，将机动性、速度和恐惧结合起来，使敌方因精力耗尽而崩溃……从而进入敌方的观察—判断—决策—行动周期并采取行动。"① 成吉思汗以少胜多的奥秘揭示机动战的精义在于通过物理空间的机动塑造非对称优势，进而影响敌方的心理和精神。其战争艺术及对美军的影响主要体现为：调整"牙尾比例"，提高机动突击能力；模块编组作战力量，采取狼群战术，这一作战方式被视为现代集群战术的早期实践；以旋风般的机动调动敌人，夺取主动权；避强击弱，主动进击敌方关键弱点。

四、动中歼敌：拿破仑战争艺术对美军机动战思想的影响

成吉思汗之后，机动战思想在漫长的中世纪几乎停滞，直到拿破仑战争得以复兴。通过快速机动打歼灭战是拿破仑机动战思想的突出特点。拿破仑以亚历山大、汉尼拔等历代机动战先驱为典范，从中体悟机动制胜之道，进而反对静态战争，注重行军速度、作战机动性和战场流动性，提出"一支军队的战斗力可以用数量乘以速度来衡量……快速进军可以提高军队士气"②，在数量不变情况下速度就成为战斗力的关键变量。拿破仑机动战思想及实践一方面直接影响若米尼和克劳塞维茨等欧洲军事思想家以及丹尼斯·马汉（老马汉）和哈勒克等美军早期思想家，成为他们军事理论研究的主要依据；另一方面通过这些军事思想家的理论总结为机动战思想处于萌生期的美军引入思想的源头活水。其战争艺术及对美军的影响主要体现为：通过持续快速机动割裂敌方体系；通过巧妙机动在关键局部塑造优势窗口；主动示弱诱导敌骄纵犯错，进而寻机歼敌；在运动中集中优势，歼敌有生力量。

---

① FRANS O. Science, Strategy and War: The Strategic Theory of John Boyd [M]. Amsterdam: Eburon Academic Publishers, 2005: 189.

② MCGRATH J. Crossing the Line of Departure: Battle Command on the Move a Historical Perspective [M]. Kansas: Combat Studies Institute Press, 2006: 1.

五、迂回攻心："间接路线"战争艺术对美军机动战思想的影响

迂回攻心浓缩了"间接路线"战争艺术的精髓，"间接路线"的真正目标是影响对手心理，也正是美军机动战思想的精义所在。"间接路线"思想集大成者利德尔·哈特（1895—1970）通过研究西方世界 2500 年战争史中的 30 场战争和 280 次战役提炼出"间接路线"思想。此外，哈特还吸收了富勒（1878—1966）"瘫痪制胜"思想，使之成为"间接路线"理论的重要内容。在战争艺术领域，"间接路线"不仅指地理上迂回曲折的路线，还指心理上令敌人意想不到的路线和行动方式，是活力对抗中抵抗力最小、用力最省、取胜最巧的方法路径，是思维创新、逆向思考和思想灵活的体现。表面上迂回曲折、绕路而行恰是实现巧胜的真正捷径，其本质在于出奇用巧、斗智斗谋、以智取胜。"间接路线"思想可运用于战略到战术各个层面。

"间接路线"战争艺术的核心理念"迂直""奇正""欺骗""诱导""沿着抵抗力最小的路线行动""采取敌方最意想不到的方式"等成为美军机动战思想的重要理论来源，也是美军作战艺术（战役法）① 和作战设计的重要内容，对美军的影响主要体现为以下思想："通过瘫痪使抵抗失效比实际摧毁节省很多力量""真正的目标并非寻求战斗而是寻求有利态势""间接性始终是心理上的""让对手用自己的力量打倒自己"。

六、纵深机动：苏军战争艺术对美军机动战思想的影响

以纵深机动作战为精要的苏军"大纵深战役"理论发轫于 20 世纪 20 年代，形成于 20 世纪 30 年代，运用于第二次世界大战，是图哈切夫斯基、伊谢尔松、特里安达菲洛夫等苏联军事理论家集体智慧的结晶，是苏军在深刻反思

---

① 　U. S. Joint Chiefs of Staff. JP 5-0, Joint Planning［Z］. Washington DC：Joint Chiefs of Staff, 2020：IV-33, IV-34.

第一次世界大战持久消耗教训经验的基础上为打破阵地战僵局而进行的理论创新。该理论在战争中经受检验，成为苏军在东、西两线战场战胜对手的理论指南，也是美军机动战思想重要理论来源。在 20 世纪 70 年代后期至 80 年代军事改革运动中，美军为应对苏军威胁深入研究"大纵深战役"理论，并以《军事评论》等杂志为平台进行思想争鸣，为机动战思想复兴提供了理论储备。美军正是以"大纵深战役"理论为标靶，并借鉴其核心思想开发出了"空地一体战"理论。近年来，随着美、俄军事博弈升级，美军回溯历史、再度深入挖掘"大纵深战役"理论，试图破解俄军大规模作战的思想内核和理论根基，进而找到现代条件下纵深机动作战的灵感。苏军战争艺术及对美军的影响体现在以下几个方面：实施"闪电"突击，快速突破敌军防御外壳；利用在敌防御正面打开的缺口向纵深突击；分割敌防御体系，而后各个歼灭孤立之敌；形成并保持使敌方无法适应的作战节奏。

七、快速闪击：德军战争艺术对美军机动战思想的影响

在第二次世界大战中，德军"闪击战"理论与实践将机动战推向机械化战争的新高度，对世界各国军队特别是美军产生深远影响，成为美军机动战思想的"富矿"。第二次世界大战后美军以德军为师，在作战条令中吸收德军机动战思想合理内核，聘请德军军官为军事顾问，运用德军作战思想和指挥方式教育和训练部队，各种学术期刊广泛、持续研究德军作战思想。德军"闪击战"的核心思想是充分发挥坦克集群快速机动和火力优势，协同空中力量等诸军兵种力量，在作战时间、作战空间和作战方式上以令敌意想不到的快速、机动和突然性袭击敌关键弱点。闪击制胜的艺术性在于聚焦"速度、突然、协同和集中"等关键要素，通过出敌不意、快速闪击、寻弱攻击达到以少胜多的制胜效果，其精要在于通过破坏敌军指挥通信割裂其内部联系，并削弱敌军作为有机整体协调一致行动的能力。德军战争艺术对美军的主要影响体现为：在活力对抗中利用速度争取优势；利用思想突袭和技术突袭谋取胜利；通过协同聚集优势，实施快速闪击；集中己方优势力量攻击敌

方关键弱点。

八、速决制胜：以军战争艺术对美军机动战思想的影响

"速决制胜"是以色列国防军机动战思想的显著特征，其"速决制胜"观受德军"闪击战"思想启发并进一步发展而来。以色列地缘战略环境恶劣：国土面积狭小，缺乏战略纵深，资源和兵员有限，四周强敌林立。受此影响，以色列历来注重速决制胜，力避久拖不决的消耗战。以军在历次中东战争特别是第四次中东战争（亦称"赎罪日战争"）的经验教训对美军影响深刻，是促发美军作战思想转变、促使机动战思想复兴的重要外部动力，是推动"空地一体战"理论形成与发展的重要实践依据，直接影响美军1976版和1982版作战条令的制定。以军战争艺术及对美军的影响体现为：通过空袭闪击和地面突击争取速战速决；在机动中时空集优，塑造局部优势；通过示形佯动迷惑欺敌，实现巧胜。

第二节　自身实践：美军机动战思想的发展历程

第一节所述战争艺术为美军机动战思想形成与发展注入源头活水，通过马汉、杜普伊、博伊德等军事思想家的理论提炼成为美军机动战思想的重要内容。从美军自身而言，机动战思想孕育于美军建军之初为求生存进行的严酷军事斗争实践，并经历漫长的曲折发展历程。本书将美军机动战思想的发展历程分为四个阶段：萌生期（1775—1861年）、形成期（1861—1945年）、曲折期（1945—1991年）和复兴期（1991年至今）。在各个阶段，美军机动战思想与消耗战思想交织重叠、相互竞争、相互渗透、此消彼长，在不断吸收各国作战思想精华和美军自身战争实践中螺旋式发展。

一、美军机动战思想的萌生期

从独立战争到内战前美国国力有限，最初由北美民兵组成的大陆军缺乏训练，在战场上处于以少对多、以弱对强的不利地位。严峻现实迫使美军灵活机动地与强敌周旋，以保存自己为第一要务，在此基础上通过奇袭等手段出其不意打击敌人，积小胜为大胜，逐渐改变战场态势和自身不利地位。美军正是在求生存、谋独立的战争实践中萌生带有游击性质、朴素的机动战思想。因此，美军机动战思想萌生的实践标志是采取灵活机动的作战指导思想对抗英军，运用游击战、运动战等作战形式和散兵线等新战术对付英军呆板的线式战术，逐渐改变力量对比，实现以弱胜强。

此时美军机动战思想处于在战争中实践、受挫、反思、调整的自发形成和运用阶段，尚未形成系统认识、构建完整理论。美军机动战思想萌生的主要理论标志是以丹尼斯·马汉和哈勒克为代表的美军早期思想家在研究拿破仑战争实践及若米尼、克劳塞维茨对拿破仑战争的理论总结基础上结合美国实际，形成《前哨》等具有美军特色的军事理论成果，主张实施迂回和机动进攻，提出"出其不意的机动是进攻的本质"。

（一）美国独立战争中的机动战思想

美国独立战争是在英强美弱、双方实力对比悬殊形势下进行的，"在战场上美军从不具备在同样条件下、以同等规模与英军作战的能力"①。残酷的现实教会美军必须避免与英军硬碰硬对抗，避免正面决战；相反，要采取机动灵活的战略战术，以运动战与英军周旋，在运动中消耗敌人、保存自己，逐渐改变力量对比，"快速的运动与有用的情报同样必要，只有这样才能在避免敌人

---

① RUSSELL W. F. The American Way of War: A History of United States Military and Policy [M]. New York: Macmillan Publishing Co., Inc. & Collier Macmillan Publishers, 1973: 5.

突袭的同时突袭敌人"①。在这一思想指导下，1776 年圣诞夜华盛顿率领大陆军渡过冰封的特拉华河，奇袭位于特伦顿的黑森雇佣军军营，以微小伤亡取得重大胜利，成为成功运用"打了就跑"战术削弱强敌、瓦解其士气的经典战例。此战美军以少胜多的关键在于突袭的时间（圣诞夜）、地点（巧渡特拉华河）和方式（隐蔽突然、速战速决）都出敌不意、达成突然性，在秘密机动中使双方力量对比发生动态改变。可见，美军机动战思想萌生于敌强己弱的残酷战争实践，发轫于与强敌斗智斗勇的活力对抗。与英军斗智的范例是华盛顿率军向约克镇长途机动和格林指挥游击性质的机动战。

1. 通过避强击弱实现以弱胜强

约克镇战役是美国独立战争战略反攻阶段最重要的一场战役，美军取得决定性胜利，也标志着美国独立战争取得最后胜利。取胜的关键是华盛顿率军向约克镇的远程机动，其中蕴含的机动战思想体现为两个方面。

一是避实击虚，打击重心。1781 年 7 月，华盛顿指挥北美大陆军与法军在纽约以北会合，为进攻纽约创造条件。但是，纽约有英军重兵防守（驻军1.7 万人）且要塞坚固，而美、法联军只有 6600 人。相比而言，位于美国南部弗吉尼亚州约克河畔的约克镇战略位置也很重要，是英军控制北美殖民地的一个战略重心，而且英军防守相对薄弱（驻军不到 8000 人）。此外，约克镇还是法军与美军经陆路和水路会合的重要港口。华盛顿审时度势，率领美、法联军秘密绕过纽约，进行了长约 480 千米陆上机动到达约克镇外围，达成出敌不意的效果。

二是声东击西，佯动欺敌。为实现远程机动、秘密奔袭约克镇的目标，华盛顿运用声东击西、示形佯动等手段欺骗英军，利用英军心理预期将其注意力吸引到纽约方向。在向约克镇实施机动前，华盛顿发出大量拟向纽约方向增兵的假信件并故意让英国人截获。华盛顿还在纽约附近部署疑兵、虚张声势，让

---

① RUSSELL W. F. The American Way of War: A History of United States Military and Policy [M]. New York: Macmillan Publishing Co., Inc. & Collier Macmillan Publishers, 1973: 16.

英军进一步确信纽约是美军主攻方向。与此同时，华盛顿率领美、法联军主力秘密南下。在机动途中为隐瞒意图、欺骗敌军，华盛顿指挥部队故意从新泽西北部迂回，摆出集中力量进攻英军控制的斯塔滕岛的架势，进一步迷惑英军。华盛顿一系列佯动欺敌、声东击西的举措确保远程机动得以顺利实施。

2. 通过分兵诱敌实施灵活游击

与北方相比，美军在南方的实力更弱，纳撒内尔·格林率领的大陆军及民兵共计1000余人，而且物资匮乏。因此，格林没有像华盛顿那样集中兵力实施远程机动，而是根据实际情况分散用兵以减轻物资供给压力，并采取更加灵活、带有游击性质的机动战与优势之敌周旋。

一是兵分三路，分散行动。格林将带有游击队性质的武装力量分成三部分。每个部分人数少、行动隐秘，可以秘密潜入敌后，破坏敌军交通线和物资补给，或者出其不意袭击孤立的敌军小规模分遣队。这种分散独立行动、秘密偷袭敌军的策略改变了欧洲传统作战方式，"颠覆了集中等传统军事原则"，以己方分散破坏敌方集中、造成敌方分散（迫使敌分兵把守、处处设防），进而运用游击战术袭扰分散孤立之敌。在战术上分散独立行动、带有敌后游击队性质的武装力量在战略上相互配合策应，共同袭扰并牵制英军行动，令英军顾此失彼、失去平衡。

二是快速进退，调动敌人。在实力对比悬殊情况下，格林领导南方武装力量通过频繁而灵活的运动调动敌人，取得战场主动权。为了先于英军进入弗吉尼亚、获得关键物资补给，格林与英军展开行军竞赛，在天气恶劣且道路曲折难行条件下日行军48千米。英军拼命追赶也无法赶上格林的游击队。以双方向丹河机动的最后64.4千米为例，英军用了24小时，时速约为2.7千米；而美军只用了16小时，时速为4千米。

得益于速度上总是快于敌军，格林能够确保"自己的部队恰好处于敌人活动范围之外"，诱使英军始终处于拼命追赶却无法赶上的困境。格林回忆："很少有将军能像我这样走得如此频繁、如此有活力，……但是，我注意不走得太远……通常是前后反复、速进速退，让敌人确信我们像螃蟹一样，可以向任何方向任意运动。我们快打快撤、再打再撤。"① 这段话揭示出格林以弱胜强的秘诀在于灵活机动地"走"(机动),在机动中使双方战前实力静态对比发生动态转化。灵活机动地"走"是弱势方的力量倍增器,弥补己方力量不足并抵消敌方力量优势,实现"走中避敌、动中聚力,走中寻弱、动中歼敌"。

(二) 美墨战争中的机动战思想

美墨战争是美国大陆扩张史上一次具有关键意义的战争。美墨战争在美国军事史上留下多个第一,如美军第一次在国外作战、第一次进行两栖登陆、第一次进行巷战、第一次使用蒸汽战舰等。斯科特战前周密筹划,成功指挥了维拉克鲁斯登陆及对墨西哥城的围攻,成为美墨战争中具有决定意义的战役,也是美军历史上经典的机动战之一。

1. 通过迂直结合攻击敌方重心

战略上,直取重心。对墨作战美军面临各种不利因素——军队数量少于对手且后勤补给困难。因此,斯科特确立了运用谋略巧胜而不以蛮力硬拼的主导思想,即不以消灭墨军主力为目标,而是直取墨西哥的政治和战略重心(首都墨西哥城),以直接达成降服墨西哥全国的战略目的。为此,斯科特选择了一条能够直击重心的最短路线。他率军从墨西哥湾实施海上机动,从维拉克鲁斯港成功实施两栖登陆,夺占港口后实施了约 418 千米的陆上机动,抵达墨西哥城城外并实施包围。

战术上,迂回侧击。在向墨西哥城机动途中,美军发现了一条能够直抵墨西哥城的最短路线,但是对方防守严密。斯科特没有率部直接攻击敌防守严密的壁垒,而是采取间接路线,从敌军疏于防守的南部大湖区迂回,出其不意地出现在墨西哥城守军面前。从维拉克鲁斯向墨西哥城的进军被誉为"美军历

---

① RUSSELL W. F. The American Way of War: A history of United States Military and Policy [M]. New York: Macmillan Publishing Co., Inc. & Collier Macmillan Publishers, 1973: 36.

史上最大胆的一次行动"。这次大胆且富有创造力的机动避免了与敌军硬碰硬血战。

向墨西哥城机动并成功占领该城,为156年后美军在伊拉克战争中实施远程快速机动、攻占伊拉克首都巴格达提供了灵感,"这次作战行动在很多方面成为2003年巴格达之战的前身"。

2. 通过陆海协同机动实施两栖作战

两栖登陆作战是机动战中最复杂的一种样式。在美墨战争中,美陆军与海军密切配合,完成了美军历史上最成功的一次两栖登陆行动,顺利占领战略要地维拉克鲁斯港。这次登陆作战成功得益于以下因素:一是海陆军密切协同。组织筹划阶段,美陆军与海军共同精心策划,为实施两栖登陆进行充分准备。海上航渡阶段,海军为陆军提供运载船只;抢滩登陆阶段,海军为登陆部队提供火力支援。陆军专门定购了美军历史上首批专门为两栖登陆设计的登陆艇,并展开两栖登陆训练。二是作战流程有利于发挥作战效能。在作战流程上,此次登陆作战与20世纪两次世界大战中的两栖登陆作战并无明显差别。因其流程符合两栖作战特点和内在要求,有利于发挥作战效能,这次登陆作战在第二次世界大战中被美军视为两栖登陆作战的经典范例。三是利用对手失误。墨西哥军队没有在美军登陆阶段进行抗击,而是选择退守维拉克鲁斯港。美军果断抓住这一战机实施登陆,迅速建立登陆场,从而获得稳固立足点。

3. 通过适时停顿调节作战节奏

无论是两栖登陆围攻维拉克鲁斯港还是远程机动奔袭墨西哥城,美军既注重机动制胜、避免消耗战,也没有单纯强调进攻速度,而是注意掌控作战节奏,适时进行战术停顿。这既有境外作战、长途机动导致美军后勤补给困难的客观原因,也出于美军谋求斗智斗谋、减少双方伤亡的主观愿望。在维拉克鲁斯登陆后,斯科特并不急于进攻,对维拉克鲁斯城内的墨西哥城守军围而不攻,只是进行炮击。经过多天围困,墨西哥城守军被迫投降,美军从而以很小伤亡代价占领战略要地。在向墨西哥城机动途中,为积蓄力量、保持进攻后劲,斯科特进行了较长时间战术停顿,在距离墨西哥城约112千米的普埃布拉

（Puebla）停止前进、进行调整，等到增援力量到达后才继续前进。① 快慢相间、动静结合之中蕴含作战节奏变化，取得四重效果：一是缓解了海外作战交通线过长造成的后勤补给压力；二是解决了士兵服役期满后兵员补充难题；三是利用战术停顿在普埃布拉建立小型补给基地，摆脱了漫长交通线的制约；四是等待有利时机出击，避免硬打硬拼造成过多伤亡（如图 1.2 所示）。

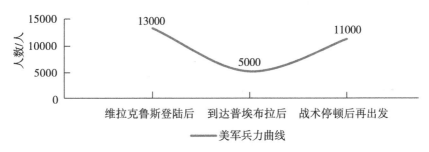

图 1.2 战术停顿与美军兵力生成

（三）这一时期美军机动战思想的主要特点

从独立战争开始，美军很长时间内都处于以少对多、以弱对强的形势，华盛顿领导北美大陆军曾试图与英国正规军进行硬碰硬较量，争夺纽约等战略要地，却一再受挫。特别是纽约之战失败后，华盛顿认识到不能以有限兵力和落后装备与强大的英军硬拼。思想认识转变带来作战方式改变，美军从正规战为主转为以运动和游击为主（以 1777 年为分水岭），战略战术越来越灵活机动。无论是进攻还是防御都注重机动、力求巧战，力避与英军硬打硬拼。机动战思想正是美军在不断总结反思以弱对强经验教训中萌生的。

1. 注重借用联军力量，谋求水陆协同机动制胜

受自身地理环境和英国影响，美国人自独立战争时期就具备海洋观念和海权意识，争取海上优势是美国战争方式与生俱来的基因。华盛顿 1780 年就指

① MCGRATH J. Crossing the Line of Departure：Battle Command on the Move a Historical Perspective［M］. Kansas：Combat Studies Institute Press，2006：26.

出："在任何作战中以及在任何条件下，都要把决定性的海军优势作为一项根本原则，成功的一切希望最终都必须建立在海上优势基础上。"在独立战争中，北美大陆军注重水陆并重、协同机动、联合制胜。尽管当时美军海上力量弱小，无法与英国海军抗衡，但是美军巧妙利用法军海上力量对抗英军。在具有决定意义的约克镇战役中，美、法联军水陆协同、联合机动，对英军战略要地约克镇形成双重包围，切断了约克镇守军与外界联系，瓦解了敌军凝聚力和抵抗意志，美军因此以小伤亡代价取得"非常廉价的胜利"。这得益于对敌方心理产生的影响，而心理影响正是物理域机动造势的结果，有利态势正是通过水陆协同、实施合围实现的，因此水陆协同机动是取得"廉价胜利"的关键。可见，美军机动战思想从独立战争时期就具备善借外力、注重海上机动和陆海协同的特质。

在美墨战争中，水陆协同、联合机动思想进一步发展，并成功实施两栖登陆作战。可见，美军早期机动战就已经萌生多军种（陆军与海军）、多领域（陆地与海洋）、联军（美军与法军）等属性，蕴含合力制敌、拉拢盟军、借力巧胜等思想萌芽。只是此时"多领域"范围有限，仅包含水、陆两个领域；"联合"处于萌芽期，主要是美、法两军和陆、海两军种的协商与配合。

2. 注重依靠智谋巧胜而非靠蛮力对抗取胜

运用智谋巧战胜敌在美军早期机动战实践中得到充分体现。独立战争之初，华盛顿秉承18世纪欧洲传统战争观和作战思想以正规战对抗强敌。一次次作战失利迫使华盛顿转变思想、更新观念、谋求巧战制胜，在残酷战争实践中摸索总结蕴含机动战思想精华的重要原则：机动与情报结合；避实击虚、以强击弱（打击敌哨所等孤立据点和翼侧）；出奇制胜（打破常规，进行袭击）。美军奇袭特伦顿和维拉克鲁斯正是这些原则指导下的成功实践。

华盛顿的思想经历从堂堂之阵到智取巧胜的转变，而格林与斯科特的思想更体现与生俱来的机动性。格林被誉为美军游击战先驱，在南方灵活游击对抗英军，使美国军事思想从萌生之初就带有灵活机动的性质。随着美国实力迅速崛起，格林式的、游击风格的灵活机动作战思想在美国军事思想发展进程中逐渐中断，被内战时期大规模歼灭和持久消耗取代。斯科特在华盛顿指挥向约克镇远程机动 66 年后再次指挥了类似的机动战——长途奔袭墨西哥城，因其依靠智谋而非蛮力、立足于减少伤亡而非过多杀伤而成为美军历史上的经典战例。

二、美军机动战思想的形成期

从内战到第二次世界大战是美国从新兴国家成长为世界军事强国的关键期，也是美军机动战思想的形成期。美军机动战思想形成的理论标志是马汉的"海权论"海上作战思想和米切尔的空中制胜思想，对美军战争实践起到思想引领和理论指导作用。马汉将若米尼在《战争艺术概论》中提出的陆战原则迁移到海战领域，提炼出集中兵力、利用中央位置与内线、主动进攻等具有美军特色的海上机动作战原则。米切尔提出"制空权"是取得"制陆权""制海权"的前提，对战争结局具有决定作用，并提出集中兵力、主动进攻、打击敌心脏地区等作战原则，将机动战领域从陆地和海洋拓展至空中。实践标志是美军在此期间进行的一系列战争，主要包括美国内战（1861—1865 年）、美西战争（1898 年）、第一次世界大战（美军参战时间为 1917—1918 年）和第二次世界大战（美军参战时间为 1941—1945 年）等。其中，最典型、最能体现美军机动战思想形成的是美国内战和第二次世界大战。

（一）美国内战中的机动战思想

美国内战期间，南北双方都深受拿破仑战争影响，注重歼灭敌有生力量，导致伤亡人数不断增加，战争规模不断扩大。与建军初期灵活机动的奇袭和带有游击性质的机动战相比，南北双方作战思想和方式发生重大变化。双方伤亡惨重、消耗惊人，都深受其苦。战争期间双方也进行了大量机动战实践，其驱动力归因于技术因素、战略因素和指挥官因素等三个因素。技术因素，新技术给机动战注入新活力，提高了机动速度和距离，使机动战从战役、战术层面向战略层面延伸。例如，电报的使用增加了指挥控制和通信距离，缩短了通信时间，提高了指挥效率；铁路和蒸汽船的使用让水陆远程跨区机动和战略输送成为现实。战略因素，双方都希望速战速决，避免陷入久拖不决的消耗。指挥官因素，双方主要指挥官格兰特和罗伯特·爱德华·李都是机动战的倡导者和践行者。但是，在实践中多种因素相互作用导致战争进程和最终结果出乎各方预料。

1. 采取间接路线，谋求积差优胜

北方战略指导思想是力求速胜，但是在实践中却陷入持久消耗的困境。这源于战略目标与作战实践的内在矛盾。本书先从两个维度剖析"速胜困境"产生的原因，而后以格兰特和谢尔曼指挥作战的实践为例，从作战层面研究北方最终取胜的制胜之道。

机动受到制约。从作战角度分析，造成"速胜困境"的根本原因在于北方联邦军队（以下简称"北军"）在作战实践中丧失实现"速胜"必需的机动性。制约北军机动的关键因素有四点。一是攻入南方领地后分兵驻守，耗减了机动作战兵力。例如，1864 年春季在发起亚特兰大战役前夕，谢尔曼（Sherman）指挥的部队编制人数为 352265 人，实有人数为 180083 人，由于进军途中沿路分兵守卫夺取的土地和交通线，投入交战的机动作战兵力只有约 100000 人。数据分析表明，投入交战的机动作战兵力只有出发时总兵力的 55.53%，是编制在册兵力的 28.39%。机动兵力严重耗减制约了北军机动作战能力，也揭示北军对南军的兵力优势并非表面上那样明显（如图 1.3 所示）。二是北军后勤保障压力大。主要原因有三点：第一，北军后勤保障标准高于南军；第二，北军外线作战，补给线不断延长；第三，北军进入南方后分兵驻守，驻守兵力需要补给。相反，南军不受这三个因素制约，因此机动性更强。三是铁路成为北军既重要又脆弱的要害。一方面，铁路提高了北军机动速度和距离，使远程跨区机动和战略运输成为现实；另一方面，北军机动路线受到铁路线制约，而且铁路成为南军实施破坏的重要目标，北军不得不围绕铁路与南军展开破袭与反破袭斗争。四是北军后勤保障力量过多，比例过高。"牙尾比例"（打击力量：保障力量）不适当，严重削减了北军机动作战兵力和机动作战能力。

相反，以上限制北军机动的四种因素恰好是南军在兵力和资源处于劣势

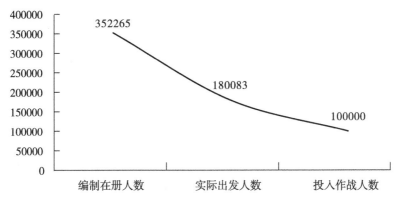

图 1.3　亚特兰大战役北军未投入交战前机动作战兵力耗减

情况下在战争初期争取主动并挫败北军速胜目标的制胜因素（如表 1.1 所示）。

表 1.1 　　　　　　　　　影响双方机动的因素对比

南北双方比较	北军制约因素	南军制胜因素
侵入对方领地目标不同	占领要地，导致分兵驻守，造成机动性丧失。	不求夺地，而是追求进入北方产生的精神和心理效果，可以保持机动性。
后勤保障压力不同	压力大：标准高；外线作战，补给线长；占地越多，补给需求越多。	压力小：标准低；内线作战，补给线短；快打快撤，补给需求小。
围绕铁路线的破袭与反破袭	铁路较发达，但也更依赖、受制于铁路；不得不分兵进行反破袭作战。	铁路里程不到北方一半，受铁路制约较少；不断威胁、破袭北军的铁路。
"牙尾关系"不同（打击力量：保障力量）	"牙尾关系"不适当：后勤保障兵力过多，比例过高，削减了机动作战力量。	"牙尾关系"适当：后勤保障兵力少、比例小。

尽管北方在工农业生产、战争潜力、后勤保障、物资供应系统管理等方面均强于南方，但是北军的后勤保障压力更大、难度更大。因此，北军的攻势行动和机动作战往往后继乏力；相反，南军没有因供应不足而输过一次战役。

战略指导与作战实践恶性循环。以上制约因素导致北军作战实践偏离预期战略目标，产生的效果甚至与最初目标背道而驰。1861年美国内战之初，在南北关系上林肯总统提出"我们是朋友而非敌人"①，确立的战略方针是采取人道的方式进行有限的战争，避免不必要的惩罚和毁灭。北军指挥官麦克莱伦据此明确了"通过机动而不是交战取得成功"的作战原则，并试图模仿斯科特在美墨战争中直接攻取墨西哥首都的方式快速实现战略目标，即直取南方首都里士满。然而，在实践中，北军作战却缺乏主动性、灵活性和机动性，预期目标无法实现，北军被迫频繁更换主将，造成作战思想缺乏连续性、作战计划缺乏连贯性，作战效果不佳。作战失利又反作用于战略决策，造成战略方针摇摆不定，从怀柔、和解、避免仇恨转为严惩、报复甚至制造恐惧。战略指导与作战实践没有形成良性互动，而是陷入恶性循环（如图1.4所示）。

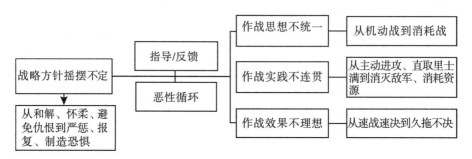

图1.4 美国内战中北方战略指导与作战实践的恶性循环

战略指导与作战实践的恶性循环体现在主将频繁更迭上。四年时间北军更换五位主将，他们的作战思想和指挥风格各不相同，导致北军作战筹划缺乏连

---

① RUSSELL W. F. The American Way of War: A History of United States Military and Policy [M]. New York: Macmillan Publishing Co., Inc. & Collier Macmillan Publishers, 1973: 133.

贯性、摇摆不定，因此很难达成预期效果。相比而言，南军主将比较稳定而且罗伯特·李指挥有方，成为相对于北军的无形优势（如表 1.2 所示）。

表 1.2　　　　　　　　　　　双方主要指挥官比较

北 方 主 将	南 方 主 将
斯科特："蟒蛇政策"，通过封锁等手段逐步施压；主张机动；减少流血和毁坏。	罗伯特·李 攻势防御 以攻为守 主动进攻 攻守结合
麦克莱伦：通过机动而非交战取胜；主张减少流血；直取南方首都里士满。	
哈勒克：主张利用海权，通过控制密西西比河将南方分裂开。	
米德：谨慎有余，大胆不足；赢得葛底斯堡战役胜利，扭转了战局；缺乏赢得战争的宏大设计和胆略。	
格兰特：不谋求通过一次决战定胜负；善于掌控局势动态发展，谋求通过一连串战斗胜利达到消灭敌人的目的；不再以攻占里士满为目标，而是着眼于消灭敌有生力量；目标坚定，意志坚决，无论胜负都瞄准最终目标。	

　　格兰特的机动战实践。格兰特成为主将后北军逐步扭转被动局面，重新获得主动权。在格兰特指挥的历次战役中，维克斯堡战役最能体现其机动战思想和指挥艺术，是北军机动战实践的范例。此役格兰特率军深入敌后，采取佯动欺敌、快速机动、迂回包围等策略，占领南军在密西西比河沿岸战略要地维克斯堡，迫使 3 万敌军投降，打通密西西比河河道，切断了南军各部之间联系，为继续进攻南军后方创造条件。更重要的是，此役对南方精神士气的打击超过战役本身造成的伤亡。

　　此役北军作战主要特点。一是佯动欺敌，隐蔽企图。为成功攻克维克斯堡，格兰特最初计划水陆并进、协同机动。据此计划，格兰特指挥陆军引诱维克斯堡内的南军指挥官出城以削弱敌城防力量，而后由谢尔曼在海军支援下攻占该城。尽管该计划并未成功，但体现出格兰特在整个战役中注重巧胜的特点。格兰特兵分三路以分散敌人注意、隐蔽自身企图：第一支部队机动数百英里（1 英里≈1.61 千米），穿过密西西比州心脏地带，沿途炸桥梁、拆铁路，破坏交通；第二支部队由谢尔曼指挥，沿田纳西州边界向南机动，对海尼斯岩实施猛烈的佯攻，吸引南军指挥官注意；与此同时，格兰特率主力沿密西西比河西岸南下，在格兰德湾以南找到渡口，巧渡密西西比河。格兰特的分兵佯动有效麻痹了敌人，确保主力成功深入敌后方。二是快速机动，深入敌后。快速机动是维克斯堡战役取胜的一个关键因素。格兰特指示谢尔曼："我不必再提醒你，你在行动上的迅速是何等重要。"在北军受阻于维克斯堡北面、进攻受挫情况下，格兰特灵活调整方案，大胆实施战役机动，深入敌后。机动途中，格兰特克服了复杂地形（沼泽地）和恶劣天气（暴雨）阻碍，不顾己方补给线可能被切断风险率部全速前进，从而达成行动突然性。

快速机动不仅助推战役胜利，也有助于提高制胜效益。现选择此役两个关键时节进行对比研究。第一个时节（5 月 1 日至 5 月 19 日）机动战，北军用 19 天时间行军约 290 千米，经过 5 次战斗，将敌军分割为两个部分，毙伤敌军 7000 多人，自身伤亡不到 4500 人，完成对维克斯堡的包围。第二个时节（5 月 22 日至 7 月 4 日）攻城战，北军为求速胜而数次攻城，结果自身伤亡超过南军（4910 : 2872），但是进展缓慢，用了 44 天才迫使南军投降。毙伤敌军数量、自身伤亡和持续时间的数据统计和对比研究揭示：维克斯堡战役中机动战作战效益高于攻城战（如图 1.5 所示）。

此役格兰特的创新在于"无后方作战"，即摆脱交通线制约、大胆机动、远离后方基地外线作战，成功将敌军分割为无法相互照应的两半。格兰特的大胆冒险不同于赌博，成功并非偶然。参加过美国内战的三位名将斯科特、格兰特和罗伯特·李都指挥过此类经典战例，即大胆摆脱交通线束缚、通过外线机动作战取得成功。"无后方作战"正是机动战思想的体现。

北军前任主将麦克莱伦也主张机动制胜，曾试图采取格兰特式的机动战，却以失败告终。同样是采取机动战，为何麦克莱伦失利而格兰特成功？通过比较研究九个重要因素能够揭示机动制胜的精要所在，如表 1.3 所示。

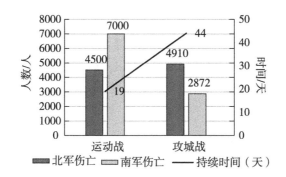

图 1.5　维克斯堡战役中机动战与攻城战伤亡及持续时间对比

表 1.3　　　　　　　　　　　**格兰特机动战与麦克莱伦机动战比较**

项目	麦克莱伦	格兰特
目标	目标不坚定、易变	目标坚定、明确
计划	缺乏长远计划	善于长远计划
手段	手段单一	手段多样
主动	主动性差	积极主动
灵活	灵活性差、刻板。	灵活多变
冒险	谨小慎微，不敢冒险。	大胆行动，敢于冒险。
重心	以敌方地理性目标（里士满）为重心。	以敌方有生力量（军队）为重心。
决心	决心不坚定，易受对手影响、发生动摇。	决心坚定，不受对手影响。
对交通线依赖程度	依赖性强	依赖性弱

表 1.3 表明，机动战作为一种作战形式，效果会因指挥官的差异产生巨大差别。这表明指挥官的指挥艺术和谋略水平是决定机动战效果的关键因素，指挥优势是一种无形的制胜优势，为机动战注入活力和神韵，使之"形

神兼备"。

除指挥艺术等主观因素外,机动战效果还受到各种客观因素的制约。格兰特与罗伯特·李同为美国内战优秀将领,都善于机动作战,但是最终一胜一败,将二者进行比较可以更全面地理解机动战效果产生差异的深层原因,如表1.4所示。

表 1.4　　　　　　　　**格兰特机动战与罗伯特·李机动战比较**

项目	格兰特	罗伯特·李
相同点	1. 主张机动。 2. 强调集中。 3. 着眼于消灭敌军主力。	
不同点	主张通过一连串战斗消灭敌人。	力求在一次决战中消灭敌军主力。
	立足于持续作战。	立足于速战速决。
	资源充足。	资源有限。
关键点	格兰特发现并抓住双方差异所在(可用资源和战争潜力不同),并利用和扩大这种差异。	
北军战胜南军的精髓	"积差优胜":放大己方优势和敌方劣势,制造并扩大优势差,最终形成克敌胜势。	

格兰特与麦克莱伦、格兰特与罗伯特·李的比较揭示两点规律:一是主要指挥官思想的机动性和思维活力影响甚至决定机动战效果,机动制胜的关键在于思想先胜;二是作战效果乃至战争结局不仅取决于己方作战指导是否合理、是否出现失误,也取决于敌方的反应和行动。行动与反行动不断互动产生双方都难以预料的结果,这正是战争复杂性的体现,而战争复杂性则源于活力对抗中人思想的复杂,在复杂思想博弈中胜出才是机动制胜的关键。

谢尔曼的机动战实践。谢尔曼"向南方进军"的远程机动被利德尔·哈特誉为间接路线的范例。谢尔曼率部深入南方领地,沿途毁坏南军资源,在南方民众中制造恐惧，使南方民众因难以承受巨大损失而厌倦战争、放弃对南军的支持，从而实现"釜底抽薪"的效果。谢尔曼与格兰特战略目的一致，但是方式方法不同。格兰特更注重通过歼灭敌有生力量达成战略目标，方式更直接强硬。谢尔曼的作战思想更具间接性，通过"精心设计的恐怖战略"① 直指打击南方民众的心理和精神，深得机动战思想精要。通过比较可以更全面地揭示北军机动战特点及机动制胜之道，如表 1.5 所示。

表 1.5　　　　　　　　　　格兰特与谢尔曼机动战比较

项目	格兰特	谢尔曼
相同点	1. 战略目的一致：彻底征服南方。 2. 都强调机动。 3. 都着眼于消灭敌军主力。	
不同点	对"歼灭"的理解：消灭敌军肉体。	对"歼灭"的理解：使敌军放弃抵抗。
	选择重心：有形重心（敌军）。	选择重心：无形重心（心理）。
	追求效果：追求物理效果（歼敌有生力量）。	追求效果：追求心理效果（动摇心理、瓦解精神）。
	直接路线 作战层面：直接与敌军交战。 战略层面：通过消灭敌军使南方屈服。	间接路线 作战层面：釜底抽薪（破坏敌军资源，瓦解敌军士气），使敌军不战而败。 战略层面：破坏南军力量之源（资源和民众支持），迫使南军放弃抵抗，使南方屈服。

---

① RUSSELL W. F. The American Way of War：A History of United States Military And Policy［M］. New York：Macmillan Publishing Co. , Inc. & Collier Macmillan Publishers, 1973：149.

续表

项目	格兰特	谢尔曼
不同点	效果不同：双方伤亡损失都很大。作战效益较低。	效果不同：给敌方造成严重损失，削弱其战争潜力；己方损失代价很小。作战效益较高。
	反映其思想的名言："李的军队就是你的目标，李到哪里你就到哪里。"	反映其思想的名言："恐惧是智慧的开端。"
综合评估	谢尔曼打击敌方资源、意志和心理的策略与格兰特直接消灭敌军相比，对敌方伤害更大，对己方伤亡更小。谢尔曼为奇兵，格兰特为正兵，二者相互配合。	

间接路线与直接路线相互配合。谢尔曼以打击敌方精神和心理为目标的间接路线与其他方向以歼灭敌军为目标的直接路线相互配合。一方面，格兰特率领北军在其他方向牵制并消灭大量敌军，为谢尔曼"向南方进军"创造有利条件；另一方面，谢尔曼"釜底抽薪"的策略使南军丧失了力量之源，动摇了其根基，为歼灭敌军（使其放弃抵抗）开辟了新路径，加速了南军的失败。

2. 积极主动进攻，在机动中制造有利态势

美国内战中，南方邦联的军事战略及作战思想演变如图1.6所示。

一是由被动防御转为攻势防御。此阶段南方邦联军队（以下简称"南军"）罗伯特·李指挥的典型机动战有三次。

七日战役。南方邦联最初采取被动防御——分散兵力、处处设防，结果导致防线薄弱，很容易被北军突破，造成处处被动。1862年6月，罗伯特·李任北弗吉尼亚军团司令后立即调整，由被动防御变为攻势防御，改分散兵力、处处设防为集中兵力、重点防御，旨在解除北军对里士满（南方邦联首都）的威胁。当时南北双方兵力对比是80000∶150000，在兵力处于劣势情况下罗伯特·李反而集中主力，主动出击，通过包围敌军薄弱的右翼为里士满解围。这一大胆行动隐含巨大风险——容易进一步造成里士满防守空虚、拉大双方兵

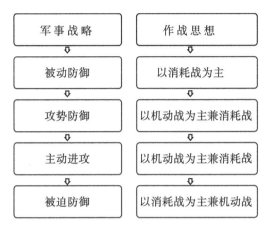

图 1.6　南方邦联的军事战略及作战思想演变

力对比差距（在里士满双方兵力对比为 1 : 3），相当于敞开大门，将里士满直接暴露在北军威胁下。但是，冒险不等于赌博，罗伯特·李大胆冒险是建立在合理评估并有效控制风险基础上，结果成功解除里士满的威胁。"七日战役"以少胜多的机动制胜之道有六点：一是料敌为先，深入研究主要对手北军指挥官麦克莱伦；二是集中己方力量，在决定点形成局部优势；三是行动迅速，快速发起攻击；四是在快速机动中调动敌人，迫使敌调整部署、暴露更多弱点；五是用己方优势力量攻击敌弱点；六是在里士满城外挖掘堑壕，加强自身防护（如图 1.7 所示）。

　　但是，"七日战役"的胜利并不完美，罗伯特·李原计划的迂回侧击在实际执行中变成正面强攻，战役一度出现硬碰硬蛮力对抗态势，不仅造成重大伤亡，而且伤亡人数超过北军。南军未能全胜的关键原因在于情报缺乏和协同不力。情报缺乏导致行动失去突然性，进而丧失机动性；协同不力导致下级未能贯彻罗伯特·李的意图，南军各部之间未能形成合力。从反面证明情报与协同也是机动制胜不可或缺的关键要素。

　　第二次马纳萨斯战役。与"七日战役"相比，此役南军在情报、协同和指挥等方面都有进步，成效也更显著，被称为拿破仑式的经典机动战。罗伯

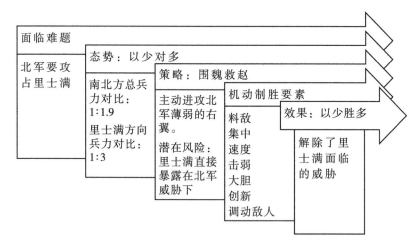

图 1.7　"七日战役"以少胜多的机动制胜之道

特·李采取"正面牵制、迂回侧击、动中歼敌"策略，兵分两路：一支由"石墙"杰克逊指挥，用于牵制北军；另一支由罗伯特·李本人指挥，在北军与杰克逊激战之时出其不意迂回至北军后方发动袭击。此役南军大获全胜，不仅完全解除了里士满面临的威胁，而且使南军获得了东部战场的主动权。其中蕴含"正兵牵敌、奇兵制胜"思想，成功关键在于密切协同、行动迅速，在快速机动中调动敌人，先使敌处于不利位置再予以歼灭。罗伯特·李以少胜多的奥秘是"动中生势、调动敌人"，思想的灵活性产生行动的机动性。此役不足之处在于，罗伯特·李急于打一场拿破仑战争式的高潮型歼灭战，导致己方伤亡过大，无力追击敌军、扩张战果。

钱斯勒斯维尔战役。此役罗伯特·李同样处于以少对多的不利态势（南北方兵力对比 60000：134000），但是仍通过巧妙机动主动进击胡克指挥的北军，并取得更大胜利，而且伤亡人数少于对手。此役成功有三个关键因素：一是充分利用地形，以山岭为屏障和掩护，对北军翼侧实施机动；二是派杰克逊率精锐部队攻击北军暴露的右翼；三是实施歼灭战，消灭了北军大量有生力量。

从"七日战役"到"钱斯勒斯维尔战役",都是在罗伯特·李攻势防御思想指导下以少胜多、机动制胜。罗伯特·李的名言揭示了南军制胜之道:"作为处于弱势的军队,我期望避免全面交战,而是依靠机动解决难题。"① 同样是机动战,这三次战役各有特色,通过比较可以看出南军机动战的发展变化和主要特点,如表1.6、图1.8和图1.9所示。。

表1.6　　　　　　　　罗伯特·李指挥的三次机动战比较

三次战役比较因素	相同点	不同点
战略指导	攻势防御	
作战思想	机动战思想	
兵力对比 (南:北)	以少对多	七日战役:80000:150000 第二次马纳萨斯战役:54000:70000 钱斯勒斯维尔战役:60000:134000
制胜关键	主动、速度、集中,攻击敌军薄弱且暴露的翼侧	
战场情报		七日战役:情报缺乏 第二次马纳萨斯战役:有所改进 钱斯勒斯维尔战役:有所改进
战场协同		七日战役:协同差,未能形成合力 第二次马纳萨斯战役:正面牵制与翼侧主攻相互配合 钱斯勒斯维尔战役:协同密切
伤亡对比 (南:北)	都出现重大伤亡	七日战役:20141:15855 第二次马纳萨斯战役:9197:16054 钱斯勒斯维尔战役:南方≤13000,北方≥17000

① RUSSELL W. F. The American Way of War: A History of United States Military and Policy [M]. New York: Macmillan Publishing Co. , Inc. & Collier Macmillan Publishers, 1973: 108.

三次战役比较因素	相同点	不同点
战役结果	以少胜多	七日战役：暂时解除了里士满威胁，但伤亡过大、超过对手 第二次马纳萨斯战役：完全解除了里士满威胁，获得东部战场主动权，但是伤亡较大、无力追击 钱斯勒斯维尔战役：取得辉煌胜利，但是杰克逊受伤阵亡

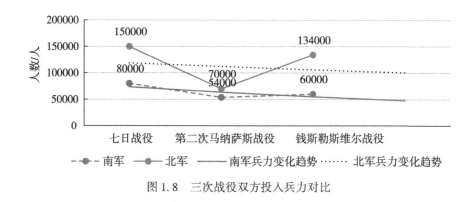

图 1.8　三次战役双方投入兵力对比

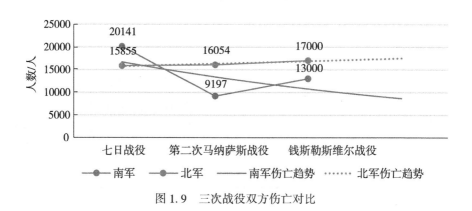

图 1.9　三次战役双方伤亡对比

　　三次战役数据分析揭示以下特点：一是南军在兵力对比上始终处于劣势；二是双方兵力投入都呈现下降趋势；三是北军伤亡呈上升趋势，而南军伤亡呈下降趋势。在双方总兵力都下降情况下，伤亡趋势呈反向变化（北升南降），表明北军战斗力衰减程度高于南军，双方力量对比发生动态改变。如果这一趋势延续，北方反分裂、谋统一的目标很难在短期内实现，甚至将被迫维持现状、承认南方独立。但是，双方的互动导致这一趋势中断，再次体现了战争的复杂性。

　　二是由主动进攻转为被迫防御。罗伯特·李致力于寻求与北军主力决战，谋求通过决战消灭敌有生力量、取得决定性胜利。在这一思想指导下，南军由机动防御转为机动进攻，深入北方领地，转入外线作战。1863 年 7 月，罗伯特·李率部在葛底斯堡与北军展开激战。

　　葛底斯堡战役。此役罗伯特·李企图通过快速机动先打击北军两翼，而后实施卷击。然而，在实施过程中两翼卷击变成了代价巨大的正面强攻，丧失了机动性，陷入硬碰硬、拼消耗的鏖战，结果南军伤亡 23000 人，被迫撤回南方，此后再没有能力对北军发动大规模进攻。从 1863 年秋开始，南军从机动作战转入与北军僵持，战略上南军机动进攻已经达到顶点。南军失利是多种因素共同作用的结果，体现了战争复杂性和活力对抗的本质。根本原因是罗伯特·李思维越来越僵化，"歼灭敌军第一"的观念越来越强烈，思想上逐渐失去灵活性导致行动上逐渐丧失机动性。而机动战思想的精义恰在于思想的灵活机动、因敌而变。从对手角度看，北军指挥官米德行动谨慎，不给南军提供实施机动的空间和时机，使南军难以攻击其翼侧。从后勤角度看，南军深入北方、外线作战，导致交通线过长，物资补给困难，始终难以与后方基地保持稳定联系，导致机动受限。（图 1.10）

　　约翰斯顿的机动防御。1864 年，南军指挥官约翰斯顿采取机动防御，运用有限兵力灵活机动地与敌军周旋，主要特点如下：一是避免发动大规模反击及与敌主力会战，避免伤亡严重的消耗战；二是寻机打击孤立、暴露的敌人小分队；三是不断转移阵地，分散敌人正面进攻的力量；四是不长时间驻守一地，避免遭敌迂回或包围。得益于灵活的机动防御，约翰斯顿在以少对多情况

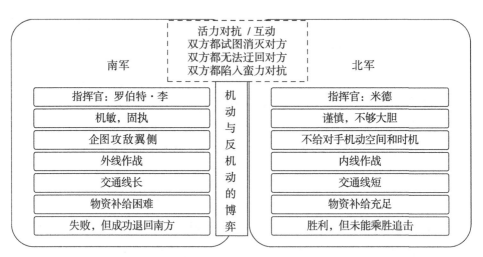

图 1.10　葛底斯堡战役机动与反机动的博弈

下（双方兵力比为 62000∶100000），以很小的伤亡代价迫使北军用 74 天才前进 160 千米。当持续近三个月的战役结束时，约翰斯顿的部队几乎完好无损。约翰斯顿机动防御迟滞了北方取得战争胜利的进程，让北军付出高昂代价，具有战略意义。其对手格兰特评价："约翰斯顿采取了南方的最佳策略——通过延长战争最终获得承认……约翰斯顿运用的战术是正确的。"[①] 然而，由于缺乏足够机动空间且资源匮乏，约翰斯顿不得不率部撤退。

罗伯特·李被迫防御。1864 年到 1865 年间，罗伯特·李受形势所迫转入防御，依托"步枪+堑壕"方式抵御北军。尽管缺少机动作战所需的空间和兵力，但是罗伯特·李仍秉持机动进攻思想，试图寻机采取机动反击，结果在 1865 年春最后一次机动作战中失败并被迫向北军投降。

综上可见，南北双方机动与反机动博弈的焦点在于促使对方先到达"顶点"，从而无力维持。照此逻辑，南方在资源有限情况下应该采取的策略是机动防御，保存自己、消耗敌方。然而，罗伯特·李实际采取的策略是通过积极

---

① RUSSELL W. F. The American Way of War: A History of United States Military and Policy [M]. New York: Macmillan Publishing Co., Inc. & Collier Macmillan Publishers, 1973: 128.

进攻消灭敌人，结果在消灭敌人过程中消耗了自身力量，使己方力量衰减速度超过敌方。因此，尽管格兰特与罗伯特·李都注重机动战，但是由于采取的策略与己方综合实力的匹配度不同，产生了不同结果（如图1.11所示）。

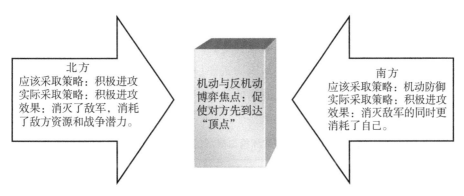

图 1.11 南北双方机动与反机动的博弈策略

（二）第二次世界大战中的机动战思想

第二次世界大战中美国进行了很多大规模机动战实践，规模范围之大、作战强度之高、作战样式之多、参战力量之众、组织协同之复杂都世所罕见，为研究美军未来高端战争提供了重要历史借鉴。因此，本书从以史为鉴、启示未来的角度对这座"富矿"予以深度挖掘。美军大规模机动战实践主要发生在欧洲战区和太平洋战区。在欧洲战区，美军依托美英同盟实施机动作战，并与东线战场的苏军进行战略协同，以德军为主要作战对手；在太平洋战区，主要是美军独立进行两线作战——由海军主导中太平洋战场，由陆军主导西南太平洋战场，以日军为作战对手，实施海上作战、两栖登陆作战和潜艇战。

在欧洲战区，美军以德军为主要作战对手，与盟军一起进行了大规模空中作战、两栖登陆作战和地面作战。战前，美军做好了"硬战"思想准备。在这一思想指导下，美军在战略选择上立足于歼灭而非消耗，作战思想上着眼于以机动战歼灭敌军，作战原则上力求集中力量，作战方式上希望尽早在法国北部登陆进攻德国本土。依此逻辑，美军进行了一系列机动战实践。

然而，在实践中与友军（主要是英军和苏军）和对手（主要是德军）的多方互动及自身原因，导致美军作战实践与战前设计出现偏差，战争进程偏离战前预期。但是，最终结果基本满足了英军和苏军的企图，也实现了美军目标。这表明在战争实践及多方互动过程中，美军设计与实施作战的弹性不断增强，能够在多方互动中灵活调整并成功实现目标，是作战思想和行动灵活应变的体现。影响美军开辟欧洲第二战场的各方因素比较见表1.7。

表1.7　　　　　影响美军开辟欧洲第二战场的各方因素比较

影响因素	美军	英军	苏军	德军
战略指导	偏直接路线	间接路线	偏间接路线	间接路线
作战设计	主张尽快渡过英吉利海峡在法国北部登陆，而后直接进攻德国本土。	主张袭击敌人"柔软的腹部"。按照从地中海到南欧再到德国本土的顺序作战。进攻德国前先打败意大利。	主张从法国南北两翼同时登陆，包围法国。	非对称作战：陆上快速闪击，海上潜艇伏击。
影响开辟欧洲第二战场的各种因素	部署到欧洲的力量有限。	1942—1943年战斗机航程有限，不能为两栖登陆提供有力空中支援。海军不能为登陆提供足够舰炮火力支援。一战时索姆河战役留下心理阴影，不愿再进行大规模地面作战。	希望尽快开辟欧洲第二战场，将德军主力调离苏联，缓解苏军压力。	德军潜艇战给盟军造成巨大损失。1942年，德军潜艇击沉美英舰船1027艘。盟军尚缺乏消除德军潜艇威胁的有效手段。

1. 空中机动作战

美军空中作战指导思想源于杜黑的制空权理论,认为夺取制空权的关键不是与敌方战机进行空中决战,而是在敌方攻击己方重心之前摧毁敌方地面上的重心,而且摧毁敌方地面重心无须以通过空战歼灭敌空军为前提。这与美国海军有明显区别,美海军作战指导思想源于马汉的海权论,以敌方舰队为重心,以歼灭敌舰队为目标,以敌对双方主力舰队海上决战为主要原则。在战略思想上,美空中力量偏重间接路线,而美海军偏重直接路线;在作战方式上,美空中力量侧重非对称作战,而美海军侧重对称作战(见表1.8)。

表 1.8　　　　　　　　　　**美国海、空军机动战方式比较**

项目	美国海军	美国空军
理论来源	马汉的海权论	杜黑的制空权理论
战略思想	偏直接路线	偏间接路线
作战方式	对称作战:舰队决战	非对称作战:打击资源
重心选择	敌方舰队	敌方资源

受杜黑制空权理论思想影响,美军认为空中作战最困难、最复杂的任务是选择合适打击目标(即敌方重心)。确定打击目标的前提是明确空中打击要达成的目的。美军要达成的目的是通过精确轰炸摧毁德国"战争机器"最关键的部分,并据此确立了"速度、集中和多点同时攻击(保持攻击强度)"的作战原则,企图用6个月空袭击败德国而避免地面作战。在确定德国战争机器最关键部分(即重心)问题上,美军经历了曲折反复过程,直接影响作战效果和战争进程。1941年8月,美军空战计划处按照目标重要性和打击顺序制定目标清单如图1.12所示。

然而,在实践中德军潜艇战给美、英两国造成重大损失,仅1942年德军潜艇就击沉美、英舰船1027艘。1943年,美军被迫调整空中打击目标清单,将重心转移到德军潜艇上,把德军潜艇基地作为首要目标如图1.13所示。

1943年1月27日,美军派91架轰炸机首次轰炸德国本土,目标是德军潜

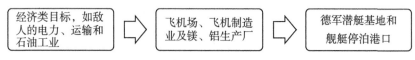

图 1.12　1941 年 8 月美军空中打击目标清单

图 1.13　1943 年美军空中打击目标清单

艇基地。此次空袭出乎德军意料，具有一定突然性，因此美军战机损失很少。然而，此后德军开始重视美军空袭，并派出大量战斗机升空拦截。然而，美军轰炸机却仍然在没有战斗机护航情况下执行轰炸任务，结果大量飞机被击落，战机损失速度超过德军，未能取得预期效果。

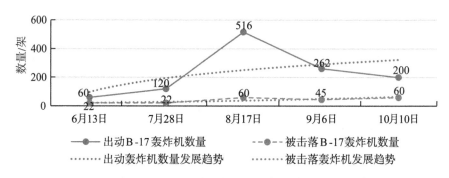

图 1.14　1943 年 6 月至 10 月美军空袭出动轰炸机数量与损失数量对比

　　图 1.14 和图 1.15 数据统计分析表明，尽管美军出动的轰炸机数量在不断增加，呈上升趋势，然而在德军战斗机拦截下，飞机战损的数量也在不断增加，呈上升趋势，但是战损率却呈下降趋势。这种"两升一降"（即出动和损失的轰炸机数量都呈上升趋势，轰炸机战损率呈下降趋势）的变化反映出以下规律性特点：一是空袭次数增加、轰炸机数量增长和空袭经验的积累都无法

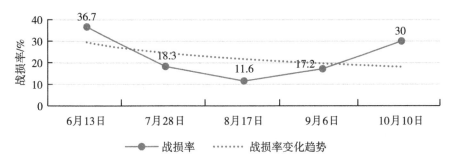

图 1.15　1943 年 6 月至 10 月美军空袭战损率及变化趋势

从根本上抵消敌方战斗机对轰炸机享有的非对称优势，但是可以缩小敌方战斗机的优势差，降低己方战损率。其内在机理在于以"饱和攻击"增加对手防御难度，甚至使其不堪重负，从而增加己方突防成功率同时降低伤亡率。例如，在 1943 年 8 月 17 日空袭中，美军轰炸机战损率最低（11.6%），原因在于这次空袭美军出动轰炸机数量最多（516 架）而且同时攻击不同地点的目标，使德军战机防不胜防。二是美军轰炸机在没有战斗机护航情况下单独执行轰炸任务难以充分发挥作战效能，作战效益低且未能实现预期作战效果，从反面证明空袭中各种力量相互配合、体系作战的重要性。三是非对称优势在活力对抗中可能转变为非对称劣势。美军用轰炸机打击德军潜艇基地是非对称作战思想的体现，但是遇到德军战斗机拦截后轰炸机对潜艇基地的非对称优势被逆转，变为轰炸机对抗战斗机的非对称劣势，结果战损严重。这揭示出非对称优势具有相对性，针对一种情况的优势在另外一种情况下反而会成为劣势。

从空袭效果来看，1942 年至 1944 年间美军轰炸效果不佳，未达到削弱德国战争潜力的目的，德国用以维持战争的工业生产仍在增长。直到 P-51 战机（"野马"战斗机）参战并取得制空权，美军才得以集中力量打击德国的重要经济目标并取得实效，为渡海作战、开辟欧洲第二战场提供关键支撑。

综上可见，在双方争夺非对称优势的较量中，能够率先采用新的非对称手段、实现技术突袭或作战方式突袭的一方可以改变胜负的天平：运用新技术、新武器装备或新战术战法制造突袭是改变力量对比的重要变量，是机动制胜的精要。1944 年 3 月 4 日，美军轰炸机首次在 P-51 战斗机护航下空袭柏林。从此德军逐渐失去空中优势，而美军重获非对称优势，胜利的天平逐渐向美军倾斜。德国空军司令戈林战后承认："当我看到你们（指美军）的轰炸机在远程战斗机护航下飞过柏林上空时，我意识到德国已经输掉了这场战争。"①

"两升一降"数据分析及双方非对称优势动态变化表明，运用性能更好的战斗机进行空战、夺取"制空权"是美军最终取得非对称优势的关键，而这不符合美军战前的作战指导思想（避免空中交战）。这种变化反映出美军作战思想的机变性和适应性，能够根据敌情变化调整、创新。美军空中交战取胜的关键在于技战术创新，具体体现为 P-51 新型战斗机的空中机动和打击能力以及航程后来居上，与轰炸机相互配合对德军形成技术和战术突袭。相反，面对美军战斗机后来居上形成的新技战术优势，德军仍沿用原来的对抗思路，仍以战斗机攻击美军轰炸机同时避免与美军战斗机空战，既没有因敌变化调整战术，也没有及时进行技术创新，因此逐渐丧失空中优势。通过列表（如表 1.9 所示）比较提炼出美军最终战胜德军的三个关键因素：一是美军更善于战场创新，新型战斗机投入作战并与轰炸机协同起到技战术突袭效果，成为改变双方力量对比的关键变量；二是美军体系作战特征更明显，对德军的优势不是单一武器平台优势而是整体合力优势；三是美军主动性更强，是对抗中主动求变、先敌而变的一方，通过先敌而变争取制胜先机，通过主动求变夺取战场主动权。这些因素是美军机动战思想机变性和主动性的体现。

表 1.9　　　　美、德机动与反机动对抗及优势转换对比分析

项目	美军（进攻）	德军（防御）	对抗结果
第一轮对抗	轰炸机对地面目标	地面目标对轰炸机	美军占优
第二轮对抗	轰炸机对地面目标	战斗机对轰炸机	德军占优

① RUSSELL W. F. The American Way of War: A History of United States Military and Policy [M]. New York: Macmillan Publishing Co., Inc. & Collier Macmillan Publishers, 1973: 343.

续表

项目	美军（进攻）	德军（防御）	对抗结果
第三轮对抗	战斗机对战斗机 轰炸机对地面目标	战斗机对轰炸机	美军占优
最终结果	美军获得制空权		

当然，这样的对抗过程及战损与美军战前设计相差甚远。从最初作战设计到最终作战效果（取得制空权），美军夺取制空权的过程在双方对抗和多方互动过程中经历曲折变化。图 1.16 实线箭标表示美军夺取制空权的实际过程，共经历 9 个步骤。由 3 指向 8 的虚线箭标表示美军战前设计的最优解决方案（未考虑到德军战斗机空中拦截）。由 2 指向 7 的虚线箭标假设如果美军战前就立足于通过空中决战夺取制空权并派战斗机护航，到取得制空权的过程。这三种过程对比揭示了美军的不足与可取之处。不足之处（教训）在于作战设计中低估对手，没有按照"料敌从宽"原则、立足于最复杂、最困难情况进行最充分准备。可取之处在于遭到挫折后能够及时调整，经历了从被迫改变、适应变化到主动求变的过程，反映出其作战思想能够因敌、因势而变的灵活性和主动性，这正是机动战思想本质特征的体现。

夺取制空权为美军渡海作战和通过空袭削弱德国战争潜力创造了条件，但是要破坏德国维持战争的能力还取决于美军对敌方战略重心（关键打击目标）的准确判断与有效打击。这在战争实践中经历多次调整与纠偏。直到 1944 年 3 月 5 日，美军才将空袭首要目标从德国飞机制造业转向石油生产和加工业，终于形成对德国真正战略重心（维持战争的力量之源）比较准确的判断（如图 1.17 所示）。

美军对德国石油生产和加工业进行了 555 次空袭，共打击 135 个目标，将德国石油产量削减到打击前的 12%。到 1945 年初，德空军陷入有机无油、无法起飞的困境，德陆军坦克等地面车辆也无法参战。此外，空袭还影响到德国化工等相关行业，制造炸药的合成氮产量减少 63%，战争结束前减少了 91%，使德军陷入弹药即将耗尽的窘境。德国空军元帅米尔希认为："如果他们（指

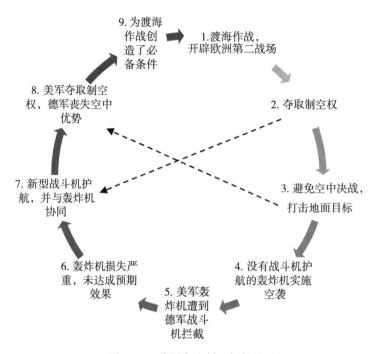

图 1.16 美军夺取制空权的过程

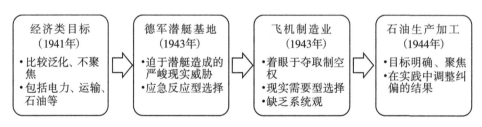

图 1.17 美军空袭首要目标的变化过程

美、英）的攻击从开始就针对德国炼油产业，战争进程将缩短数个月（至少数周）。”对手评价从反面印证了美军以德国石油产业为首要目标（战略重心）的正确性和有效性。从 1944 年 9 月开始，美军开始轰炸德国整个交通运输系统，以孤立德国重要经济区——鲁尔区。到 1945 年 3 月 15 日，德国铁路运力下降了 85%。在美军地面部队渡过莱茵河之前，对石油产业和运输系统的联合空中打击就已经让德国陷入瘫痪（见图1.18）。

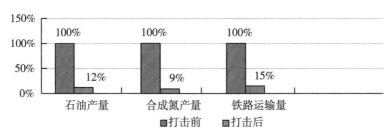

图 1.18　1944 年 3 月至 1945 年 7 月美军空袭前后对比

美军多次调整首要打击目标，实质是对敌方战略重心判断的反复校正。导致多次调整和反复校正的直接原因是严峻威胁和现实需求：德军潜艇的威胁迫使美军采取应急反应型应对，以德军潜艇基地为首要目标和重心；夺取制空权的现实需求迫使美军把德国飞机制造业作为首要目标。根本原因是美军对德国的经济结构缺乏系统性认知，对维持战争的关键要素缺乏准确深入理解。具体表现为战前对重心的理解和目标的选择过于泛化、不聚焦；战中采取简单的直线式反应，为应对德军潜艇而打击潜艇基地，为夺取制空权而打击德国飞机制造业。这从反面证明真正的重心往往隐藏于表面紧迫的现实威胁之后，既需要以系统思维全面考察，也需要按照由表及里、由现象到本质的逻辑推理深入剖析。

美军、英军在空袭设计和作战方式上的差异进一步揭示了重心选择的内在逻辑和不同选择造成的效果差异。英军把德国民众的抵抗意志和心理状态作为战略重心，试图通过不加区别地空袭城市基础设施和民用目标瓦解德国的民心士气、迫使德国屈服（见表1.10）。

表 1.10　　　　　　　　　　美军、英军空袭比较

项目	美军	英军
打击目标	工业目标	民用目标

续表

项目	美军	英军
作战形式	消耗战：消耗德国工业能力和战争潜力。	消耗战：摧毁城市基础设施和民用建筑。
打击时间	白天	夜间
打击效果	较为精确，效果较好。	不精确，效果差。
目标领域	物理域	心理域
预期目的	作战层面：以消耗制约和破坏敌军机动；夺取制空权，促进己方机动。 战略层面：破坏敌方维持战争的能力。	作战层面：瓦解敌方的民心士气，动摇其心理稳定。 战略层面：迫使德国屈服，放弃抵抗。
最终结果	达成预期目的。	对德国民用目标造成严重毁伤，但是未能瓦解德国的民心士气。

对手的评价更能证明美军、英军空袭效果的差异。德军装备部长斯佩尔称："美军针对工业目标的空袭最危险。正是这些空袭摧毁了德国的装备制造业。（英军）夜间空袭没有瓦解民众的意志。"① 空袭效果差异表明，英军试图用物理打击方式使敌方心理上屈服——通过物理域作用于心理域，表面上是间接路线，但实际上是直接路线，是以己度人的镜像思维的体现，是思想机械而非思想机动的反映。英军并没有真正深入敌方的精神和心理领域，并没有真正摸透敌方思想，在思想上低估了敌方的抵抗决心和意志，导致行动僵直、缺乏弹性、造成更强烈抵抗。相反，美军以物理域打击作用于敌方物理域的工业目标，表面上是直接路线，但实际上恰是"釜底抽薪"的间接路线：以物理域打击削弱敌方维持战争的能力，直到敌无力抵抗，从而真正对敌方的精神和

---

① RUSSELL W. F. The American Way of War：A History of United States Military and Policy [M]. New York：Macmillan Publishing Co., Inc. & Collier Macmillan Publishers, 1973：358.

心理域产生影响，动摇敌抵抗意志，迫使敌屈服，如图 1.19 所示。

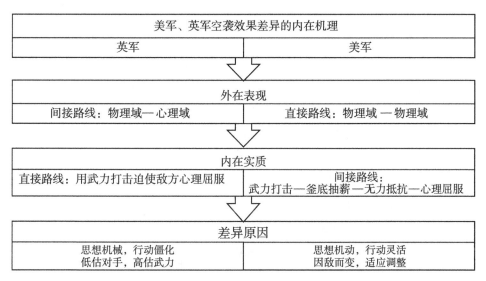

图 1.19 美军、英军空袭效果差异的内在机理

2. 两栖登陆作战

两栖登陆作战是最能体现机动战特点的一种作战样式。在欧洲战场，美军主导实施了大规模登陆战役——诺曼底登陆。此役规模和复杂程度前所未有。交战双方登陆与抗登陆的较量实质是机动与反机动的对抗（如表 1.11 所示）。

表 1.11 **诺曼底登陆与抗登陆比较**

项目	以美军为首的盟军 （登陆作战）	德军 （抗登陆作战）
作战指挥	统一指挥，达成共识（艾森豪威尔）。	缺乏共识，矛盾尖锐（伦德施泰特/隆美尔）。
作战部署	集中主力于诺曼底方向； 佯动示形于加莱方向。	沿海岸线分兵防守； 重点关注加莱方向。

续表

项目	以美军为首的盟军 （登陆作战）	德军 （抗登陆作战）
作战样式	机动作战： 两栖登陆、纵深空降。	机动防御（伦德施泰特）； 坚守防御（隆美尔）。
作战协同	陆、海、空密切协同。	以陆上力量为主，缺少空中支援。
战略配合	东西两线配合：苏军在东线战场牵制大量德军，导致德军在法国方向只有 12 个师。 南北两线战略配合：6 月 6 日，法国北部"霸王行动"；8 月 15 日，法国南部"龙骑兵行动"。	配合不利。
制空权	有力支持登陆作战及向纵深发起进攻。	缺少制空权。
欺骗行动	精心策划，成功实施。	被欺骗：认为诺曼底是盟军佯动方向，德军第 15 集团军在加莱驻守直到 7 月，错失增援诺曼底抗登陆的时机。
机动/反机动	以动制动：空中机动制约地面机动，飞机克制坦克。	以静制动：坚守岸滩，抗敌两栖机动。
战役结果	登陆成功。 向纵深发展受挫，一度陷入停顿。	抗登陆失败。未能组织起有力反击。未能抓住敌军向纵深进攻陷入停顿的有利时机。

　　抗登陆方（德军）的作战设计和防御措施从反面证明制空权对美军登陆行动的重要性。从抗登陆角度看，法国北部海岸线漫长，分兵驻守、处处设防只能陷入"无所不备，则无所不寡"困境。因此，伦德施泰特提出"机动防御"——放弃岸滩决战，以装甲部队为主组建机动能力强的强大预备队，将其配置在便于向各滩头阵地机动位置，在登陆之敌立足未稳之际用机动打击力

量实施反冲击。但是，在北非战场遭受盟军空中打击的经历以及欧洲战场美军享有压倒性空中优势的客观现实都迫使擅长机动战的隆美尔反对"机动防御"，主张将机动力强的装甲部队靠前配置，采取坚守防御、决战岸滩。可见，美军的制空权影响了德军作战设计和防御策略，作为闪击先锋的德军坦克面对美军飞机优势不再，美军通过"以动制动"（飞机对坦克）取得非对称制胜优势。因此，"以动制动"（飞机空中机动克制坦克地面机动）是美军影响德军抗登陆策略的关键因素（如图 1.20 所示）。

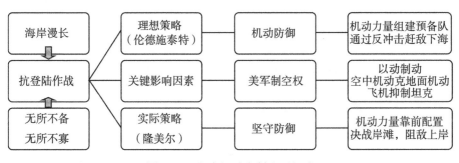

图 1.20　空中机动克制地面机动

面对享有制空权的登陆美军，太平洋战区的日军（硫磺岛、冲绳岛抗登陆）与欧洲战区的德军（诺曼底抗登陆）都采取"以静制动"策略，效果却不相同。这种差别是多种因素造成的，其中关键因素有三点：一是防御弹性不同。德军诺曼底抗登陆采取靠前配置、阻敌上岸、决战岸滩，防御弹性差；日军硫磺岛和冲绳岛抗登陆则相反，主动放弃滩头、依托坑道、层层抗击，防御弹性好。二是地形特点及对地形的利用不同。诺曼底岸滩条件适于登陆，不适于构筑坚固工事。此外，由于德军对登陆方向判断失误且坚持前沿防御，因此没有在纵深构筑完备工事。而日军则利用硫磺岛和冲绳岛山地地形构筑坚固工事、顽强固守。三是抗登陆决心不同。德军很多官兵（包括隆美尔）都认为诺曼底登陆是盟军佯攻，因此抗登陆决心不坚定，导致抗登陆行动不果断，增援迟疑。而硫磺岛和冲绳岛日军放弃幻想、誓死守岛（如表 1.12 所示）。

表 1.12　　　　　　德军、日军反机动（抗登陆）作战比较

德军、日军抗登陆比较	德军抗登陆（诺曼底）	日军抗登陆（硫磺岛、冲绳岛）
相同点	1. 敌方（美军）掌握制空权。 2. 己方地面机动被敌方空中机动克制，地面机动自由受限。 3. 实施坚守防御。 4. 采取"以静制动"策略。	
不同点	力量配置：靠前配置。	力量配置：纵深配置。
	抗登陆原则：阻敌登陆，决战岸滩。	抗登陆原则：放弃滩头，退守坑道。
	防御弹性：弹性差。	防御弹性：弹性好。
	抗登陆地形条件：岸滩适于登陆，背靠陆地，回旋余地大，纵深大。	抗登陆地形条件：适于登陆的岸滩有限，岛上地形复杂，多山，远离大陆，纵深浅。
	对地形的利用：前沿构筑坚固工事少，纵深缺少能够层层抗击的多道防御工事。	对地形的利用：充分利用岛上山地地形，构筑复杂网络分布的坑道体系。
	抗登陆决心：决心不坚定，误认为是敌人佯攻，导致行动迟缓。	抗登陆决心：决心坚定，放弃幻想，血战到底。
	效果不同：抗击时间短，给敌方造成的伤亡有限。	效果不同：抗击时间长，给敌方造成严重伤亡。 硫磺岛战役美军伤亡超过日军（美军、日军伤亡比为 1.23∶1）。

通过表 1.12 比较可以看出，如果抗登陆方能够在深入研究地形基础上充分利用并改造地形，因地制宜采取适宜的抗登陆策略，可以有效抑制登陆方机动，通过"倚地增效"实现"以静制动"，硫磺岛和冲绳岛抗登陆就是典型例

证。相反，对于登陆方而言，要克服对手"以静制动"策略、实现"以动克静"要把握两点：一是在行动上要保持机动优势。艾森豪威尔揭示了美军对保持作战机动性和战场流动性的重视："在所有战役中特别是西欧，我们指导原则是避免战线凝固不动，使部队避免陷入类似一战的堑壕战。"①二是在思想上保持灵活机变，通过施计用谋调动对手，迷惑其判断，干扰其决策，动摇其意志，分散其力量，使其无法静心聚力、合力抗击，从而破解"以静制动"策略。盟军为登陆诺曼底设计并实施的欺骗行动就是典型例证，诱导德军将关注重点转向加莱方向，甚至发现盟军在诺曼底登陆后仍误认为是佯攻，德军主力第15集团军驻守加莱不动，等待想象中的大规模登陆，错失增援诺曼底的宝贵时机；相反，盟军凭借成功欺骗和调动敌人在诺曼底成功登陆（如图1.21所示）。

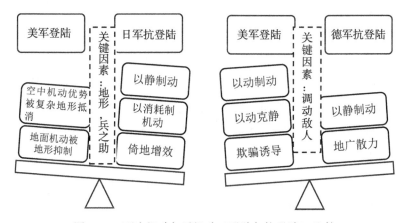

图 1.21 两次机动与反机动（登陆与抗登陆）比较

3. 地面机动作战

由于敌方、己方、友邻和战场环境等多种因素造成的摩擦，美军保持作战机动性的思想难以贯彻到底（如图1.22所示）。

---

① RUSSELL W. F. The American Way of War: A History of United States Military and Policy [M]. New York: Macmillan Publishing Co., Inc. & Collier Macmillan Publishers, 1973: 346.

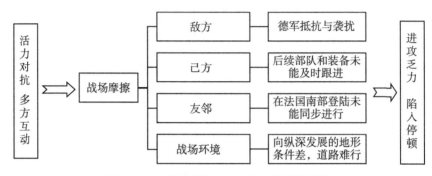

图 1.22　导致美军机动进攻陷入停顿的摩擦

机动进攻顶点与作战停顿。诺曼底登陆后，在多种因素制约下以美军为首的盟军地面进攻一度到达顶点，难以向纵深推进、扩张战果，登陆后第 50 天才到达战前预计登陆（D 日）后第 5 天到达的位置。原因在于战略设计与战术行动脱节，目标与手段不匹配，导致向战役纵深发起进攻乏力。在此期间，如果德军能够抓住时机组织有力反击，或者采取纵深梯次配置、层层抗击，仍有机会挫败盟军地面攻势。然而，德军却错失战机，既没有实施机动反击，也没有组织有效防御。直到德军第 7 集团军即将覆没之际，被牵制在加莱方向的第 15 集团军才投入作战，但为时已晚。此时盟军已经突破了顶点，地面进攻重新恢复了机动性，攻势难以阻挡。德军失误既有自身原因（判断失误、部署不当、增援不力等），也归因于美军压倒性空中优势抑制了德军空中和地面机动（如图 1.23 所示）。

盟军登陆后发起进攻受挫、陷入停顿的事实表明，在登陆与抗登陆、机动与反机动博弈中，成功登陆并不代表预期目标实现或作战行动结束；相反，隐藏的失败风险和到达进攻顶点的可能性反而会随之增加。此时，抗登陆方仍有绝地反击、扭转战局的机会，这是"防御这种作战形式就其本身来说比进攻强"[1] 的经典论断在登陆与抗登陆这对矛盾中的具体体现。决定登陆与抗登陆

---

①　VON C. Clausewitz. On War［M］. trans. Michael Howard and Peter Paret, New York：Oxford University Press, 2007：160.

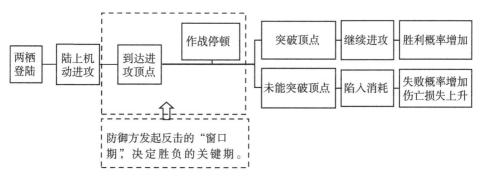

图 1.23　机动与反机动博弈：进攻方顶点及防御方反击的窗口期

的成败有两个关键节点：一是抢滩登陆阶段双方的较量；二是登陆后登陆方能否突破或推迟进攻顶点，在顶点到达前迫使抗登陆方放弃抵抗；抗登陆方能否准确判断对方进攻顶点并有效利用，通过有力反击制胜。

两线机动进攻与集中原则的辩证统一。在如何向德国本土发起进攻问题上，美军、英军之间出现分歧。英军指责美军违反战前确定的集中原则，导致进攻陷入停顿。蒙哥马利主张沿狭窄正面进攻，集中力量于德国鲁尔区北翼；而艾森豪威尔则坚持从南、北两翼同时进攻。实践证明，美军两线进攻取得成功。两线进攻表面上违反了集中原则，实质上是集中原则的灵活运用。有效运用集中原则的关键在于在机动中灵活转换，在变化中破坏敌方集中，不仅分散敌兵力（作用于物理域），还分散敌精力（作用于心理域），从而使敌弱点暴露、各部之间孤立无援，此时则迅速集中己方力量攻敌弱点。精要在于在分合变化中调动、分散敌人、制造弱点，而后以强击弱。本书将美军两线进攻与集中原则（分与合的关系）蕴含的机动制胜之道以流程图形式加以呈现，如图1.24 所示。

相比而言，英军提出集中兵力于鲁尔区北翼、实施一线进攻的计划表面上奉行集中原则，实质上有违集中原则的精要，是作战思想僵化、缺乏机动性的表现。原因在于鲁尔区北翼战场空间有限，只能投入 35 个师，大部队难以集结展开，部队机动受限，地幅制约导致难以实现真正的集中。如果强行集中大

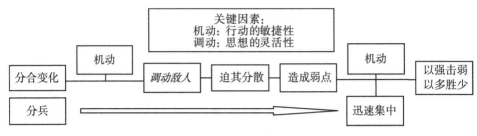

图 1.24　美军两线机动进攻的制胜逻辑

量部队，会导致兵力密度过大而陷入混乱，后勤保障不堪重负，一旦遭敌突袭将造成严重伤亡。这从反面证明，美军两线进攻是对集中原则本质的准确把握与灵活运用——因地制宜、因敌而变，在分合变化中调动敌人。

陆上机动反击。除机动进攻外，美军在欧洲战区陆战场机动战实践还包括机动反击。1944 年 12 月至 1945 年 1 月进行的阿登战役（亦称突出部战役）是典型实例，此役美军机动战主要特点如下。

一是以攻促防，争取主动。主动进攻精神植根于美军思想深处，即使防御作战也贯穿着积极攻势行动，这在阿登战役中得到充分体现。阿登战役由德军发起，相当于"曼施坦因计划"的翻版，企图重演 1940 年突破阿登山区、闪击法国的一幕，从而一举扭转德军的不利态势。为此德军集中兵力，在局部形成 3∶1 的数量优势，在关键点甚至达到 6∶1 优势，于 1944 年 12 月 16 日突然发起攻击。最初德军进攻达成突然性，迅速突破美军防线，形成一个宽约 100 千米、纵深 30 千米至 50 千米的突出部。遭到突袭后，美军迅速组织防御，采取正抗侧击、陆空机动合击的策略进行反击。一方面，设法阻止德军继续突破，限制其扩大突破正面和纵深；另一方面，积极采取攻势行动，以迅速果断地反击夺回战场主动权。美军第 1 集团军坚守阿登地区，不惜代价抗击德军进攻，固守待援。机动能力强的美军第 82 和第 101 空降师迅速增援阿登防区。巴顿指挥第 3 集团军快速机动，在很短时间内对德军翼侧发起反击。

二是因情施策，包围敌军。美军反击成功的关键不仅在于准确判断进攻之

敌的关键薄弱环节，而且能够因时、因地、因势灵活调整，迅速采取果断行动
包围敌军。最初美军准备了两套反击方案：一是实施大纵深迂回，插到德军后
方破坏运输补给，彻底切断敌退路，进而包围、全歼敌军；二是实施浅近纵深
迂回，从德军的腰部进行包围。美军认为，要彻底歼灭突出部之敌，反击应该
指向其后方运输补给线并从后方包围敌军，而不只是针对其翼侧。尽管大纵深
迂回、包围能够取得决定性战果，但是受恶劣天气和复杂地形限制难以实施。
因此，美军因情施策，采取浅近纵深包围。美军第3集团军与第7军从南北两
翼对突出部德军的腰部实施钳形攻击，将德军拦腰切断，取得阿登反击战胜
利。特别是美第3集团军反应时间短、机动速度快，在很短时间对敌薄弱部位
形成局部优势，成为反击制胜的关键。

在太平洋战区，美军机动战主要以海、空作战为主。美军继承并发展了马
汉"海权论"思想，通过舰队主力决战争夺"制海权"的同时更注重运用航
母舰载机夺取"制空权"、运用潜艇夺取水下制权、运用"蛙跳战术"和两栖
登陆行动夺取"制陆权"，从而推动"制海权"向"综合制权"方向发展，以
"综合制权"优势塑造对日作战的机动制胜优势。

4. 海上机动作战

太平洋战场美军海上机动的经典战役包括中途岛战役、塞班岛战役和莱
特湾海战等。

中途岛战役。此役是美军在太平洋战区以少胜多的著名战役，是太平洋战
区重要转折点。美军以少胜多的关键因素主要有以下几点：一是料敌为先，情
报制胜。"料敌"是机动制胜的重要前提。战前美军成功破译日军密码发挥了
两个关键作用。首先，识破日军"分兵诱敌"的欺骗计划。为分散美军兵力、
在决战方向形成对美优势，日军精心设计佯动计划，派舰队向阿留申群岛实施
牵制性进攻。然而，美军破译日军密码不但使日军欺骗计划落空，而且让日军
无形中分散了自身力量，在决定点上丧失了对美军的绝对优势。相反，美军对
阿留申群岛不采取任何行动，而是集中力量于中途岛。其次，判明中途岛是日
军攻击的主要目标。美军在与日军的无形较量中判明日军密电中的"AF方
位"是中途岛。这不仅导致日军行动失去突然性，而且为集中力量伏击日军

提供了关键情报支撑。二是制胜观念比对手先进。美军以航空母舰为核心组建航母战斗群，作为海上决战主力，特别是注重发挥航母舰载机机动速度快、打击距离远的威力，把海战制胜的重心放在争夺"制空权"上。相反，日军仍把战列舰作为海上决战的决定性力量，不懂得海战制胜的关键制权已经由海上转移到空中。三是抓住战机，果断出击。美军敏锐抓住日军航母舰载机加注燃油和加装武器弹药这一脆弱的窗口期发起攻击，成功击沉日军四艘航母（如表1.13所示）。

表1.13　　　　　　　　中途岛战役美军、日军机动作战比较

项目	美军	日军
战场情报	破译日军密码，抢占先机之利；识破日军欺骗计划，判明日军攻击目标。	不知道美军情况，也不知道己方密码已被美军破译。
作战筹划	因敌而变，根据敌情变化设计作战。	一厢情愿地设计欺骗计划，企图分兵诱敌。
制胜观念	争夺制空权，以空制海，非对称制胜。	主力战舰海上决战，对等决战。
作战力量	以航母为核心，以舰载机为主要攻击力量。	以战列舰为核心。
作战协同	集中力量，在决定点形成对敌优势。中途岛方向美、日舰载机对比354∶261。	分散力量，两线作战，无法相互支援。
关键时机	利用短暂窗口期实施致命打击。	舰载机加注油料和加装弹药环节给美军提供可乘之机。
作战损失	损失航母1艘	损失航母4艘
作战结果	以少胜多	优势丧失
战役影响	此役后战略上由守转攻。	此役后战略上由攻转守。
综合评估	美军取得决定性胜利，日军战略进攻到达顶点。	

塞班岛战役。中途岛战役后，针对日军企图保存实力、避免舰队决战的特点，美军采取"攻其所必救"策略，进攻具有重要战略价值的塞班岛，美军B-29 轰炸机从这里起飞可以直接攻击日本本土，从而调动日本海军主力出战。塞班岛战役分为登陆机动作战和海上机动作战。负责海上作战的美军指挥官斯普鲁恩斯确立"必须积极采取一切行动，确保全歼敌人舰队"的作战指导思想和目标。在此思想指导下，美军作战有以下特点：一是深入研究作战对手。战前斯普鲁恩斯深入研究对马海战等日本海军经典战例及东乡平八郎等著名将领，从中总结出日海军作战"善于实施欺骗，惯于分兵诱敌"等特点。二是灵活部署，广泛机动。在机动中塑造有利态势，占据有利位置，在此前提下与敌军交战。三是充分授权，发挥下级主动性。斯普鲁恩斯只提供总体指导，不干预作战具体细节，授予下级充分行动自由。四是发挥非对称优势，实施非对称作战。表现为以空制海，用潜艇攻击敌军航母，用飞机炸毁敌军机场。

塞班岛战役中的菲律宾海海战揭示美军机动制胜的一个关键无形因素——人员素质。在这场海战中，美军非对称优势的核心是"制空权"。夺取"制空权"的关键不是舰载机数量，而是能否充分发挥舰载机技战术水平。舰载机技战术水平发挥取决于飞行员素质，这恰是美军优势所在。美军飞行员训练时间远超过日军，实战经验更丰富，综合素质胜过日军，使这次海空作战成为"马里亚纳猎火鸡大赛"（意为击落日军战机很容易）。飞行员素质成为海战中美军战斗力倍增器和改变双方力量对比甚至决定海战胜负的关键无形因素。最终战果揭示了"数量悖论"，即在战争中如果人员素质不高，数量优势不但无法发挥，反而会变为劣势（数量越多损失越大），尤其关键岗位人员素质是机动制胜的一个关键因素（如图 1.25 和图 1.26 所示）。

莱特湾海战。莱特湾海战是美、日在太平洋战场展开的最大规模海战。日军虽然战败，未能实现粉碎美军舰队的目标，但是其作战设计与实施都有可取之处；美军战胜，但是未能达成消灭敌军主力的目标，作战效益和最终效果都有缺陷。比较双方作战特点利于揭示海上机动战制胜途径。

美军机动作战特点。战前，美军指挥官尼米兹确立了歼灭敌军舰队的作战

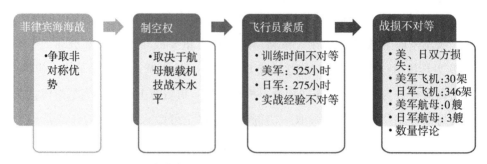

图 1.25　菲律宾海海战中飞行员素质对机动制胜的影响

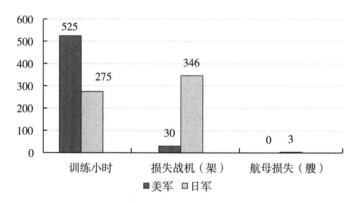

图 1.26　菲律宾海海战美日双方飞行员训练小时数与战损对比

指导思想，要求"抓住一切机会歼灭敌人舰队"①。战中，美军坚持非对称作战，用潜艇击沉日军巡洋舰，用舰载机击沉日军战列舰。然而，美军过于谨慎，不敢冒险，未能充分利用内线作战优势比对手更快地机动，而且不善于夜间机动，夜间向北方机动过于缓慢。结果不仅无法调动对手，反而被对手调动（美军哈尔西舰队被日军诱饵小泽舰队吸引，离开主战场向北运动），一度陷入被动。美军摆脱被动、逆势取胜的原因有三点：精神因素（官兵不怕牺牲、勇敢战斗）、偶然因素（对手失误，日军栗田部误认为遇到美军主力舰队而主

①　RUSSELL W. F. The American Way of War：A History of United States Military And Policy［M］. New York：Macmillan Publishing Co. , Inc. & Collier Macmillan Publishers，1973：302.

动撤退）和综合实力（美军作战力量的数量和质量占绝对优势）。

日军机动作战特点。战前，日军精心设计欺骗计划。小泽舰队作为诱饵向北佯动，吸引美军舰队北上，远离日军主攻方向；日军主力趁机进攻莱特湾，打击美军舰队，粉碎美军攻势。战中，小泽舰队成功完成诱敌北上任务，将美军哈尔西舰队调离主战场。栗田舰队先是佯败，做出向北败退假象，提出"全速向北，将美军航母甩开"以迷惑美军，实际上向东机动、驶向莱特湾，达成突然性。此役日军可取之处有两点：一是精心设计，计划周密；二是行动灵活，敢于冒险。因此，最终成功调动对手。日军不足之处有两点：一是作战力量构成单一，未能形成体系合力。日军只有航母等水面舰参战，航母又缺少舰载机；而美军则发挥水面舰、舰载机和潜艇的整体作战威力。二是关键时刻出现误判。日军舰队指挥官栗田误认为遇到美军主力舰队而主动退出战斗，贻误战机（如表 1.14 所示）。

表 1.14　　　　　　莱特湾海战美军、日军机动作战特点比较

参战方	可取之处	不足之处	综合评估
美军	坚持非对称作战，坚持体系作战，发挥整体合力。	不够大胆，不敢冒险，不善于夜间机动，被对手调动。	胜利中有不足，未达到消灭日军主力的目标。
日军	精心策划，成功欺敌，灵活机动，敢于冒险，成功调动对手，达成突然性。	作战力量单一，未形成整体合力，关键时刻出现误判。	失败中有可取，迟滞了美军攻势，迫使美军推迟进攻吕宋岛。

通过比较可以揭示海上机动战具有以下特点：一是绝对实力可以弥补作战中出现的差错。其中蕴含"实力容错"的规律，即实力优势越明显、与对手的力量差和优势差越大，作战中容许犯错的弹性空间越大，越不容易因一招失误而满盘皆输。此战美军作战力量（数量和质量）占绝对优势，尤其享有"制空权"，而日军处于航母没有舰载机的困境，因此作战设计再精细、诱敌

行动再巧妙都无法挽回败局。二是冒险精神和战场创造力是影响作战效益的重要变量。劣势方（日军）充分发挥这些无形因素可有效弥补自身劣势，提高作战效益，同时削弱敌方优势。相反，优势方（美军）如果不能充分发挥这些无形因素，将付出更多伤亡代价，作战效益将大打折扣，甚至难以实现预定目标。三是偶然性和不确定性始终是影响海战胜负的重要变量。海上机动作战是复杂的体系对抗，微小偶然因素都可能产生连锁反应，出现不可预测的复杂局面，甚至改变战局走势。四是交战双方互动导致最终结果出乎各自预期。最终结果不仅取决于己方行动，也取决于敌方反应。二力互抗导致最终结果往往偏离最初目标，出乎各方预料。此战美军、日军双方都未能完全实现各自预期目标，显示了战争的复杂性和难以预测性。

5. 两栖登陆作战

在太平洋战场，美军多次组织两栖登陆作战。美军、日军双方围绕登陆与抗登陆、机动与反机动展开殊死较量，双方技战术水平在对抗与互动中不断提高。美军典型登陆作战包括马绍尔群岛登陆战役、塞班岛登陆作战、佩利留（Peleliu）岛登陆战斗、硫磺岛战役和冲绳岛战役等，现择要进行阐述。

马绍尔群岛登陆战役。此役美军先后实施两次登陆战斗，形成鲜明对比。经验教训为美军后来的登陆作战提供借鉴（如表 1.15 所示）。

表 1.15   塔拉瓦岛登陆与夸贾林岛登陆作战比较

项目	塔拉瓦岛（Tarawa）登陆	夸贾林岛（Kwajalein）登陆
登陆前海空火力准备	时间短（仅持续几个小时），效果不好。日军岸防炮几乎完好无损，毁伤美军大量两栖战车。	时间长（持续3天），效果好。有效削弱了日军的防御能力。
登陆过程中火力支援与护送	缺乏火力支援。登陆部队在敌火力下抢滩。	两栖牵引车车载37毫米火炮支援并护送部队登陆。

续表

项目	塔拉瓦岛（Tarawa）登陆	夸贾林岛（Kwajalein）登陆
登陆兵机动方式	登陆兵徒步涉水近800米。	两栖车辆直接将人员和物资输送上岸。
兵力与火力协同	兵力机动与火力机动脱节。以兵力为主，火力作用不明显。	协同密切（先火力，后兵力）。火力作用突出。
近距离空中支援	没有	作用突出，超低空飞行，最近飞至步兵前方约3米处。
指挥控制能力	较弱	两栖指挥舰可以直接指挥控制各参战力量。
伤亡人数	伤亡大：阵亡991人，受伤2311人。	伤亡小：阵亡372人。

　　通过比较可以看出，塔拉瓦岛登陆战斗伤亡严重，根本原因是登陆部队缺乏其他作战力量支援与配合。美军吸取教训，在随后夸贾林岛登陆战斗中注重各种作战力量协同，发挥整体威力，不仅减少伤亡，提高作战效益，而且缩短了战争进程，推动战局发展。[1] 夸贾林岛登陆战斗双方伤亡对比充分体现了协同作战效果。美军投入兵力为41000人，阵亡372人，阵亡率约为0.9%。日军投入兵力为8675人人，阵亡7870人，阵亡率高达为90.7%。美军投入兵力为日军4.7倍，具备岛屿进攻的兵力优势，但并非绝对优势。然而，日军阵亡人数却是美军的21.2倍，防御方地形优势未能克服进攻方兵力优势，反而被进攻方抑制，未能充分发挥作用。这表明登陆作战中进攻方密切协同、形成合力不仅可以抵消防御方地形优势，增加其伤亡，同时可以减少己方兵力投入和伤亡，提高作战效益，通过实战验证了机动作战中协同制胜的威力（如图1.27所示）。

---

　　① 美军将进攻埃尼威托克岛时间从5月1日提前到2月17日。

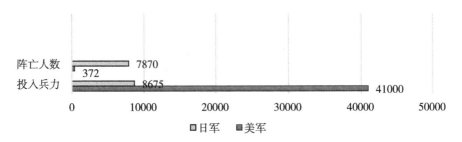

图 1.27　夸贾林岛登陆战斗双方投入兵力和阵亡人数对比

　　塞班岛登陆作战。与马绍尔群岛登陆战役相比，此役美军机动战的协同制胜原则效果更明显。一是火力准备充分、层次鲜明。登陆前美军进行了持续四天的海空火力准备，分为三个波次：第一波由航母舰载机实施；第二波由七艘新型战舰实施；第三波由七艘老式战舰实施。力量运用上海空兼顾、新老搭配，注重作战效益。打击目标从岸滩到纵深，既全面覆盖，又突出重点。作战协同分波逐次实施，削减冲突、避免误伤。打击时间持续四天，连续进行，不给敌人调整部署机会。二是登陆手段机动能力强。两栖车辆可输送登陆兵越过暗礁、克服水际滩头各种障碍直接上陆，减少人员伤亡，缩短抢滩登陆时间，加快作战节奏。三是火力支援及时有效。航母舰载机为登陆部队提供近距离空中支援，并以火力护送登陆部队向纵深发起进攻。四是对敌军反冲击预有准备。美军登陆后准确预判日军可能发起反冲击并进行相应准备。当夜日军果然发起反冲击，结果被预有准备的美军击退。

　　冲绳岛战役。冲绳岛是美军进攻日本本土最后一块跳板，是"美必攻、日必守"的战略要地，因此美军精心策划并周密组织这次作战。在作战力量上，美军登陆部队动用 1 个集团军（辖海军陆战队 3 个军和陆军 1 个军）；海军集结的舰队为历次登陆作战最强，以舰炮火力为登陆部队提供支援；空中力量提供的近距离空中支援也超过历次登陆作战并贯穿作战全过程。在作战协同上，陆军、海军、陆战队与空中力量协同密切，各军种联合作战能力在实战中不断进步。如果没有航空兵、海军舰炮、地面炮兵和坦克有力支援，登陆兵面对冲绳岛南部日军防御网络时伤亡将更加严重。

6. 潜艇战

潜艇机动能力强，行动隐蔽，发起攻击突然。潜艇战是典型的水下机动战，是美军实施非对称作战的重要方式。在对日作战中，美军潜艇发挥侦察、袭击日本军舰和商船等作用，打击日本商船严重削弱了日本战时经济和战争潜力，动摇了日本维持战争的基础。美军潜艇袭击导致日本商船货运量从战争初期 600 万吨下降到 180 万吨（时间截止到 1945 年 8 月），如图 1.28 所示。

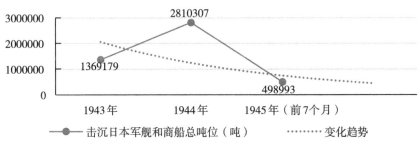

图 1.28　1943—1945 年美军潜艇击沉日本军舰和商船总吨位

数据统计表明，美军潜艇战击沉日军舰和商船总吨位经历了由升到降过程，总体呈下降趋势。战争结束前（1945 年 7 月）总吨位数仅为高峰时（1944 年）的 17.8%。这并非说明美军潜艇战效果下降，而是反映出已经成功削弱了日军海上军事实力和维持战争的海上运输能力。1944 年 11 月以后，日本船队只能沿距海岸线约 1 英里的浅水区行驶。1945 年 2 月以后，日本商船基本停止活动。这对依赖海上生命线的日本而言是致命打击。战后东条英机总结美军胜利三个主要原因，第一条就是美军潜艇对日本商船的打击。① 这从敌

————————————

① 其他两个原因是美海军远离基地作战的能力及美军"蛙跳战术"对日军主要基地的压制。从作战角度看，潜艇战、战舰海上作战和"蛙跳战术"都是美军机动战的典型样式。参考文献：Weigley Russell F. The American Way of War: A History of United States Military And Policy ［M］. New York: Macmillan Publishing Co., Inc. & Collier Macmillan Publishers, 1973: 301, 311.

方角度印证了美军潜艇战的巨大威力及战略影响。1943 年至 1945 年潜艇战战果统计充分展示了美军潜艇战效果，以及美军潜艇对日军水面舰及商船的机动制胜优势（如图 1.29 所示）。

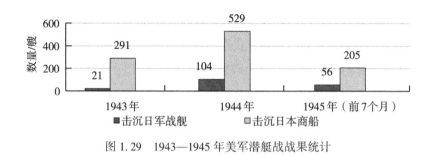

图 1.29　1943—1945 年美军潜艇战战果统计

（三）这一时期美军机动战思想主要特点

随着独立战争、美墨战争胜利以及受工业革命影响，美国国力上升，逐渐具备进行更大规模战争、实施更远距离机动、承受更大战争消耗的物质基础。此外，受拿破仑战争影响，美国的战争方式和作战思想发生变化。内战中北、南双方进行了拿破仑战争式的、以歼灭敌军为主要目标的机动战实践。随着武器装备杀伤力不断提高并超过机动力的发展，战争伤亡和代价激增，消耗战特征日益突出，与机动战并存。在第二次世界大战中，消耗战与机动战发展到机械化战争时代新高度，这两种作战形式及作战思想在相互对立、渗透和转化中不断发展。在这种互动中，科技进步对美军机动战思想产生双重影响，牵引机动制胜的时空观在战争实践中嬗变。第二次世界大战末期，原子弹的使用把消耗战推向顶峰，然而其毁灭性效果反而限制了自身使用。战争从此进入核阴影笼罩下的有限战争时代。

1. 科技进步对美军机动战思想的双重影响

从美国内战到第二次世界大战，两次工业革命的成果促使美军战争方式深刻变革。科技进步是一把"双刃剑"，对美军机动战思想产生双重影响。

一是机动战思想发展加速，"海权论""空权论"兴起。在美国内战中，铁路、蒸汽船和电报等科技成果的运用提升了美军水陆机动、远程通信和动中指挥能力，为"海权论"思想和海上机动作战提供了物质基础和技术条件。到第二次世界大战，大量新科技成果再次推动机动战快速发展。在海战领域，以航空母舰为核心的特混舰队使美军远洋机动作战能力得到跃升。航母舰载机促使传统海战方式发生巨变，海战制权从海上转移到空中。潜艇增加了水下机动维度和非对称作战手段。在空战领域，飞机广泛应用于战场为"空中力量"思想的形成提供了物质条件和技术支撑。随着飞机性能不断提升，作用日益凸显，执行任务范围和领域拓展，制空权成为战场新制权。在陆战领域，无线电台的应用提高了装甲部队机动指挥和通信能力，坦克等陆战武器升级提高了地面部队快速机动和打击能力。

二是机动战思想发展受阻，消耗战思想上升。科技进步促使武器弹药杀伤力成倍增长，防御能力同步提高，造成人员伤亡和物资消耗激增，阻滞了战场机动，机动战思想与消耗战思想交织叠加。首先，武器弹药杀伤力提高，妨碍战场机动。枪支和火炮的射程、精度和杀伤力提高导致美国内战中单日伤亡超过 1 万人，战争中伤亡总数超过 100 万。美国内战总体上成为一场持久的消耗战，很多时候战线凝固不动，作战行动丧失机动性。南、北双方为实施机动作战进行的努力被对方反机动措施和火力消耗迟滞，往往需要付出巨大伤亡代价才能恢复机动。到第二次世界大战末期，原子弹的毁灭性效果将消耗战推上顶峰。其次，防御技术不断发展，妨碍战场机动。工事构筑技术不断提高，铁丝网、堑壕、地雷等障碍物与机枪等杀伤性武器共同构成严密防御体系，填补了防御中的空隙，增强了翼侧防护，导致进攻方迂回、穿插、包围难度增加。此外，防御技术与战术和地形结合，使防御方"倚地增效"优势进一步凸显，进攻方更加难以通过机动突破防御。在硫磺岛、冲绳岛战役中，山地地形、防御技术、坑道战术和坚守决心等因素结合产生"以静制动"效果，达到"以消耗克机动"的目的。为阻止更大伤亡和消耗，美军不得不放弃机动进攻日本本土而使用终极武器原子弹，使战争的暴力性彰显到极致，丧失了机动制胜的艺术性。

2. 机动制胜的时空观在战争实践中嬗变

科技进步引起作战方式变革，改变战场时空结构，进而影响甚至重塑美军机动战思想的时空观。

一是机动时间变化。从美国内战到第二次世界大战，美军在具体战斗中重视速战速决，飞机、坦克、舰船等作战平台机动力的提高为缩短机动时间、加快作战节奏提供支撑。与此同时，机动与消耗、进攻与防御的矛盾更尖锐，在相互对立中相互渗透、共同发展。敌对双方机动与反机动的博弈导致重大决定性战役呈现出时间越来越长、规模越来越大、机动与消耗交织叠加、消耗急剧增长等特点。虽然美军在作战思想上强调机动，力求速战，但是在作战行动中成功实现机动企图越来越困难，越来越难以通过短促一击决定战局。机动效果和作战时间陷入"欲快实慢、欲急实缓、欲短实长"的困境。

二是机动空间扩大。首先，机动领域向多域立体方向发展。美国内战中，蒸汽船和铁路使水、陆远程跨区机动成为现实，实现兵力大规模调动与远距离机动。到第二次世界大战时，飞机和潜艇的广泛应用将机动空间拓展至空中和水下，呈现水面、水下、陆地、空中多领域立体机动特点。其次，机动范围从国内拓展至全球。美国内战时，美军机动范围局限于美国本土及周边水域。美西战争中，美军机动范围拓展至海外，具备远洋机动实力，机动空间延伸至菲律宾群岛。到第一次世界大战时，美军能够通过远程机动向欧洲大陆投送作战力量。到第二次世界大战时，美军能够同时向太平洋和欧洲两大战区实施机动并展开大规模作战。

三、美军机动战思想的曲折期

第二次世界大战末期，原子弹的使用将消耗战推向顶峰。在绝对实力和毁伤面前，一切机动都失去意义。一方面，原子弹加速了战争结束，避免了更持久消耗和更多伤亡；另一方面，也使火力消耗思想日益占上风，美军作战思想越来越丧失机动性和灵活性，越来越倾向于依靠绝对实力和终极武器征服对手。美军机动战思想进入曲折期，实践标志是在朝鲜和越南陷入两场持久消耗战，朝鲜战场"范弗里特弹药量"和越南战场"按伤亡数字计算胜负"是美军作战思想丧失机动性而陷入机械僵化的标志。尽管如此，机动战思想在理论与实践方面也有所发展，实践表现为朝鲜战场"仁川登陆""磁性战术"以及越南战场陆上"蛙跳"战术等。主要理论成果包括"空中机动作战"理论等。

（一）朝鲜战争中的机动战思想

朝鲜战争中美军自恃拥有原子弹和制空权，进行了大规模、长时间、以火力消耗为主的攻防作战，产生"范弗里特弹药量"概念，企图通过无限制消耗弹药、密集轰炸和饱和攻击使对手屈服，作战思想日趋僵化。此外，美军也进行了一些机动战实践。特别是在大规模机动战阶段（1950年6月25日朝鲜战争爆发至1951年7月10日停战谈判开始），交战双方攻防转换节奏快，交替到达顶点。从美军角度看，仁川登陆和李奇微的磁性战术是两个关键因素，在一定程度上改变了战局走势，是美军机动战的典型实例。

1. 注重隐蔽突然，谋求险中求胜

仁川登陆是美军在朝鲜战争中实施的一次关键性登陆战役，逆转美军败势进而转守为攻。这次登陆作战有以下特点。

一是出敌不意，出奇制胜。尽管仁川战略位置重要，但是存在诸多不适于美军大规模登陆的制约因素。在战略层面，当时美军在朝鲜半岛的主力第8集团军退守半岛最南端洛东江防线，与在仁川登陆的美军无法相互支援。在作战层面，仁川存在多种不利于登陆的因素：第一，水道曲折狭窄，一旦前部舰船被困，后面船只都无法通过。第二，潮差大，流速急。第三，可选择的登陆时间少，9月仅为15日至18日4天时间。而且每天仅有清晨和傍晚两次大潮可供登陆，每次登陆时间不超过3小时，两次满潮之间相差约12小时。第一波部队登陆后如果遭到防御方顽强抵抗，12小时后才能得到增援。第四，岸滩条件差，而且沿岸建有防护堤。第五，仁川港外有月尾岛拱卫。月尾岛位于主航道入口处，依托岛上制高点可以控制整个仁川港区和航道。鉴于以上原因，仁川登陆计划在美军内部遭到强烈反对，参联会建议将仁川登陆改为在群山实施两栖登陆和包围。

但是，麦克阿瑟力排众议，强调仁川登陆的各种不利因素正是达成突然性的有利条件，认为"在战争中突然性是取得成功最关键的要素"，称仁川登陆能够产生"投入5美分赚回1美元"的巨大收益。麦克阿瑟的大胆冒险是建立在反复权衡各种因素和准确判断基础上，谋求通过反常用兵实现出奇制胜。在战略层面，主要考虑四点：第一，着眼政治和心理目标。麦克阿瑟的真正目标并非仁川，而是以仁川为跳板直取汉城（今首尔），从而带来巨大政治回报并影响参战各方心理。第二，聚焦战略后勤保障。连接朝鲜南北方的主要公路都从汉城穿过，占领汉城可以切断远在洛东江防线的朝鲜人民军后勤运输，动摇其心理稳定。第三，"砧锤"配合，合力歼敌。以仁川登陆为"铁砧"，以第8集团军釜山反击为"铁锤"，两个方向战略配合，彻底歼灭朝鲜人民军主力。第四，最理想的方案是从朝鲜半岛东、西两侧同时登陆（西海岸仁川和东海岸元山），实施两翼钳击、纵深包围，但是受资源限制无法实现。

在作战层面，麦克阿瑟主要有三点理由：第一，从敌方角度思考，反常用兵。正是因为仁川存在不利于登陆的诸多挑战，料定对手不会想到美军会冒险登陆，因此可乘对手不备达成突然性。第二，只有大纵深迂回登陆才能彻底切断敌军退路及补给线。在群山登陆和浅近包围会迫使敌军撤退并建立新防线，只能将敌击溃，无法歼灭。第三，进攻至洛东江防线的朝鲜人民军已经达到顶点，攻势难以为继。因此，麦克阿瑟力排众议，坚持仁川登陆，认为"两栖登陆是最有力的工具。要恰当运用这一工具，我们必须深入敌方领土进行猛烈打击。基于突然性实施纵深包围、切断敌人补给线始终是战争中最具决定性的机动。浅近包围不能切断敌人补给系统甚至令其完好无损，只会分散我们自己的兵力并遭到严重损失。"① 可见，"突然性"是麦克阿瑟坚持仁川登陆的精髓所在，谋求通过反常用兵实现出奇制胜（如表1.16所示）。

---

① RUSSELL W. F. The American Way of War: A History of United States Military And Policy [M]. New York: Macmillan Publishing Co., Inc. & Collier Macmillan Publishers, 1973: 386.

表1.16　　　　　　　　　　　**仁川登陆有利因素和不利因素比较**

项目	仁川登陆不利因素	仁川登陆有利因素
战略层面	仁川与洛东江两个方向距离远，美军无法相互支援。	直接产生战略和政治效果，影响参战各方心理。
作战层面	水道狭窄曲折：最窄处不到200米，航道水深仅6米。 潮差大（高、低潮落差超过10米），流速急（洋流速度5节，约为2.57米/秒）。 可登陆时间少：9月仅有4天（15日至18日） 每次可登陆时间短：每天仅有清晨和傍晚两次大潮可供登陆，两次高潮相差约12小时，每次登陆时间不超过3小时。 岸滩条件差：泥质海滩而非沙滩，沿岸建有防护堤。 外有月尾岛拱卫：防御方依托岛上制高点可以控制整个仁川港和航道。	可以彻底切断敌军退路及补给线。 料定敌军不会想到美军会冒险在仁川登陆。
常规思维	不利因素>有利因素，仁川不适于登陆。	
逆向思维	从对手角度思考，不利因素正是达成"突然性"的有利因素，立足攻敌无备，追求出奇制胜。	

实践证明，仁川登陆达成突然性，并与釜山反击相配合扭转了战局（如图1.30所示）。美国海军上将哈尔西评价："仁川登陆是历史上最杰出、最大胆的战略打击。"仁川登陆与诺曼底登陆都是机动制胜的成功战例，但各有侧重：仁川登陆注重隐蔽突然，制造不确定性；诺曼底登陆注重诱导欺骗，制造虚假"确定性"。但是，实质上都是机动战思想的外在体现。

二是保持弹性，灵活决策。美军曾制订三套登陆作战方案，各有利弊。经反复权衡，美军并非简单选择一种而否定其他两套方案，而是吸收各方案合理

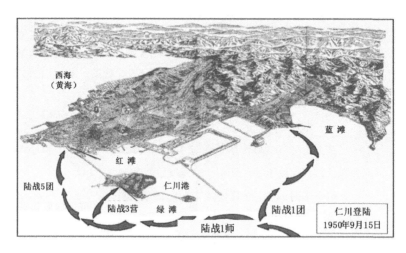

西海
（黄海）

蓝滩

红滩

陆战5团   仁川港

陆战3营   绿滩   陆战1团

陆战1师

仁川登陆
1950年9月15日

图 1.30　仁川登陆

成分并运用于作战实践。三种方案的比较、选择、决策和行动过程体现了美军作战决策的弹性和作战思想的灵活性（如表 1.17 所示）。

表 1.17　　　　　　　　　　美军三种登陆方案比较

项目	麦克阿瑟最理想方案	麦克阿瑟实际选择方案	美军参联会方案
登陆点	在朝鲜半岛东（元山）西（仁川）两侧同时登陆。	在仁川登陆	在群山登陆
主要特点	两翼纵深包围	一翼纵深包围	一翼浅近包围
主要优点	彻底切断敌军退路和补给，迅速达成战略目的。	彻底切断敌军退路和补给。登陆后可迅速夺占汉城，产生战略效果和政治影响。能够大量歼敌，令敌彻底崩溃。协同釜山反击。	机动距离短，登陆的自然条件较好，风险较低。

续表

项目	麦克阿瑟最理想方案	麦克阿瑟实际选择方案	美军参联会方案
主要缺点	人力和物力不足，无法支撑。	机动距离远，登陆的自然条件差，风险大。	不能彻底切断敌军退路和补给。不能达成战略效果。只能击溃，不能歼灭。
最终结果	暂时放弃东、西两侧同时登陆，但是仍保留在元山登陆的计划。10月20日，美第10军在元山建立指挥所。10月25日，美第10军陆战1师开始在元山登陆。	仁川登陆成功。	变为仁川登陆前的佯动方向（9月13日）。

通过列表比较可以看出，美军仁川登陆取得战略效果还得益于以下因素：第一，仁川登陆前在群山方向佯动示形；第二，与釜山反击战略配合，形成"锤"与"砧"夹击之势；第三，登陆元山计划为后续作战创造条件，推动战事发展，最终实现在朝鲜半岛东、西两岸登陆的目标。

2. MCAA 周期和"4F"战术

磁性战术由李奇微提出，"磁性"反映机巧的特点。该战术强调机动战（装甲部队快速穿插，空降部队纵深空降及小股部队多路巡逻、侦察和试探性进攻）与消耗战（坚守要点、诱敌进攻，再以空地火力杀伤进攻之敌）相结合，大量杀伤对手有生力量；目标是以己方最小伤亡代价换取敌方最大伤亡代价；谋求以灵活、弹性的兵力机动拖住对手，抑制和破坏对手的穿插、迂回、包围等行动，利用对手机动和火力打击能力有限、后勤补给困难、缺乏制空权和防御纵深等弱点，以迅猛的空地火力打击大量歼灭对手有生力量，消耗其维持战争的实力。磁性战术的精要可以概括为"兵力吸引、火力杀伤、积极进攻、弹性机动"。在李奇微的指挥下，美军作战思想和方式发生重大变化，由不断溃败、士气低落转为积极进攻、重树信心，牵引战局发生转变。磁性战术主要特点如下。

一是形成 MCAA 周期。MCAA（maneuver, cognition, attack, adjust，即机动—认知—进攻—调整）周期是对磁性战术的核心理念和行动流程的抽象概括。李奇微与第 8 集团军前任司令沃克有显著区别：沃克不善于研究对手作战特点，只是根据对手行动被动反应，且缺乏主动性和指挥权，只是根据上级指令（麦克阿瑟在日本遥控指挥）采取行动；李奇微则善于学习和研究对手，根据对手行动特点主动谋划反制之道，具有主动进攻精神和指挥部队的全权。比较二者特点有利于理解 MCAA 周期形成背景和内在制胜逻辑（如表 1.18 所示）。

表 1.18　　　　　　　　美第 8 集团军两任司令李奇微与沃克比较

项目	沃克	李奇微
指挥权限	受麦克阿瑟遥控指挥，指挥权有限，自主性差。	具有指挥作战的全权，不受麦克阿瑟遥制，自主性强。
对敌态度	轻视对手，低估对手，不善于研究对手作战特点。	尊重对手，学习对手，善于研究对手作战强点与弱点。
战场情报	忽视侦察，情报缺乏。 敌情图更新时间：4~5 天	重视侦察，情报有力。 敌情图更新时间：48 小时
态势感知	不知彼，不知己。 战场态势感知能力弱。	力求知彼知己。 战场态势感知能力强。
行动特点	被动反应。	主动谋划，积极进攻。
行动结果	连续失败，接连撤退，部队士气低落，沃克因车祸丧生。	扭转败势，由退转攻，重振部队士气，取得成效。

李奇微改变前任轻视对手、忽视侦察和被动反应等做法，针对美军连续失败、士气低落的现状，把重树信心作为第一要务，把主动进攻精神融入作战设计与行动。除熟知己方现状，MCAA 周期还建立在掌握对手情况基础上。为掌

握对手情况,李奇微乘飞机深入对手防区进行侦察,将指挥所内敌情更新从4~5天缩短至48小时,增强了战场态势感知,可依据最新情报定下决心、采取行动。在知彼知己基础上,李奇微确定两军的各自重心:美军的重心在于提振精神士气,而对手的重心在于轻步兵机动作战能力。在此基础上,李奇微提出保护美军重心并打压对手重心的措施,形成MCAA周期。MCAA周期是迭代往复、螺旋发展的过程。第一步,机动:积极采取行动、主动与对手接触,通过巡逻、侦察等行动获取情报,利用小分队多路多方向试探性进攻调动对手、诱对手出动。第二步,认知:通过机动诱导对手、探知对手反应,全面深入掌握对手强弱点,并与己方强弱点进行比较,在思维层面形成以强对弱、避实击虚、非对称制胜的判断和决心。第三步,进攻:灵活地实施机动,塑造有利态势,在占据有利位置基础上对对手发起反击或攻击,集中火力优势克敌兵力优势,以压倒性火力和后勤保障优势战胜对手。第四步,调整:取得胜利后及时调整,不断适应战场环境变化,根据对手动向采取新的行动(图1.31)。

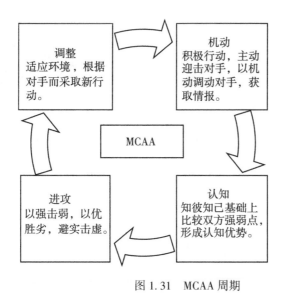

图 1.31 MCAA 周期

二是打破常规,超常用兵。磁性战术的形式与内容、行动与目标往往相互对立、相反相成——为应对复杂而简单，为实施机动而消耗，为进攻而防守，为打败对手而夺地。相反相成的形式背后暗藏积极主动的进攻精神和灵活诡变的谋略思维。

化复杂为简单，以简单制造复杂。李奇微接任第 8 集团军司令时，面临的形势复杂严峻。己方情况：前任司令沃克刚刚因车祸丧生，接连溃败和撤退导致部队士气低落，士兵对指挥官丧失信心。友方情况：多国部队之间存在诸多差异，指挥和协同困难。对手情况：战术灵活机动，行动飘忽不定，作战勇猛顽强。针对复杂局面，李奇微运用简单原则应对，把作战指导思想提炼为便于官兵理解和执行的几条原则，如徒步巡逻、与对手保持接触、靠前指挥、运用压倒性优势火力、避开公路行军、行动中各部队要能够相互支援、避免孤立冒进。"以简单应对复杂"的目的是简化流程、提高效率、加快节奏、增强反应灵活性和行动敏捷性，以己方灵活机动的反应对付灵活机动的对手，减少己方复杂性，增加对手复杂性。实质是以己方机动克制对手机动，谋求效果是简单原则产生复杂行动，给对手制造复杂和难题（见图 1.32）。

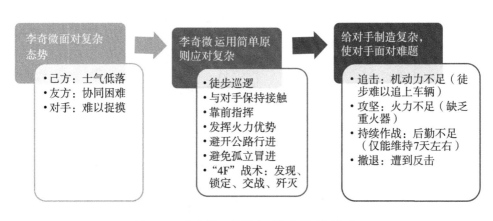

图 1.32　李奇微以简单应对复杂并利用复杂

以机动消耗对手，以消耗抑制对手机动。李奇微刚入朝时美军"在心理上而不只是生理上被打败了"。当时美军的主要问题包括：机动高度依赖公路；不知地形，更不善于利用地形（不善于占领制高点）；不善于侦察，不愿意与对手接触，只是希望离对手越远越好，导致不知敌情。相反，其对手善于利用地形，常迫使美军在不利地形上投入战斗，而且战术灵活机动，行动隐蔽突然，善于穿插、迂回、分割、包围，通常先分割并孤立美军一部、断其后路而后再进行围歼。在研究双方特点基础上，李奇微提出要扭转败势重树信心就要恢复部队机动作战能力，在机动中塑造有利态势，进而发挥己方空中和地面火力优势，以火力杀伤和消耗对手，抵消其兵力优势，以火力弥补己方兵力不足。为此，李奇微采取以下策略：进行徒步和空中巡逻、侦察，主动与对手接触，在与对手接触中探察对手军情，掌握对手强弱点；摆脱对车辆和公路的依赖，增强行动灵活性；发扬主动进攻精神，在机动中寻机打败对手，采取"4F"① 战术（发现、锁定、交战、歼灭）；加快对手军情更新，增强态势感知，对手军情图更新由 4~5 天缩短至 48 小时。通过这些策略，李奇微发现了对手关键弱点：技术落后（缺乏空中力量，武器装备和通信能力落后），火力不足（缺乏重火器，难以全歼被围之敌），以及后勤保障困难（攻势一般难以维持 7 天以上）。针对对手的弱点，李奇微提出通过机动调动对手，诱导其弱点暴露，再集中火力攻击对手弱点，削弱其机动能力，消耗其有生力量。目的是通过机动与火力结合，同时放大己方优势和对手劣势，制造并扩大优势差，以最大优势差实现作战效益最大化。

寓攻于守，寓主动于被动。将主动进攻精神寓于防守，为达到打败对手目的而坚守要地，为争取主动而采取被动的形式（在对手选择的地形上作战），这些特点是李奇微在作战思想上谋求"巧战"制胜的外在表现，并在砥平里战斗中得到实践。此战扭转了美军节节败退局面。砥平里战斗前的态势是美军1 个团（美第 2 师第 23 团配 1 个法军营、1 个炮兵营和 1 个坦克中队）被对手包围（美方数据是 4 个师，对手数据是 6 个团），只能依靠空投获得物资补给。在此态势下，美军各级指挥官都主张撤退，只有李奇微坚守不退，并希望此战

---

① "4F"英文单词全拼分别为 find（发现）、fix（锁定）、fight（交战）和 finish（歼灭）。参见：HALBERSTAM D. The Coldest Winter：America and the Korean War ［M］. New York：Hyperion，2007：492.

成为检验新战术的试金石，即将主动进攻精神寓于坚守防御，通过坚守要地迫使对方军队进攻、进而大量消灭对手，重获战场主动权。

为实现上述目标，李奇微针对对手弱点采取以静制动、以逸待劳策略。一是针对对手火力上的劣势，发挥美军火力优势。针对对手空中无飞机、地面无重型火炮的弱点，实施以空制地（以美军飞机对对手迫击炮）和以远制近（以美军远程火炮对对手机枪），以火力杀伤对手兵力。二是利用时间优势加强防御，以逸待劳。美军提前10天构筑工事，加固阵地，形成可以相互支援的交叉火力，准确描绘对手进攻可能利用的各条通道，在阵地外设置蛇腹式铁丝网并埋设地雷。三是利用对手后勤保障能力有限、持续进攻能力不足的弱点，战前准备充足的弹药，战中通过空中力量源源不断地补充物资和运送伤员。四是利用对手缺乏空中力量的弱点，运用己方空中优势杀伤和消耗对手兵力，抑制对手机动。美军空中力量主要发挥空中侦察和火力打击等作用。通过空中侦察，美军发现了行进中的对手，进而集中火力进行打击，给对手造成严重伤亡。在砥平里战斗最激烈的夜晚，美军飞机投放照明弹，照亮夜空，削弱了对手夜战优势。在攻防双方都要达到顶点的关键时刻，美军空中火力成为决定胜负的关键因素。经过此战，美军扭转了被赶出朝鲜半岛的危局，部队士气低落、军心涣散的局面得以改变。

磁性战术局限性。经过几番攻守转换，交战双方进入相持状态，都难以取得完全胜利，大纵深机动、大范围迂回、大规模包围等行动都难以再现。

大规模机动战阶段过渡到小规模机动战和消耗战阶段。李奇微的磁性战术虽然谋求灵活诡变，给对手造成重大伤亡，但是只能做到避免美军彻底失败和退出朝鲜半岛，却不能让美军取得完全胜利。根本原因在于活力对抗的结果不取决于单方设计，而是取决于双方互动、对手反应及其他因素。实践中，战前设计的战术战法往往因为对手的行动而偏离预期目标，甚至产生意想不到结果，何况李奇微面对的是"同样优秀"①的对手。因此，尽管磁性战术重视

---

① HALBERSTAM D. The Coldest Winter: America and the Korean War [M]. New York: Hyperion, 2007: 507.

详察敌情和研究双方强弱点，但是在与同样优秀、善于调整和变化的对手激烈对抗中，"磁性"被不断削弱。敌对双方在不断碰撞中相互适应、动态调整，最终涌现出各方都难以预测的结果，这正是战争复杂性的体现。

(二) 越南战争中的机动战思想

越南战争是第二次世界大战后美军参战人数最多、伤亡最大的一场战争。在战略层面，越南战争是一场典型的持久战、消耗战。在战役战术层面，美军提出并实践了空中机动作战理念，根据战场环境特点利用直升机等空中力量执行侦察、指挥、打击及运输等多种任务，为地面部队提供支撑。其优点是机动和攻击速度快，能够出敌不意发起攻击，达成突然性；可以克服地形障碍，节省时间并减少伤亡；缺点是直升机飞行速度较慢且飞行高度低，容易遭敌防空火力打击。越南战场的德浪河谷战役和溪山战役是空中机动作战的典型战例。

1. 空中机动，垂直打击

1965 年 11 月的德浪河谷战役是越南战争期间美军与北越人民军第一次较大规模的正规战。此役美军动用陆军 2 个骑兵营、1 个炮兵营及空军力量与北越人民军 3 个团展开激战。美军实施了大规模直升机机降和空中突击作战，展示了空中机动作战威力，但是没有能够完成预定清剿计划。此役也让北越人民军认识到在空中机动及空地火力打击等方面与美军的巨大差距，从此避免与美军正面对抗，转为采取游击战等非正规战术。此役美军空中机动作战主要特点如下。

一是克服地形障碍，直达目标地域。越南战场环境复杂，道路通行条件较差，不利于装甲机械化部队机动。美军利用直升机低空作战优势克服地形障碍，直接向目标地域投送力量。实施空中机动前，美军先进行约 30 分钟空地火力准备，为空中机动扫清地面障碍，而后由传统的地面进攻、层层推进变为空中机动、立体穿插。美军出动 16 架"休伊"直升机，分 4 批将 1 个骑兵营输送到北越人民军集结的德浪河畔谷地。此外，美军还使用"支奴干"运输直升机采取空中吊运，将 1 个炮兵营 12 门 105 毫米榴弹炮直接运抵预定炮阵地，为机降后的骑兵营提供火力支援。在战斗最焦灼之际，美军运输直升机越过敌军地面包围圈，直接将增援力量垂直投送到美军阵地，从而扭转战场态势。

二是延伸火力，垂直打击。空中机动作战运用包括兵力和火力的立体机动对敌方有生力量进行垂直打击。北越人民军谋求围点打援——包围美军阵地、吸引美军增援，进而消灭增援力量。面对数倍于己的敌军，美军之所以能够坚守阵地不退并大量杀伤敌有生力量，破坏敌军围点打援企图，关键在于空中力量有效克服地形障碍，从空中对敌实施垂直打击，近距离空中火力支援发挥了关键作用。战斗最激烈时，北越人民军几乎突破美军阵地，美军依靠 A-1 攻击机近距离空中支援才击退敌军进攻。

三是立体投送，空中撤离伤员。后勤补给和伤员撤送也是空中机动作战的重要环节。机降后的美军遭到数倍敌军围困，地面交通线被切断。在持续几天激战中，美军开辟了空中交通补给线，通过空投补充关键物资，确保地面部队物资供应不中断。此外，美军还通过直升机将伤员转运至后方安全地带，通过及时救治减少了人员伤亡。

2. 以空制地，超越攻击

1968 年的溪山战役是越南战争中一次规模较大的空中机动作战。溪山西临老挝边境，北靠非军事区，美军在此建立的溪山基地距离北越人民军的战略生命线胡志明小道仅 40 千米，成为切断胡志明小道的桥头堡，是阻止北越人民军向南方渗透的要地。但是，溪山基地是远离美军后方的孤立据点，只有一条补给通道（9 号公路），易受敌军围困。溪山战役中美军空中机动作战破坏了对手围点打援计划，作战方式超出对手认知，实现了技战术和认知突袭。

一是实施空中机动指挥控制。溪山战役中，美军指挥官依托直升机指挥控制分散于战场各处的部队，使复杂地形条件下指挥控制向立体、实时、精确方向发展。此役美军第 1 骑兵师同时动用 3 个旅的 8 个机动营实施空中突击作战，再加上美海军陆战队和南越部队，美军第 1 骑兵师指挥官要同时控制分散行动的 18 个机动营。① 得益于直升机快速机动能力和机载无线通信设备，同时指挥多个分散作战单元的难题得以解决，指挥官乘直升机视察分散于各地的部队，实现了在复杂战场环境中精确掌控部队行动。

二是空中补给支撑美军逆势取胜。1968 年 1 月，北越人民军两个步兵师（约 2.3 万人）在溪山集结完毕，包围了驻守溪山基地的美海军陆战队 1 个团。该基地位于四面环山高原上，长约 1.6 千米，宽约 0.8 千米，可控制通向老挝边境的 9 号公路。北越人民军试图围点打援，通过包围溪山基地引诱美军大部队增援，而后伏击美军增援部队，将增援部队与溪山守军一起歼灭。为此，北越人民军先切断美军与外界联系的唯一补给通道 9 号公路，使基地内美军陷入孤立。地面交通线被切断后，美军正是凭借空中补给线继续输送物资、撤送伤员，抵抗人数占优势的对手并最终逆势取胜。

三是空中火力打击成为消灭敌有生力量的关键。空中火力打击是美军空中机动作战消灭敌有生力量、实现以少胜多的关键。美军将火力从地面转移到中低空，以立体火力打击平面之敌，取得以空制陆的非对称优势。占据压倒性优势的空中支援成为美军溪山防御取得成功的关键。此役美空军、海军及海军陆战队航空兵共出动多型战机 2 万余架次，投弹 8 万吨。美军空中打击给对手造成严重伤亡，削弱了其进攻能力，以至于地面上投入再多兵力也无法攻克美军溪山基地。

（三）这一时期美军机动战思想主要特点

冷战时期美军进行的热战是在美、苏对抗及核武器阴影笼罩下进行的。特殊时代背景产生双重效果：一方面，为避免战争升级为核大战，美军将战争规模和强度控制在一定程度内。在有限战争范围内，美军为实现机动制胜进行的努力包括朝鲜战场仁川登陆、"磁性战术"和越南战场空中机动作战，为机动战思想注入新动能。另一方面，美军使用了除核武器以外各种先进技术和武器

---

① MCGRATH J. Crossing the Line of Departure：Battle Command on the Move A Historical Perspective ［M］. Kansas：Combat Studies Institute Press，2006：134.

装备，企图通过消灭对手有生力量、消耗对手战争实力和潜力取胜，美军作战思想日益僵化，思想的机动性被机械化的蛮力对抗取代，陷入久拖不决的火力消耗战。

1. 对火力的依赖增强，思想的机变性被机械僵化取代

对火力的依赖增强是这一时期美军机动战的显著特点。一方面，机动为火力创造条件。无论是水陆两栖机动还是空中机动，都是为了占据比敌方更有利的位置，塑造对己有利、对敌不利的战场态势，为更好发扬火力创造条件。另一方面，火力为机动扫清障碍，提供支撑。在朝鲜战场，美军火力为己方机动提供支撑的同时抑制对手机动。"磁性战术"是机动与火力结合的典型实例，先通过弹性机动拖住对手，而后用火力杀伤对手有生力量。空中力量的广泛运用为火力和机动结合创造条件，缩短了火力打击时间，扩大了火力打击空间，将火力延伸至敌方纵深和后方，火力机动成为比兵力机动更重要的机动样式。在越南战场，美军正是通过空中火力机动和突击克服了地面兵力机动遇到的地形障碍，消灭了对手有生力量。然而，对火力依赖的日益增强导致美军作战思想灵活性降低，拼火力、拼消耗的思想越来越严重。朝鲜战场"范弗里特弹药量"和越南战场"按伤亡数字计算胜负"是美军作战思想的机变性变得机械僵化的体现。

2. 空中机动作战为机动战思想注入新动能

空中机动作战以直升机为主要作战平台，在作战地域内实施广泛的空中机动与打击。空中机动作战理论出现于 20 世纪 50 年代，在越南战争中广泛应用并不断发展，越南战争被称为直升机战争。该理论牵引美军机动战呈现以下特点。

一是作战空间向立体纵深方向发展。空中机动打击力量能够克服地形障碍，越过前沿对敌纵深关键目标实施空中超越攻击。既可以从正面进攻，也能够通过空中机动从翼侧或后方发起攻击，还可以直接机降到敌纵深夺控要害，牵引作战空间向多维立体纵深方向发展。

二是作战时间缩短，节奏加快。越南丛林地形影响美军地面部队机动，再加上对手人为干扰，导致美军地面部队机动受阻，进攻节奏被破坏。直升机受

地形影响小且机动速度超过地面车辆，为人员和武器装备克服地形障碍、实施快速机动提供支撑，实现兵力与火力快速集中与分散，缩短了作战时间，加快了作战节奏。

三是作战行动流动性增强。空中机动作战的特点是灵活机动，隐蔽突然，袭击短促、快速，转移迅速、敏捷，作战行动的流动性和变化性明显增强，传统作战线变得模糊而战场态势的非线性变化明显，攻防转换频繁，战场上更容易出现敌对双方犬牙交错的情况。

四、美军机动战思想的复兴期

机动战思想的复兴有两方面原因：一是多种因素共同刺激下的美军大改革。20 世纪 70 年代中期，越南战争失利教训、欧洲战区苏军数量优势、苏攻美守的战略态势及第四次中东战争（背后是美苏博弈）等多种因素促使美军深刻反思，进而开启全面改革。改革发端于作战思想领域的大争鸣、大辩论。美军在大辩论中形成相互对立的两大阵营——机动战思想学派和消耗战思想学派。机动战思想学派在反复辩论中逐渐占据优势，引领美军逐渐改变拼火力、拼消耗的思维方式和战争方式，谋求通过"巧战"走出越南战争失败的阴影，改变苏攻美守的被动局面。二是冷战结束后，美军一度占据主导优势，具备进行军事变革的物质基础和技术条件。为保持并扩大领先优势，美军利用先进技术加快作战思想和理论创新，新作战概念层出不穷并广泛应用于实践，形成了思想与行动、理论与实践良性互动，推动机动战思想进入加速发展的复兴期。这一时期的理论标志是各种流派竞相发展，涌现出博伊德、沃登等一批有影响力的思想家，形成"空地一体战""快速决定性作战"等代表性理论成果。实践标志是海湾战争、阿富汗战争和伊拉克战争中的机动战典型战例。

（一）海湾战争中的机动战思想

海湾战争是美军机动战思想的一次典型实践，是越南战争后美军改革成果的实战检验，机动制胜思想突出体现在以下方面。

1. 以迂为直，避强击弱

"沙漠风暴"行动是海湾战争中美军主导多国部队实施的典型机动进攻作战。美军通过佯攻欺敌、纵深迂回、体系瘫痪等手段以较小伤亡代价迅速取得胜利，充分体现了巧战制胜的特点。

一是佯动示形，欺骗敌人。为减少伤亡、出奇制胜，美军佯动示形、迷惑对手，派部分兵力沿伊军防线佯动以吸引伊军注意。伊军认为科威特与伊拉克边境地区的干枯河床地带是美军进攻方向，并将其作为重点防御方向，部署 3 个步兵师。美军利用伊军心理预期，把战区预备队第 1 骑兵师作为饵兵，在该地区进行佯动并成功迷惑伊军。① 此外，美军还集结海军陆战队在科威特沿海示形造势，进行一系列大规模两栖登陆佯攻，诱导伊军误判美军主攻方向。②

二是纵深迂回，击敌弱点。正面佯动、牵制敌军的同时，空降部队、空中突击部队和装甲部队等机动力强的精锐作战力量避开伊军防守严密的地区，通过大纵深迂回秘密机动到伊军疏于防范的翼侧，实施"左勾拳"大规模纵深打击，并切断伊拉克军队退路，从而迅速瓦解伊军作战意志。

三是聚焦体系，着眼瘫痪。在"沙漠风暴"行动中，美军没有采取由外至内、层层推进的传统战法，从一开始就着眼于体系破坏。为破坏敌方体系、减少己方伤亡，美军注重发挥空中力量的作用，反复割裂伊军体系。持续 38 天的空袭以伊军防空系统、指挥控制系统及重要基础设施为主要目标，瘫痪了伊军作战体系。尤其是空袭首夜就摧毁了伊南部两个雷达站和防空拦截作战中心，打击了伊空军总部，破坏了伊军总部与伊南部驻军及科威特驻军的指挥通信链路。聚焦体系的空中机动作战为 100 小时地面机动进攻和速战速决奠定了基础。

2. 攻其无备，协同制胜

"诺曼底"行动是美军空中机动作战的典型实例，运用直升机实施空中纵

---

① MCGRATH J. Crossing the Line of Departure：Battle Command on the Move A Historical Perspective [M]. Kansas：Combat Studies Institute Press, 2006：203.

② MATTIS J. Call Sign Chaos：Learning to Lead [M]. New York：Random House, 2019：32-33.

深攻击，摧毁伊军雷达站，在伊军防空体系中打开缺口，为随后的空中打击清除威胁、开辟空中通道。伊拉克西部两座雷达站位于美军空袭的必经之路，是伊军防守重点和美军打击重点。为成功摧毁关键目标，美军行动注重隐蔽突然、出其不意。

一是攻击时间采取夜间袭击。美军直升机编队在后半夜秘密起飞，渗透到伊拉克境内，途中为躲避伊军侦察多次改变飞行路线。在夜间机动过程中，美军空中编队关闭灯光并保持无线电静默，依靠卫星导航系统、红外成像技术和夜视镜向目标地域秘密机动。

二是攻击路线采取间接路线。美军将空中突击力量编为红、白两队。为避免暴露，美军避开距伊军雷达站最近的直接路线，而是选择迂回曲折的间接路线，从南北两侧不同地点向目标地域实施远程机动。

三是攻击方式低空突防、分进合击。为躲避伊军雷达，美军飞行编队采取低空快速突防，以 222 千米的时速和约 23 米的飞行高度进入伊境内。接近目标地域后，编队时速降到 150 千米，飞行高度下降到 15 米。此外，为避免遭到伊军反击，从南、北不同地点出发的美军攻击编队密切协同、分进合击，同时对两座雷达站发起攻击并将其一举摧毁。

四是攻击力量密切协同、优势互补。美空军"低空铺路者"直升机与陆军"阿帕奇"直升机各有优势和不足。美军将这两种直升机混合编组，组建"诺曼底特遣部队"，实现优势互补。"低空铺路者"直升机主要执行搜索、侦察任务，并为"阿帕奇"直升机提供导航；"阿帕奇"直升机则对目标实施攻击并为"低空铺路者"直升机提供保护。

（二）阿富汗战争中的机动战思想

阿富汗战争是美国打着反恐旗号发动的局部战争。从 2001 年 10 月战争爆发到 2021 年 9 月美军全部撤出阿富汗，共持续 20 年。在战略上这是一场久拖不决的消耗战。在战役战术层面，美军力求速战速决，进行了大量信息化特征鲜明的机动战实践，其中"雄鹰行动"和"落锤行动"是典型实例。

1. 利用空中机动克服地形障碍

2010 年 6 月，美军 101 空中突击师组建特遣部队在阿富汗东部库纳尔省马拉瓦拉地区展开代号"雄鹰"的大规模作战行动。此战是美军新轮换部队到达任务区后展开的首次大规模作战，把阿富汗战争爆发以来美军在库纳尔省的作战行动推向顶点，展示出美军在复杂山地环境实施机动战的主要特点。

一是反常用兵，主动示形引诱敌人出动。此战美军不谋求争夺要地，而是立足于通过消灭敌有生力量瘫痪其整个作战网络。因此，战前美军有意违反隐蔽突然的作战原则，故意制造声势、示形于敌，派地面部队主力直接沿山谷向敌据点机动。美军表面上是沿着敌人预期的道路前进，实质是引诱敌方主力暴露，进而迫敌交战。

二是立体机动、秘密渗透，塑造以高制低的有利态势。示形于敌、诱敌出战的同时，美军两个机降分队利用夜暗掩护秘密渗透并占领山谷两侧制高点，既达成出敌不意效果，也防止敌人居高临下伏击美军地面部队。行动中直升机对克服地形障碍、实施立体机动和达成突然性发挥了重要作用。隐蔽突然的空中机动令埋伏在山谷两侧高地、准备袭击美军地面部队的反美武装陷入被动，不得不被迫仰攻。而美军则占据居高临下的有利态势。除人员外，美军还将重机枪等武器机降至山顶阵地，依托火力机动有效压制敌人兵力机动。

三是空中机动指挥，确保指挥链路畅通。阿富汗复杂山地环境严重干扰战场指挥通信。为克服地形干扰，美军乘直升机实施空中机动指挥。战前，美军计划只是在作战第一阶段乘直升机在战场上空指挥控制部队行动。作战行动开始后，山区复杂地形严重妨碍战场通信，美军改变计划、继续乘直升机实施空中机动指挥。此外，直升机还发挥空中通信中继作用，成为连接前线指挥官与后方战术作战中心的桥梁，确保前后指挥通信持续畅通、控制指令能够落实。

2. 情报主导下的立体机动作战

2011 年 6 月，美军在阿富汗库纳尔省瓦塔普尔山谷发起代号"落锤"行动的大规模机动作战。面对天气和地形等不利条件及享有本土作战优势的反美武装，美军坚持情报主导、空地协同，最终完成任务。

一是通过情报主导减少战争迷雾。在此次行动中，情报主导是美军机动制胜的重要前提，减少了自然因素与人为因素叠加造成的战争迷雾。首先，情报准备充分。战前美军认真梳理过去 10 年间在该地区轮驻部队的总结报告，详察敌情、地形、民情和社情等重要情况，并依据可靠情报定下决心、制订方案。其次，行动中坚持情报先行、获取认知优势。美军在机降行动前先对计划夺控的山脊线进行侦察，选择有利地形。为避免暴露，美军没有出动侦察机，而是采用航天侦察手段，通过卫星侦察和图像判读获取关键情报。最后，根据最新情报临机调整。行动中美军利用声音截听设备增强战场态势感知，多次监听到敌人重要通话，根据通话内容随时调整行动方案，从而成功挫败敌人偷袭企图并从中获悉敌方伤亡情况，为评估作战效果提供可靠依据。

二是空地协同、立体机动作战。以陆军为主组建的美军特遣部队体现飞行陆军立体机动作战特点，兵力输送、火力打击、战场救援和战后撤离均通过空中机动和立体突击方式实现，以立体攻防对付平面作战之敌，非对称优势明显。在机动打击方面，机动、信息与火力一体联动理念贯穿作战全过程，成为美军机动制胜的关键。美军地面侦察力量发现并锁定目标后，嵌入式联合战术空中控制员和联合火力观察员直接召唤并引导空地联合火力机动与突击，成为美军扭转不利态势、击退敌人的关键因素。在立体投送方面，为克服复杂地形障碍，美军动用多型飞机进行人员与物资的空中机动和立体投送。

（三）伊拉克战争中的机动战思想

伊拉克战争是美国在未经联合国授权情况下拉拢多个国家对伊拉克发动的战争。战争爆发于 2003 年 3 月，美军直到 2011 年 12 月宣布全部撤出伊拉克。伊拉克战争经历大规模作战和稳定行动等主要阶段，夺占巴格达和萨德尔城战役是各阶段美军机动战的典型实例。

1. 出敌不意，快速闪击制胜

伊拉克战争伊始，美军以"快速决定性作战"等理论为指导，在较短时间内迅速占领伊拉克首都巴格达，推翻萨达姆政权，这场战争被称为 21 世纪"闪击战"。

一是聚焦战略重心，实施快速机动。战争爆发当日晚（3 月 20 日），美第

5 军第 3 机步师与海军陆战队第 1 远征军就越过伊拉克与科威特边境，向伊内陆快速机动。美军不谋求攻城夺地和消灭伊军有生力量，而是聚焦伊政权战略重心实施快速决定性作战。机动进攻途中美军第 3 机步师创造了日行军 170 千米纪录，是海湾战争时的 3 倍。4 月初，该师经过约 700 千米奔袭抵达巴格达城外，并在两处战略要地建立前沿基地，占据发起进攻的有利位置。

二是围三阙一、虚留生路，塑造有利态势。美军从三个不同方向对巴格达实施封锁，塑造围三阙一的有利态势：第 3 机步师从西、南两个方向局部封锁巴格达外围；海军陆战队第 1 远征军从东南方向逼近巴格达，切断进出巴格达主要通道；第 5 军其他各部从西和西北方向逼近巴格达，切断各条主要通道。为瓦解伊军抵抗意志、减少美军攻城阻力，美军在巴格达城北网开一面、虚留生路，诱使伊军出逃。

三是奇兵穿插，因势利导夺控关键目标。对巴格达发起攻击前，美军面临的主要难题是缺乏情报，不清楚伊军城防虚实。为此，美军提出一个大胆方案：派一支装甲特遣部队穿插巴格达城区，进行武装侦察、搜集情报，代号"迅雷"行动。第一次穿插行动出乎伊军意料，达成突然性。"他们（伊拉克人）没有料到装甲部队会直接进入市区。"① 这次行动获得有关伊军部署的重要情报，证明机动作战能力强的装甲部队能够以很小的代价突入巴格达。基于第一次行动经验，美军因势利导，改变先封锁包围再逐步占领巴格达的原定计划，两天后再次派奇兵实施穿插。在第二次行动中，美军各级指挥官发挥主动性，根据伊军缺乏组织协同、抵抗力弱的实际情况临机调整原定方案，转向巴格达市中心，实现对伊方战略重心的闪击制胜。

2. 反常用兵，智取巧夺

2008 年萨德尔城战役是伊拉克战争稳定行动阶段美军针对迈赫迪军领导的反美武装进行的大规模城市作战。此役美军注重运用谋略，广泛实施信息机动。

---

① WRIGHT DP. 16 Cases of Mission Command [M]. Kansas：US Army Combined Arms Center, 2013：108.

一是釜底抽薪，迫敌就范。城市作战战场环境复杂，美军为减少伤亡而慎用武力，谋求巧胜。战场上美军地面部队行动受限，既不能越过"黄金路"进入城区，也无法将城区内 240 万居民撤出后再采取行动。然而，反美武装可以自由穿越"黄金路"并利用民用设施掩护发动袭击。为解决上述难题，美军逆向思维、反常用兵，通过修建隔离墙吸引敌人主动来犯，为歼敌有生力量创造战机。隔离墙一旦建成，反美武装将被封锁在"黄金路"以北城区内，不仅失去赖以生存的经济来源和物资补给，也失去与当地民众的联系。为避免陷入孤立，迈赫迪军被迫放弃有利地形，为阻止美军筑墙而主动出击，甚至不惜暴露在美军火力打击下，在美军选择的时间和地点交战，结果伤亡严重，由主动陷入被动。

二是欲擒故纵，顺藤摸瓜。迈赫迪军频繁发动火箭弹袭击，给美军造成严重威胁。为此，美军不断摸索对付敌火箭弹小组的战法，从最初"发现即打击"逐步发展为"发现、锁定、跟踪、监视、等待"，注重保持耐心和定力。"捕食者"无人机等空中作战平台发现目标后并不立刻打击而是欲擒故纵，持续跟踪监视并尾随其后，最终不仅消灭了火箭弹小组等低价值目标，还顺藤摸瓜发现并消灭高价值目标，瘫痪敌方整个力量网络。

三是实施信息机动，构建多维立体情报网。美军广泛实施信息机动，以信息优势助推决策优势和行动优势。战役初期，迈赫迪军严控当地平民、封锁信息，伊拉克政府禁止美军越过"黄金路"进入城区，导致美军信息匮乏、不知敌情。为摆脱困境，美军采取技术与人力并重，构设多维立体情报网，跨领域获取动态目标信息。第一，利用先进技术手段构建天、空、地立体网络。美军动用先进的空中侦察手段进行信息搜集、分析和处理。旅战术行动中心可以直接指挥空军和陆军的多型无人机，分空域、分时段持续侦察监视，此外还获得上级侦察卫星和"全球鹰"无人机提供的战略战役级情报信息，构成高中低空贯通、远中近程衔接、战略与战术级融合的立体情报信息网。第二，厚植信息资源，广布人力情报网。美军特战小组实施抵近侦察和化装侦察，与当地军警合作拉拢收买当地部族酋长，建立人力情报网。此外，美军利用多种渠道广泛接触当地民众，通过资金援助等手段收买人心。

（四）这一时期美军机动战思想主要特点

这一时期信息技术迅速发展，为美军机动战思想注入活力，机动战思想使信息技术的潜力得到充分释放。技术与战术、武器装备与作战思想形成良性互动，共同推动美军战争方式变革，机动制胜的艺术性再现，而且思想内核凝结为战役法并写入美军作战条令，从而增强了权威性，机动战思想对美军作战理论与实践的指导作用进一步凸显。

1. 信息优势赋能机动制胜

机械化战争时代，美军注重机动与火力结合；信息化战争时代，美军注重信息技术对机动制胜的赋能作用，信息日益成为美军战斗力倍增器。

信息优势为美军实现机动制胜提供技术支撑。技术进步引领作战思想创新的作用更加明显。带有信息化战争特征的机动战在海湾战争中初露端倪，在阿富汗战争和伊拉克战争中不断发展，日趋成熟。海湾战争中，电子战武器、精确制导武器等大量先进武器投入使用实现了技术与理论良性互动：一方面为"空地一体战"理论的实现提供物质基础；另一方面在先进理论指导下高技术武器释放出巨大威力。技术与理论良性互动的结果是实现速战速决、机动制敌。伊拉克战争中，美军以"网络中心战""快速决定性作战"等理论为指导，使用更先进的指挥信息系统，进一步提高战场态势感知和指挥通信能力，信息赋能机动制胜的效果更明显。在指挥信息系统支撑下，联网作战大幅提升美军机动进攻能力，有效支撑美军在复杂战场环境中快速机动突击。在战争中美军构建并升级多维立体信息网络，加速信息流跨军种动态流转，信息机动驱动兵力和火力机动，战场机动打击能力不断提升。美军前线官兵依托"蓝军跟踪系统"可以近实时掌握自己和友邻位置，概略掌握敌军位置，取得态势感知和认知优势。塑造优势并利用优势作战正是机动战思想本质特征的体现。

2. 机动战思想的谋略性和艺术性更加明显

美军深刻吸取越南战争失败教训，力求避免持久消耗、硬打硬拼，在实力远超对手的情况下仍然避免使用蛮力，谋求巧胜，不但追求胜利，还追求胜利的效益。机动战思想的谋略性和艺术性更加明显，其核心要素凝结在战役法（亦称"作战艺术"）中。战役法的核心正是机动战思想。其谋略性和艺术性主要体现在三个方面。

一是注重采用"间接路线"。间接路线是美军战役法的思想性要素。间接路线的本质是出奇用巧，既谋划实现巧胜的途径，又体现作战思想的谋略性和艺术性。其艺术性体现为选择抵抗力最小的路线，采取敌方最意想不到的方式方法；谋略性体现为利用对手心理预期因势利导、借力发力，诱导对手因自身失误而被击败。美军将间接路线思想融入作战条令①，赋予其指导作战行动的权威性。信息、网络、太空等先进技术和新兴领域为美军通过间接路线实现巧战提供了新手段、新途径。

二是注重作战行动突然性。行动突然、出其不意是机动战思想本质特征的体现和巧战制胜的重要方式，突然表现为作战时间、空间和方式令敌方意想不到。时间上，美军依托夜视仪等先进技术往往选择夜暗环境且敌方疏于防备的时间段实施突袭。空间上，战前美军谋求塑造有利态势或占据有利位置；战中通常选择向敌翼侧、后方和接合部等薄弱部位机动，或者直接向敌方政治和战略重心大胆穿插。方式上，除在传统领域实施迂回、渗透和穿插外，美军不断拓展网络、太空、电磁频谱等新的机动方式。

三是注重以强击弱，追求作战效益最大化。在近几场战争中，尽管美军占有明显优势，但是为减少伤亡、实现最佳作战效益，仍然力求避免用蛮力压服对手，而是追求避实击虚、以强击弱。以强击弱的本质是非对称作战，在决定点上形成最大优势差，利用优势差巧胜对手，实现作战效益最大化。非对称作战作为机动战思想的重要体现，已经成为美军战役法的思想性要素之一，是作战思想谋略性和艺术性的体现，在追求胜利的同时更追求速胜、

① U. S. Joint Chiefs of Staff. JP 5-0, Joint Planning [Z]. Washington DC: Joint Chiefs of Staff, 2020: IV-33, IV-34.

巧胜、全胜。

第三节　美军机动战思想的主要流派

流派是学术思想或文艺创作方面的派别。美军机动战思想在发展中形成特征鲜明的不同流派。各种流派既相互影响，也有自身显著特征、代表人物和思想成果，从不同方面揭示美军机动战思想的本质特征，对美军机动战思想体系的构建发挥不同作用，作出不同贡献。作战条令派将思想精华固化为指导美军作战训练的法规并赋予权威性，科学哲学派提供科学视角和哲学基础，系统工程派提供系统化思维和工程化推进方式，战史战例派注重史实依据和战例支撑。

一、作战条令派代表迪普伊的主要思想

作战条令作为指导美军作战与训练的法规具有法定权威，是连接作战思想与行动、理论与实践的"桥梁"。机动战思想凝结于美军联合及军种作战条令中，具备指导美军作战实践的权威性。这一派代表人物包括主持制定"空地一体战"条令的美陆军训练与条令司令部司令斯塔里、确立机动战思想在作战条令主导地位的海军陆战队司令格雷、提出"多域作战"概念的陆军训练与条令司令部司令铂金斯等。其中，美陆军训练与条令司令部首任司令威廉·迪普伊亲历过第二次世界大战和越南战争，实战经验丰富，并且主持创建美陆军训练与条令司令部，其创新性思想和观点丰富并发展了美军机动作战思想。

（一）利用"优势速减律"实施弹性机动

弹性是吸收震动、冲击或打击的能力，不脆弱，不易碎。① 在作战领域，

---

① WILLIAM E. D. Technology and Tactics in Defense of Europe ［J］ // Richard Swain. Selected Papers of General William E. D ［M］. Kansas：U.S. Army Command and General Staff College, 1995：282.

弹性是抵抗打击的恢复力、战场适应性、主动性、灵活性和思想活力的体现。弹性不是单纯防守和被动抗击，而是"拖延、阻止和消灭敌人"①。迪普伊弹性机动思想主要体现为机动防御，旨在抵消 20 世纪 70 年代苏军在欧洲战区数量优势，最终形成"积极防御"② 思想并写入作战条令。"积极防御"本质上是机动防御；制胜精要在于保持防御弹性；制胜途径是诱敌深入，采用纵深梯次部署增强防御弹性，吸收和抵消敌方进攻锐势，不断消耗、削弱敌方动能，而后运用机动打击力量对突入之敌薄弱翼侧和后方发起迅猛反击。可见，机动防御具有谋略性和主动进攻精神，与专守防御有本质区别。

迪普伊通过作战推演和数据分析发现，防御方优势随着进攻方不断逼近而迅速减弱。当进攻方距离防御方前沿 1500 米时，在攻、防双方兵力对比为 2.5：1 时，双方战损比约为 15：1；在攻、防双方兵力对比为 4：1 时，双方战损比约为 5：1。这时防御方优势明显。然而，当进攻方推进至防御方前沿前 500 米时，在攻、防双方兵力对比为 2.5：1 的情况下，双方战损比约为 1：1；如果攻、防双方兵力对比为 4：1，那么防御方战损会超过进攻方，这时防御的优势丧失。这其中暗含防御方优势速减的规律——"优势速减律"。基于这一发现，迪普伊加以反向利用：通过纵深梯次部署和实施弹性机动保持与进攻方的距离，从而抵消进攻锐势，保持防御优势（见图 1.33）。

基于"优势速减律"的弹性机动防御制胜途径是采取纵深梯次部署，在敌方进攻时利用机械化部队快速机动能力保持与敌方的距离，或是实施层层抗击和不断袭扰，延长敌进攻时间，打乱敌进攻节奏，削减敌进攻锐势，加速敌进攻顶点到来；或是诱敌深入，利用有利地形设置伏击"口袋"，待敌进入预设"口袋"后对敌翼侧或后方实施迅速反击，予以歼灭。弹性机动防御体现了进与退、静与动、攻与守、防与反、抗与击的有机统一，在相对被动的防御

①　WILLIAM E. D. FM100-5 Revisited［J］//Richard Swain. Selected Papers of General William E. DePuy［M］. Kansas：U. S. Army Command and General Staff College, 1995：307.

②　HERBERT PH. Deciding What has to be done：General William DePuy and the 1976 Edition of FM 100-5, Operations［M］. Leavenworth：U. S. Army Command and General Staff College, 1988：9.

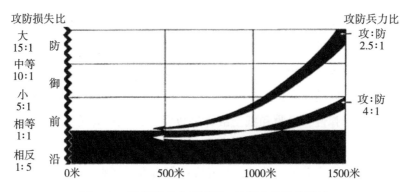

图 1.33　随着进攻方的逼近，防御方的优势递减

作战中注入积极主动的攻势作战精神，精髓在于"弹性"，是思想机变性与行动灵活性的体现。迪普伊强调，无论条令如何修改，"弹性"原则都必须保留，"不能把孩子与洗澡水一起倒掉"①。

（二）通过"两维两法"塑造战斗力优势

"两维"是指时间和空间两个维度，"两法"是指机动和协调，目的是通过两个维度和两种方法共同作用使诸军兵种力量在思想上达成共识，在行动上密切协调，在功能上优势互补，从而增强整体的内聚力和作战效能。迪普伊强调，如果缺乏有效协调，最富创造力的机动计划也难以实现，甚至会造成灾难性后果。这一思想源于迪普伊对战场复杂程度不断提高的准确认知，得益于运用科学方法研究作战问题。迪普伊利用矩阵分析比较美、苏双方各自优势和劣势，进而提出通过"协调增效"巧胜对手的策略。其精要以矩阵形式表现为"纵向整体贯通；横向协调同步"，见图 1.34。

基于矩阵分析，迪普伊提出"数量优势不等于战斗力优势"的观点，进而提出破解苏军数量优势的思路——在数量处于劣势情况下在决定性时间和地

---

① WILLIAM ED. FM100-5 Revisited［J］// Richard Swain. Selected papers of General William E. DePuy［M］. Kansas：U. S. Army Command and General Staff College，1995：307.

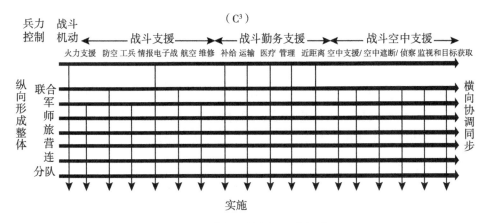

图 1.34 指挥、控制、通信矩阵

点针对敌方关键弱点集中并运用优势战斗力。"集中"通过两个维度和两种方法实现：在空间维度，通过机动集中兵力；在时间维度，通过协调统一行动。机动与协调既是将作战时间与空间、力量与行动等要素统一起来塑造战斗力优势的力量倍增器，也是克服己方数量劣势、抵消敌方数量优势的能动变量。

（三）促发敌方失调混乱，降级为"战斗孤岛"

失调混乱是协调增效的反面。己方内部凝聚力形成和战斗力生成源于协调，敌方内部凝聚力瓦解和战斗力丧失源于失调。迪普伊强调，战场上协调与失调是敌对双方互动与博弈的动态过程，不能只关注己方而忽视敌方，在努力促成己方协调增效的同时促发敌方失调生乱。要同步实现己方协调与敌方失调，就要全面把握双方各自特点，发现各自优劣。为此，迪普伊全面深入研究苏军作战思想、指挥方式、作战方式和力量建设等情况，敏锐洞察美、苏两军在机动战方面的异同。双方在战役层面都强调机动，但是在战术层面（师及以下）存在明显差异：美军强调灵活敏捷，机动优于火力；而苏军强调火力优先。"将军们射击，元帅们机动"[1] 是迪普伊对苏军在战役级重机动、战术

---

① RICHARD S. Selected papers of General William E. DePuy [M]. Kansas：U. S. Army Command and General Staff College，1995：346.

级重火力特点的概括。

在比较研究基础上，迪普伊针对苏军偏重集中指挥、部队行动比较僵硬、缺乏灵活性和独立性等特点，提出针对性对策：通过"在敌人决策周期内行动"瓦解其凝聚力，让对手体系失调，陷入混乱，表现为一体两面。对己方而言，以"同频共振"为理想状态，通过作战空间的兵力机动和作战时间的协调行动使己方作战体系高速、协调、有序运转，在最短时间内凝聚最大合力并作用于敌方关键弱点。对敌方而言，在决策和行动上先于对手，快于对手，通过欺骗诱导等手段施加战争迷雾，让敌方庞大但缺乏灵活性的体系处于被动应对状态，"决策—行动"周期无法闭环，决策周期不断延长，行动节奏越来越慢，陷入失调混乱，整个作战体系丧失凝聚力，进而降级为以分散孤立、缺乏合力的"战斗孤岛"，最终被各个歼灭。

二、科学哲学派代表博伊德的主要思想

约翰·博伊德既深研战史战例，又善于从所处时代前沿科学理论中汲取灵感，将信息论、控制论、系统论、心理学、认知科学、耗散结构论、混沌理论及复杂性科学蕴含的科学原理运用于军事理论研究，从科学哲学视角研究战争艺术，通过分析与综合、归纳与演绎实现突破创新，并将机动战思想上升到哲学高度，使之具有普遍适用性，可应用于人类社会存在活力对抗和矛盾冲突的各种领域。博伊德进行深入研究并运用于军事研究领域的主要科学理论如图1.35所示。

博伊德将科学思潮、哲学思辨和战史战例熔于一炉并运用于军事理论研究，其思想和理论成果高度凝练为OODA（观察—判断—决策—行动）循环模型（如图1.36所示）。该模型形式简约，内涵丰富，呈现作战决策的内在流程和作用机理，深刻揭示战争作为复杂系统的开放性、涌现性、非线性、适应性和远离平衡态等本质特征及产生根源，为美军机动战提供了思维框架，为创新发展美军机动战思想作出原创性贡献并产生深远影响，为美军作战理论与实践创新提供了底层逻辑和"源代码"。博伊德从科学哲学高度认识并

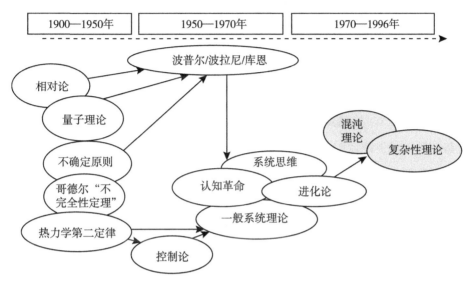

图 1.35　博伊德运用于军事理论研究的主要科学理论

研究战争，因此其研究成果具有高度抽象性和普遍适用性，影响远超出军事领域。

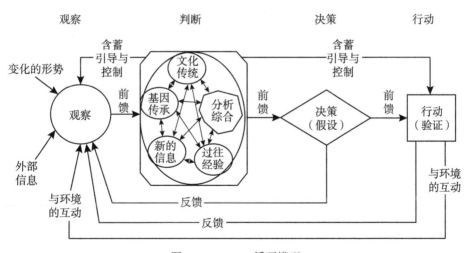

图 1.36　OODA 循环模型

（一）OODA 周期蕴含机动制胜的一般规律

"胜利属于能够更快地完成 OODA 循环、速度上超过对手"的一方，是人们对博伊德思想的普遍误解。通过深入研究博伊德讲座课件、讲座录音实录等原始文献，本书发现博伊德思想真正内核并非简单追求速度优势、以快制胜，而是争取"节奏"优势——"比对手更快的节奏采取行动"①，通过作战节奏优势制胜。博伊德"瞬时机动"概念意指"更快的节奏"，而非更快的速度，本质是善变而非更快。作战节奏优势蕴含的巧战制胜规律体现在以下方面。

一是多维联动催生"能量机动论"。多维联动内含数学、力学、心理学、认知科学等多个学科的基本原理，是节奏区别于速度的一个显著特征。"速度"包含时间和方向两个维度。而"节奏"包含时间、空间和目的等维度，是在时间、空间（包括高度、宽度和深度）和目的等方面有规律或无规律的阶段性变化。因此"节奏"内涵远比"速度"丰富。博伊德对节奏的认识源于从空战经验中总结出"能量机动论"（如图 1.37 所示），以及从热力学中受到启发并提出"高度（势能）作为潜能可以与速度（动能）进行交换，反之亦然"。高度与速度、势能与动能、空间与时间等矛盾范畴以"节奏"为"桥梁"联系起来并相互转化：利用高度优势获取速度优势，利用速度优势获得位置优势，利用位置优势获得心理优势。心理优势体现为以己方心理上有备攻击敌方心理上无备，在作战时空和方式上使敌方难以适应。

二是"能够驾驭变化者胜"。变化的本质是承认并利用战争不确定性，进而先敌而变、因势而变、主动求变，这是博伊德思想精髓的体现，即以思想的灵活机变适应不断变化的现实，以灵活多变的行动应对和驾驭复杂的战争。在作战领域，这一思想突破了速度制胜论的认知局限，确立了快慢相间、富于变化、充满弹性的节奏优胜观。

节奏优胜观是博伊德通过深入研究空战得出的规律性认识——"能够驾

---

① BOYD JR. Patterns of Conflict [Z]. edited by Chet Richards and Chuck Spinney, Atlanta: Defense and National Interest, 2007: 5.

博伊德《空中攻击研究》中的
机动场（"几何空间关系"）

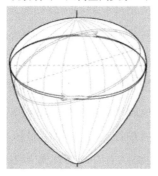

能量机动公式

$$P_S = V \cdot \left(\frac{T-D}{W} \right)$$

P_S：战斗机单位剩余功率
V：速度
$T-D$：推力–阻力
W：重量

图 1.37　机动场与能量机动公式

驭最快变化者胜"，"变化"即指节奏变化。这一认识揭示了近距离空战制胜的奥秘：真正优势和最后胜利不取决于速度快慢，而是取决于谁更善于变化。这一认知不断深化并融入 OODA 循环理论，具备广泛适用性和应用价值，蕴含机动制胜乃至一切在活力对抗中取胜的一般规律——善于变化者胜。制胜关键不在于哪一方更快完成循环，而在于哪一方能够更快地适应环境变化，更好地做出变化塑造环境。

　　"驾驭变化者胜"的认识增强了博伊德思想对战争实践的解释力和指导作用：强者利用变化保持并扩大优势，以强胜弱，争取战争收益最大化；弱者利用变化实现优劣转化，以弱胜强。一方面，强者利用节奏变化保持其强。以博伊德思想为指导的"空地一体战""快速决定性作战"等机动进攻作战理论强调利用节奏变化达成多种效果——增加己方行动模糊性，趁机调整部署、保持力量与行动协调一致，避免进攻到达顶点，解决持续快速进攻难以维持的难题，同时通过改变进攻节奏甚至突然的战术短暂停迷惑敌方，干扰敌方判断。在伊拉克战争大规模作战阶段，美军快速进攻中的作战停顿对恢复战斗力、保持进攻锐势起到"快速充电"作用；多路并行攻击形成的多种节奏起到干扰、迷惑敌方的作用。另一方面，弱者利用节奏变化实现以弱胜强。弱势方可以故意放慢节奏，不与强敌争快，采取"以空间换时间""积小胜为大胜"等策略迟滞强敌进攻节奏，破坏敌攻击锐势，诱导敌进攻到达顶点，从物质上不断消耗强敌兵力兵器，从心理上消磨强敌作战意志，从精神上削弱强敌的民意支持，利用强敌企图速战速决的心理将其拖入极不舒适、难以适应的节奏中。博伊德研究发现，战争史上弱势方往往采取游击战等灵活多变的非正规战抵消强敌优势，立足持久作战、消耗对手，通过快慢相间、以慢制快、以快制快的节奏变化实现以弱胜强，进而提出在闪击与反闪击、游击与反游击的博弈中制胜的思路。

博伊德对战争中"驾驭变化者胜"的规律性认知和强弱转化的辩证剖析充满哲学思辨色彩，彰显辩证思维的张力和活力对抗的艺术，为美军作战理论与实践创新提供了认识战争本质、把握战争规律、运用战争艺术的底层逻辑。

三是塑造相对优势，争取"积差优胜"。博伊德从敌对双方互动角度研究如何获得作战节奏优势。他追求的节奏变化是相对于敌方的快与慢、急与缓，通过控制和改变节奏形成时间差（时间上快于敌方）、空间差（位置比敌方有利）、心理差（以己方有备攻敌方无备）。这些差别及由此产生的综合优势差随OODA周期反复循环而非线式放大，最终导致敌方因无法适应而混乱、崩溃。因此，博伊德认为要实现巧胜并不需要追求绝对的快节奏，只需要形成并保持相对优势即可。这样既可以避免OODA循环因过快过紧而出现失误，也有利于实现作战效益最大化，实现最佳效费比。对塑造并利用相对优势制胜的认识得益于博伊德利用复杂系统科学的非线性、涌现性、反馈、系统熵等原理揭开复杂系统对抗的制胜之道——"没有必要通过一次沉重打击彻底瓦解体系。因为随着时间推移，反应错误或者反应迟缓产生的效果会通过反馈回路放大，因此只需要创造初始优势并阻止敌人抵消这一优势即可"①。博伊德的相对优势观具有反传统、反直觉特征，打破了人们追求绝对速度、绝对优势的传统观念和思维定式，其中蕴含着"积差优胜"的机动制胜规律。

博伊德用"闪击战"的突破及钳形包围等战术展示复杂系统的非线性涌

---

① FRANS O. Science, Strategy and War: The Strategic Theory of John Boyd [M]. Amsterdam: Eburon Academic Publishers, 2005: 171.

现行为,诠释"积差优胜"之道:位于战术边缘的作战单元从一点突破后发挥主动性,不断寻找并攻击敌方弱点,涌现复杂系统内各要素的自组织、自适应和自协同行为,从而产生多个分岔,衍生出多个行动,而后产生更多分岔,衍生出更多行动,使优势迅速放大。其中蕴含的复杂性制胜原理在于初始阶段局部的微小变化经过频繁互动,时间积累和非线式迭代会涌现整体性、复杂性巨变,即简单产生复杂,小动因产生严重后果,实现"积差优胜"的效果(如图 1.38 所示)。

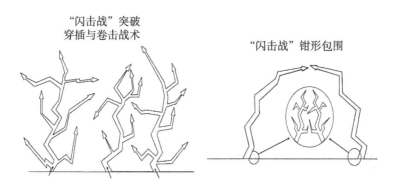

图 1.38 "闪击战"思想蕴含的"积差优胜律"①

(二) 在"互动与孤立的博弈"中实现机动制胜

博伊德思想的一个突出特点是从哲学高度研究战争,始终围绕"敌对双方活力对抗"这一根本矛盾并将其概括为"互动与孤立的博弈":敌对双方博弈的本质是削弱敌方对内对外互动的能力,造成其孤立,同时维持己方对内对外互动的能力,避免被孤立。其中蕴含适用于一切活力对抗和人类生存的普适性规律:互动带来活力,促进成长;孤立丧失活力,走向衰亡。这一研究结论富有哲学意蕴,蕴含辩证思维和系统思维的张力。

---

① BOYD JR. Patterns of Conflict [Z]. edited by Chet Richards and Chuck Spinney, Atlanta: Defense and National Interest, 2007: 80-81.

一是辩证思考"互动与孤立"。辩证思维体现在博伊德从敌对双方对立统一角度思考"互动与孤立",设法保持己方"互动"同时破坏敌方"互动",避免己方陷入"孤立",同时设法"孤立"敌方,进而从"互动与孤立"对立统一角度揭示机动战本质(如表 1.19 所示)。

表 1.19　　　　　　　　博伊德对机动战本质的揭示

己方互动(孤立敌方)的手段 创造、利用并放大	孤立敌方的结果
模糊 己方各种行动可以相互替代或相互竞争,让对手难以判断是否会发生。	判断失误 观察到的事件或行动与想象中必须应对或适应的事件或行动不符(存在差异和错位)
欺骗 让对手的认知与事实真相矛盾。	瓦解 分裂、破裂或破碎成碎片状态。
新奇 采取令对手感到陌生或从未经历过的新行动、新观点。	过载 大量危险事件、行动同时涌现,超过对手心理和生理的适应能力、承受能力。
瞬时机动 机动样式/状态之间不规则、迅速、突然的变换。	
行动(正与奇、非重心/重心) 通过集中释放能量或突然使用暴力,突破或插入敌方有机体。	

目标:制造大量分散孤立的重心,干扰、破坏对手或令其不堪重负,以增大阻力、瓦解凝聚力、造成瘫痪、引起崩溃;发现、制造并利用多个关键弱点、薄弱环节和机会,分割对手并孤立其各部进而各个歼灭。

一方面,己方通过保持模糊、实施欺骗、不断创新、快速机动、奇正并用等手段保持内、外部互动顺畅,积极适应变化、主动制造变化和不确定性。另一方面,破坏敌方互动,使敌方内、外部陷入孤立,有机整体被割裂为分散孤立的个体，内部丧失凝聚力，对外无法感知对手变化，心理和生理上越来越不能适应作战环境变化，由最初迷惑逐渐退变为出现混乱、陷入瘫痪、彻底崩溃（如图 1.39 所示）。博伊德思维的辩证性还体现为将敌方视为会思考、能适应、有活力的行为体，始终考虑敌方的反应和反行动，从活力对抗角度研究机动与消耗、持久与速决、闪击与反闪击、游击与反游击等若干对矛盾的辩证关系。①

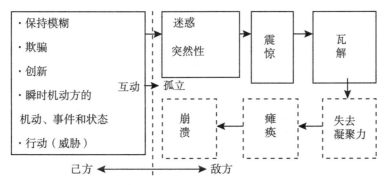

图 1.39　利用己方"互动"造成敌方"孤立"的内在逻辑

博伊德"互动与孤立"的思想融合了热力学、进化论、控制论、系统论、耗散结构论等多种科学理论，不仅揭示战争胜负之道，也具有广泛适用性，能够回答自然界和人类社会"如何更好地生存发展，如何避免衰弱灭亡"这一根本哲学问题。要在充满不确定的世界生存和发展，自然界和人类社会的各种系统就要保持开放，内、外部通过持续互动不断交换信息、物质和能量，才能抵抗熵增，消除无序和混乱，远离平衡态，保持动态平衡，在维持生存、保持活力基础上不断创新发展；相反，如果系统封闭孤立，内外部不能进行互动，无法交换信息、物质和能量，那么熵就会不断增加，陷入无序和混乱，逐渐失去活力，走向灭亡。在军事斗争领域，保持动态平衡的关键在于"动"，以灵动的思想和多变的行动保持己方内外部互动顺畅，避免陷入孤立，同时破坏敌

---

①　BOYD JR. Patterns of Conflict［Z］. edited by Chet Richards and Chuck Spinney, Atlanta：Defense and National Interest，2007：106-107.

方互动，使其陷入孤立。

二是系统思考"互动与孤立"。博伊德以系统思维全面研究"互动与孤立"，提炼出两个"三位一体"——"思想、时间、空间"和"精神、心理、物理"①，将物理域、信息域和认知域都包含在内，对各种功能领域及有机整体的内外部联系进行系统考察，将"互动与孤立"贯穿各功能领域。行动产生于物理域，通过信息域传播影响敌方认知域，敌方认知的改变通过物理域的行动体现出来：通过物理域行动与环境产生互动；通过信息域传导让敌方获得不完整信息或虚假信息，或是通过阻断信息令敌方无法获得所需信息而陷入孤立，进而影响敌方认知判断，破坏敌方心理稳定；敌方认知混乱会出现行动迟缓或失误，效果在物理域体现出来。己方通过反馈渠道评估行动效果，基于效果在物理域展开新一轮行动，如此循环迭代，最终使敌方陷入瘫痪。在整个过程中，不同功能领域相互影响，行动与效果跨域循环、螺旋发展，需要以系统思维从整体上把握。其中蕴含跨域循环制胜的规律是美军跨域协同、多域作战、全域机动等概念的理论依据和底层逻辑。

"互动与孤立"蕴含各种关系，形成复杂关系网。互动不仅存在于己方有机整体与外部环境之间，还存在于有机体内部各要素之间，形成复杂网状结构。互动要素越多样，互动越快速、越和谐、越主动，有机体适应变化和不确定性的能力就越强，生存能力和反脆弱能力越强，涌现出的整体行为就越复杂、越难以预测。因此，博伊德把"多样、快速、和谐、主动"作为己方实现良性互动从而进入敌方 OODA 循环的关键要素。相反，孤立不仅体现于敌方有机整体与外部环境之间联系中断，也体现于敌有机体内部各要素之间丧失精神纽带和凝聚力。使敌方陷入孤立的关键要素包括"不确定、怀疑、不信任、迷惑"。孤立敌方的本质是对敌方有机整体进行降级打击，通过破坏联系、瓦解凝聚力将敌方复杂系统降级为简单系统，进而降级为孤立的要素，导致战斗力出现系统性崩塌，使敌方因无法适应变化而走向毁灭。

①　BOYD JR. A Discourse on Winning and Losing [M]. edited and Compiled by Grant T. Hammond, Alabama：Air University Press, 2018：207.

可见，博伊德以系统思维看待"互动与孤立的博弈"，认为"有生命的系统是开放系统，而封闭系统是无生命系统。如果我们不与外部世界交流信息……就会走向灭亡"①，进而升华为哲学上的终极命题——"互动带来活力与成长，而孤立则导致退化和灭亡"②。破解这一终极命题的核心密码恰在于一个"动"字。动中既蕴藏成长的机遇，也暗含避免孤立的转机。

三、系统工程派代表沃登的主要思想

系统工程派是美军机动战思想的一个重要流派，"网络中心战""快速决定性作战""基于效果作战"等很多作战理论及实践都带有系统工程思维印记。以"五环理论"著称的约翰·沃登是该流派代表人物。其主要思想可以概括为以下两方面。③

（一）把破坏敌方系统作为机动制胜的目标④

沃登主张把敌方视为一个系统，通过战略瘫痪的方法使系统失能，从而赢得胜利。基于这一理念，沃登把敌人视为一个环环相扣、紧密联系的有机整

---

① BOYD JR. The Strategic Game of ? And ? ［Z］. edited by Chet Richards and Chuck Spinney, Atlanta：Defense and National Interest, 2006：28.

② BOYD JR. The Strategic Game of ? And ? ［Z］. edited by Chet Richards and Chuck Spinney, Atlanta：Defense and National Interest, 2006：29.

③ 约翰·沃登是海湾战争美军空中战役计划的制定者之一。其"五环理论"是理论与实践互动（理论指导实践、实践检验理论）的实例，对海湾战争中美军空中战役起到理论指导作用，又通过战争实践得到检验和完善。

④ 沃登与博伊德都是空军军官，都提倡战略瘫痪，但是二者思维方式和研究方法有很大区别。沃登从系统工程角度出发，以敌方指挥系统或核心领导层等有形实体为目标研究如何实现战略瘫痪，以工程化思维推导出指导作战行动的具体原则和方法，偏向于若米尼式的研究路线，因此被视为若米尼派。博伊德主要从科学哲学角度出发，以敌方心理和认知等无形因素为目标研究如何实现战略瘫痪，提供的是战争制胜的认识论和方法论，而不是指导作战行动的具体原则和方法，偏向于克劳塞维茨式的研究路线，因此被视为克劳塞维茨派。对于二者的比较研究详见：David S. Fadok. John Boyd and John Warden：Air Power's Quest for Strategic Paralysis ［M］. Alabama：Air University Press, 1995.

体，着眼于政治目的筹划战略目标，着眼于战略目标部署战役行动，实现战役、战略到政治层有机衔接：下一级为实现上一级目标提供支撑与服务，上一级为下一级行动制定目标并反馈效果。

沃登把敌对国家和军队视为存在一系列重心的系统，各级有各自的重心。不同的重心地位作用不同，但相互联系。基于系统观念、采取工程化思路创建通用分析模型，从不同层次重心中找出最重要且脆弱的重心直接予以打击，通过瘫痪而非消耗取得胜利。沃登根据重心的重要程度由内向外划分五个同心圆，最重要的重心处于核心位置。"五环"模型构建既是从分析到综合的思维过程，也是运用系统工程方法研究作战问题的理论成果：第一步，将敌方有机整体作为打击目标；第二步，从敌方有机体中分析出若干重要且相互联系的重心；第三，从众多重心中找出最关键的核心；第四，依据各重心对系统功能的影响从内到外排序；第五，重新构建打击目标，并以"五环"形式呈现。

在战略级，"五环"从内到外依次为：军民指挥系统、工业、交通运输基础设施、人口和食物资源、军队（如图1.40所示）。沃登的核心思想以敌方领导层为目标，通过打击并瘫痪其指挥系统直接达成战争的政治目的。沃登认为，军民指挥系统（国家领导层）是最关键一环，具有最终决定权，很多战争都是通过迫使敌方指挥系统妥协让步、放弃抵抗而结束的，因此抓捕或击毙敌国领导人能够产生决定效果，"战争的本质是对敌方最内部的战略环（即指挥层）施加压力。如果能够直接影响指挥环，就没有必要去应对敌方的军队了"①。

但是，在现实中直接打击敌方指挥层难度很大，甚至无法实现，因此通常采取间接施压，即通过对指挥环以外的各环施加足够压力，造成相当程度破坏，进而迫使敌方指挥层妥协投降。然而，"所有行动都要针对敌方指挥层的思想和内心"②。例如，对敌国工业或交通运输基础设施的打击不仅是影响其军队，更重要的是影响敌国领导人心理，迫使其评估战后恢复和重建代价，衡

---

① WARDEN J. The Air Campaign [M] // Clayton R. Newell, Michael D. Krause. On Operational Art. Washington D C: Center of Military History United States Army, 1994: 87.

② WARDEN J. The Air Campaign [M] // Clayton R. Newell, Michael D. Krause. On Operational Art. Washington D C: Center of Military History United States Army, 1994: 87.

量继续进行战争的收益能否弥补战后恢复重建成本，进而停止战争。

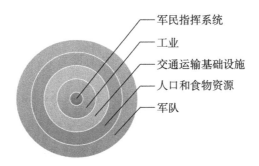

图 1.40　战略级"五环"

在战役级，"五环"从内到外依次为：指挥官（包括指挥、控制和通信系统）、战役后勤（包括弹药、油料和进行战争所需的食品）、提供战役保障的基础设施（包括运输部队和物资所需的公路、铁路、水路、航空、交通线及输油管线等设施）、提供战役保障的人员、作战力量（包括飞机、舰船和部队），如图 1.41 所示。

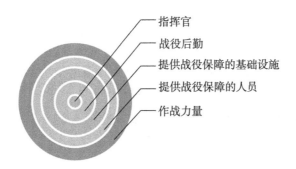

图 1.41　战役级"五环"

就空中战役而言，"五环"从内到外依次为：指挥中心（包括指挥控制设施）、后勤、基础设施（包括空军基地和输油管路等）、人员（包括飞行员）和作战力量（包括飞机和导弹等），如图 1.42 所示。通过构建"五环"模型并结合战史战例研究，沃登发现对等条件下空战以及直接攻击敌军空中战机最为困难且代价最大，"天空是夺取制空权效率最低的领域"①，并进一步探索如何以更巧妙的方式夺取空中优势。沃登从系统工程角度出发，关注敌军整个体系和空战全过程，从中找到最关键且脆弱的目标，进而集中力量重点打击，尽管具体目标会因情况而变化，但始终着眼于"获取最大回报"②。沃登发现，关键且脆弱目标包括飞机生产厂的能源供应和运输设施及原材料运输线。沃登将此类目标归为后勤和基础设施类，进而提出夺取空中优势的重点从空中转向地面，对敌方机场、飞机制造厂、运输设施等后勤和基础设施类目标实施反复打击。"夺取空中优势的途径不在空中而在地面"，这一认识是对传统空战观念的突破，是系统思维的产物，是非对称作战思想的体现，拓展了空中战役的时间和空间纵深：在时间上，从战时拓展到战前飞机生产、运输等环节；在空间上，从前线拓展至后方制造厂、运输线和油料供应链等目标。从思维方式上看，系统思维颠覆了传统的制胜路径选择，在传统思维定式下很多最显而易见的选择（如攻击敌军空中战机）往往是效果最差的选择，而那些通常被忽视的选择经过系统思维加工可以成为巧战制胜的捷径。

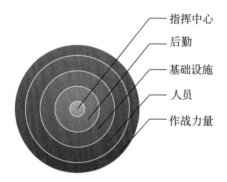

图 1.42　空中战役"五环"

①　DAVID R. Mets. The Air Campaign：John Warden and the Classical Airpower Theorists [M]. Alabama：Air University Press，1999：60.

②　WARDEN J. The Air Campaign［M］// Clayton R. Newell，Michael D. Krause. On Operational Art. Washington D C：Center of Military History United States Army，1994：92.

沃登的理论模型和论断建立在深研战史战例和数据量化分析基础之上。例如，"在地面上消灭敌军飞机比在空中歼灭更划算"的结论是基于表1.20实战数据分析得出的。

表1.20   **"五环"模型的战例及数据支撑①**

战例1：1941年苏德战争	
德军出动的轰炸机和战斗机	苏军被毁于地面上的飞机
> 1400架	<4000架
攻击时间：6天	
攻击效果：苏军被毁于地面的飞机远超出德军出动的飞机。	
战例2：1967年阿以战争（第三次中东战争或六日战争）	
以色列出动战机	阿拉伯军队被毁于地面上的飞机
196架	≈400架
攻击时间：2天	
攻击效果：阿军被毁于地面的飞机远超出以军出动的飞机。	
研究结论："在地面上消灭敌军飞机比在空中歼灭更划算。"	

正是基于"理论建模+战例研究+数据分析"的系统工程研究方式，沃登得出"通往重心的道路不一定是直线"② 这一重要论断，为破解"越是重要的重心越受到敌方严密保护，越难以击破"的难题提供了新思路：选择间接路线而非直接路线，实施间接打击而非直接打击，进行间接施压而非直接施压，以切断联系而非打击实体为重点（如表1.21所示）。

---

① 数据来源：WARDEN J. The Air Campaign [M] // Clayton R. Newell, Michael D. Krause. On Operational Art. Washington D C: Center of Military History United States Army, 1994: 91.

② JOHN W. The Air Campaign [M] // Clayton R. Newell, Michael D. Krause. On Operational Art. Washington D C: Center of Military History United States Army, 1994: 94.

表 1.21　　　　　　　　　　打击敌防护严密重心的方法比较

项目	传统思路（消耗战思想）	沃登思路（机动战思想）
思维方式	线性思维	非线性思维、系统思维
打击途径	直接路线	间接路线
打击方式	直接打击/直接施压	间接打击/间接施压
打击目标	直击实体	切断联系

在"五环"模型中，内、外环在重心数量、重要程度、打击效果、反应时间等方面都不相同。内环的重心数量少于外环，但是重要性要超过外环。然而，有时候（特别是在战术级）打击外环重心更加容易，见效更快。因此，尽管战役性空中遮断和战略性空中纵深打击对最终结果更具有决定意义，但是在紧急情况下特别是战术级支援地面作战时优先采取近距离空中支援效果更明显（如图 1.43 所示）。

图 1.43　各环重心特点对比

（二）基于工程化思维构建"五环"模型，实施并行攻击

并行攻击是指对"五环"模型中的多个环和多个重心同时进行攻击。与从外环到内环、从一个重心到另外一个重心的按顺序逐次攻击相比，并行攻击节奏更快，效率更高，使敌方更难以应对，更容易产生瘫痪效果。

并行攻击思想牵引作战时空、释能方式及集中等作战原则发生重大变化。

作战时间上，同时对敌方"战术—战役—战略"层的多个重心实施打击改变了循序渐进的传统打击模式，压缩了作战层级，缩短了作战时间，加快了作战节奏。作战空间上，同步对敌方"前沿—纵深—后方"多个目标实施打击，拓展了战场空间，将空中与地面、前沿与后方联系在一起，牵引战场空间向多维立体纵深方向发展。释能方式上，使用精确打击武器对敌方多个分散、独立的目标同时实施打击，释能方式从粗放型向精准释能转变，从逐步分散式向同步集中式转变。作战原则上，并行攻击给传统的"集中"原则赋予新内涵：进攻力量在空间上分散，时间上同步，行动上协调，打击效果实现集中，呈现出兵力分散、火力集中，行动分散、效能集中，分散机动、集中打击等新特点。

并行攻击思想的产生与实现以技术进步和武器装备发展为支撑。特别是隐身技术、精确打击技术与信息技术相结合加速这一思想的实现，取得迅速瘫痪敌军体系的效果，在海湾战争等局部战争中得到充分体现。

四、战史战例派代表马蒂斯的主要思想

战史战例派主张"鉴古知今、指导实践，以史为鉴、把握未来"，把作战思想和理论创新建立在深厚的史例研究基础之上。美军很多军事思想家都具备深厚的史例研究功底，马汉父子、《军事历史百科全书》编纂者杜普伊、美国前国防部部长马蒂斯等都是代表人物，他们从战史战例中汲取智慧，丰富发展机动战思想，指导和推动美军机动战实践。其中马蒂斯任职经历丰富，在思想与行动、理论与实践结合方面特点鲜明，善于从战史战例中获得灵感并指导机动战实践。①　在其作战实践中，每当遇到难题都从战史战例中寻找答案，主要

① 马蒂斯长期在美国海军陆战队服役，任职经历和实战经验丰富，参加过海湾战争、阿富汗战争和伊拉克战争，曾出任美军联合部队司令部司令、中央司令部司令和国防部部长等职务，对美军作战思想和实践创新有重要影响。其思想既深受史例影响，也深受奉行机动战思想的海军陆战队影响，同时通过个人思想的开拓创新和影响力推动陆战队乃至整个美军机动战思想发展。因此，本书以马斯蒂作为战史战例派的代表。

体现在以下两方面。

（一）远程机动突破地理纵深和敌方心理纵深

在阿富汗战争期间，马蒂斯从第二次世界大战英军在缅甸对日军作战的典型战例中受到启发，从历史纵深汲取智慧，深刻领悟纵深机动的真谛在于打乱敌方作战节奏，破坏敌方体系结构，瓦解敌方内在凝聚力，进而指挥海军陆战队大胆突破常规，通过纵深机动深入阿富汗内陆，占领"犀牛"前进基地。

阿富汗是典型的内陆国，美海军陆战队要到达预定作战地域，就必须跨越648千米陆上距离，实施陆上纵深机动，深入内陆腹地。这对以两栖登陆作战为主要任务的陆战队来说是一个前所未有的挑战。根据美海军陆战队作战条令，陆战队地面作战最远距离不能超过海岸线321千米，战场上实际机动距离已经远超出条令规定。马蒂斯没有被条令束缚，而是以史为鉴，打破常规，提出创造性解决方案，通过建立中转基地、开设前沿基地、预置人员物资、派遣联络官等手段克服距离、地形等天然障碍，成功指挥陆战队实施了第二次世界大战结束后最远距离陆上机动作战。突破常规的纵深机动不仅指向地理纵深，还指向敌方心理纵深，不仅突破了地理边界，还突破了敌方心理边界，取得了出敌不意、攻敌无备的效果。

（二）以速度为武器，使敌方陷入混乱无序

马蒂斯指挥美军第1陆战师期间提倡速度制胜，将速度制胜观刻入官兵的思想，成为"一种思考方式和迅速高效解决问题的思维体操"[1]。他要求陆战队接到进攻命令后，能够在5小时内从任意地点发起进攻。马蒂斯运用OODA循环模型阐述"速度"构成要素和制胜逻辑。在构成要素方面，马蒂斯将"速度"分解为信息传输速度、后勤补给速度、部队集结速度、命令传达速度、行动速度等要素。在制胜逻辑方面，马蒂斯从史例研究中发现两条速胜之

---

[1] MICHAEL L V. The Mattis Way of War: An Examination of Operational Art in Task Force 58 and 1st Marine Division [M]. Leavenworth: Command and General Staff College, 2014: 43.

道：一是把"速度"本身作为战斗力倍增器和制胜武器，出敌不意的速度能够令敌方来不及反应，使敌方因不断面临新难题而陷入困境；二是只要己方总体上能够保持协调一致，就可以不断加快速度，从而让敌方始终处于被动应对、无法适应的状态，陷入迷惑和混乱之中。可见，马蒂斯速度制胜观不是在物理空间简单争快，而是利用速度制造混乱，利用混乱向敌方施压，从而在乱中取利。"以速度为武器制造并利用混乱，影响敌方心理和精神领域"，这是马蒂斯思想的精要所在。

把"速度"作为制造混乱和攻击敌人的利器，其灵感源于历史研究的滋养与启迪。无论是与敌方互动前的蓄势待发，还是与敌方多次互动后的休整恢复，历史与其他要素共同构成速度制胜的重要支柱。速度优势在马蒂斯机动制胜思想中的作用及与敌人进行互动的结果通过以下思维模型得以形象直观地展现。①

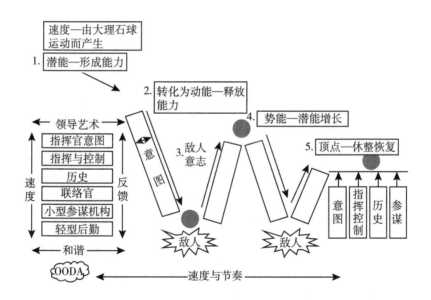

图 1.44　马蒂斯机动制胜思想可视化呈现

①　MICHAEL L V. The Mattis Way of War：An Examination of Operational Art in Task Force 58 and 1st Marine Division ［M］. Leavenworth：Command and General Staff College, 2014：55.

上述各派代表人物的主要思想相互影响，在互动中形成思想簇，一方面加速了美军作战理论开发，形成"空地一体战""快速决定性作战"等一批理论成果；另一方面各派主要思想通过理论升华得以完整呈现和固化，有些进入美军作战条令获得权威性，更好地指导作战实践。

第四节　美军机动战思想的代表理论

美军机动战思想的各流派相互影响，在交流互动中不断激发新思想、新活力，特别是在越南战争结束后的大改革浪潮中新作战理论呈井喷式发展。其中"空地一体战"理论是机动战思想确立主导地位的理论标志，"网络中心战""快速决定性作战""空海一体战"等理论是以机动战思想为支撑的典型代表。

一、"空地一体战"的机动制胜思想

"空地一体战"是美军为应对苏联军事威胁提出的作战理论，以苏军"大纵深战役"理论为标靶，借鉴德军"闪击战"和以军"速决制胜"思想的内核，吸收博伊德等人思想精髓，综合各流派学术观点精华，在美军内外进行充分讨论，在战争实践中得到检验。

（一）谋求通过避强击弱抵消对手数量优势

美军"空地一体战"的灵感来源于德军"闪击战"思想。"空地一体战"条令主要撰写人休巴·沃斯·德切格认为，"闪击战"的精要是拼智巧，而不是拼人力、物力，数量上处于劣势的军队只有坚持"取巧"才能取胜。"取巧"思想为战胜占有数量优势的苏军提供了大思路、大逻辑和大方向。他借用《孙子兵法》中的名言将"空地一体战"核心思想概括为"兵之情主速，乘人之不及，由不虞之道，攻其所不戒"，意在强调制胜的关键在于速战速决，在于隐蔽突然，在于采取敌方意想不到的方法和路线攻击其疏于防范的薄

弱部位，本质上是避强击弱，机动制胜。

（二）全正面、全纵深同时采取攻势行动

"空地一体战"以"主动、灵敏、纵深、协调"为作战原则，是美军机动战思想的具体体现。美军将"空地一体战"的精要归结为"通过在战场全正面、全纵深同时采取攻势行动击败敌人"。"攻势行动"是"主动"的体现，"全正面、全纵深""同时"是"灵敏""纵深""协调"的体现。

1. 主动

主动是指迫使敌方按照己方作战节奏行动，保持己方行动自由的同时剥夺敌方行动自由，特点是大胆行动，敢于冒险，将进攻精神贯穿于各种作战行动，按照美军设定的条件结束作战行动。

"空地一体战"是攻防兼备的理论，主动原则在防御和进攻中都有所体现。尽管表现形式不同，但都蕴含进攻精神。

在防御作战中，主动性体现为机动防御，把防御变成积极主动的攻势行动构成的盾牌，抵消进攻方选择进攻时间和地点的最初优势，诱导敌进攻达到顶点，并因势利导把防御引向反攻和进攻。防御中的攻势行动主要体现为地面反击和空中遮断。地面反击是指把机动能力强的作战力量编成预备队，对突出之敌的翼侧和后方实施迅速而猛烈的反击。空中遮断是指运用空中力量对敌实施纵深攻击，主动进击敌军后续梯队，打乱敌进攻节奏，割裂敌前后联系，破坏敌体系完整性，为己方反攻和进攻创造条件。

在进攻作战中，主动性体现为持续施压，不断制造难题，不让敌方从最初的震惊中恢复过来，使敌无法适应态势变化。主动性存在于时间、空间和心理等多个维度。在时间上，谋求先于对手，快于对手。① 先于对手是指提前思考并筹划作战，抢占先机之利，塑造未战先胜之势。"空地一体战"把预测战场态势变化和预见作战行动发展作为十大要务之一，将其视为进入敌方决策周期

---

① Headquarters, Department of the U.S. Army. FM 100-5, Operations [Z]. Washington DC: Department of the U.S. Army, 1986: 6.

并保持主动的关键。① 快于对手是指从决策到行动整个周期用时比对手短，节奏比对手快。在空间上，主动性体现在同时对敌全纵深多个目标实施立体打击，特别是重点打击敌第二梯队等后续目标，并在敌纵深实施空降作战。在心理上，从敌方意想不到的时间和地点采取出敌不意的方式发起攻击，达成进攻突然性，破坏敌心理稳定。

2. 灵敏

灵敏是比敌方更快变化的能力，是思想和行动机变性的体现，是夺取并保持主动的首要前提。先敌而变的优势在于当敌方尚未认清形势、做出反应时，己方已经采取新的行动，从而让敌方始终处于被动，出现行动失序、心理失衡、体系失能等状况。其内在机理是在体系对抗中己方通过集中与分散的灵活变换干扰敌人判断，进而将敌方有机整体割裂，使敌方变成孤立的个体，集中己方优势力量各个歼灭，而后迅速分散以避免遭敌打击。

灵敏包括行动和思想两个维度。从行动维度看，要求官兵能够"读懂战场"，形成能够"用脚思考"的战场直觉和灵活应变能力，善于洞悉形势变化，能够因势而变、迅速反应，能够适应并驾驭信息不完整、充满不确定性的战场，能够快速决策、果断行动、敢于冒险。灵敏在进攻和防御中都有体现。在进攻中，灵敏体现在主攻方向选择和主要力量安排上，根据战场形势变化和进攻发展情况灵活调整。"空地一体战"把理想的进攻比作"奔涌的洪流"，不仅能够迅速涌动，而且时时处处寻找并利用空虚和缝隙，进而迅速集中力量乘虚而入，向敌纵深和后方发起进攻，实现攻则无孔不入。在防御中，灵敏体现在防御弹性上。通过"正面窄、纵深长"的大纵深梯次部署增加己方防御弹性和灵活性，削弱敌方进攻锐势，破坏敌方进攻节奏。通过诱敌深入、预设"口袋"和阵内伏击诱歼突入之敌。有效运用机动力强的预备队是防御中保持灵活性的关键，可以随时应对意外情况，对来自各方向的突入之敌实施迅速而猛烈的反击，实现守则有隙必弥。尤其在机动防御中，灵活运用预备队实施决

---

① Headquarters, Department of the U. S. Army. FM 100-5, Operations [Z]. Washington DC: Department of the U. S. Army, 1986: 23.

定性打击是取得胜利的关键。防御中的灵敏还体现为"以不动实现机动的效果"——静待敌军运动至不利位置后发起伏击,蕴含着"以静制动"的制胜之法。

从思想维度看,在所有层面成功运用机动原则不仅需要火力和运动,还需要思想、计划和行动的灵活性。其中思想灵活性居于首位,其精髓在于"深入敌方指挥官内心",从敌方角度观察战场,洞悉变化,进而采取行动向敌方心理施压,同时保持己方思想灵动。"深入敌方指挥官内心"并洞悉其心理变化的途径包括:战场情报准备,指挥官的智慧、经验及主动性,深入了解敌方指挥官的性格特点、指挥风格和作战经历,把握敌军企图及能力等。在此基础上,利用敌方已经形成的认知偏见和思维定式采取敌人希望看到的行动,加深敌人错误认知;或者同时在多个方向和多个领域采取行动,增加战场混乱程度和复杂性;或者隐蔽不动,令敌人难以感知形势变化。总之,静与动、快与慢、佯动造势与突然袭击,都是思想灵活性的外在体现。

3. 纵深

纵深是作战行动在空间、时间和资源等方面的延伸。在空间上,通过纵深获得有效实施机动所需的空间,使战场空间呈现多维立体的特点,并向一体化战场、"拓展的战场"① 发展。在时间上,通过纵深获得计划、安排和实施作战行动所需的时间,取得先于对手行动的先机之利,或者在作战持续时间上具备超过对手的韧性和持久性。在资源上,通过纵深获得诸军兵种及盟军支援,实现联合制胜。纵深原则在进攻和防御中都有所体现,进攻的锐势和防御的弹性都源于纵深(如图1.45所示)。

纵深攻击。纵深攻击是"空地一体战"的重要理论创新,既用于进攻,也用于防御。"空地一体战"要实现"取得胜利而不只是避免失败"② 的目标,关键在于将攻击延伸至敌军全纵深。纵深攻击的目的不是歼敌夺地,而是

---

① STARRY D. Extending the Battlefield [J]. Military Review, 1981, 3: 31-50.

② U. S. Army Training and Doctrine Command. U. S. Army. Operational Concepts: The AirLand Battle and Corps 86 [Z]. Virginia: U. S. Army Training and Doctrine Command, 1981: 15.

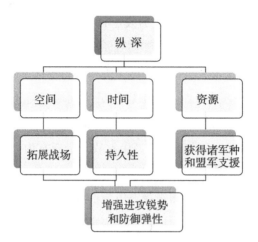

图 1.45 "空地一体战"纵深原则的三个维度

剥夺敌军行动自由，打乱敌军作战节奏，破坏敌军体系完整，瓦解敌军内在凝聚力。纵深攻击的主要行动和手段包括空中遮断、地面远程火炮射击、特种作战渗透、进攻性电子战、欺骗行动、纵深监视和目标获取，以及指挥、控制和通信对抗等。

其中，空中遮断是体现纵深攻击思想精髓的典型样式。空中遮断是在敌方作战力量尚未投入使用、尚未对己方部队构成直接威胁前，进行迟滞、干扰、牵制或消灭的作战行动。空中遮断通常针对敌纵深重要目标，如预备队、第二梯队、指挥控制系统、交通线、通信网、作战物资补给等，可以割裂敌方作战体系，破坏其完整性和连贯性，有效削弱敌作战潜力和持续作战能力。空中遮断的作用和效果是美军对美、苏双方作战理论、力量编成及运用特点、作战方式及武器装备等因素进行综合比较基础上形成的重要结论。研究表明，在己方不实施空中遮断情况下，敌方攻势能够持续向纵深突贯。在此期间，己方防御力量不断遭到削弱，行动自由迅速丧失，而敌方主动权得到决定性增强。相反，在己方实施空中遮断情况下，敌方后续梯队遭到阻拦，进攻节奏被打乱，攻势出现明显波动，形成有利于己不利于敌的"行动窗口"（如图 1.46 所示）。"行动窗口"持续时间越长，出现频率越高，己方取胜概率越大。

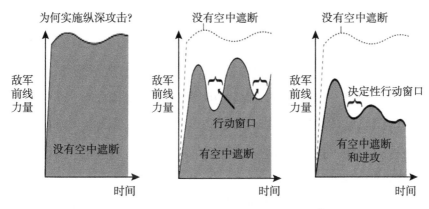

图 1.46　"空地一体战"空中遮断效果①

空中遮断并不是某一作战力量单独行动，而是多种作战力量联合行动，火力支援、电子战、欺骗、情报与机动协调联动才能发挥最佳效果。空中遮断制胜的精要不在于通过物理毁伤和物资消耗挫败敌人，而是创造出敌对双方的时间差和空间差，形成四两拨千斤的"杠杆效应"②。时间差，己方通过同时攻击敌方前沿和纵深目标，打乱敌作战节奏，迟滞敌作战行动，压缩己方攻击时间的同时延长敌方反应时间，让敌方难以集中力量形成攻击锐势。空间差，己方形成一体化战场空间，通过全纵深多维立体攻击破坏敌方作战空间完整性，使敌前后方通信失联、行动失序、出现混乱，由连贯整体降级为各自为战的"战斗孤岛"③。

①　KEM J. Deep Operations：Theoretical Approaches to Fighting Deep ［M］. Kansas：Army University Press，2021：122.

②　U. S. Army Training and Doctrine Command. U. S. Army. Operational Concepts：The AirLand Battle and Corps 86 ［Z］. Virginia：U. S. Army Training and Doctrine Command，1981：18.

③　"战斗孤岛"概念由美陆军训练与条令司令部司令迪普伊提出，参见：RICHARD S. Selected Papers of General William E. DePuy ［M］. Kansas：U. S. Army Command and General Staff College，1995：409.

4. 协调

协调是作战行动在时间、空间和目的上的巧妙安排，谋求在决定点上产生最大作战效能。美军认为，协调既是过程也是结果，各种活动经过协调产生协调一致的行动效果。

协调"揭示了战役法的本质"，其蕴含的制胜机理存在于敌对双方两个方面：一方面，使己方成为协调一致的有机整体，形成整体合力，发挥体系作战威力；另一方面，破坏敌方的协调与稳定，使敌方陷入失调、失序和混乱的状态，丧失体系凝聚力，降级为孤立个体。在敌对双方升降变化中形成并扩大相对于敌的非对称优势。

协调涉及多种行动，如兵力机动与火力机动的协调、空中遮断与地面进攻的协调、预备队转移、防空力量重新部署等。这些行动在作战空间上多维分散，在作战时间上有先有后，各种力量和行动通过协调形成整体合力，在决定性时间和空间释放最大作战效能。在战术级，协调效果体现在主攻与助攻（奇与正）的关系上。当主攻部队发起攻击时，助攻部队在恰当的时间和地点采取行动，将敌方兵力火力从主攻方向转移开，起到牵制敌军、配合主攻的作用。在战役级，协调效果体现在两次大规模作战行动的衔接上。上一次作战吸引大量敌军、发现敌军关键目标，为下一次作战发起决定性进攻创造条件。

二、"网络中心战"的机动制胜思想

"网络中心战"是指将地理上分散部署的部队、武器装备及决策辅助工具纳入统一网络，并将其融为一个有机整体，以多维空间效果集中取代物理空间兵力集中，各级各部异地同步共享战场态势信息，凝聚体系作战威力，以更小的力量规模、更高效的指挥、更快的作战节奏、更强的杀伤力、更敏捷的反应、更顺畅的协调实现战斗力倍增，取得最佳作战效益。信息与网络为美军机动制胜提供了新的技术支撑。

（一）信息主导实现杠杆效应，提升作战效能

"网络中心战"以网络为支撑，以信息为战斗力倍增器，以信息共享为实现"杠杆效应"的关键，通过联网作战实现信息优势，通过信息优势获取制胜优势。制胜优势源于态势感知时间比对手更短，感知水平比对手更高，根据态势感知采取行动速度比对手更快。主要特征是"力量地理分散，态势共同感知，网络强健可靠"①。"网络中心战"包含环环相扣的四项基本原则（见图1.47）。

图 1.47　"网络中心战"的四项基本原则

这些原则贯通了信息域、认知域和物理域，蕴含信息时代战斗力增值链：网络是基础，实现战斗力增值的前提是联网作战；信息是关键，既可以生成新路径，缩短战斗力生成周期，也可以优化原来路径，提高战斗力生成质量；共享态势感知是核心，是加快节奏、提高效率的枢纽。这四项基本原则进一步细化为更具体、操作性更强的八条准则（如表1.22所示）。

表 1.22　　　　　　　　　"网络中心战"的八条准则

准　则	内　容
首先为夺取信息优势而战	把握信息三个维度（快速、准确、相关）。
获得信息	共享态势感知。
指挥速度与决策	将信息优势转化为决策优势。
自协调	下级利用态势感知并根据上级意图自主协调，重新规划任务。

————————

① JAMES M. Complexity Theory and Network Centric Warfare［M］. Washington D C：CCRP Publication Series，2006：4.

续表

准　　则	内　　容
力量分散	对战场空间从物理占领到功能控制，时间和空间非线性变化。
集中内涵变化	从兵力集中转向效果集中，加快节奏和行动速度。
传感器全纵深部署运用	用于情报搜集、机动、威慑，涵盖各种武器和单兵。
缩短作战进程，压缩战争层级	纵向贯通到底，横向连通到边。

从平台中心战到网络中心战，不仅是战争方式和思维方式转型，也是战斗力生成和提升模式的转变。制胜之要是通过网络将分散部署的传感器、决策者和武器平台联系成为有机整体，实现联网作战，以信息作为战斗力增长点和力量之源，利用信息优势从多个维度加速战斗力生成，通过各维度互动实现作战效能倍增（如图 1.48 所示）。

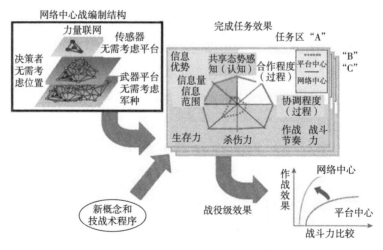

图 1.48　网络中心战与平台中心战比较①

―――――――

① Office of Force Transformation of U. S. Department of Defense. Network Centric Operations：The Power of Information Age Concepts and Technologies ［Z］. Washington DC：U. S. Department of Defense, 2005：38.

（二）网络支撑促进各域互动，塑造制胜优势

"网络中心战"以复杂性科学为依据，以网络为基础支撑，以信息为关键要素，企图用信息拨开"战争迷雾"①，用信息联通物理域、信息域、认知域和社会域，在各领域交叉融合和互动中涌现新质战斗力，塑造制胜优势。塑造优势既是美军机动战本质特征的体现，也为传统优势（空间和时间）增添了新的维度——信息优势。

物理域与信息域重叠催生精确用兵和精确作战，信息域与认知域重叠形成态势感知共享，认知域与物理域重叠缩短作战进程，加快作战节奏。而"网络中心战"处于各领域交叉重叠的中心，所具备的信息优势为形成制胜优势提供原动力。网络如同神经，信息如同血液，将各领域融会贯通，使之成为一个有机整体（如图 1.49 所示）。

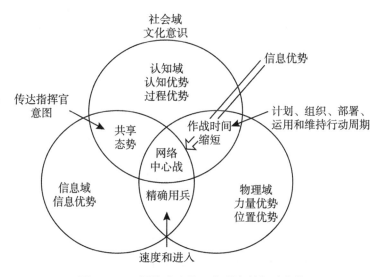

图 1.49　"网络中心战"打通各域塑造优势

①　BOUSQUET A. The Scientific Way of Warfare：Order and Chaos on the Battlefields of Modernity ［M］. London：Hurst Publishers，2009：220.

除各领域互动外,"网络中心战"的制胜之道还蕴藏于个体与整体双向互动中,在互动中生成体系制胜合力。"网络中心战"框架(见图1.50)包含四个领域,其中信息域与认知域是制胜的关键领域。信息域的信息质量和信息共享能力决定态势感知质量和认知水平。在认知域进行判断和决策,各种作战力量通过互动对复杂态势做出判断,定下决心,相互协调。社会域为信息交换、相互影响、达成共识提供群体活动空间,以及文化、信仰和价值观背景。各域互动最终效果通过物理域体现出来,表现为作战力量的网络化和联网作战。

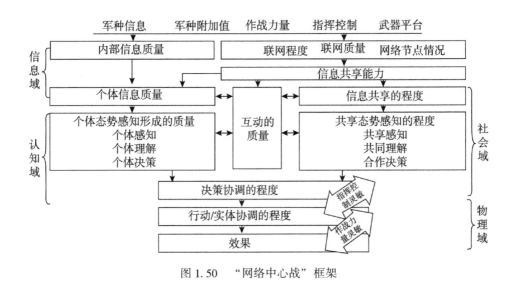

图1.50 "网络中心战"框架

图1.50揭示"网络中心战"制胜关键在于"互动"——整个框架的核心,联通个体与整体,沟通各领域。这既是博伊德"互动/孤立"思想的体现,也赋予其信息时代新的表现形式——网络为互动搭建新平台并提供新支撑,信息加速互动频率并提升互动质量。而"互动"的核心是"动"——通过信息在网络空间的机动打通各领域,聚能增效。

"网络中心战"的优势在美军训练演习中得到检验。在夜间近距离空中支援演习中,"网络中心战"部队与传统部队相比作战效能显著提高,综合优势明显,如图 1.51 所示。

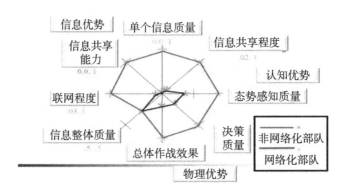

图 1.51 "网络中心战"效果评估:两类部队夜间近距离空中支援比较

在陆军旅对抗演习中,具备"网络中心战"能力的斯特赖克旅对交战双方信息的占有量是传统轻步兵旅的 36～40 倍,信息准确率从 10% 提高到 80%,指挥决策周期从 48 小时缩短到 3 小时,蓝红双方伤亡比从 10∶1 下降到 1∶1。

三、"快速决定性作战"的机动制胜思想

"快速决定性作战"①名称本身就是机动战思想的体现,强调快速、突然、出敌不意和速战速决,避免久拖不决的消耗战。"快速"与"决定性"的内涵及实现途径见表 1.23。

---

① 1999 年 10 月,美军联合部队司令部公布《快速决定性作战》(Rapid Decisive Operations) 白皮书 0.5 版,正式提出"快速决定性作战"概念。2001 年 5 月和 8 月,该司令部相继推出 1.0 版和 2.0 版白皮书。此后,这一概念经过一系列作战实验论证和演习检验不断迭代发展,在伊拉克战争中发挥了重要指导作用。

表 1.23　　　　　　"快速"与"决定性"的内涵及实现途径

项目	快速	决定性
内涵	迅速实现目标，既有绝对性，也有相对性。	破坏敌方凝聚力，挫败其作战意志和抵抗能力，取得决定性效果。
实现途径	透彻地知彼知己；尽早计划，及时决策；缩短决策流程；准备充分、反应迅速的联合指挥控制能力；前沿存在，快速行动；按需定制作战和保障力量；高强度、快节奏作战。	确定敌方要害并施加影响；行动基于效果，运用国家各种能力；将信息优势、主导机动与精确打击相结合；协调一致运用各种力量，产生压倒性震慑效果；指挥控制系统反应迅速、周期短，坚决。

（一）寻找敌方弱点实施非对称攻击，力求速战速决

"快速决定性作战"的核心思想充分体现机动制胜理念。一是利用敌方弱点。着眼于发现并利用敌方关键弱点，利用杠杆效应实现巧胜，如通过打击链路、切断联系间接打击敌方重心，而不是硬碰硬直击重心。二是非对称攻击。从对手意想不到或无法反击的方向和维度发起攻击，迫使对手按照己方的方式和节奏被动反应。三是速战速决。力求速决制胜，力避久拖不决。重点不是歼敌夺地，比拼消耗，而是着眼于瓦解敌方凝聚力，让敌方认识到胜利无望放弃对抗。

（二）利用认知优势展开并行计划，加快作战节奏

"快速决定性作战"有三个关键要素——知识（指认知）、指挥控制和行动。

1. 知识

知识主要包括知彼、知己、知战场环境。"知识"源于信息又不止于信息，在信息基础上融入决策者的研究、判断和经验，其本质是认知——克服战争不确定性和形成决策优势的关键。

塑造认知优势依靠三个支柱——作战净评估、通用相关作战图、联合情报监视侦察系统，三者紧密联系、相互支撑（如图 1.52 所示）。最终效果是在正确的时间和地点，以正确的格式将正确的信息推送给正确的用户。

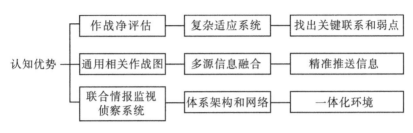

图 1.52　塑造认知优势的三个支柱

2. 指挥控制

指挥控制谋求形成决策优势，途径是改变传统计划方式，打破时间限制、空间限制和机构壁垒，从按级依次计划改为并行协作计划，使多级各类 OODA 周期同步并行运转，分散部署的各级各类指挥机构密切互动、同步计划、并行行动，从而缩短决策周期，加快行动节奏（如图 1.53 所示）。

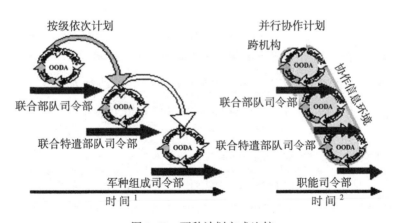

图 1.53　两种计划方式比较

3. 行动

行动上谋求并行打击敌方作战体系多个关键弱点，切断联系，制造分散孤立的重心。这既是机动战思想的体现，也为思想转化为行动提供了三种方式——主导机动、精确打击和信息作战（如图 1.54 所示）。

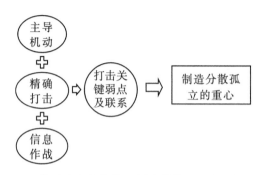

图 1.54　"快速决定性作战"制造分散孤立重心的三种方式

（1）主导机动是指作战力量在战场空间全纵深和全正面实施分布式机动。主导机动以作战净评估、并行计划和联合情报监视侦察形成的认知优势为前提。特点是突然、迅速、出敌不意、运动不规则、形式不固定，令敌方无法识别和适应。精要是利用突然性和速度在敌方意想不到的时间和地点对其关键弱点形成压倒性优势，制造杠杆效应，在机动中使敌优势难以发挥，劣势充分暴露，破坏敌心理平衡，为精确打击创造条件。

（2）精确打击同样以认知优势为前提，与主导机动互为条件。与以往相比，"快速决定性作战"精确打击内涵和外延都发生了拓展。内涵上，不是精打某个目标，而是基于效果并行打击整个战场空间任何敌方目标；外延上，打击范围从陆、海、空等传统空间延伸到网络、信息空间。

（3）信息作战既可以在信息领域单独发挥作用，也能够为其他领域提供支援。信息作战主要包含两个方面：一是电子战和计算机网络攻击行动；二是实施心理战、军事欺骗及其他特殊信息行动。

四、"空海一体战"的机动制胜思想

为解决"反进入/区域拒止"威胁，美海、空军于 2009 年联合开发"空海一体战"概念。几经迭代升级，2015 年"空海一体战"更名为"全球公域进入与机动联合"概念，机动制胜理念跃然而出。

（一）实施网络化一体化纵深并行攻击

"空海一体战"继承并发展各种先进作战理论的精华，如"空地一体战"的纵深攻击思想，"网络中心战"的信息主导、联网作战思想，"快速决定性作战"的并行作战思想。其核心思想是实施网络化一体化纵深并行攻击，利用一个领域优势塑造或增强另外一个领域优势，促进各领域优势互补、协同增效，同步并行实施多种行动，减少己方弱点的同时利用非对称优势攻击敌方弱点，见图 1.55。

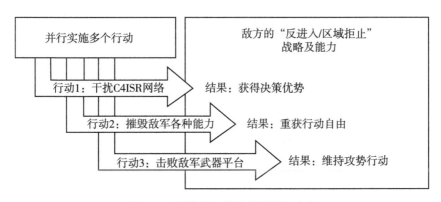

图 1.55　网络化一体化纵深并行攻击

"网络化一体化纵深并行攻击"思想产生于美军从作战难题出发以系统思维进行体系设计，其基本流程如图1.56所示。

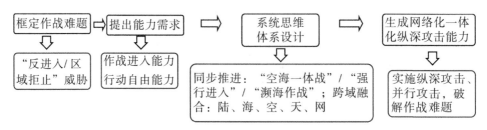

图 1.56　从框定作战难题到提出解题思路

只有以系统思维将"空海一体战"融入美军破解作战难题、生成作战能力的全过程，纳入联合作战体系大框架，才能更准确地理解其追求机动制胜的内在逻辑（如图1.57所示）。

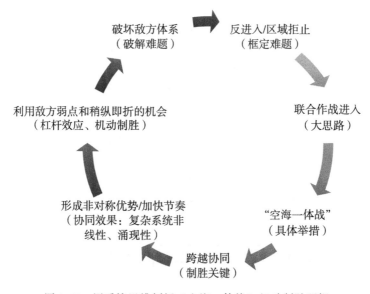

图 1.57　用系统思维剖析"空海一体战"机动制胜逻辑

（二）通过机动跨域协同，塑造非对称优势

在以上逻辑链中，"跨域协同"是制胜关键，即以互补增效而非简单叠加方式在时间和空间上跨领域运用各种能力，各领域取长补短、优势互补、一体联动，形成决定性优势。"跨域协同"本质是各领域良性互动，是博伊德"互动"思想的体现，内含复杂系统的涌现性和非线性等特性。

"跨域协同"主要有三个特点：一是关注领域，而不考虑由哪个军种提供能力、采取行动；二是各领域作战力量跨域融合、互补增效；三是协同向更低层级（战术级）延伸。"跨域协同"的自然延伸是"跨域作战"，即融合多个相互依赖作战领域的各种能力，实现"各领域能力不为我所有，但为我所用"，促进目标的实现。制胜精要是利用某一领域非对称优势在其他领域制造连锁反应，实现能力与效果的非线性涌现。与单一领域作战相比，"跨域作战"更复杂，但优势也更明显，能够更好地解决作战难题。

"跨域协同"追求的效果是加快作战节奏，增加非对称优势（如图 1.58 所示），主要方式如下。

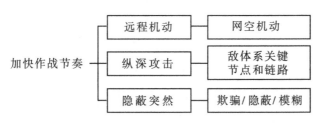

图 1.58　"空海一体战"加快作战节奏的三种方式

一是远程机动。美军认为，具备"反进入/区域拒止"能力的对手具有本土作战优势及由此产生的距离优势；相反，美军需要远离本土跨区作战，面临距离对作战能力产生的衰减效应。"空海一体战"把网空机动作为克服距离衰减效应的新远程机动方式。优点是不受距离影响，可以突破物理空间限制，秘

密渗透进入敌方网络，干扰、破坏敌"反进入/区域拒止"体系的核心要害（如指挥控制系统）。

二是纵深攻击。"空海一体战"的纵深攻击与"空地一体战"有所不同。"空地一体战"纵深攻击依靠陆、空协同，以敌后续梯队为目标，旨在破坏敌进攻锐势、节奏和持续能力。而"空海一体战"纵深攻击则利用跨域协同效果和敌方防御体系要害，攻击敌方体系关键节点和链路，追求击一点而破体系的效果。

三是隐蔽突然。"空海一体战"利用欺骗、隐蔽和模糊达成突然性。欺骗成功的关键是掌握并利用敌方心理预期和认知局限，进而因势诱导、借力发力（制造假信息）。"空海一体战"及上位概念"联合作战进入"强调电磁欺骗和网络欺骗等新兴领域和新的欺骗形式。隐蔽的目的是让敌方无知（无法获得信息），不能察觉己方意图、能力和行动；或者让敌方获得不完整信息，不能做出完整、准确的判断。模糊是指准备多种方案，同时采取多种行动，给对手制造多个难题，令敌方不堪重负（信息过载）。

从"空地一体战"到"空海一体战"。二者既有联系又有区别，区别不只是一字之差，而是内在制胜机理发生深刻变化。"空地一体战"蕴含机械化战争时代制胜机理；"空海一体战"蕴含信息化战争制胜机理，信息成为战斗力关键要素，信息赋能和网络支撑的"跨域协同"成为机动制胜关键，通过网络化一体化纵深并行攻击破解"反进入/区域拒止"威胁。各领域相互渗透程度加深，各种作战力量协同水平从"空地一体战"的陆空协同、消减冲突发展为多域协同、跨域联动（如表1.24所示）。

表1.24　　　　　**"空海一体战"与"空地一体战"比较**

相同点	不同点	
	空地一体战	空海一体战
都基于威胁，但威胁对象不同。	以苏军为首的华约集团"大纵深—立体"作战威胁。	新兴大国和地区强国"反进入/区域拒止"威胁。

续表

相同点	不同点	
	空地一体战	空海一体战
都重视协同，但协同水平不同。	协同领域：主要是陆、空领域。 协同水平：消减冲突、协调配合。	协同领域：涉及陆、海、空、天、网等领域。 协同水平：多域协同、整体联动。
都强调纵深攻击，但攻击目标不同。	目标：敌方后续梯队。 目的：破坏敌进攻锐势、打乱敌进攻节奏、削弱敌持续进攻能力。	目标：敌方指挥链（C^4ISR）杀伤链（F^2T^2EA①） 目的：通过打击关键节点、破坏指挥链和杀伤链达到瘫痪体系的目的。
都强调联合作战，但联合程度不同。	时代背景：工业时代，机械化战争形态下的联合作战。 联合程度：战役级。	时代背景：信息时代，信息化战争形态下的联合作战。 联合程度：向战术级延伸。
运用多军种力量，但军种组成不同。	主要是陆军和空军。	以海、空军为主，涉及陆军、海军陆战队、特种作战部队等力量。
都强调非对称优势，但内涵不同。	主要是空对地优势。	信息优势、跨域优势。

---

① F^2T^2EA 全称：find, fix, track, target, engagement, assessment（搜索、锁定、跟踪、目标、交战和评估）。

第二章　美军机动战思想的精髓要义

> "机动战是一种思维方式……是巧战哲学。"
>
> ——美国海军陆战队顶层作战条令《作战》

本章基于历史考察，归纳提炼出美军机动战思想的精髓要义，深入思想层面解决"美军机动战思想的本质内涵和制胜机理"等问题，揭示研究对象的本质。

第一节　美军机动战思想的本质内涵

本质是指事物本身所固有的，决定事物性质、面貌和发展的根本属性。本书通过历史考察发现，美军机动战思想兼有机动战思想的一般性和自身特殊性。一般性体现为追求"巧战"制胜。特殊性体现在四个方面：一是将机动战思想上升到作战哲学层面，将其视为在活力对抗中"巧战"制胜的思维方式，而不是理论教条或解决特定问题的具体方法；二是以主动进攻为本性，即使在防御中也贯穿主动进攻精神；三是以科学技术为支撑推动思想不断创新，思想深处刻有工程技术、科学理论的烙印；四是以实用和功利为价值取向。本书从共性与个性的辩证统一中剖析美军机动战思想的本质内涵。

一、以巧战制胜为精髓，巧战基因蕴含于六种关键要素之中

本书通过历史考察发现，美军用"fighting smart""outmaneuver""outwit"等词表达机动战思想的本质内核，即"巧战""智胜""谋胜"。其精义在于斗智，在于深入人的内心，影响对手思想，重点是赢得精神和心理领域的斗争。这种思想蕴含于多种要素之中。这些要素如同一颗颗"碎钻"，从不同侧面折射思想之光。本书依据美军战役法并参考博伊德、林德等机动战思想家的观点，从诸要素中提炼出六种关键要素并串联为相互联系、展现"巧战"精髓的思想链。

（一）节奏：通过节奏变化获得时空和心理优势

节奏是在时间、空间（包括高度、宽度和深度等维度）和效果等方面有规律或无规律的阶段性变化。美军认为，机动战所追求的相对优势产生于节奏优势。节奏优势的精义在于变化，变化的目的是保持不可预测。

在时间上，一是加快己方节奏，比对手反应更快，使对手始终处于被动应对之中，从被动适应到难以适应，最终丧失适应能力。美军学者用物理学公式揭示节奏制胜的奥秘：$M = m \cdot V$（M 表示动能，m 表示兵力数量，V 代表沿某一方向的速度）。在兵力不变情况下，速度（节奏）越快，产生的作战效能越大。二是放慢己方节奏，目的是迷惑对手，为采取决定性行动争取时间。在海湾战争中，美军第 7 军秘密机动 300 英里（约 483 千米）后故意放慢节奏，在转入地面进攻前进行了 20 天作战停顿，目的是吸引伊军注意，制造联军将向北直接攻入科威特的假象。[1] 三是破坏敌方节奏。在保持己方节奏不变情况下，通过制造摩擦打乱敌方节奏，从而取得节奏优势。可见，节奏优势不是单纯追求以快制胜，而是讲求快慢变化、富有弹性；并且具有相对性，观照敌我

---

[1] CHRISTOPHER R. Weaving the Tangled Web: Military Deception in Large Scale Combat Operations [M]. Kansas: Army University Press, 2018: 223.

双方、保持优势差。

在空间上，通过有规律或无规律的运动变位夺取并维持相对位置优势，使己方在有利位置上投入作战，从而更好地发挥兵力兵器作战效能，同时让敌方在不利位置上被迫投入作战，使之难以发挥兵力兵器作战效能。空间位置优势产生作战节奏优势的内在原理在于"以形生势、以势蓄能"——通过塑造空间上的有利之形产生有利态势，借有利态势减小摩擦，产生更大动能和更快节奏。例如，通过占据制高点以高制低，以精锐力量迂回攻击敌薄弱翼侧，以奇兵渗透突袭敌空虚的后方，都是利用空间的有利位置或抵抗力弱的空隙减少敌方阻力，增加己方动能，产生节奏优势。

在效果上，通过有规律或无规律的运动变化保持行动模式不固定、节奏变化难预测，使敌方难以掌握己方行动特点规律。通过加快进攻节奏减少己方人员伤亡，在进攻达到顶点前实现作战目标，同时加速敌方作战体系的结构性瓦解；通过放慢作战节奏缓解己方后勤补给压力，迷惑敌方。无论快慢，节奏变化的目标始终是在心理上处处让敌方意想不到，在认知上时时超出敌方认知边界。

在活力对抗中如何产生节奏优势？美军机动战思想的逻辑是节奏优势源于各级主动性；主动性源于行动自由；行动自由源于三个因素：上级向下授权，下级理解上级意图，上下级之间相互信任、形成默契。这三个因素如同复杂系统的奇异吸引子，使美军复杂作战系统实现整体稳定与局部不稳定的辩证统一：总体稳定确保系统内部和谐，作战节奏快而不乱，各级主动而不盲动，实现预定目标；局部不稳定避免系统内部僵化，产生节奏变化，保持系统活力。① 其中，默契体现节奏制胜的艺术性，蕴含节奏优势的奥秘——产生快节奏、减少内部摩擦的高效沟通是含蓄沟通，是建立在默契基础上的心领神会、不言自明，不在于说什么，而在于没说什么。

---

① WHEATLEY M. Leadership and The New Science: Discovering Order in a Chaotic World [M]. San Francisco: Berrett-Koehler Publishers, 2006: 116-119.

（二）灵动：思想和行动如同“奔涌的洪流”

灵动是指思想和行动敏锐，善于快速变通，在战场上是极为灵敏、能够瞬间洞悉复杂态势本质并迅速采取行动的“灵光一现”“战场直觉”。① 思想灵动体现为思维敏捷，反应迅速，善于求新求变。思考时间比对手短，能够比对手更快地判断情况、制定决策。思维方式比对手独特，通过直觉思维、创新思维、求变思维和求异思维产生令对手意想不到的“新招”“奇招”，从而进入对手的决策周期。行动的灵动体现在三个方面：一是作战行动流动性。行动多变，没有固定模式，让对手难以预测。二是作战行动适应性。能够根据战场形势变化灵活改变行动计划，不仅能够适应态势变化，而且能够主动施变，引导态势变化。三是作战指挥灵活分散。各级充分发挥主动性，因敌而变，临机决断，择机而动。灵动的指挥艺术是克服战场摩擦和不确定因素的有力武器。

灵动的思想与行动相结合产生的效果是善于发现并利用敌方弱点，避敌强点，利用己方强点冲击敌方弱点，像“奔涌的洪流”一样时时乘虚而入、处处寻弱出击。“洪流”既蕴含水的灵动性，也包含水的巨大冲击力，体现美军机动战思想既注重灵活变化又强调迅猛攻击的本质内涵。

（三）适应：活力对抗的本质是“适应力对抗”

适应包括系统内部各要素相互适应和适应外部环境等方面。博伊德等思想家将进化论、复杂系统理论、耗散结构论、控制论等科学理论运用于作战思想研究，揭示了活力对抗的本质是“适应力对抗”，即保持己方适应力，破坏敌方适应力，使己方因适应而生存，敌方因不适应而被淘汰。

一方面，保持己方适应力。从系统内部看，组成系统各要素之间关系协调、配合默契、互动顺畅，整个有机体高效运行，内部摩擦减少，涌现各要素

---

① 博伊德用“指尖感觉”（finger-tip feeling）来描述这种能力。参见博伊德讲座实录：BROWN IT. A New Conception of War: John Boyd, the U.S. Marines, and maneuver Warfare ［M］. Quantico: Marine Corps University Press, 2018: 202.

都不具备的新质功能和作战能力。从系统外部看，系统不断与外部环境交换信息、物质和能量，在不断互动中保持活力并远离平衡态，避免陷入孤立，适应复杂战场环境。OODA 循环模型揭示了适应之道：通过"观察""行动"等环节与外部环境不断互动，保持战场态势感知优势，进而转化为正确判断形势的认知优势、决策优势和行动优势；这种适应不是被动适应环境，还包含主动塑造环境、改造环境的内涵，在系统与环境双向互动中更好地适应环境。

另一方面，破坏敌方适应力。从系统内部看，在敌方系统内部各要素之间制造矛盾分歧，破坏其有序运转和良性互动，导致其内部摩擦不断增加，丧失适应能力。从系统外部看，切断敌方系统与外部环境的联系，使其无法交换信息、物质和能量，既无法感知态势变化，也难以准确判断形势发展，最终因无法适应复杂战场环境而遭淘汰。

（四）突然：机动战的制胜力源于突然性

突然是指打击的时间、地点和方式令敌人无备。实现突然性的因素包括决策速度、有效的情报、欺骗、巧妙的运动、运用出敌意料的新技术和作战力量、保密、变化莫测的战术战法等。利用突然性的目的是使敌方失去平衡。实现途径是将各种因素作用于思想、时间、空间的"三位一体"，利用时间上的不意、空间上的不备进入敌方思想，持续制造敌方想不到的意外。其效果显现于精神、心理、物理"三位一体"，表现为物理空间行动失控、心理上的混乱和精神上的崩溃。突然性可以起到力量倍增器作用，弥补己方力量不足，抵消敌方力量优势，以小代价获得大收益。

美军认为，达成突然性的奥秘在于欺骗。其思想源于古希腊战争艺术，"特洛伊木马"被美军作为军事欺骗和诡诈思想的源头，引入作战条令和军事理论著作，甚至将计算机病毒命名为"木马病毒"。拿破仑战争实践和克劳塞维茨的理论升华是丰富美军欺骗思想的近因。巧施欺骗、示弱欺敌是拿破仑达成突然性、实现以少胜多的制胜要诀。拿破仑巧施欺骗的战争艺术经克劳塞维茨理论总结揭示了战略的本质——"战略这个名称源于诡诈不无道理，尽管自希腊时代以来，战争的内在联系发生了很多真正的和表面的变化，但战略这个名词还是依然能显示出其原本的诡诈的本质"。这些战争实践与理论被美军充分吸收，转化为自身的思想并指导行动。随着科技进步和战争形态演变，美军欺骗的方法手段不断翻新，但是以欺骗达成突然性的目的却未曾改变，形成无战不用诈的思维方式，在历次战争中追求以欺骗达成突然性。

在活力对抗中，通过欺骗达成突然性是基于对人性的深刻洞察和利用，在把握对手思维习惯、心理特征、认知局限基础上深入对手的思想进行突袭，体现在两个方面：一是增加不确定性和模糊度，使己方行动难以预测，以达到出敌不意的效果；二是增加确定性，减少模糊度，利用敌人心理预期进行诱导，误导敌方沿错误认知路径越走越远，最终真相大白时陷入严重混乱。基于复杂性科学视角，"混沌边缘"（有序和无序的临界点）不确定因素最多，最利于达成突然性。"混沌边缘"揭示了美军强调制造复杂和混乱的内在原理——在最大限度且可控的混乱中突袭对手，乱中取利。

（五）杠杆：谋取"四两拨千斤"的制胜效果

"杠杆"是美军战役法和作战设计的重要概念，充分体现"巧战"特点。美军认为，从科学角度看"机动"就是一种杠杆，遵循最省力、非对称逻辑，用最小力量给敌方造成最大伤害，以最小代价获得最大利益，实现"四两拨千斤"的制胜效果。杠杆的力臂映射于作战领域体现为空间距离，表面上机动距离更远（力臂更长），实质上为了减少敌方人为的抵抗和阻力（沿敌方意想不到的路线机动），相当于无形中增加了己方力量，削弱了敌方力量，从而实现迂曲增力。活力对抗中巧用"杠杆"的艺术蕴含于奇正、迂直、攻防、机动与消耗的相互配合与灵活变换之中。在机动进攻中，以消耗正兵为代价从正面牵制敌人，同时奇兵通过巧妙机动迂回至敌方翼侧或从后方包围敌军。在机动防御中，正兵正面抗击、消耗敌人，同时奇兵机动至敌人翼侧或后方实施反击（见图 2.1）。

（六）要害：寻找并打击敌方关键且脆弱目标

要害如同人的软肋和死穴——关键且脆弱，包含空间、时间和认知等不同

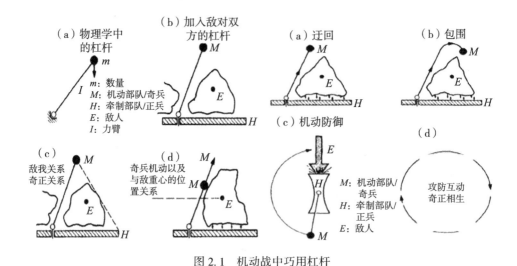

图 2.1　机动战中巧用杠杆

维度。要害不同于重心，也不同于一般弱点。重心很关键，打击重心能够产生决定性效果，但是重心往往处于严密防护之中，难以直接打击，容易变成以强击强，硬打硬拼。打击一般的弱点相对容易，但是难以产生决定性结果。要害是能给己方带来最大收益同时给敌方造成最大伤害的关键弱点。美军机动战思想以打击敌方要害为重点，既避开硬核（重心），也避免因打击无用弱点耗费精力。在活力对抗中，敌方要害并非固定不变的目标，而且重要性和脆弱性会因时因势而变。因此，发现并打击要害不仅需要敏锐的慧眼，还需要能够透过复杂表象一眼洞穿本质的慧心，以灵敏的战场直觉（博伊德强调的"指尖感觉"）在电光石火之间直击要害。此外，最关键且最脆弱的目标很少存在于同一时空条件，如何权衡关键与脆弱的关系，进而选择对己方而言脆弱、对敌方而言关键的目标是美军机动战思想的主要关切①，也最能体现"巧"的艺术性。

美军以系统论作为战役法和作战设计的方法论，从系统功能出发将目标分

---

① MARINUS. On Criticality and Vulnerability［J］. Marine Corps Gazette, 2021, 4：98.

为四类：重要但不脆弱、重要且脆弱、不重要但脆弱、不重要且不脆弱（见图 2.2）。重要但不脆弱的目标（如重心）尽管价值大，但是往往受到严密保护，难以直接打击，效费比较低。重要且脆弱的目标（如敌方系统内部各重心之间联系）是敌要害所在和打击重点。一旦各重心之间联系被切断，尽管各部分仍完好无损，但无法作为一个有机整体发挥正常功能。从指挥链（C^4ISR）、杀伤链（F^2T^2EA）到决策周期（OODA 环），美军都将各条链上各环节之间的联系作为要害和打击重点，谋求通过击点、断链起到"击一点而破全局""断一链而瘫整体"效果。要害也体现在时间维度上，如两支作战力量交接、轮换之际往往是战斗力较弱之时。要害还体现在认知维度上，如污蔑、丑化敌方军政领导人，离间敌方军政、军民关系，使敌方内部产生矛盾，破坏敌方内部和谐稳定。

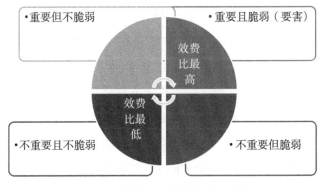

图 2.2　美军目标分类及要害分析

　　在敌方要害没有暴露情况下如何击敌要害？美军机动战思想的破解思路是同时实施多路穿插，利用变化多样的机动发现敌方要害，进而集中力量"夺其所爱"。在敌对双方都认识到要害重要性情况下如何击敌要害？美军机动战思想的破解思路是采取间接路线：从弱处开刀，先攻击敌方一般弱点（非关键部位）以吸引并转移其主力，削弱敌方对要害的防护，从而创造击敌要害的条件。

二、以主动进攻为本性，制胜之道蕴藏于五种机动进攻理念

主动进攻是美军机动战思想的本性，植根于美军侵略扩张的本性和天然基因。美军以适者生存的社会达尔文主义为战争观，认为"生命就是冲突、生存和征服"①。为了在冲突中生存，就要通过主动进攻征服对手。因此，美军历来强调主动进攻。机动进攻的外在表现形式多种多样，内在核心理念突出表现为五个方面：割裂体系、寻弱攻击、攻心瓦解、打破平衡、奇正互动。为了更好地诠释这些抽象的理念，本书以美军机动进攻的典型样式为例，结合战争实践予以剖析。②

（一）割裂体系制胜：以中间突破为例

割裂体系是将敌方作战体系分割开，然后各个歼灭，这充分体现美军机动战思想的进攻性。这一思想深受拿破仑战争艺术和苏军"大纵深战役"理论影响（见附录）。割裂体系的方式有多种，其中比较典型的是中间突破。中间突破的精要是寻找敌方防御正面或作战体系的空隙并突入，切断敌方体系内各要素之间的联系，通常与翼侧牵制、纵深机降等行动相互配合。中间突破的目的是直击重心、割裂体系、切断联系、各个歼灭。在主攻方向利用机动距离短的优势迅速直插敌重心，割裂敌作战体系，破坏其完整和稳定，为各个歼灭创造条件。随着武器装备发展和战争形态演进，中间突破的具体形式发生变化，但是其中蕴含的通过割裂体系实现机动制胜的思想一脉相承。

中间突破既运用于战役战术层面，也运用于战略层面。在战役战术层面，

---

① BOYD J R. A Discourse on Winning and Losing [M]. edited and Compiled by Grant T. Hammond, Alabama: Air University Press, 2018: 27.

② 陆战场历史悠久、实践丰富、情况复杂（以人为中心）、矛盾斗争激烈（最能体现活力对抗）且比较容易直观地展现机动进攻特点，因此本文以陆战场为主选取机动进攻典型样式，旨在透过具体样式剖析内在的机动制胜之道。

当敌军两翼受到天然或人为障碍保护时采用中间突破。助攻力量与敌军的左右翼交战，吸引并牵制敌预备队。与此同时，集中主要力量（包括预备队）从敌军作战体系的中间部位打开突破口，后续部队利用突破口向敌纵深发起进攻，扩张战果。如果组织得当，中间突破能够对敌部分兵力形成合围。然而，如果实施中间突破的力量不够，或是由于力量过于向中间集中而导致两翼过于薄弱，那么进攻方可能遭敌反包围。与迂回侧击等机动进攻样式相比，中间突破优势在于机动距离近、时间短、速度快、消耗少，能够迅速割裂敌作战体系，破坏其稳定。此外，中间突破具有反常规、反直觉的特点，有时单刀直入、直插重心反而更能产生出敌不意、速战速决的效果。

在战略层面，美墨战争中美军不以消灭墨军主力为目标，而是直取对方政治和战略重心——首都墨西哥城，并为此选择能够攻取敌战略重心的最短路线，旨在通过直击重心达成降服墨西哥全国的战略目的。伊拉克战争伊始，美军针对伊拉克领导层的斩首行动、震慑行动及直取伊首都巴格达的"迅雷"行动都是中间突破新的表现形式。

（二）寻弱攻击制胜：以翼侧开刀为例

寻弱攻击体现美军机动进攻"巧"的一面。这一思想深受历代经典机动战思想的影响。从亚历山大到以军速决制胜（见附录），美军认为很多战例之所以成为经典，关键在于以少胜多。以少胜多的奥秘在于巧妙集中己方精锐攻击敌方弱点。传统上敌方最薄弱的部位通常是翼侧，因此"翼侧开刀"被美军视为永恒制胜法则，强调机动战精要在于"绕过难题（敌方强点）、从有利位置上进攻而不是正面硬攻"[①]。这一思想也受到克劳塞维茨影响。克劳塞维茨认为进攻作战中主动权是通过翼侧迂回实现的，"进攻作战的主要特征是迂回或绕过防御方，即占据主动权"。

美军在实践中实施迂回侧击突出三点：一是避实击虚、避强击弱。避免与

---

① Headquarters U. S. Marine Corps. MCDP-1 Warfighting ［R］. Washington DC：U. S. Marine Corps，1997：37.

敌主力硬打硬拼，而是以少量兵力在敌强大的正面示形造势、佯动诱敌，与此同时集中己方精锐向敌薄弱的翼侧机动并发起攻击。二是正面牵制与迂回侧击密切配合，在时间、空间和力量等方面有效协同。三是消耗与机动相结合。正面牵制力量既要能够有效消耗、牵制敌人，又要能够抵抗住正面之敌的消耗与压力，为机动部队的迂回侧击创造条件。机动部队成功的迂回侧击可以有效缓解正面牵制部队的压力，减少其消耗。朝鲜战场仁川登陆和海湾战争"左勾拳"行动都是通过大纵深迂回攻击敌方薄弱部位取胜。随着战争形态演进和作战领域拓展，翼侧的内涵与外延也在延展，从有形的翼侧延展至无形的翼侧。真正的翼侧不仅存在于物理空间和地理空间，还存在于人的心理空间和思维深处。"翼侧"的深层含义指向敌方意想不到的任何薄弱部位，包含物理、心理和认知多个维度和有形、无形等多个空间。

（三）攻心瓦解制胜：以包围敌军为例

攻心瓦解深入敌方心理层面，更能体现美军机动战思想的本质内涵。美军机动战的真正目标是敌人思想。[①] 能够影响敌方思想、破坏其心理稳定的有效方式是包围。包围包含两翼包围、三面包围或四面合围等不同形式。本书从不同形式中抽象出共性特征，探究普适性的制胜原理。迂回侧击的制胜之要在于把握好"奇正""迂直"的关系；而包围制胜之要在于把握好多方向协同施压，通过外部施压促使敌内部生乱。传统上包围敌军需要具备以下条件：力量优势明显，战术安排巧妙。其风险性在于容易造成己方力量分散，如果安排不当，难以在决定点形成对敌绝对优势；如果协同不力，可能在一点或多点遭到敌军优势力量的反击和反包围。

包围的精要在于从多个方向同时给敌方制造难题，令敌难以左右兼顾，通过多方向塑造有利态势破坏敌方心理稳定，使其丧失抵抗意志。研究表明，在突然面对意想不到的重大威胁时，人的认知和判断能力会急剧下降，导致行动

---

① BROWN I T. A New Conception of War: John Boyd, the U. S. Marines, and maneuver Warfare [M]. Quantico: Marine Corps University Press, 2018: 108.

能力陡然下降甚至崩溃。① 从生理和心理学角度分析，生理上的局限导致人对两侧和后方的威胁更敏感，一旦感到后方有威胁，心理的恐惧感要超出实际威胁本身，在真正面对威胁、与敌军交战之前内心已经动摇。从复杂性科学角度分析，敌方被包围意味着陷入无法与外界互动的孤立状态，孤立系统的熵（无序的程度）会不断增加，变得越来越混乱无序，最终丧失活力和适应力。上述科学原理揭示了战史上通过包围取胜的奥秘。交战双方差距的真正形成、敌军伤亡的真正出现及己方重大战果的取得并不是发生在实际交战阶段，而是发生在敌方内部发生混乱、出现溃败的扩张战果阶段；真正的伤亡不是出自对方之手，真正的溃败也并非发生在两军交锋的阵前，而是源于自身内部的混乱。当然，也存在特殊情况，即人力、物力占优势一方主动吸引敌方包围，而后与援军配合在外围对敌军实施反包围，实施内外夹击、"中心开花"。包围与反包围形式上对立但是实质相同，都是通过造势瓦解敌方心理。越南战场的溪山战役是美军通过空中机动实施反包围的典型战例。伊拉克战争中美军对巴格达的"围三阙一"策略有效瓦解了城内伊军的抵抗意志。

随着战争形态演进和作战领域拓展，包围不仅是地理空间的有形包围，也延伸至认知空间的无形包围，使敌方思维陷入困境、认知难以突围。无论形式如何变化，其蕴含的攻心瓦解制胜本义一脉相承。

（四）打破平衡制胜：以斜形攻击为例

打破平衡是通过作战力量的非对称部署和作战行动的非线性流动改变战场空间传统结构和双方对等相抗的态势，塑造非对称态势，以达到破坏敌方心理稳定的目的。打破平衡体现了美军机动战思想的复杂性（包含巧战的所有要素）和进攻性（通过进攻打破平衡）。这一思想的典型体现是斜行攻击。斜形攻击是指非对称部署己方作战力量，集中优势力量攻击敌军一翼，取得突破后立刻向敌军中央（重心）及另外一翼卷击；与此同时，以部分兵力从正面及

---

① EVANS M, RYAN A. The Human Face of Warfare: Killing, Fear & Chaos in Battle [M]. Sydney: National Library of Australia, 2000: 13-15.

另外一翼牵制敌军，诱导敌预备队远离主攻方向。斜形攻击思想产生于古代战争实践，自亚历山大以来历史上很多杰出统帅大胆且巧妙地采用斜形攻击实现以少胜多（见附录），成为美军机动制胜思想的重要灵感来源。

通过斜形攻击打破平衡的精要有三点：一是深刻洞悉敌我双方用兵特点，特别是敏锐洞察敌方心理特征和思维习惯，进而反其道而行之。二是以创造性思维主动塑造和改变战场时空结构。通过作战力量不均衡排布和非对称部署，集中己方精锐作战力量于决定点，形成迅速突破敌阵线的攻击锐势，同时通过增加兵力密度或保留预备力量增强攻击持续力和穿透力，能够直达敌重心，贯穿敌纵深和后方。三是以己方非对称部署和机动打乱敌方对称部署，破坏敌方心理平衡，使敌方被迫调整、难以适应、陷入被动。尽管斜形机动历史久远，但是其中蕴含的非对称作战思想、创造性思维及对敌方心理的洞察超越时空，充分体现"巧战"艺术，为美军九大联合作战原则及战役法和作战设计中的"决定点、杠杆作用、重心、间接路线"提供思想与实践依据。

随着技术进步和作战方式演进，斜形机动不断衍生出新形式、新变体，如越南战争美军空中机动作战、海湾战争"空地一体战"、伊拉克战争"快速决定性作战""网络中心战"等。斜形机动从平面到立体、从单维到多维、从单域到多域、从有形空间到无形空间、从有人到无人，形式变化折射出战场制胜的内在机理发生变化。变化之中也蕴含着不变，那就是斜形机动蕴含的非对称制胜思想，以及作战思想的出奇用巧和思维方式的求新求变，目标始终是打破敌方心理平衡，将敌方引向混乱。

（五）奇正互动制胜：以间接路线为例

奇正互动最能够体现美军机动战思想的机变性，是博伊德等思想家重点研究的内容。在战场上，奇正互动往往表现为用部分"正兵"吸引、牵制并消耗敌人；同时以精锐力量为"奇兵"，出其不意地对敌弱点进行决定性打击。其机变性体现为善于因敌而变，如果己方战前判断与实际情况不符，或己方企图暴露导致敌方改变部署，"奇兵"可顺势变为用于牵敌的"正兵"，"正兵"可变为用于歼敌的"奇兵"；战时进攻顺利的次要方向和牵制力量可随即变为主要方向和主要力量，而进攻受挫的主要方向和主要力量可灵活调整为次要方向和牵制力量。奇正互动的典型体现是间接路线。间接路线不仅是一种机动进攻样式，还是一种作战思想和思维方式；不仅指地理上的间接性，还指心理上的间接性——让敌方意想不到。其效果往往出乎意料之外，又在情理之中（并非靠运气和偶然性，而是精心策划的结果）。间接路线的成功离不开直接路线的配合，外在表现为间接与直接的辩证统一，内在是奇正关系的辩证统一，目的是谋求出奇制胜（如图 2.3 所示）。

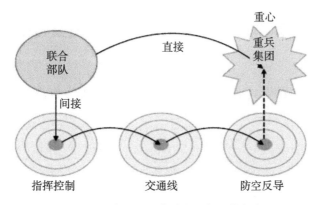

图 2.3 打击重心的直接方式与间接方式

可见，间接路线的真谛在于地理上没有固定的路线，行动上没有规定的模式，思想上没有限定的教条，思维上没有固定的框架，而是保持思想灵活性和行动模糊性，时时避敌之强，处处寻敌之弱。战前使自己处于能够同时威胁敌方多个方向和目标、有多种机动路线可选的有利位置；战中灵活应变，随机调整，因敌因地因时而动，敏锐洞察稍纵即逝的战机，打击敌方新暴露的弱点。

间接路线已经成为美军作战设计的核心要素之一，强调避敌强点，击敌要害，间接打击敌方重心，促成敌方瓦解瘫痪。① 在战争实践中，间接路线有多

---

① U. S. Joint Chiefs of Staff. JP 5-0, Joint Planning ［Z］. Washington DC: Joint Chiefs of Staff, 2020: IV-33.

种表现形式，本质都是在奇正互动中谋求出奇制胜。美国内战中，谢尔曼向南方进军与格兰特在其他方向牵制和消灭大量敌军相互配合。第二次世界大战中，美军诺曼底登陆与加莱方向欺骗佯动相互配合。朝鲜战争中，仁川登陆与釜山反击相互配合。海湾战争中，"左勾拳"行动与正面佯攻造势相互配合。信息化战争时代，网络、太空和电磁频谱等新兴领域与陆、海、空等传统领域行动相互配合。面向智能化战争，人工智能技术正推动间接路线发生新变化，为实现奇正互动制胜注入新活力。

第二节　美军机动战思想的主要特征

美军机动战思想具有多种特征，其主要特征为机变性、主动性和开放性。

一、机变性

作为谋求巧战制胜的作战思想，美军机动战思想最主要的特征是机变性——思想和行动上诡诈多变，随机生变，伺机而动。机变性本质上是适应力的体现，能够适应复杂的战争、多变的环境和有活力的对手。机变性体现在对敌方、己方和战场环境等三个方面。

对待敌方，因敌而变，把机动战比作思想上的柔道之术，不以蛮力压服对手，而是谋求借力发力，谋求思想上比对手更灵活，行动上比对手更敏捷，利用对手的弱点和破绽使其生理和心理失去平衡，从而实现巧胜。在作战中表现为利用对手的心理预期顺势佯动，行诡用诈，诱导其出错，进而利用对手的失误和弱点将其击倒。

对待己方，因机而变，通过灵活变化保持深不可测，避免形成固定的行动模式，保持行动的不确定性和隐蔽突然性，使对手难以发现己方行动的特点和规律，从而立于不败之地。在此基础上，把握或创造对己有利、对敌不利的时机，努力使己方处于能够同时威胁敌方几个方向或多个目标的有利位置，而后根据敌情和战场态势变化相机而动。

对待战场环境，因势而变，理想的进攻如同流水一样，时时处处寻找、利用并扩大空隙，迅速集中力量乘虚而入。在进攻中不事先指定主攻方向，而是善于发现、捕捉或制造战机，根据战场态势变化随时调整部署，灵活转移力量，及时加强进攻发展顺利的方向。在防御中保持弹性，诱敌深入，将敌方进攻引向顶点，根据形势变化及时将防御转为反攻。

二、主动性

主动性是美军机动战思想的显著特征，包括思想和行动两个方面。

在思想上，主动性的目的是塑造并保持对敌优势。体现为灵活巧妙地施计用谋，千方百计地诱导、欺骗、瓦解敌人，主动设计并掌控作战节奏的变化，制造行动的突然性和令敌方震惊的效果。目标是争取并保持战场主动权，按照己方的意图、在己方规定的时空条件下、以对己有利对敌不利的方式迫使对手加入战斗，从而将己方意志强加于敌方，实现"致人而不致于人"。

在行动上，美军机动战所追求的"迅速（时间维度）、造势（空间维度）、猛烈（行动强度）、出其不意（认知维度）"是行动主动性的具体体现；"令敌方无法适应"、陷入被动是主动性产生的效果，"瓦解敌方凝聚力"是主动性实现的目标。主动性在进攻和防御中都有体现，体现为积极主动的攻势行动。在机动进攻中，主动性体现为大胆行动，敢于冒险，争取己方行动自由，剥夺敌方行动自由。在机动防御中，主动性体现为攻势防御，以坚决的抗击破坏敌方进攻，以有力的反击夺取主动权，因势利导把反攻引向追击。

三、开放性

美国因其文化的开放性、包容性和多样性被称为"熔炉"。这一特征也体现在机动战思想形成和发展过程中，八种理论来源足见其兼容并包的开放性。开放性是美军由弱变强的重要原因。其"巧战"思想既学习西方战争艺术，也借鉴东方兵学思想，还吸收多学科前沿理论，通过兼容并蓄形成具有美军特色的机动战思想。

学习西方战争艺术。古希腊文明是西方文明的摇篮。古希腊在战争实践中形成的以巧制胜的战争艺术为美军机动战思想注入巧战的基因，成为美军机动战思想的"根"与"魂"。虽然美军自身历史仅有两百多年，但是善于从两千多年战争史中汲取思想精华，亚历山大、汉尼拔、拿破仑等将帅的机动制胜艺术、利德尔·哈特的"间接路线"思想、苏军"大纵深机动"思想、德军"闪击战"思想、以军"速决制胜"思想等都成为美军机动战思想的重要理论来源。这些思想共同构成 OODA 循环模型"判断"环节的"基因传承"，是美军机动战思想开放性的体现。汇集各方之长的机动战思想写入美军作战条令，而条令的制定也是基于对德军作战条令的仿效。①

借鉴东方兵学思想。《孙子兵法》的智取巧胜思想和毛泽东灵活机动的作战指导艺术都对美军产生重要影响，美军机动战思想深处刻有东方兵学智慧的印记。美军机动战思想精神"教父"博伊德深受东方兵学思想影响，被称为"美国的孙子"。他深入研究孙子、成吉思汗和毛泽东的军事思想和战争实践并深受启发，从中汲取"奇正""虚实""迂直"等思想精华，丰富了美军机动战思想的本质内涵。在博伊德等改革派思想家推动下，美军将《孙子兵法》列为必读书目，联合条令和军种条令常引用《孙子兵法》名言，萃取其思想精华指导作战实践。

美军机动战思想开放性的典型实例是"空地一体战"理论的开发，充分吸收德军、苏军、以军作战理论与实践的精华及中国军事思想的精髓。当前，随着战争形态加速演变，美军机动战思想在不断吸收各种新思想、新技术中吐故纳新，机动制胜的内在机理和外在表现不断发生新的变化。

---

① MARTIN V C. Air Power and Maneuver Warfare ［M］. Alabama：Air University Press，1994：8.

第三节 美军机动战思想凝结的作战原则

美军传统的九项联合作战原则（目标、进攻、集中、机动、节约、统一指挥、保密、突然、简单）在不同程度上蕴含机动战思想。除九项联合作战原则外，美军在战争实践中凝练出凸显机动战思想指导地位的三项原则。这三项原则各有侧重，从不同侧面展现机动战思想"巧战"内核，在战争实践中往往交叉重叠、共同作用，依靠人的智慧灵活运用。

一、基于力量思维的避强击弱原则

作战本质上是敌对双方力量的较量，力量的强弱是决定作战成败最根本、最重要因素之一。基于作战力量的强胜弱败是战争的客观规律。美军历来重视从力量优势出发力压对手，而机动战思想对力量的使用追求最佳效费比，并凝结为指导作战行动的避强击弱原则，其中蕴含巧战制胜的一般规律。这一原则要求在机动中避敌强点，寻敌弱点，集中优势力量击敌弱点，在强弱变化中形成并扩大对敌优势差，弥补并缩小己方劣势差，从而实现巧胜。无论是避强还是击弱，都是美军机动战思想机变性和主动性的体现。

（一）避敌强点，抑制敌方优势发挥

"强"是敌方优势所在，力量集中或重点防守之处。"避强"就是避敌强点，使敌优势无法发挥，这样既可以有效保存自己，也可以为"击弱"创造条件。对于崇尚进攻的美军而言，"避强"往往只是达成目标的途径和手段，目标则着眼于进攻、"击弱"。在实践中"避强"通常与"击弱"相互配合，在巧妙机动和佯动欺敌中实现巧胜。这一原则在历次战争实践中得到充分运用。

一是通过巧妙机动避敌之强。在历次战争中，美军为避敌强点在海、空、

陆等各领域实施广泛机动。第一，海上机动。例如，第二次世界大战时美军在太平洋战区采取跳岛战术，绕过日军重兵防守的岛屿，既避免激烈战斗和人员伤亡，也使岛上敌军陷入孤立无援境地。第二，水陆两栖机动。水陆两栖机动是最复杂也最为典型的机动样式。朝鲜战场为避开敌方陆上优势，美军选择避敌锋芒，从敌方意想不到的仁川实施两栖机动、发起反击。第三，空中机动。越南战争美军大量使用直升机，通过空中机动飞越难行之地和敌军设置的人为障碍，实施空中超越攻击。第四，陆空协同机动。海湾战争美军派部分兵力沿敌军主要防御方向佯攻造势，而主力则避开敌方防御正面和强点，对敌薄弱翼侧实施大范围迂回和纵深攻击，通过陆空协同机动在敌军意想不到的方向和防守薄弱部位发起攻击。

二是通过佯动欺骗避敌之强。佯动欺骗不仅能够避敌强点，还能够对敌强点起到牵制作用，使敌方难以转移优势力量对己方主要行动构成威胁，从而为集中力量攻敌弱点创造条件。诺曼底登陆是美军通过佯动欺骗避敌之强的典型实例。在地理上，法国加莱距离英国本土近，具备适宜登陆的海滩，且便于盟军登陆后向纵深发起进攻，是理想登陆地域，但也是德军重点防守地区。为确保登陆成功，以美军为首的盟军避开敌重兵防守的加莱，从德军防守相对薄弱的诺曼底登陆。为了将德军重兵集团牵制在加莱方向，减少诺曼底方向压力，盟军精心设计并巧妙实施复杂的欺骗行动（代号"保镖"行动），针对加莱地区进行大规模示形造势。"保镖"行动运用了环环相扣的 16 个计谋，使德军对盟军将在加莱登陆深信不疑。以至于盟军在诺曼底成功登陆后，德军仍固执认为是盟军佯攻造势，因此主力依然固守加莱，错失抗登陆最佳时机。可见，"避强"不是被动躲避，而是主动用谋调动敌人，将其强点引向歧途，使之陷入无用之地。

（二）击敌弱点，充分发挥己方优势

"弱"是敌方劣势所在，往往力量薄弱或疏于防范。"避强"能够确保生存和不败，而"巧胜"则更多靠"击弱"来实现。美军认为，敌方弱点存在

于时间、空间和能力等各个方面。在时间上，敌方弱点存在于以下方面：不利于其作战的夜间，攻防作战中尚未完成进攻或防御准备之时，两栖作战中登陆兵在滩头立足未稳之际，空降作战中空降兵刚刚着陆之际，以及敌方意想不到、疏于防范的其他时间。在空间上，敌方弱点往往存在于其翼侧、后方、两支部队的接合部以及防护薄弱的其他部位。在能力上，敌方弱点往往存在于其整个作战体系的短板弱项之中。在活力对抗中，敌人往往会有意掩盖、保护其弱点，导致弱点不会自动暴露且难以发现。因此，需要通过巧妙调动敌人，诱使敌方弱点暴露，甚至在没有弱点的地方制造新弱点，而后通过机动集中优势力量打击敌弱点。

一是通过巧妙机动发现敌弱点。机动战思想遵循寻弱逻辑。然而，敌方弱点往往不会暴露在外而且会设法掩盖，因此需要主动通过巧妙机动探察敌方弱点。美军通常运用火力侦察和兵力侦察等手段寻找敌方弱点。在朝鲜战争中，麦克阿瑟通过侦察发现，存在诸多不利于登陆因素的仁川恰是朝鲜人民军防守薄弱之处。在伊拉克战争中，美军装甲部队穿插巴格达城区实施兵力和火力侦察，探明了伊军城防弱点，为出其不意地占领巴格达市中心、直接实现战略目标提供了重要支撑。

二是通过施计用谋暴露敌弱点。通过施计用谋调动敌人，诱使敌弱点暴露而后发起攻击，这是美军击虚的重要手段。首先，利用夜暗条件暴露敌人弱点。在伊拉克战场城市作战中，作战环境复杂且反美武装占据地形和人脉优势，令美军清剿效果大打折扣。为克制敌方优势、暴露其弱点，美军引诱敌人在夜间行动，导致反美武装缺乏夜视装备、不善夜战的弱点充分暴露。相反，美军充分发挥夜战优势，利用战场的单向透明对暴露之敌发动夜袭。

三是通过佯动欺骗制造敌弱点。当敌方没有明显弱点时，美军则采取佯动欺骗手段迷惑、调动敌人，诱使敌判断和决策失误而采取错误行动，从而出现弱点。在伊拉克战争第二次费卢杰战役前，美军在不同方向佯动并制造从城南面发起进攻的声势，诱导城内反美武装将防御重点从城北转向城南。美军利用费卢杰城北防守空虚的漏洞，在城南示形造势的同时从城北发动主攻。战后发现，反美武装在城南的防御工事密集并且指向南方，证明美军欺骗行动取得预期效果。在战役进行中，美军还采取声东击西等策略，通过多方向协同不断削弱反美武装在主要方向的防御力量，在不断佯动欺骗、持续调动敌人过程中持续制造新的弱点。

二、基于谋略思维的出奇制胜原则

基于谋略思维的出奇制胜原则体现了美军机动战思想的机变性，也是机动战思想区别于消耗战思想的本质特征。出奇制胜也体现了美军机动战思想的开放性，善于学习中国及其他各国军事思想的谋略艺术，克服自身以"蛮力"取胜的传统倾向。出奇制胜是以《孙子兵法》为代表的东方兵学思想之精华，"奇正相生，如循环之无端"是谋略艺术与形象思维的体现。美军从孙子"奇正"思想中提取精华，凝练为作战原则指导战争实践。博伊德在广泛深入研究战史战例的基础上，将机动战的本质提炼为"奇与正"的辩证统一。其观点深刻影响甚至塑造了美军对机动战本质内涵的认知。美军学者将作战中的奇正关系进行简化抽象，将机动力量比作奇兵，将牵制力量比作正兵。奇兵的作用在于快速突破，深入敌后，破坏瓦解敌方体系，以巧妙的机动避免陷入消耗；正兵的作用在于欺骗敌军，牵制敌主力，以自身的消耗为奇兵机动歼敌创造条件。奇正作用及相互关系见表 2.1。

表 2.1　　　　　　　　　　　**奇正作用及相互关系**

奇兵	正兵
机动力量	牵制力量
迂回侧击	正面牵敌
以巧妙机动避免陷入消耗	以自身消耗为机动歼敌创造条件
破坏瓦解敌方体系	欺骗敌军，牵制敌主力
奇正相生，二者因敌因势灵活改变。	

(一) 出奇制胜的精髓在于令敌方意想不到

出奇制胜原则的表现形式多种多样：空间上，敌方意想不到的路线或领域；时间上，夜暗时刻或节假日等敌方疏于防范之时；力量上，使用敌所不知的新力量；行动上，采取出乎敌方意料的方式。不同表现形式的内在思想相同，都谋求突然性，超出敌方心理预期和认知边界，令敌方陷入恐惧和混乱。美国独立战争中，华盛顿率部巧渡特拉华河、奇袭黑森雇佣军营及远程机动秘密奔袭约克镇等行动是美军出奇制胜的早期实践。美墨战争期间，斯科特避开防守严密的壁垒，从敌军疏于防范的南部大湖区迂回，出敌不意出现在墨西哥城下，被誉为"美军历史上最大胆的一次运动"。机械化战争时代，"空地一体战"强调从敌人意想不到的时间和地点，以敌方意想不到的方式发起进攻，破坏敌方心理稳定。信息化战争时代，击毙本·拉登的"海王星之矛"行动及猎杀"伊斯兰国"组织头目巴格达迪等行动都是出奇制胜原则的实战运用。大量战争实践又不断深化美军对"奇正"思想的认识，将其写入作战条令，用"五声之变、五色之变、五味之变"揭示奇正相生、变化无穷的道理，作为作战实践的根本遵循。① 处于劣势时，善出奇兵、大胆用奇是改变优劣对比、实现优劣转换的关键；处于优势时，以奇谋兵、出奇制胜能够以最小代价获取最大利益、契合巧战的本质。

(二) 奇正相生的精要在于因敌而变、灵活转化

"出奇"离不开"用正"，二者辩证统一。正兵牵敌为奇兵机动创造条件，奇兵机动制胜离不开正兵成功牵制敌主力和有力配合；正兵牵敌是为了给奇兵机动制胜创造条件，否则牵制敌军主力的正兵就变成无谓的消耗。

除相辅相成外，奇正相生的精要在于二者相互渗透、相互转化。当奇兵机动企图暴露或敌方有所戒备，奇兵则顺势转为正兵，用于迷惑、牵制敌人；当

---

① Headquarters, Department of the U. S. Army. FM 3-0, Operations [Z]. Washington DC: Department of the U. S. Army, 2022: 3-1.

用于牵制敌人的正兵发现敌方破绽或可乘之隙，则顺势乘虚而入，变为巧战胜敌的奇兵。在奇正互动互变中达到"出乎意料之外又在情理之中"的效果。"出乎意料之外"是针对敌方，指令敌意想不到的突然性。"在情理之中"是指事后复盘发现突然性之中有迹可循：在思想、时间、空间"三位一体"中，通过施计用谋制造时间和空间的突然性进入敌方思想。

"奇正相生"与美军当前倡导的复杂性科学思维相契合。根据复杂性科学，"奇"与"正"的结合点在"混沌边缘"，"混沌边缘"蕴藏着出奇制胜的最大可能。

三、基于系统思维的协同制胜原则

系统思维强调从整体上把握各要素相互关系，通过各要素之间有效互动使整体功能大于各部分叠加。在作战中，互动体现为协同，凝结为协同制胜原则。本书把美军机动战作为一个系统，通过剖析构成"机动"的各要素关系探究协同制胜。机械化战争时代，协同集中体现为运动与火力互动。美军机动战思想并不否定交战和流血，也不排斥运用火力；相反，认为发扬火力实施迅速猛烈的打击是机动战应有之义，否则再巧妙的运动也难以产生决定效果。运动与火力互为条件、相互支撑。巧妙运动为发扬火力创造条件，有效的火力为运动提供支撑，运动与火力共同目标是歼敌有生力量。这一认识源于美军对战史战例经验教训的总结：没有运动的火力难以产生决定性效果，没有火力掩护的运动会造成灾难性后果，有效的火力必须与巧妙的运动相结合。信息化战争时代，信息密切了运动与火力的协同，使协同效果非线式迅速放大。

（一）巧妙的运动为发扬火力创造条件

美军认为，"火力"是"使用武器系统或采取其他行动给目标造成的杀伤或非杀伤效果"[1]。美军历来注重运用火力毁伤敌方有生力量。火力能否有效

---

[1] U. S. Joint Chiefs of Staff. DOD Dictionary of Military and Associated Terms [Z]. Washington DC: Joint Chiefs of Staff, 2021: 82.

发挥作用、达成预期效果，取决于能否通过巧妙运动形成有利于己、不利于敌的态势，在有利态势下释放火力。在战争中，运动为发扬火力创造条件体现在时间和空间两个方面。

从时间角度，运动使火力在更短时间内得以释放。一方面，美军通过快速运动减少己方火力准备和反应时间，使己方火力能够在更短时间内得到释放，令敌方防不胜防。另一方面，美军通过快速运动缩短敌方防御准备和反应时间，使敌方无法对美军火力打击做出有效反应。美军提出"全球即时打击"并加紧研发高超声速武器系统，正是谋求利用速度优势压缩时间，使火力打击效能产生质变。

从空间角度，运动使火力在更有利位置上释放。美军通过巧妙运动占据相对于敌方的有利位置，在有利位置上打击敌要害目标，更好地发挥火力效能。在传统战场空间，通过迂回、包围、渗透、穿插等行动运动到敌翼侧、后方、接合部等薄弱部位或占据制高点形成以高制低有利态势，都有利于发扬火力。在新兴战场空间，美军在网空、太空、电磁频谱等领域秘密渗透、长期设伏、突然袭击，更容易达成突然性，给敌方重要目标造成更严重毁伤效果。

（二）有效的火力为更好地运动提供支撑

注重发扬火力、利用火力优势为运动提供支撑，是美军机动战思想的重要特征。火力制胜观念深植于美军作战思想，其作战条令曾规定："如果进攻缺乏突然性和优势火力，那么增加人员只会造成伤亡增加，而不会对敌人产生决定性影响。"[1] 数十年后，火力优胜思想在美军作战条令中依然保留，而且火力对运动的支撑作用进一步凸显，"火力优势可以为指挥官机动兵力提供支撑，免遭难以承受的损失"[2]。在战争实践中，火力对运动的支撑作用体现在两个方面。

---

[1] Department of the Army, Infantry in Battle [Z]. Washington DC：The Infantry Journal Inc., 1939：223.

[2] Department of the Army, FM3-0, Operations [Z]. Washington DC：Department of the Army, 2017：7-15.

一是火力为运动扫清障碍。在活力对抗中，成功的运动要克服自然和人为等因素构成的战争阻力。克服阻力通常有两种方式：一种是另辟蹊径，采取阻力小的间接路线，出敌不意地进行运动；另一种是消除阻力，为运动扫清障碍。火力是消除阻力、确保运动顺利进行的有效方式。阵地进攻作战的火力准备及机动进攻作战的火力支援都强调火力先行、为兵力行动扫清障碍。在伊拉克战场，美军地面部队运动途中遇到数量占优势的敌军时，往往不急于进攻，而是利用地形就地转入防御或者主动后撤与敌人脱离接触，随即呼叫空地火力对敌人实施打击。待消灭敌有生力量后，美军地面部队再继续前进。在阿富汗战场，反美武装利用复杂山地地形隐蔽伏击，严重威胁美军地面部队行动。为此，美军采取先火力后兵力策略，对存在风险隐患的目标先火力压制，再兵力夺控。在多次山地作战中，空地联合火力打击为部队在复杂地形行动扫清障碍，成为地面部队扭转不利态势、击退敌人的关键。

二是火力将对敌优势转化为克敌胜势。无论是运动至敌人翼侧或后方，对敌形成迂回侧击或包围之势，还是占据制高点，形成以高制低之势，都只是占据了有利位置而形成制胜优势。但这种优势只是实现巧胜的条件并不是胜利本身，要将对敌优势转化为克敌制胜的结果最终要依靠火力。相反，如果缺乏强有力的火力支援，通过巧妙运动形成的对敌优势不但难以产生决定性结果，并且会很快丧失。在阿富汗战场"蟒蛇"行动中，美军通过空中机动、立体穿插和纵深机降成功切断敌人退路，形成围歼敌军的有利态势。但是，由于缺少及时有效的火力支援，机降后的美军反遭敌人围困，优势很快变为劣势，陷入困境。直到地面部队得到近距离空中火力支援后才成功扭转被动局面，重新夺回战场主动权。

（三）信息放大运动与火力协同效果

复杂系统的一个突出特性是非线性，信息是催生非线性因果关系的一个关键因素。在信息时代，信息不仅是促进运动与火力协同的黏合剂，而且使协同产生非线性效果——作战行动产生战略影响，局部互动产生全局性、系统性影响，提高了"巧"胜层次。"巧"的关键是利用信息"全球覆盖、跨域渗透、即时到达"等时空特性，让运动与火力协同释放的战斗力不仅作用于敌方军队，产生物理毁伤效果，而且通过信息的即时跨域传播影响敌方政府和民众，产生精神和心理效果，从整体上打击敌方精神士气，造成其心理恐惧，从而达成战略目的。基于系统思维视角，信息是打通克劳塞维茨的"三位一体"（政府、民众和军队）与美军机动战思想精神、心理、物理"三位一体"的联系、产生非线性连锁反应、促使运动与火力协同效果对敌方产生系统性影响（见图 2.4）的关键因素。

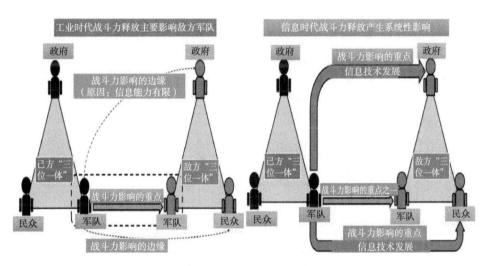

图 2.4　信息使协同效果产生系统性影响

第四节　美军机动战思想蕴含的作战艺术

美军机动战思想的六种关键要素凝结为体现人的想象力和创造力的作战艺术，并通过作战艺术指导实践，在实践中体现巧战制胜的精髓。同样的要素作用于不同的作战艺术，不同的作战艺术蕴含相似或相同的要素，在活力对抗中无定式、无定法，依靠人的智慧灵活变换——运用之妙，存乎一心。

一、时空变换艺术：在机动中争取时空优势

美军认为，机动的精要在于塑造并利用相对优势实现最佳作战效益。在活力对抗中，交战双方相互适应、不断互动，导致任何一方都难以获得绝对优势，因此相对的、暂时的、不断波动的"优势窗口"成为常态。在机动中塑造时空优势并利用"优势窗口"制胜，蕴含着机动战思想的时空变换艺术（见图2.5）。

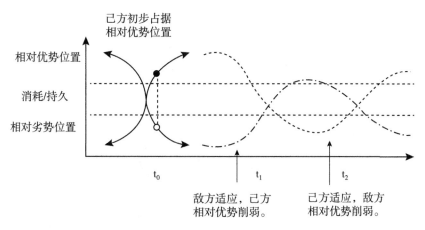

图 2.5　交战双方相互适应导致相对优势涨落①

（一）通过机动夺取时间优势

夺取时间优势的关键是决策和行动快于对手，使对手被动应对甚至来不及反应，进而出现混乱，陷入瘫痪。时间优势产生的效果体现为达成突然性和节约兵力。

---

①　HASTINGS AP. Coping with Complexity: Analyzing Unified Land Operations Through the Lens of Complex Adaptive Systems Theory [M]. Kansas: United States Army Command and General Staff College, 2019: 34.

一是达成突然性。作战行动突然性体现为行动时间、地点和方式出乎敌人意料，能够抑制对手优势的发挥，破坏其心理稳定，从而改变交战双方力量对比，体现"巧战"的艺术性。从时间优势角度，达成突然性的要素包括决策速度、信息共享速度、兵力运动速度等。① 因此，美军在战争中形成速度制胜观。

在伊拉克战争中，美军奔袭巴格达是通过快速机动夺取时间优势、达成突然性的典型战例，此役美军突然性体现在两个方面。一方面，开战当天地面部队就快速机动。与海湾战争先长时间空袭再投入地面部队的做法不同，伊拉克战争中美军地面部队开战当天就快速机动，绕过伊军重兵防守的城镇直奔巴格达。美军机动速度之快出乎伊军意料，借伊军心理的不意和行动的无备减少了抵抗，是"快速决定性作战"理论的成功实践。另一方面，奇兵直插巴格达市中心。面对伊军重点防守的首都，美军没有采取稳扎稳打、逐步占领的稳妥战法，而是抓住短暂时间窗口出敌不意派装甲特遣队直接插入巴格达市区，并与舆论战、信息战相互配合，扰乱了伊拉克军民的认知，瓦解了伊军的抵抗意志，避免了残酷的城市巷战。

二是节约兵力。通过机动夺取时间优势、形成作战的快节奏可以节约兵力，实现"以快补量"——"速度的利益在于一连串奇袭，奇袭的利益在于节约兵力的同时完成重大任务"。美军研究苏军作战艺术发现，加快节奏不仅可以减少弹药和油料需求，而且能够大幅减少人员伤亡和武器装备损失。当机动进攻速度从每天 4~10 千米提高到每天 20~50 千米时，人员伤亡减少 2/3，坦克战损减少 1/3。坦克部队前进速度从每日 4.5~13 千米提高到 16~45 千米时，弹药和油料消耗都明显减少。美军学者杜普伊揭示了其中奥秘：与运动缓慢的作战相比，快速运动可以减少武器的使用。② 快速移动的目标会增加敌方发现和打击的难度（图 2.6）。

---

① U. S. Joint Chiefs of Staff. JP 3-0, Joint Operations ［Z］. Washington DC：Joint Chiefs of Staff, 2018：A-3.

② DUPUY TN. Understanding War：History and Theory of Combat ［M］. Falls Church：NOVA Publications, 1987：157.

	坦克部队每前进 100千米的消耗	
	基于苏联卫国战争的经验	
消耗的形式	前进速度:16~45千米/日	前进速度:4.5~13千米/日
弹药消耗	0.25	1.5
油料消耗	0.7	2.0

图 2.6 提高机动速度与物资消耗减少的定量分析

节约兵力主要体现在两个方面。一是弥补兵力不足。在总兵力少于敌方情况下，通过快速机动在很短时间内将主要作战力量集中于决定点，在关键时节形成对敌非对称优势，是美军改变双方兵力对比的关键。美军参与的近几场战争大多远离本土，总兵力处于以少对多的不利态势。美军正是通过快速机动在"时间窗口"内形成局部优势，弥补自身力量不足。快速机动不仅为美军部署和作战赢得了时间，也挤压了对手反应和部署时间，削弱了对手数量优势和本土作战优势。美军强调，己方处于外线时，行动灵敏、节奏更快可以抵消敌方内线作战优势；己方处于内线时，规模小而灵活的作战力量机动到规模大但不灵活的敌军接合部，可以在敌军有效反应之前将其击败。

二是减少伤亡损失。通过研究进攻速度与伤亡关系发现，在其他各种因素相同情况下，如果 E 的进攻速度是 A 的 16 倍，那么 E 在进攻中的伤亡则降为 A 的 1/6。[1] 这对于对人员伤亡十分敏感的美军而言意义重大。这一发现印证了杜普伊通过研究战史战例得出的结论，即"伤亡速率随前进速率增加而下降"[2]。这一结论是对德军"闪击战"速度优势观和苏军"大纵深机动"思想

① EVANS M, RYAN A. The Human Face of Warfare: Killing, Fear & Chaos in Battle [M]. Sydney: National Library of Australia, 2000: 33.
② DUPUY TN. Understanding War: History and Theory of Combat [M]. Falls Church: NOVA Publications, 1987: 157.

的借鉴与发展，揭示了由快速机动获得的时间优势本身就是一种武器，不仅可以弥补兵力兵器数量的不足，还可以减少伤亡损失。运用这一结论指导作战的艺术在于通过快速机动获得时间优势，减少实际交战时间，增加敌方发现和打击目标难度，降低作战强度，从而减少人员伤亡。进攻速度与伤亡的关系见图2.7。

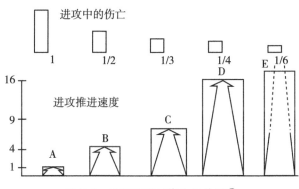

图 2.7 进攻速度与伤亡的关系①

（二）通过机动夺取空间优势

战场上作战双方所处位置不同，会直接影响各自作战效能的发挥。通过机动夺取空间优势的目的是确保在对己方有利、对敌方不利的态势下作战，己方作战效能得到充分发挥的同时抑制敌方作战效能的发挥。

一是打击敌翼侧和后方等薄弱部位，形成以强击弱之势。人员、武器装备及作战编队的翼侧和后方通常防护薄弱，易受打击，而正面的防护力和打击能力较强，因此集中己方精锐力量对付敌方薄弱的翼侧可以构成空间优势。美军很多成功战例正是通过打击敌翼侧或后方实现的，通过迂回、包围、渗透等巧妙机动到达能够威胁敌翼侧或后方的有利位置，占据空间优势。美军对翼侧和

---

① EVANS M, RYAN A. The Human Face of Warfare: Killing, Fear & Chaos in Battle [M]. Sydney: National Library of Australia, 2000: 33.

后方等空间优势的认识从战争实践层面上升到作战思想高度，将"翼侧和后方进攻比正面进攻更易奏效"作为一条永恒的制胜法则，认为"翼侧开刀"自古以来是兵家要诀，蕴藏亚历山大、汉尼拔、成吉思汗及拿破仑等机动战大师制胜之机。

"翼侧开刀"的作战艺术在于通过在有形空间塑造优势进入敌方思想，在心理等无形空间形成对敌优势。在心理上，敌方对翼侧和后方的威胁更敏感、更恐惧，承受力更脆弱。生理结构决定人善于观察前方事物并采取行动，而两侧和后方存在视觉和感知盲区，观察能力和反应能力较弱，容易产生心理恐惧并在潜意识中夸大威胁程度。作为由众多个体组成的有机整体，作战编队也存在相似特点。机动的目的恰在于在空间上针对敌方盲区形成以强对弱的位置优势，通过地理空间的位置优势产生心理效果，当敌方发现翼侧有威胁或后路被切断时，心理受到的冲击和恐惧感要超过实际受到的打击，结果不是被对手打倒，而是被自身的恐惧吓倒，被自身恐惧引发的内部混乱打败，"最打击部队士气的莫过于发现后方出现敌情"①。

二是夺取战场制高点，形成以高制低之势。在传统战场空间，位置优势的一个重要方面是居高临下，优势之争往往是制高点之争。居高临下、以高制低是美军机动造势艺术的重要体现。在丛林密布的越南战场，美军为争夺"一树之高"优势采取空中机动作战。从德浪河谷免遭败局到溪山战役逆势取胜，美军非对称优势体现在与对手之间的高度差上。在山高路险的阿富汗战场，美军通过空中机动直接抢占山脊线制高点，实现反客为主，使具有本土作战优势的反美武装处于从下向上仰攻的不利态势。从"雄鹰"行动到"落锤"行动，以空制地、以高制低成为美军克敌制胜的关键。

随着科技进步和战争形态演进，美军以高制低的作战理念向太空等新兴领域拓展。太空被视为"高边疆"，成为美军机动造势艺术的新制高点，并通过"星链"等项目加紧谋局布势、抢占先机。美军谋求利用科技优势，通过太空

---

① MARTIN VC. Air Power and Maneuver Warfare [M]. Alabama: Air University Press, 1994: 19.

领域轨道机动等方式保持并扩大以高制低的有利态势。

二、优劣转换艺术：在动态变化之中实现优劣转换

优劣转换是敌对双方实力对比的改变，更是双方思想交锋的结果，通过"奇正""虚实""迂直""攻防"等矛盾的转化体现出来。这些矛盾的转化蕴含辩证法艺术，揭示了活力对抗中优劣对比是动态变化的过程，变化的结果取决于思想的活力。优劣转换艺术的一个关键因素是机动，成功的机动取决于速度和突然性。

（一）以速度为武器促成优劣转换

速度本身就是一种武器，可弥补己方数量劣势的同时抑制敌方数量优势。在战场态势不明朗、敌对双方力量对比悬殊的情况下，先敌机动、速度更快的一方可以争取主动，占据有利位置，形成以己之长对敌之短的有利态势，使敌方数量优势无法发挥，从而在关键局部和时节改变双方力量对比。反之，观望不动或行动迟缓的一方会陷入速度越慢越被动的恶性循环。因为等待观望过程中战场态势又发生新变化，需要重新观察和判断。历史上很多以少胜多的经典战例都蕴含同样的作战艺术——将各自时代速度最快、机动力最强的精锐作战力量巧妙运用于能够改变双方力量对比的决定点，促使胜利的天平向己方倾斜。深受这一思想影响的美军从建军之初就重视速度。在独立战争中，纳撒内尔·格林与英军展开行军竞赛是"以速度为武器"实现优劣转换的典型实例，为美军建军初期智胜强敌注入"巧战"基因。在机械化战争时代，速度优势体现机械化武器装备支撑下的兵力和火力机动速度，以及由速度优势产生的作战效能优势。美军学者研究发现，机动速度为 180 千米/小时的 1 个陆航旅作战效能相当于机动速度为 30 千米/小时的 1 个装甲师或机动速度为 4 千米/小时的 1 个步兵军。可见，小部队高速机动产生的作战效能胜过行动缓慢的大部队。这一发现在实战运用中转化为"以快补量""以快制慢"的作战艺术。

在信息化战争时代，速度优势主要体现为信息传递和处理速度，以及由

此产生的决策速度、行动速度等连锁反应，对战斗力的贡献率呈指数级增长。

（二）以突然性为武器促成优劣转换

突然性主要针对敌方心理，是改变力量对比、实现优劣转换的"杠杆"。突然性的本质是用奇，途径是间接路线，作战时间、地点、使用力量和行动方式让敌方意想不到，破坏敌心理稳定和内在凝聚力，从而使敌陷入混乱、无法作为有机整体采取行动。美军从诞生之初就注重利用突然性实现优劣转换，华盛顿率部在圣诞夜袭击黑森军营正是利用突然性取胜的成功战例。朝鲜战场仁川登陆、海湾战争"左勾拳"行动都是利用突然性改变交战双方力量对比、扭转战局。美军在总结战争经验基础上，将"突然"作为九大联合作战原则之一，强调其作用在于"改变力量对比，进而取得以小代价获取大胜利的制胜效果"①。

突然性不仅能够抵消敌方数量优势，还能使敌方数量优势变为劣势。根据边际效益原理，如果有限战场空间内兵力密度过大，超过战场容量，不仅作战效能无法充分发挥，还会因兵力过于密集出现混乱、陷入内耗。而敌方兵力密度过大往往是己方通过出其不意地实施包围实现的。（见附录：坎尼会战）

三、非对称制胜艺术：在机动中制造不均衡态势

非对称即不对称，打破平衡。追求对称和平衡是人类在长期进化中形成的一种本能反应和心理诉求，也受到人的生理结构影响。人体具有对称分布特征，双眼、双耳、双手、双腿、双脚等器官在与环境互动中通过对称获得平衡，通过平衡内心获得安全感。因此，非对称行动有反本能、反直觉的特征，

---

① U. S. Joint Chiefs of Staff. JP 3-0, Joint Operations ［Z］. Washington DC: Joint Chiefs of Staff, 2018: A-3.

是创新思维和求异思维的体现，凝结着人的智慧。根据复杂性科学，追求非对称制胜的本质是利用因果关系的非线性变化——用很小的力产生重大效果。因此，非对称制胜艺术的精要在于在机动中制造并利用对己有利、对敌不利的非线性，达到"四两拨千斤"的效果。

非对称作战发轫于以骡马为机动工具的冷兵器时代，机动战先驱们灵光一现的战场直觉和领悟力契合战场几何学和经典力学基本原理，符合当时战场制胜的基本规律。斜形机动是非对称思想的杰作，核心指挥位置位于斜形阵线的黄金分割点，彰显驾驭战争的艺术性和战场创造力，是美军非对称制胜艺术的灵感之源。随着技术进步和战争形态演进，非对称制胜的内在机理和外在表现都发生变化，但是对于"新、奇、变"的追求以及敢于打破平衡、在机动中制造不均衡态势的创新思维和作战艺术超越时空、历久弥新。非对称制胜艺术蕴藏于各个历史时期的战争实践中，大量经典战例为美军机动战思想提供了取之不尽的"富矿"。

（一）基于杠杆原理分析非对称制胜艺术

杠杆平衡条件是动力×动力臂 = 阻力×阻力臂（$F_1 \times L_1 = F_2 \times L_2$）。杠杆处于平衡状态且力量不变时，可以通过改变力臂长度或调整支点位置打破平衡。在敌对双方对抗的战场上，利用杠杆原理实现非对称制胜的精髓在于准确发现并有效利用杠杆支点（战场决定点），改变力臂长度（采取间接路线），实现以巧克敌。对支点的利用及力臂长度变化是在巧妙机动中实现的，机动是节约力量、打破平衡、塑造非对称优势的关键因素。交战双方在机动中实现作战时间、空间、力量和行动的不规则、不均衡、非线式变化，发生强弱转化——弱者变强、强者变弱或是弱者愈弱、强者愈强。强弱变化正是在战争中巧用"杠杆"的结果。因此，美军将"杠杆"作为战役法的思想性要素，谋求利用杠杆以较小力量撬动较重物体的原理，获得对敌非对称优势和作战效益。

美军利用"杠杆"谋求非对称制胜的思想源于对战史战例的深度挖掘。博伊德深入研究冷兵器时代经典战例，发现了非对称制胜艺术的奥秘。他借用恩格斯名言揭示留克特拉会战中蕴藏的制胜艺术："埃帕米农达斯首先发现沿前线不均衡、非对称分配和使用作战力量的奥秘,进而集中力量在决定点发起主攻。"① 博伊德还发现,亚历山大运用相同作战艺术却采取相反形式赢得阿贝拉会战。两次会战表面形式相反,但内在思想相同。二者不同之处在于:埃帕米农达斯采取"左前右后"斜形机动,首先攻击敌方强点,亚历山大采取"右前左后"斜形机动,首先攻击敌方弱点;埃帕米农达斯加强己方左翼作战力量,在形成局部优势后首先攻击敌方强大的右翼;而亚历山大则集中精锐首先攻击敌方较弱的左翼,取得突破后迅速向敌方关键目标卷击,直击重心(统帅大流士)。二者相同之处在于:改变作战力量的传统部署方式,打破平衡,形成双方对抗态势在特定时空条件下的不对等,集中己方优势力量在决定点形成暂时相对优势("时空集优"),迅速而猛烈地进击敌军要害;与此同时,用己方较弱的一翼牵制敌军主力并靠后部署,与敌优势力量拉开距离,抑制敌方优势发挥,诱使敌方为实现交战不断前出,从而造成左右脱节,出现可乘之隙。力量的非对称部署和斜形机动如同"杠杆"一样撬动并改变了战场时空结构和力量布局,增强了战场态势的流动性、非线性和复杂性。两军从沿横向战线面对面厮杀变为像"旋转门"一样"顺时针"或"逆时针"旋转,使整个战场流动起来(如图2.8所示)。

兵力的非对称部署、阵型的不规则变位、交错式机动,一方面改变了两军对垒、面对面搏杀的战场空间布局,打破了战场时空平衡态,避免了与敌军蛮力较量,削弱了敌方数量优势,抑制了敌整体作战效能发挥;另一方面,可以集中己方精锐力量于决定点,在局部形成绝对优势和攻击锐势,迅速而猛烈地攻击敌方要害(相当于杠杆支点)。此外,错落式排布和梯队式进攻增强了攻击穿透力和持续力,有利于突破敌前线后向纵深发展,形成一波接一波的浪涌式进攻,持续冲击敌翼侧和后方。斜形机动还起到调动敌人的效果,战线不规则变化和力量非对称排布使敌方难以适应,被迫改变两军对垒的常规阵型,导致敌方各部之间脱节,内部发生混乱,出现可乘之隙,己方则乘虚突入、直击

① BOYD JR. Patterns of Conflict [Z]. edited by Chet Richards and Chuck Spinney, Atlanta: Defense and National Interest, 2007: 19.

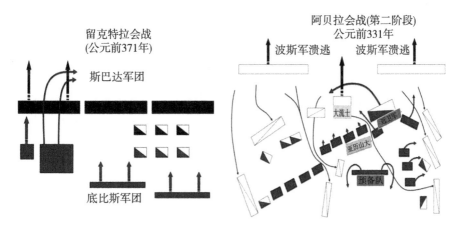

图 2.8 留克特拉会战与阿贝拉会战的斜形攻击比较

敌要害目标（敌军统帅），令敌不战而溃。

尽管历经千年，斜形机动的表现形式发生巨大变化，但是其中蕴含的巧用杠杆实现非对称制胜的艺术仍然适用。博伊德从中获得灵感，发现了以少胜多、机动制胜的奥秘并上升到"奇正"变化的哲学高度，为"空地一体战"等理论的开发提供思想指南。巧用杠杆制胜的作战艺术被美军写入作战条令，既作为己方重心的特点之一，也作为撬动敌方重心的巧妙途径——避开敌方强点同时运用作战力量对付敌方关键弱点，通过间接方式攻击敌方重心。①

（二）基于压力原理分析非对称制胜艺术

经典力学的压力公式为压强＝压力/受力面积（$p = F/S$）。当压力一定时，受力面积越小压强越大；受力面积一定时，压力越大压强越大。冷兵器时代以来，非对称制胜的很多经典战例暗合上述原理——运用机动力强的精锐力量向敌军薄弱的翼侧机动，集中己方精锐力量（压力最大）攻击敌方

---

① U. S. Joint Chiefs of Staff. JP 5-0, Joint Planning [Z]. Washington DC: Joint Chiefs of Staff, 2020: IV-23, IV-33.

最脆弱的一点（受力面积最小），在决定点上形成双方最大战斗力差（压强最大）。如同重锤砸钉，集中最大力量、以最快速度垂直作用于最小且最脆弱的受力面（甚至一点），从而产生最强穿透力。在这种情况下，"速度"和"集中"成为关键因素。在作战中运用这一原理制胜的艺术性在于在特定战场时空和决定点集中精锐力量形成绝对优势，并迅速聚焦于敌方关键薄弱部位，从而一举击穿敌防线而且保持继续向敌纵深攻击的穿透力，贯穿并瓦解敌方整个体系。博伊德反复强调，集中优势力量打击敌关键且脆弱的一点。这一思想在"空地一体战""快速决定性作战""空海一体战"等理论中都有所体现。尤其"快速"和"决定性"最能体现利用高速机动进攻集优击弱的非对称艺术。

（三）基于心理学原理分析非对称制胜艺术

攻击敌方翼侧或后方产生的真正非对称优势在于心理。人的生理构造决定人的感知能力存在局限，易于感知前方等视觉范围内的事物，难以感知侧面和后方等视觉范围外的事物。良好的感知可以降低前方和正面威胁的不确定性，心理上因有所警觉和防备而降低了紧张和恐惧感。相反，对于后方和侧面威胁，感知局限导致心理上始终受到不确定因素困扰，由此产生的紧张和恐惧感不断加重并在心理上不断放大，最终导致不是被外在威胁打倒，而是被内心恐惧吓倒。战争史上一再上演翼侧和后方突然出现威胁导致部队陷入慌乱、从内部瓦解的战例。利德尔·哈特通过研究战史战例发现，翼侧攻击产生非对称优势的奥秘在于影响敌方心理，并由此提炼出间接路线思想。其精髓在于通过物理空间出敌不意迂回侧击影响敌方心理，破坏敌方心理平衡，取得心理优势。[①] 这一思想深刻影响美军机动战理论与实践。从朝鲜战场仁川登陆、越南战场空中超越攻击和阿富汗战场的"落锤行动"，都是通过"锤"（翼侧或后方打击）与"砧"（正面牵制）密切配合，在机动中塑造物理空间的非对称优

---

① HART L. Thoughts on War [M]. Cornwall: Spellmount Limited Publishers, 1999: 238-239, 270.

势，进而转化为心理空间的非对称制胜优势。

四、体系优胜艺术：在机动中凝聚体系优势制胜

体系是系统思维的体现，思考生成体系优势的内在机理需要科学思维，而驾驭复杂体系在活力对抗中实现体系优胜则需要艺术的想象力与创造力。战场博弈表面上是复杂体系之间的对抗，实质是驾驭复杂体系的两股活力的较量。胜负不取决于哪一方体系更复杂，而取决于哪一方艺高一筹。在战争领域，体系优势包含相反相成、对立统一的两个方面。一方面，己方体系内部各要素互动顺畅、优势互补、结构优化，与外部环境有效互动，从而将阻力和摩擦降至最低，充分发挥整体功能，涌现出单个要素或局部没有的新功能。体系优胜的艺术性体现为用力最省、效益最佳，充分体现机动战思想"巧胜"的本质。另一方面，破坏敌方体系内部各要素之间的互动，割裂其各部分之间的联系，将其孤立于外部环境，最大限度地增加敌阻力和摩擦，使敌内部丧失凝聚力并陷入混乱、对外无法适应环境变化，从有机整体降级为孤立个体，丧失活力。体系优胜的内在机理是复杂系统对抗，包括三个方面：一是适应性对抗。己方内部协调，对外适应，同时造成敌方内部混乱，对外不适应。二是不确定性对抗。己方适应不确定性，同时制造并利用不确定，让敌方面对更多不确定性和更复杂态势。三是涌现性对抗。己方体系内部各要素通过互动不断涌现新功能和新能力，同时使敌方被迫应对不断涌现的新难题和新困境。

从冷兵器时代至今，战争实践中蕴含大量体现体系制胜艺术的经典战例，尽管具体方法途径和表现形式不同，但是都具备在机动中凝聚体系优势制胜的艺术性，通过空间、时间和力量这三个关键要素的联动、同步与协同得以实现，是美军体系优胜艺术的灵感来源。

（一）在机动中实现作战空间联动制胜

历代机动战经典战例及理论著作都表明，迂回、包围的成功并最终歼敌制

胜，不能仅依靠单一方向和单独一支作战力量，而是需要多种作战力量在多个方向相互配合、整体联动。整体联动正是在机动中实现的，机动可以克服战场空间的广延性，促成正面与翼侧、两翼之间、前沿与后方形成整体合力。正面佯动造势与翼侧迂回突袭相互配合；左、右两翼攻守互动、相互策应，或是两翼同时发起钳形攻击；前后连贯、相互衔接，增强攻击持续力和贯穿力。这正是汉尼拔、成吉思汗、拿破仑等将帅巧战胜敌的奥妙所在（见附录）。在坎尼会战中，汉尼拔实施一系列巧妙而复杂的机动，促成前沿与纵深、正面与翼侧、左翼与右翼、内线与外线多维联动，其中蕴含的体系制胜思想跨越时空、影响深远。前德军总参谋长施里芬一生致力于研究坎尼会战，从中提取思想精华并根据坎尼模式制定"施里芬计划"，成为德军在两次世界大战中筹划和设计作战的底案，"曼施坦因计划"也脱胎于此。这些经典案例蕴含的联动制胜艺术给美军提供灵感，博伊德的代表作《冲突的样式》将不同军队跨越千年的范例融会贯通，从中提炼出通过作战空间联动实现体系优胜的思想精华，为美军战役法及"空地一体战"等理论注入作战艺术的底蕴。"空地一体战"的"协调"原则包含作战空间的巧妙安排，使作战力量在多维、分散的战场空间相互协调、形成合力，对敌发动纵深、立体攻击。

除汲取历史智慧外，美军还通过研究现实对手的作战理论丰富发展自身作战艺术。苏军大纵深战役理论"同时压制敌配置全纵深"蕴含空间联动制胜的艺术。该理论经过迭代升级，提出"机动越来越具有空-地性质，其中空中机动更为重要"，推动战场空间向立体方向发展。美军受此启发提出"拓展的战场"概念，并沿着"主动、灵敏、纵深、协调"的思路破解战场空间拓展带来的难题，谋求凝聚己方体系合力同时破坏敌方体系凝聚力。在战略上聚焦大国竞争背景下，美军从"拓展的战场"中汲取灵感，提出"拓展机动"概念，谋求通过机动在更多领域、更广阔空间凝聚体系合力，塑造制胜优势。

（二）在机动中实现作战时间协调制胜

冷兵器战争时代，机动工具和通信手段的局限增加了时间上协调同步的难度。因此，部队通过严格训练形成的纪律观念和默契配合以及统帅战前精心筹划和战中指挥艺术成为凝聚体系合力、保证时间协调同步的关键因素，并借助金鼓、旌旗等工具统一行动，协调时间。这些因素促成阿贝拉会战、坎尼会战等经典战例实现时间同步，从而释放出体系合力。热兵器战争时代，技术进步为时间上协调同步提供了支撑，拿破仑的指挥艺术体现在善于在时间上巧妙安排大兵团作战，发挥整体合力。其思想精华被马汉父子、杜普伊、博伊德等美军思想家吸收并融入美军作战思想，产生"空地一体战"等机械化战争时代的代表性理论。该理论的"协调"原则就包含时间上的协调——缩短己方时间同时延长敌方时间，形成并拉大双方时间差，利用时间差进入敌方 OODA 周期。信息化战争时代，网络和信息技术进一步推动作战时间协调同步，进而增强体系制胜优势，产生"网络中心战"等代表性理论。谋求信息主导、依网聚力、联网作战，通过信息的快速传输和处理实现战场态势近实时共同感知，进一步压缩作战时间，加快作战节奏，增强各种作战力量在时间上的协调同步，实现作战效能倍增，进一步凸显信息机动对体系优胜的赋能作用。

（三）在机动中实现作战力量协同制胜

机动战很多经典战例巧胜的关键在于有效协同各种作战力量，取长补短、优势互补，形成体系制胜优势。体系优势、协同制胜艺术包含对己和对敌两个方面。在有效协同己方力量的同时破坏敌方协同，通过穿插、迂回、分割、包围等各种机动破坏敌方各部之间的联系，使敌各部难以有效协同，无法形成合力，进而整个体系的完整性被割裂、稳定性被破坏、凝聚力被瓦解。其中蕴含的作战力量协同制胜艺术具有超越时空的价值，并随着科技进步和战争形态演进呈现新面貌。

在美国独立战争中，美军与法军相互协同，水上和陆上力量密切配合、水陆并进、协同机动，完成了对约克镇的水陆双重包围，瓦解了英军的作战意志，实现巧胜。在美墨战争中，美海军与陆军密切协同，并利用敌军失误，实施了成功的两栖登陆作战，占领敌方重要港口。以上是美军作战力量协同制胜的早期实践。在第二次世界大战中，诺曼底登陆是机械化战争时代多种作战力量协同并破坏德军作战力量协同的成功实践，协同力量之多、难度之大历史罕见。在第四次中东战争中，美军利用侦察卫星帮助以军发现埃及军队部署存在的空隙并迅速乘虚而入，将埃及两个集团军割裂开，使其无法相互支援，难以形成整体合力，从而帮助以军扭转战局。历史经验表明，破坏敌方体系凝聚力与凝聚己方体系合力是体系优胜艺术的一体两面、对立统一。体系破坏是针对敌方，着眼于令敌方功能失调、行动失序，通过操控空间、时间和力量这三个关键要素破坏敌体系内部各部分之间的联系，瓦解敌凝聚力，使敌陷入混乱，整体功能被破坏。体系合力是针对己方，着眼于涌现新功能、产生新能力，通过调控空间、时间和力量这三个关键要素实现体系内各部分关系和谐、互动顺畅、优势互补、结构优化、内部摩擦减少，更好地发挥体系制胜威力并不断涌现新质作战能力。

五、顶点掌控艺术：在机动中洞察并利用顶点巧胜

顶点是美军作战设计的一个关键要素。顶点指时间或空间上的一个点，到达这个点后作战行动的锐势无法继续维持。① 顶点并不是固定不变的点，而是动态变化、不断波动的点，依具体条件而定，在战场上不断变化。在复杂多变的战场上敏锐洞察并巧妙利用顶点制胜，依靠人的经验与智慧，充分体现指挥作战的艺术性。在进攻中，顶点是无法继续进行有效进攻、必须转入防御或采取作战停顿的时刻。此时进攻方面临遭到防御方反击的巨大风险，成功的可能性不断下降，而失败的可能性不断上升。因此，进攻取得成功的关键在于到达顶点前实现目标。在防御中，顶点是防御方没有能力继续防御或无力发起反击的时刻。防御取得成功的关键在于促使进攻方到达进攻顶点，而后实施反击。在稳定行动中，顶点主要存在于精神和心理层面，会因为精神士气的低落、国

---

① U. S. Joint Chiefs of Staff. JP 5-0, Joint Planning [Z]. Washington DC: Joint Chiefs of Staff, 2020: IV-28.

家战争意志的削弱、民意支持的下降或战争合法性不断遭到质疑而出现。利用顶点实现巧胜的艺术体现为在作战中敏锐洞察顶点的出现，并利用顶点将作战行动引向胜利。

（一）在作战中敏锐洞察顶点的出现

顶点的形成是活力对抗的结果。美军学者汉德尔将顶点的出现与变化抽象提炼，以变化曲线的形式加以直观呈现。与进攻相比，防御是一种比较强的作战形式，冲突开始前防御方往往在地形等方面具有相对优势。冲突发起后（图 2.9 中 A 点），进攻方在作战时间和地点的选择、作战力量和作战方式的运用等方面享有主动权，在作战突然性等方面具有相对优势。在从 A 点（进攻开始）到 X 点（进攻顶点）过程中，进攻方优势和力量不断增强，而防御方优势和力量不断削弱，攻防两种相反的力量激烈互抗导致攻防曲线呈反向变化。然而，进攻方优势和力量在增长过程中（B_1，B_2……）削弱自身优势和力量的因素也在增长（战争中的阻力和摩擦），防御方优势和力量不断削弱过程中也在积蓄触底（Z 点）反弹、重获优势的因素。原因在于进攻越是持续、深入，越远离后方基地，交通线越长，后勤保障越困难，翼侧越暴露，越容易遭受打击，此外防御方抵抗造成战损增加；相反，进攻方这些不利条件正是防御方的有利条件，防御方在退却过程中距离后方基地越来越近，交通线不断缩短。更重要的是时间往往有利于防御方，因此进攻方往往力求速战速决，力避久拖不决。当到达顶点（X 点或 T_2 时间）后，进攻方优势和力量开始下降（从 X_1 到 X_3）、攻势难以维持，而防御方优势和力量开始增长（从 Z_1 到 Z_3）。因此，进攻方胜利的顶点往往是防御方失利的终点。当到达 Y 点或 T_3 时间时，攻防双方力量重新获得短暂平衡。此后防御方优势超过进攻方，开始实施反击。转入反击是防御的应有之义和精髓，"突然而有力地转入进攻（闪闪发光的复仇之剑）是防御最光辉的时刻"，凸显驾驭战争复杂性的作战艺术。

然而，攻防双方曲线变化和顶点出现的时刻只存在于战后反思和理论研究

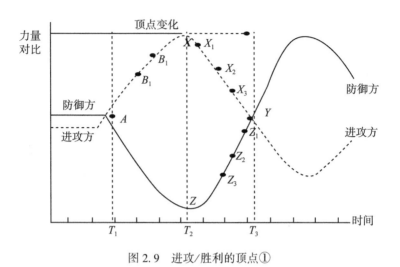

图 2.9　进攻/胜利的顶点①

中，在作战实践中顶点既无法事先预知，也无法事前确定，而是变化不定的动态波动点，根据战场形势变化而变化。因此，预判顶点可能出现的时机、洞察顶点的变化不仅需要一双善于观察的慧眼，还需要基于实战经验和敏锐洞察力形成的战场直觉和预测形势变化的慧心，是作战艺术的充分体现。在战场上，指挥官面临的最大难题是准确洞见顶点出现的时机——"时机就是一切"。对于进攻而言，如果过早转入防御，就会错失通过追击扩大战果的有利时机，难以实现预期目标；如果不能及时觉察顶点，则容易造成进攻难以为继，陷入被动，在敌方反击中遭受重大损失。对于防御而言，如果时机不成熟过早转入进攻，会面临失败风险或遭受重大损失；如果行动迟缓，错失反攻有利时机，会造成时间和资源浪费，使敌方能够组织有效防御或有序撤退，从而增加反击成本。美军名将巴顿具备敏锐战场直觉和洞察力（博伊德用"指尖感觉"形容这种能力）。他在指挥第 3 集团军机动进攻途中，在没有情报支援情况下敏锐"嗅到"敌情征候并指挥部队随即转入防御并成功击退德军三个师的进攻，从而避免己方进攻达到顶点。

---

① HANDEL MI. Masters of War: Classical Strategic Thought [M]. London: Frank Cass Publishers, 2005: 142.

（二）利用顶点将作战行动引向胜利

掌控顶点巧胜的艺术不仅在于敏锐洞察变化不定的顶点，还在于发挥主动性加速敌方顶点到来，推迟己方顶点到来，在到达顶点后仍然设法实现目标。一是加速敌方到达顶点。美军机动战思想的进攻本性决定其常以攻势作战为主，而且为加速防御方顶点到来常采取快速猛烈的极限施压，在主攻方向集中精兵利器，在局部塑造绝对优势。从顶点控制角度看，美军机动战所规定的"采取迅速、猛烈、出其不意的行动……削弱敌方适应能力"就含有加速敌方顶点到来的含义。"快速决定性作战"理论强调的"高强度、快节奏作战""压倒性、震慑效果"都着眼于将敌方作战引向顶点。"空海—体战"的纵深并行攻击也谋求加速敌方顶点到达。在机动防御中，往往先退一步，诱敌深入，诱使进攻方因翼侧暴露、远离后方、交通线拉长、物资缺乏而到达顶点，而后发起猛烈反击。二是推迟己方顶点到达。主要途径包括变换作战节奏，灵活转换攻防。在美墨战争中，美军向墨西哥城远程机动途中预判进攻可能到达顶点，从而果断进行作战停顿，达到了休整部队、增加兵力、保持持续进攻能力、避免到达顶点的效果。在伊拉克战争中，美军在不断研判进攻顶点基础上反复权衡并动态调整快速机动与确保交通线和后勤补给安全的关系，成功度过了机动进攻途中最不确定的"至暗时刻"。三是在到达顶点后设法实现目标。通过掌控顶点将作战引向胜利的艺术在于在进攻到达顶点的情况下（从 X 到 Y 点或从 T_2 到 T_3 时间）、在作战力量对比发生变化情况下仍然设法实现预定目标。相对于预定目标而言，作战力量只是实现目标的手段，在力量对比和战场态势发生不利变化的情况下依然能够实现目标更需要发挥人的主动性、更凸显作战指挥的艺术性。在突袭伊拉克首都巴格达的作战中，攻入城内的美军部队到达进攻顶点后并没有陷入混乱、发生溃败，而是通过占据有利地形、攻防转换、申请上级支援等应急处置措施度过最艰难的时刻，最终实现既定目标。在阿富汗战场"落锤"行动中，美军进攻到达顶点后并没有匆忙撤出战斗，而是通过空中机动、立体攻防扭转战局、逆势取胜。

第五节　美军机动战思想的制胜机理

美军认为，击败敌人需要创造各种必要条件，从而在违背敌人意愿或令其无法抵抗情况下将己方意志强加于敌。① "重心"分析旨在帮助理解和确定需要解决的作战难题，而"击败机理"则为解决作战难题提供了方法路径，为实现战役或战略目标提供了工具集。美军主要击败机理有歼灭和消耗两种。② 这两种机理衍生出多种形式，如消灭、扰乱、瓦解、孤立、破坏、削弱、拒止和压制等。美军作战条令确定制胜机理的逻辑如图 2.10 所示。

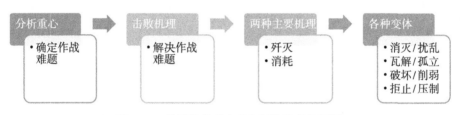

图 2.10　美军作战条令确定制胜机理的逻辑

"歼灭"旨在消除敌方武装力量的作战能力，使其不能作为一个有凝聚力、协调一致的有机整体进行作战。"消耗"通过长时间运用作战力量在战役或战略层面产生累积效果，破坏、削弱或压制敌方武装力量或敌方发动战争的能力，经过时间累积削弱对手维持战争的能力。通常，这两种方式相结合才能取得作战行动成功。在传统作战中，美军更倾向于通过"歼灭"取胜。当战

---

① U. S. Joint Chiefs of Staff. JP 5-0, Joint Planning [Z]. Washington DC：Joint Chiefs of Staff, 2020：IV-41.

② 此外，还有一种消磨机理，向敌方施加令其无法承受的代价，消磨其继续作战的意志，让敌方认识到无论是歼灭还是消耗都无法取得胜利。这种机理主要作用于非正规战领域，实力较弱的一方针对实力较强的对手采用，如伊拉克和阿富汗战场上各种反美武装针对美军采用的方法。参见：U. S. Joint Chiefs of Staff. JP 5-0, Joint Planning [Z]. Washington DC：Joint Chiefs of Staff, 2020：IV-41.

场态势不利时，通过"消耗"可以逐渐改变力量对比，实现双方强弱转换。美军机动战思想与这两种方式不是简单的对应关系，而是包含各种机理中利于实现巧胜的方式方法。

"歼灭"不只是从肉体上消灭敌军，而在于消除敌方作战能力，精要在于破坏敌方作战体系凝聚力。这与机动战思想的本质内涵相契合。因此，美军提出机动战的制胜机理是"歼灭"，核心是"体系破坏"——让敌方无法作为一个有凝聚力的整体作战。消耗机理通过增加敌方伤亡逐步削弱敌作战能力，迫使敌放弃抵抗，如剥洋葱一样由外至内层层剥皮、累积效果。而体系破坏机理则通过破坏敌体系内部各部分之间联系和凝聚力促使敌方从内部瓦解（如图 2.11 所示）。

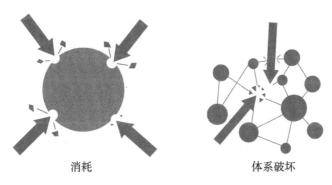

消耗   体系破坏

图 2.11 消耗机理与体系破坏机理比较①

美军机动战思想的制胜机理在不同领域有不同表现形式，主要体现为体系破坏制胜机理、信息机动制胜机理和认知机动制胜机理。

一、体系破坏制胜机理

体系破坏旨在破坏敌方体系的功能，即使体系的各部分仍然健在甚至完好无损，但是体系整体作战效能已经严重下降，整个体系无法正常运转，失去其应有作用。体系破坏机理表现为多种衍生形式。例如，"伊拉克自由"行动

---

① MARINUS. On Defeat Mechanisms [J]. Marine Corps Gazette, 2021, 7: 102.

中，美军空中作战运用了 3 种形式：破坏，体现为直接打击敌战略重心的"斩首"行动；功能扰乱，体现为打击伊军防空系统，夺取制空权，令伊军地面部队功能无法发挥；过载，同时打击伊军作战体系多个关键节点，使伊军不堪重负，并丧失适应能力。不同形式聚焦相同目的——体系破坏，通过重点打击敌方要害、切断敌作战体系各部分之间联系、瓦解敌方凝聚力使敌方体系功能丧失，无法作为一个有机整体采取行动。

（一）重心：通过打击重心破坏体系稳定

重心是支撑一支军队实现目标的力量之源，是美军作战设计的关键要素之一。博伊德将重心视为汇聚体系凝聚力的黏合剂。① 美军对重心的理解突出三点：第一，重心存在于从战略到战术的各个级别，可以是有形的（如指挥控制系统、政治军事领导人、军队、关键能力、重要节点等），也可以是无形的（如凝聚力、军心士气、作战意志）；第二，重心随着时间推移和战场态势变化而改变，因此重心的确定是动态变化的持续过程；第三，战争是活力对抗的领域，因此从敌对双方互动角度分析和比较敌对双方的重心、研究双方重心的相互关系，并作为作战设计的关键环节。在此基础上，美军把重心的特点归纳为以下几方面，见图 2.12。

基于重心的特点，美军力求通过打击重心破坏体系稳定，在战争实践中通常采用如下两种方式。

一是斩首行动。斩首行动以敌方军政领导人或指挥中枢为重心，力求"擒贼先擒王"，使敌方阵营因"群龙无首"而出现混乱、陷入瘫痪。斩首行动要求隐蔽突然、快速精确、出其不意，充分体现机动战思想出奇制胜的原则。在伊拉克战争大规模作战阶段，美军将萨达姆本人作为体系重心，以针对萨达姆的斩首行动提前拉开战争帷幕。尽管首次斩首没有成功，但是作战行动的时间和方式都达成突然性，起到极大震慑效果。美军斩首行动还包括打击伊军指挥中枢，使伊军最高指挥当局无法指挥各级部队，导致伊军陷入各自为战

---

① BROWN IT. A New Conception of War: John Boyd, the U.S. Marines, and Maneuver Warfare [M]. Quantico: Marine Corps University Press, 2018: 230.

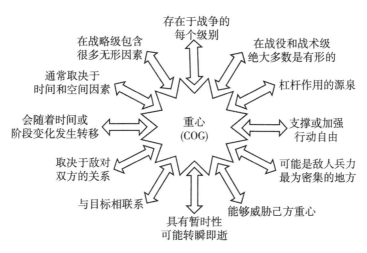

图 2.12 美军重心的特点

的混乱状态，整体战斗力陡降，为美军长驱直入、直取巴格达减小了阻力。在伊拉克战争稳定行动阶段，美军将反美武装的重要领导人视为重心，先后击毙扎卡维等多名反美武装头目，破坏了反美武装活动网络，稳定了不断恶化的安全局势。在打击"伊斯兰国"军事行动中，美军将该组织头目巴格达迪作为重心，多次实施斩首行动并配合悬赏缉拿、宣传造势等心理攻势破坏了该组织正常运作，最终对巴格达迪的成功斩首削弱了该组织发动恐怖袭击的能力。

二是打击敌关键能力和资源。以敌方作战体系所依赖的关键能力和重要资源为重心，力求通过破坏关键能力和资源使敌方丧失作战能力，甚至不战而溃。在打击关键能力方面，"空地一体战"理论把敌军第二梯队、预备队和指挥控制系统等纵深目标视为敌方保持进攻锐势的关键能力（重心），强调通过空中遮断等行动实施纵深打击，使敌军丧失持续进攻能力。"空海一体战"理论将敌方情报预警、指挥控制和防空反导系统视为关键能力（重心），强调通过"致盲"行动首先摧毁这些能力，使敌方作战体系无法正常运转。在打击关键资源方面，美军在叙利亚和伊拉克战场打击"伊斯兰国"军事行动中，将该组织的武器库、油料库和资金链作为打击重点（重心），综合采用军事和非军事手段对这些目标进行打击。对于武器库、油料库和运输车队等军事目标，美军实施精确打击和定点空袭。对于资金链和海外资产等非军事目标，美军动用经济和外交等非军事手段进行冻结，使该组织陷入难以维持的困境。

（二）节点：通过打击关键节点瓦解体系

在活力对抗中，敌方作战体系的重心往往受到严密保护，不但难以被发现，而且难以直接进行打击。美军从系统角度出发，由直击重心变为打击关键节点以及切断各节点的联系，把敌方有机整体降级为分散孤立的个体，促使敌作战能力出现轰塌式下降，最终陷入瘫痪。敌方作战体系如同复杂网络，重心如同受到严密保护的"硬核"。与直击"硬核"相比，"击点断链"更容易实现破网瘫体，作战效益更高，更能体现"巧战"制胜的思想。

美军从系统视角分析重心、节点、链接等要素之间的复杂关系（见图2.13）。如果直击敌方重心难以实现或者导致与敌方硬打硬拼，那么则通过"击点断链"等间接方式迂回攻心，从而减小阻力和伤亡。从系统角度看，敌方重心离不开若干关键节点的支撑，重心的功能依赖于各节点作用的发挥。但是，敌方很难对所有节点都严密防护，有些牵一发而动全身的关键节点存在脆弱性。往往体系越复杂，节点就越多、越脆弱，遭受打击的后果也更严重。例如，如果把敌军重兵集团视为重心，一旦将其歼灭可直接实现战役目标，甚至实现战略目标。但是，重兵集团往往是敌方优势和强点所在，作战能力最强，因此直接打击敌重兵集团难度很大。在这种情况下，美军在对敌方体系进行分析的基础上采取间接打击方式，首先打击与敌重兵集团密切相关的关键节点，如指挥控制系统、交通线和防空反导系统等，使敌重兵集团因失联失控、孤立无援、缺少防护而战斗力陡降。在海湾战争中，美军把伊军重兵集团视为重心。为减少伤亡，开战后美军并没有直接与敌重兵集团进行硬碰硬交锋，而是先对伊军防空和指挥控制系统等与重心紧密相连的目标实施空袭。空袭首夜就摧毁了伊军雷达站和防空拦截作战中心，打击了伊空军总部，瘫痪了伊军防空系统，破坏了伊军总部与各部队的指挥和通信链路，使伊军重兵集团陷入通信失联、指挥中断、协同不畅、各自为战的混乱局面。

根据复杂网络理论，作战体系具有无标度网络性质，节点重要性呈幂律分布，即"大多数节点仅有少量连接，而少数节点拥有大量连接"，拥有连接越

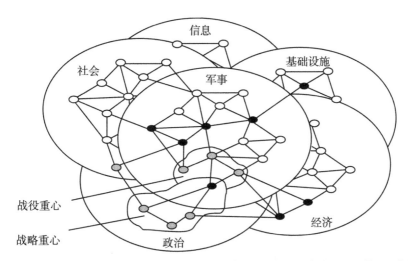

系统观点推动作战设计和联合作战筹划，为联合部队指挥官和参谋人员提供通用参考框架，与跨机构和多国伙伴合作以确定和协调超出联合部队指挥官职权的行动。

图例

COG 重心　　●决定点　　●重心节点　　○节点　　————链接

图 2.13　以系统视角看待重心、节点与链接

多地位作用越重要。而且无标度网络具有偏好依附特征，遵循"富者越富法则"，本身具有较多连接的节点更容易建立更多新的连接，新加入的节点更愿意与拥有更多连接的节点建立联系，这样就导致少数节点成为关键节点。具有无标度网络性质的作战体系既具有鲁棒性，也具有脆弱性。对于随机故障，体系的鲁棒性较强；对于蓄意攻击，关键节点遭到敌方攻击，体系就显得很脆弱，甚至产生战斗力瞬间轰塌的效果（如图 2.14 所示）。

（三）链路：通过切断关键链路瘫痪体系

体系功能的发挥、整体能力的生成取决于组成体系的各部分之间的联系与互动。根据复杂性科学，复杂系统由相对简单的个体构成，而且遵循简单的规则进行互动，大量相对简单的异构个体正是在多种多样的互动中涌现出原先所不具备的新功能，使复杂系统具备涌现性、非线性等特征。建立联系、进行互动的"桥梁"是各种链路，通过切断链路制造大量分散孤立的重心、瓦解凝

聚力是体系破坏制胜机理的精义所在。

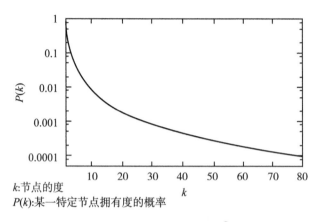

图 2.14 幂律分布示意图①

作战体系是典型的复杂系统，美军用"系统之系统"表达"体系"的含义。在作战体系内部重心由若干重要节点支撑，各节点之间通过各种链路建立联系、形成互动。作战体系越复杂，节点越多，连接各节点的链路就越多，就越容易遭受打击。在难以直击敌方重心情况下，通过"打击链路"、切断各节点之间的联系，同样能够使敌方作战体系的各要素失联、行动失调、整体失能、作战效能陡降。重要链路一旦被切断，失去联系的节点就变成信息孤岛，不仅单个节点的重要性下降，而且会产生连锁反应，导致整个体系作战能力出现非线式下滑，脆弱性陡然增加。博伊德将"互动与孤立的博弈"上升到决定战争胜负的哲学高度，而链路正是决定作战体系是进行有效互动还是被孤立的桥梁与纽带。在作战理论中，美军用杀伤链概念描述从发现到打击的杀伤流程，杀伤链的健壮程度取决于整个链条中最薄弱的一环，遵循"木桶定律"（或短板理论）。在作战实践中，重要链路包括前后方保持联系的交通线、上下级保持联系的指挥通信链路等。为应对所谓的"反进入/区域拒止"威胁，

---

① MICHELL M. Complex systems: Networking thinking [J]. Artificial Intelligence, 2006, 170: 1198.

美军不仅聚焦对手的侦察预警、指挥控制、火力打击系统、水面舰队等关键节点和重心，还注重通过网络和电磁攻击切断对手各系统及武器平台之间的联系，通过干扰和破坏对手的卫星通信、数据链等通信链路达到瘫痪对手作战体系的目的。

二、信息机动制胜机理

信息是对不确定性的克服，其作用与熵（无序）相反，与负熵（有序）相同。信息域是信息产生和流动的场所，是连接物理域和认知域的空间与媒介，包括电子和网络空间等。信息作战是"综合运用与信息有关的各种能力，并与其他作战行动协调配合，影响、破坏、误导或篡改对手或潜在对手的决策，同时保护己方决策"①。信息机动是指通过制造、保持、投送、阻断等方式夺取信息优势，干扰敌方决策（见表2.2）。

表2.2　　　　　　　　　通过四种信息机动形成三种信息优势

三种信息优势	四种信息机动方式	信息机动具体途径
体系优势： 己方对敌方的技术优势，可产生火力、情报、机动、后勤和指挥控制优势。	制造	建立态势感知，进入敌方信息系统，制定计划和命令等。
	保持	阻止敌方获得、操控或破坏己方信息，防止内部威胁。
	阻止	挫败或破坏敌方搜集、理解或使用信息的能力。
	投送	操控、破坏或欺骗敌方传感器、各种系统、人机接口和计算机处理程序。

① U.S. Joint Chiefs of Staff. DOD Dictionary of Military and Associated Terms [Z]. Washington DC：Joint Chiefs of Staff, 2021：104.

三种信息优势	四种信息机动方式	信息机动具体途径
话语优势： 己方对敌方享有公众言论和见解优势，可产生信任、信誉和可信度。	制造	构建对已经存在或潜在关键话语（己方、中立方和敌方）的理解，包括所有相关背景和细微差别。
	保持	保护己方话语并防范敌方破坏和替代；准确记载并保存单位历史和重要历史事件。
	阻止	阻止敌方有效进行话语沟通。
	投送	通过协调己方的通信、消息传播和行动进行话语沟通，使己方战略层和联合部队的话语保持一致。
弹性优势： 能够抵御并战胜对手实施恶意行为（虚假信息和宣传）的各种技术破坏。	制造	理解己方信息脆弱性、实际威胁和潜在威胁；确定行动的风险和机遇。
	保持	从敌方的信息破坏中恢复过来；为克服认知偏见进行教育和训练；进行强有力的媒体应对技巧训练。
	阻止	挫败或破坏敌方获得、搜集、理解或使用信息的能力；防范认知偏见；进行应对媒体技巧训练，以确保识别并停止外国影响。
	投送	操控、腐蚀或欺骗敌方；通过行动（军事演习、示形造势、自由航行行动）进行沟通，消除盟国和伙伴疑虑，向现实和潜在对手表明决心，发送威慑信息。

信息机动制胜的内在机理在于不确定性强加和确定性强加：己方有效利用信息克服不确定性，增加确定性，实现熵减，减少己方战争阻力与摩擦；同时巧妙操控信息给敌方增加不确定性或虚假确定性，实现熵增，增加敌方战争阻

力和摩擦。外在表现为切断敌方信息流，制造"信息迷雾"，挖掘"信息陷阱"，迟滞或误导敌方决策，实现巧战制胜。

（一）夺取信息优势迟滞敌方决策

信息优势是指搜集、处理和分发信息不受干扰，同时剥夺敌方相同的能力或阻止敌采取同样行动。信息优势的目标是实现己方信息流动自由，剥夺敌方信息流动自由，使敌方因无法获得必要信息而陷入决策困境。美军认为："信息优势与时空优势和心理优势的相同之处在于都是通过快速、灵活和随机应变的机动得以实现。"① 利用信息优势迟滞敌方决策的途径包括切断敌方信息流，切入敌方决策周期。

一是切断敌方信息流。美军认为，信息流存在于敌方 OODA 决策周期的每个环节，是判断情况、定下决心、采取行动的依据。"观察"的目的是获取信息，"判断"战场态势依靠信息，定下"决心"和采取"行动"都离不开信息。利用信息优势的目的是让敌方在每个环节都无法及时获得有用信息，始终处于"信息迷雾"中，从而难以定下决心、采取行动。海湾战争中，美军利用信息优势实施代号"白雪"的大规模电子干扰行动，导致伊军防空系统失灵，指挥通信中断，各级部队都变成"信息孤岛"。"空海一体战"理论将"致盲"敌方的天基监视系统、侦察预警系统和指挥控制系统作为取得胜利的关键，谋求在战争初始阶段甚至在战前就切断敌方信息流，使敌因缺乏关键信息而丧失态势感知能力，因无法感知态势而决策迟缓。

二是切入敌方决策周期。信息机动通过态势感知共享和自主协同等环节能够产生作战行动的非线性涌现效应，形成复杂战场态势。当敌方还未完成"观察"之时，享有信息优势的己方已经采取新行动，推动战场态势改变，从而迫使敌方重新"观察"。当敌方一个 OODA 周期还没有完成时，己方已经开始新的循环，涌现新情况，不断给敌方制造新难题，使敌方始终处于被动应对

---

① Headquarters United States Marine Corps. MCDP 8 Information［Z］. Washington, DC：U. S. Department of Navy，2022：2-8.

之中并逐渐丧失主动权和适应能力。这一过程相当于切入敌方决策周期，迫使敌方按照己方作战节奏行动，陷入决策越来越迟缓、行动越来越被动的恶性循环。切入敌方决策周期的实质是争夺决策主动权，利用信息机动产生的信息优势保持己方决策主动权，剥夺敌方决策主动权。这一理念在美军作战理论与实践中都有所体现。

在作战理论层面，"网络中心战"理论的核心思想正是着眼于把信息优势转化为决策优势，通过在敌方决策周期内行动取得制胜优势。为检验理论效果，美军对 12000 多架次自由空战训练数据进行统计分析，比较了装备有联合战术信息分布系统 Link 16 数据链和语音通信系统的 F-15 战机（具备"网络中心战"能力）与仅装备语音通信系统的传统 F-15 战机自由空战效果差异。在决策效率方面，具备"网络中心战"能力的战机完成 OODA 周期闭环的时间明显缩短，决策速度明显加快，能够在对手的决策周期内采取行动（如图 2.15 所示）。

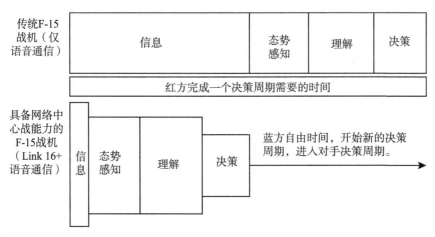

图 2.15　美军自由空战训练中利用信息优势切入敌方决策周期

在战术表现方面，得益于战场态势感知能力增强和决策效率提高，具备"网络中心战"能力战机的战术表现明显优于传统战机，机动性更强，更富于变化且涌现出新战术，主要体现在四个方面：一是在相同时间段内增加了攻击次数；二是僚机的能力和作用拓展，不仅发挥侦察、防御作用，还能够与长机相互备份、共同对敌发起攻击；三是能够更早、更准确地发现目标，并从最有利位置发起攻击；四是各机之间自主协调能力增强，可以通过编队协作方式实施空中伏击（如图2.16所示）。

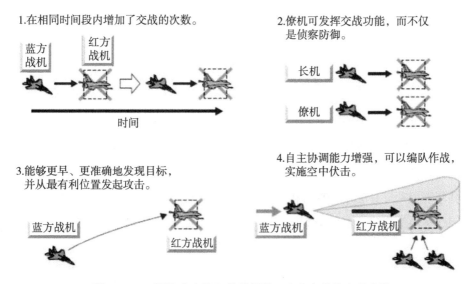

图2.16 "网络中心战"效果评估：自由空战的表现比较

在杀伤率方面，得益于态势感知、决策效率和战术表现等方面的提高，在自由空战中具备"网络中心战"能力的战机杀伤率（损失交换比）明显提高。在白天空战中，蓝方传统战机对红方战机的杀伤率为3.10：1（红方损失3.10架，蓝方损失1架）；具备"网络中心战"能力的蓝方战机对红方战机的杀伤率为8.11：1（红方损失8.11架，蓝方损失1架）。在夜间空战中，蓝方传统战机对红方战机的杀伤率为3.62：1；具备"网络中心战"能力的蓝方战机对红方战机的杀伤率为9.40：1。综合统计白天和夜间空战数据，具备"网络中心战"能力的战机杀伤率提高2.5倍（如图2.17所示）。

综合表现，在军种、武器平台（机型）及初始信息来源等条件相同情况下，具备"网络中心战"能力的战机与传统战机相比，在联网程度、信息共享程度、

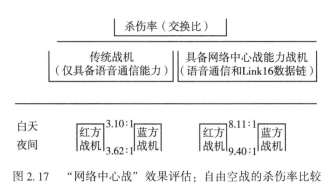

图 2.17　"网络中心战"效果评估：自由空战的杀伤率比较

态势感知等方面优势明显，二者综合效能比为 1.00∶0.38。作战效能产生差别的根本原因不在于信息源（相同）和原有信息质量（0.28∶0.28），而在于信息机动能力（互动能力）存在差别（联网程度对比 0.76∶0.16），以及由此产生的信息共享能力差（1.00∶0.08）和信息共享程度差（1.00∶0.15），即信息优势差，从而产生决策优势差（1.00∶0.20），如图 2.18 所示。

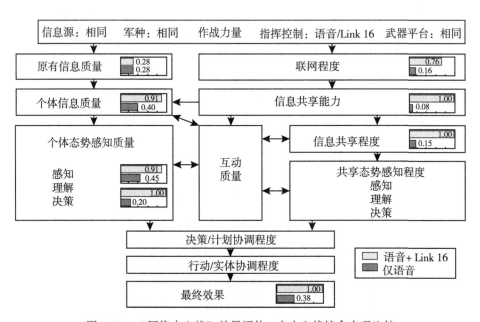

图 2.18　"网络中心战"效果评估：自由空战综合表现比较

在作战实践层面，在第二次世界大战的中途岛战役中，美军通过密码破译获得日军行动的关键信息，从而进入日军的决策周期。2006 年在伊拉克城市拉马迪的作战中，美军充分利用特种作战等精锐力量谋求出奇制胜，通过秘密发展线人、扶植当地代理人等方式获取关键情报信息，成功切入敌方决策周期。相反，反美武装虽然人数众多且占据地形优势，但由于决策和行动计划都被美军掌握，逐渐丧失了战场主动权，在美军"海豹"突击队的突然袭击中失败。

（二）通过信息操控误导敌方决策

信息操控是信息机动的一种具体表现，是信息领域的军事欺骗，通过精心设计和巧妙行动对信息传输和处理的全过程进行操控，通过施加不确定性或确定性达到干扰、误导敌方决策的目的，像"柔道一样让敌人用自己的力量打倒自己"。根据信息论原理，一般通信系统通常包括五部分：信源（信息发出者）、编码、信道、译码和信宿（信息接收者），如图 2.19 所示。

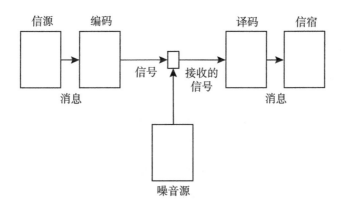

图 2.19　一般通信系统图示①

①　SHANNON CE. A Mathematical Theory of Communication ［J］. The Bell System Technical Journal, 1948, 27 （7, 10）：379-423, 623-656.

上述五部分可以简化为"信源、信道、信宿"的信息传播过程。在此过程中会产生干扰信息传递和接收的噪声，可以利用噪声并通过人为操控信息制造更多噪声，以达到误导敌方决策的目的。美军操控信息的主要方式有两种：一是制造"信息迷雾"，即增加模糊度，强加不确定性，迷惑敌方，令其举棋不定；二是挖掘"信息陷阱"，即有意减少模糊度，强加确定性，利用敌人错觉因势利导，提供符合其心理预期的信息，令敌方更加坚信已经形成的错觉并越陷越深。

一是制造"信息迷雾"，强加不确定性。释放"信息迷雾"是信息操控的重要手段，通过制造大量"噪声"（虚假信息），使"信号"（真实信息）淹没在"噪声"之中，把真假相掺、虚实混杂的海量信息汇聚成"信息迷雾"，增加战场信息的混乱程度和复杂性，使敌方面临更多不确定性，从而达到迷惑敌人、增加敌决策难度、诱导敌决策失误的目的。通过强加不确定性制造"信息迷雾"既是战争复杂性的体现，也是作战思想谋略性、主动性和进攻性的体现，谋求通过误导决策实现巧胜。

美军在近几场局部战争中，往往瞒天过海，将军事打击的"信号"（真实意图）隐藏于军事演习、训练和部队轮换等"噪声"（虚假信息）之中，常以演习为名隐蔽企图，秘密完成部队远程机动、集结和部署，使对手不清楚美军是常规演习、军事威慑还是战争准备。美军在海湾战争和伊拉克战争前的兵力集结、调动和演习都呈现这样的特点。在反恐战争中，美军在追捕恐怖组织头目过程中多次故意制造"噪声"，传播假新闻，声称已经锁定猎杀目标的行踪或将其击毙。这些难辨真伪的信息起到了迷惑对手、扰乱其思想、干扰其判断的作用，同时有效掩盖美军的真实行动。在击毙本·拉登的"海王星之矛"行动中，为分散对手注意、掩护真实行动，美军故意在其他地区开展大规模军事行动并大造声势。

二是挖掘"信息陷阱"，强加确定性。其实质是利用敌方心理预期主动提供明确完整的信息，通过减少信息模糊度、增加确定性诱导敌人对虚假信息深信不疑、不断强化已经形成的错觉。与"信息迷雾"相比，"信息陷阱"是更复杂的信息操控形式，在准确把握敌方意图的基础上利用敌先入为主的观念借力发力，主动提供与敌方预期相符、能够证实其假设的信息，使敌方的错误观念不断得到印证和强化。结合信息论和心理学原理看，敌方（信宿）接收和处理信息的能力存在信息过载机制，遵循边际效用递减的规律：信息达到一定数量后继续增加并不会增强判断的准确程度，只会增强分析人员的信心，甚至出现过度自信。因此，有意造成信息过载，提供超过边际效用的虚假信息，强加越来越多的确定性，会导致敌方的错误自信不断膨胀，最终深陷"信息陷阱"不能自拔（如图 2.20 所示）。

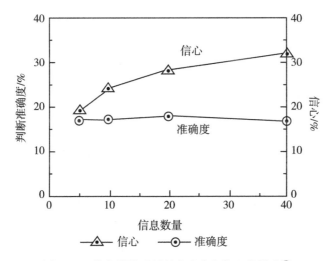

图 2.20　信息增长对判断准确度和信心的影响①

在海湾战争中，为利用和强化伊军已经形成的观念，美军在地面作战开始前精心设计"信息陷阱"，制造美军将直接对科威特发起主攻的假象。为了让伊军对此确信不疑，美军第 18 空降军将一支由 12 人组成的欺骗小分队部署到沙特。欺骗小队携带经过伪装的假目标、模拟通信器材及其他设备，不断向伊军释放假信号，吸引伊军注意。此外，该军所辖的 4 个师都编有欺骗小组和相

①　HEUER, JR. Psychology of Intelligence Analysis [M]. Washington DC: Central Intelligence Agency, 1999: 54.

应设备。1991 年 2 月 13 日，300 名美军官兵（包括欺骗小组、心理战小组、通信连、工兵排、烟幕排和步兵排）潜入靠近科威特的战术集结地域，实施欺骗行动。这些官兵模仿第 18 空降军主力部队进行通信联系，制造美军在此集结重兵并即将采取行动的假象。为增强欺骗效果，这些官兵还向附近的伊军散发劝降传单，并在靠近边境的沙特居民区散布美军即将由此地发起进攻的信息。① 经过巧妙设计和不断传播，这些虚假信息不断增强伊军对美军主攻方向的错误判断，从而深陷"信息陷阱"。

三、认知机动制胜机理

美军及北约学者对"认知""认知域""认知机动"比较典型的观点认为："认知是获取并理解信息的思维过程，包含对信息的感知、理解、推理、判断等思维活动……认知域是由人的知觉和推理等活动构成的领域，在这个领域机动的途径是利用信息环境对相互联系的个人、群体或民众的信念、价值观及文化施加影响。""认知机动"是"为塑造全球环境中的各种条件并影响各种行为体决策而采取的行动策略，通过塑造和影响个体或群体认知持续保持优势，适应冲突性质和特点的变化"。美军及北约军队把认知域作为陆、海、空、天、网之外的第六个作战领域。认知域本质上是人的领域，与其他各领域相互影响、相互渗透（如图 2.21 所示）。

认知机动制胜以信息为渠道，通过各领域的行动塑造或影响敌方认知，以达成巧战制胜甚至不战而胜的目的，其作战领域是敌方的思想，建立在物理域体系破坏制胜和信息域信息机动制胜基础之上，而且更复杂、更高级，更能体现智胜对手的特点。认知机动制胜的本质是利用物理域和信息域机动制造"认知错位"，使敌方的认知与现实情况不相符，从而越来越无法适应形势变化，同时己方避免陷入这种错位。与传统领域机动样式相比，认知机动的样式

① CHRISTOPHER MR. Weaving the Tangled Web：Military Deception in Large-Scale Combat Operations［M］. Kansas：Army University Press，2018：224.

有显著区别，但是对"巧战"制胜的追求相同（如图 2.22 所示）。

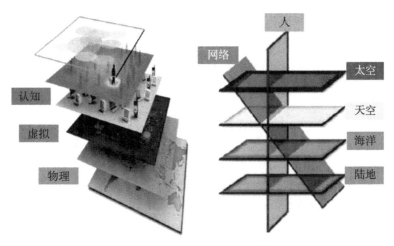

图 2.21　各域之间的关系①

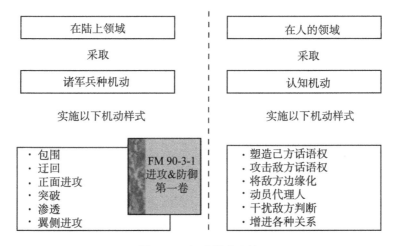

图 2.22　机动样式比较

① U. S. Army Special Operations Command. Cognitive Maneuver for the Contemporary and Future Strategic Operating Environment ［Z］. Fort Bragg：U. S. Army Special Operations Command，2016：11，17.

以美军机动进攻作战的典型样式"正面牵制、翼侧攻击"为例，揭示在认知机动视角下作战时空结构发生的机理性变化。在认知机动视角下，传统作战的时间要素、空间要素、力量要素、行动要素等都发生变化。时间要素的重要性进一步凸显，空间要素的广延性得以克服，力量要素中人的观念、判断、决策等无形因素占据主导地位，行动要素中的主次方向、进攻样式和方法手段等都发生改变（如图2.23所示）。

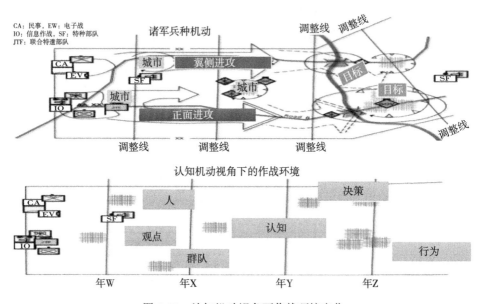

图 2.23　认知机动视角下作战环境变化

认知机动开始于兵力火力机动之前，对敌方的影响先于物理域打击，从而扰乱敌方判断，削弱敌方抵抗，减少己方进攻阻力和成本；其效果在物理域打击之后持续发酵，非线性放大己方物理域打击的效果，使敌方心理创伤加剧，精神士气持续低落，从而加速敌方瓦解崩溃。图2.24表明，美军实施认知机动往往是多种样式并用，在对敌方进行话语攻击的同时干扰敌方判断、孤立敌方、动员己方代理人、增进各种关系等。而且，认知机动的各种样式和任务以作战时间排序，打破了作战空间的界限。

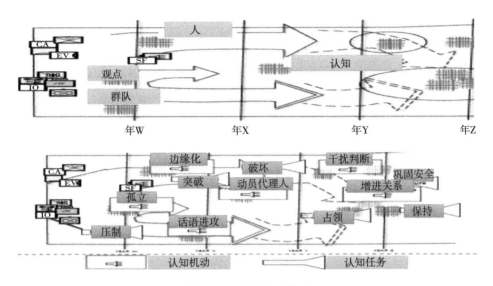

图 2.24　认知机动样式

认知机动制胜主要体现在利用不确定性和制造确定性这两个方面，二者形式相反，实质相同，美军在实践中通常结合使用。

（一）利用不确定性，增加敌方认知消耗

不确定性是战争的本质属性。认知机动通过物理域行动和信息操控强加不确定性和模糊度，从而加大敌方认知难度，增加敌方认知消耗，导致敌方出现认知疲劳。不确定性的本质是未知，对未知的恐惧是人的天性。未知的加重和恐惧的持续会不断增加人的心理压力，消耗人的认知能力。人的认知能力与体力一样，是有限的，当消耗到一定程度（到达临界点后）会急剧下降，外在表现为判断和决策能力严重下滑，甚至陷入瘫痪、无法决策。衡量心理压力和精神紧张程度的一个重要量化指标是心率。研究表明，精神紧张、心理压力增大会导致心跳加速，当心率达到 175 次/分时，人的认知能力会陡降，并伴有血管收缩、深度知觉和边缘视觉丧失等症状；当心率超过 175 次/分时，人的大脑皮层会出现功能性障碍，战场上会出现非理性战斗行为或者逃跑、无法行

199

动、屈服等（如图 2.25 所示）。

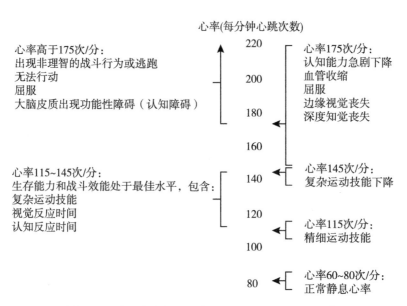

心率(每分钟心跳次数)

心率高于175次/分：
出现非理智的战斗行为或逃跑
无法行动
屈服
大脑皮质出现功能性障碍（认知障碍）

心率175次/分：
认知能力急剧下降
血管收缩
屈服
边缘视觉丧失
深度知觉丧失

心率115~145次/分：
生存能力和战斗效能处于最佳水平，包含：
复杂运动技能
视觉反应时间
认知反应时间

心率145次/分：
复杂运动技能下降

心率115次/分：
精细运动技能

心率60~80次/分：
正常静息心率

图 2.25　从心率分析压力水平及对认知能力的影响①

　　战争本身就是充满不确定性的领域，再加上人为强加不确定性，使敌方战斗人员始终处于巨大压力之下，体力被消耗殆尽的同时认知能力也消耗殆尽，导致身心俱疲，战斗效能急剧下降。研究表明，在战场上随着战斗人员的战斗效能出现先升后降的变化趋势。随着战斗人员作战经验的积累和对不确定性的克服，战斗效能呈上升趋势；当到达顶点后，随着战斗人员生理和心理上持续承受压力以及对手不断强加不确定性，战斗人员会连续进入过度反应阶段（表现为过度自信，从而容易犯认知错误）和情绪衰竭阶段（认知疲劳），战斗效能也随之不断衰减，甚至低于战前水平，出现精神伤亡、变态性人格等严重的认知创伤（如图 2.26 所示）。

　　美军通过研究诺曼底登陆行动发现，战斗持续进行 60 天后，98%的幸存

　　① EVANS M, RYAN A. The Human Face of Warfare: killing, Fear & Chaos in Battle [M]. Sydney: National Library of Australia, 2000: 14.

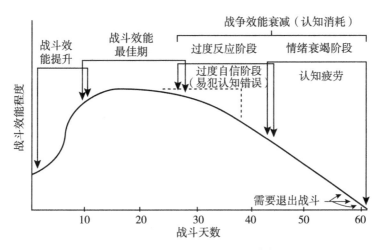

图 2.26　持续战斗对认知能力的影响①

士兵出现精神创伤，剩余 2% 的士兵被确定为"攻击性变态人格"。② 这一发现促使美军进一步研究持续战斗产生的疲劳对士兵认知能力的影响，认为这种疲劳不仅产生于生理上承受的巨大压力，还产生于心理上对未知和不确定性的恐惧，进而试图通过持续强加不确定性增加敌方心理压力，加剧敌方认知消耗。

对于作战决策而言，通过强加不确定性和模糊度使敌方决策者始终被"信息迷雾"笼罩，难以制定正确决策。其内在机理和制胜逻辑在于通过强加不确定性制造并扩大敌对双方的信息差，形成信息优势，利用信息差制造认知差，形成认知优势，利用认知差制造决策差，形成决策优势，利用决策差制造行动差，形成行动优势，从而将敌方拖入步步落后、步步被动、难以适应的困

① EVANS M, RYAN A. The Human Face of Warfare: killing, Fear & Chaos in Battle [M]. Sydney: National Library of Australia, 2000: 8.

② SWANK RL & MARCHAND WE, "Combat neuroses: development of combat exhaustion", Archives of Neurology and Psychology, Vol. 55, 1946, pp. 236-47. // EVANS M, RYAN A. The Human Face of Warfare: killing, Fear & Chaos in Battle [M]. Sydney: National Library of Australia, 2000: 7.

境。研究表明，强加不确定性对攻防双方产生不同效果：进攻方利用不确定性达成作战突然性，赢得准备时间；防御方因不确定性而难以及时有效决策，丧失预警和准备时间。不确定性对攻防双方的影响见图 2.27。

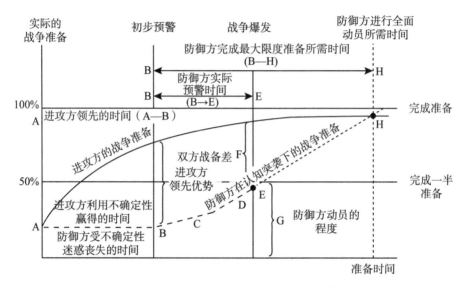

图 2.27　不确定性对攻防双方的影响①

图 2.27 表明，进攻方通过安全保密等措施和示形造势等手段，增加防御方观察和认知难度，从而赢得准备时间，取得先机之利。当防御方感知到攻击威胁并发出初步预警时（时间轴上的 B 点），进攻方已经占有明显的领先优势，然而此时防御方仍然受到不确定性困惑，出现认知迟钝、决策迟缓，在犹豫不决和迟疑观望中缓慢进行初步战备，因此双方差距仍在继续拉大（C 时间段）。进攻方利用不确定性形成的时间差、认知差和战备差发动突然进攻（E 时间点）；此时防御方准备尚未完成，在认知和战备等方面均落后于进攻方，因而陷入被动。可见，在进攻发起前的活力对抗中进攻方通过利用不确定性形

① HANDEL M. Intelligence and the Problem of Strategic Surprise ［M］// BELTS RK. Paradoxes of Strategic Intelligence ［M］. London：Frank Cass Publishers, 2003：11.

成相对优势（F 代表双方差距），在相对优势下发起突袭。从 A 到 B 代表进攻方利用不确定性取得的领先时间和认知优势，从 B 到 E 代表防御方实际预警时间，进攻方通过持续强加不确定性可以延长领先时间，缩短防御方预警时间，从而扩大认知优势。从 B 到 H 代表防御方完成战争准备的时间，完成战争准备时间（从 B 到 H）与实际预警时间（从 B 到 E）的差越大，进攻方突袭效果越明显。

以上是对美军利用不确定性实现认知机动制胜的理论分析，在实践中美军制造不确定性、加大敌方认知难度的方法是使其认知过程变得复杂，实质是扰乱敌方思维，使敌陷入混乱，被重重战争迷雾笼罩，难以迅速而准确地感知、理解不断变化的战场态势并做出正确判断，进而迟迟难以决策或做出错误决策。认知的前提是感知战场环境，感知依赖于观察。因此，美军从"观察"环节入手使敌方认知复杂化，通过安全保密、示形造势等方式构建动态变化的战场环境，形成混乱复杂的战场态势，给敌方观察战场环境构设障碍、感知战场态势设置迷雾，从而使敌陷入认知困境。

一是安全保密。美军从敌对双方对抗和互动角度重视安全保密，强调"安全保密的目的是防止敌方获得令人意想不到的优势"①。安全保密既可以减少己方脆弱性，又可以增加敌方认知难度。在认知领域，通过隐蔽信息源、切断信息流等手段使敌方无法观察到己方真实行动，难以获得包含己方真正企图的关键信息，难以感知战场态势变化，因此无法形成正确认知，不但丧失获得意想不到优势的可能性，而且会因缺乏关键信息陷入认知焦虑。因此，美军历来重视安全保密，将其作为与机动同等重要的联合作战基本原则，每一次军事行动的具体时间、地点和方式都高度保密，令对手难以获知美军真实企图和行动。从诺曼底登陆、仁川登陆到全球反恐战争猎杀巴格达迪等重要目标的斩首行动，美军都综合运用安全保密、隐真示假、声东击西等手段增加敌方认知难度，使敌方无法认清形势。

---

① U. S. Joint Chiefs of Staff. JP 3-0, Joint Operations［Z］. Washington DC: Joint Chiefs of Staff, 2018: A-3.

二是示形造势。示形造势与安全保密形式相反，但是目的相同，美军通常结合使用，从而进一步加深不确定性，加重敌方认知难度。示形造势通过大张旗鼓地兵力集结、部署和调动及通过各种渠道大肆宣传将"信号"隐藏在噪声之中，以掩盖己方真实企图，影响敌方判断，达到混淆视听、增加对手认知难度的目的。美军为示形造势采取的行动往往真假相掺，令对手难以判别。例如，在近几场局部战争中，美军往往以演习为名展开部队机动和集结，并通过各种途径故意让对手发现美军行动。如果对手有所防备，美军则顺势转为佯动；如果对手疏于防备，美军则直接由演习转入实战。这种大兵压境、战争一触即发的紧张态势亦真亦假、虚实难辨，增加了对手认知难度，使对手陷入认知焦虑。

伊拉克战争发起前，美军通过大规模兵力调动和集结制造可能从伊拉克南北两个方向同时发起攻击的态势，巨大的不确定性使伊军难以判断美军主攻方向，陷入认知纠结之中。各种开源情报渠道充斥着美军第 4 机步师将从土耳其方向入侵伊拉克的信息，严重干扰了伊军高层判断和决策，将国民警卫队 1 个军从卡尔巴拉调整到巴格达以北。位于巴格达以南的卡尔巴拉是美军进攻道路上的"瓶颈"，是屏护巴格达的战略要地。伊重兵集团从这里调走等于自行削弱了巴格达防御力量，为美军迅速突破"瓶颈"、奔袭巴格达减少了阻力。① 伊军的误判正是美军通过示形造势强加不确定性的结果。随着战场形势变化，当美军得知第 4 机步师无法从土耳其发起攻击后，顺势将北方改为佯动和牵制方向，出动第 173 空降旅等少量部队继续在伊北部活动，持续制造不确定性并牵制伊军大量部队，为美军主力从南面发起主攻减轻了压力。可见，在活力对抗中，对敌方认知的影响和控制是动态、持续的过程，只有根据战场态势变化灵活调整策略、持续施压才能不断加重敌方认知难度，增加敌方认知消耗。

---

① VERTULI MD, LOUDON BS. Perceptions Are Reality：Historical Case Studies of Information Operations in Large-Scale Combat Operations ［M］. Kansas：The Army University Press，2018：144.

（二）制造确定性，利用敌方认知偏见

所谓的"确定性"，本质上仍然是不确定性，是不确定性的反向表现。因此，与利用不确定性相比，制造确定性更复杂、更高级，利用认知机动智胜对手的特征更明显。其理论依据在于，影响和塑造敌方认知的最佳方式不是改变其原有认知，而是利用其已有认知，通过制造虚假的确定性使敌方认知出现偏差并沿着错误轨道越走越远。其内在机理在于对人的认知形成过程和认知局限的把握。研究表明，对不确定性的恐惧及为克服不确定性而寻求确定性是人的本能。从短期看，人的认知源于对某个难题（不确定性）的关注，为解决问题、获得确定性在头脑中建立各种假设，进而为验证假设而搜集和分析信息，当所获信息与某种假设相吻合（使假设得到合理解释或形成因果链）时继续搜集和分析信息的欲望和动力就开始下降，因此该假设会在众多假设中逐渐脱颖而出，占据主导地位，与此同时其他假设的地位逐渐降低并从头脑中淡化，某种认知就这样逐步形成。① 从长期看，传统文化、过往经验、基因传承、不断输入的新信息及分析/综合方法等通过互动在人脑中形成"心智模型"（博伊德 OODA 周期"判断"环节的内在机理）。"心智模型"是把"双刃剑"：一方面可以实现省力原则，帮助人们节省在处理复杂问题时的脑力消耗，减轻心理压力，节省时间，提高效率；另一方面存在选择性偏好，倾向于吸收与模型相符的同质信息而过滤掉异常信息，从而出现认知偏差。常见的认知偏差包括首因效应（一旦形成先入为主的第一印象认知就很难改变）、近因效应（最新出现的强刺激更容易影响甚至改变认知）、回音壁效应（认知会在一个相对封闭的系统内不断加强，变得越来越固执，难以接受相反意见）等。

认知偏差进一步发展会成为认知偏见。认知偏见是对信息的简单化处理造成的思维错误，是信息处理中的潜意识思维过程，具有连贯性、顽固性和可预

---

① Uri Bar-Joseph. Intelligence Failure and the Need for Cognitive Closure：The Case of Yom Kippur ［M］ // BELTS RK. Paradoxes of Strategic Intelligence ［M］. London：Frank Cass Publishers，2003：174.

测性。认知偏见的连贯性和顽固性在于一旦形成就很难克服，与视觉上的幻觉有相似之处。即使认识到认知偏见的存在，已经形成的错误观念也难以消除甚至仍然根深蒂固。因此，意识到认知偏见并不意味着就能够克服偏见，产生正确认知。① 最常见且最具破坏性的认知偏见是证实性偏见，人们倾向于寻找和接受能够证实既有认知的观点和证据，同时忽视或排斥不同观点和证据，从而使既有认知不断得到证实和强化，因此在现实中"人们只能看见他们想要看见的事物"。② 美军对证实性偏见的利用体现在制造并利用"确定性"不断强化敌方认知偏见。这一点在美军主导的诺曼底登陆过程中得到充分体现。美军利用德军认为盟军将在加莱地区登陆的心理预期不断向德军传递两种信息：一是盟军有足够实力同时在两个地区实施登陆；二是加莱是主要登陆方向，而诺曼底是次要登陆方向和牵制方向。③ 为确保德军对上述信息深信不疑，美军采取了一系列复杂的欺骗措施，不断强化德军的认知偏见。

深入内在机理层面，博伊德的 OODA 模型（见图 2.28）对感知、认知到行动的过程及各环节的相互关系进行抽象概括，是揭示认知机动制胜机理的有力工具。在 OODA 循环中，认知存在于"判断"和"决策"环节。其中"判断"最关键也最复杂，是制造确定性、利用敌方认知偏见的主要环节。博伊德认为："判断塑造观察、决策和行动，反过来又被其他环节的反馈塑造，被进入我们感知和观察窗口的其他现象提供的反馈塑造。"④ 博伊德的观点表明，加深敌方认知偏见的关键在于影响和干扰其"判断"环节。基于这一观点，美军注重从"判断"环节入手并深入其内部，从影响"判断"的相互联系、相互作用的 5 个要素（即基因传承、文化传统、分析与综合、过往经验和新信

① RICHARDS J. HEUER, JR. Psychology of Intelligence Analysis [M]. Washington DC: Central Intelligence Agency, 1999: 111-112.

② CLUZEL FD. Cognitive Warfare [M]. Brussels: NATO Innovation Hub, 2020: 14.

③ DAHL AB. Command Dysfunction: Minding the Cognitive War [M]. Alabama: Air University Press, 1998: 41.

④ BOYD JR. The Essence of Winning and Losing [Z]. edited by Chet Richards and Chuck Spinney, Atlanta: Kettle Creek Corporation, 2010: 3.

息）出发，通过干扰这些要素或破坏各要素联系影响敌方认知，强化敌方认知偏见（如图 2.28 所示）。

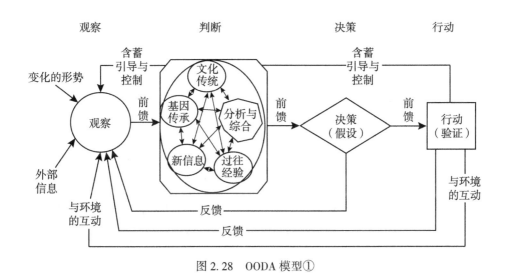

图 2.28 OODA 模型①

一是利用敌方基因传承和文化传统进行认知控制。在 OODA 模型"判断"环节中，基因传承中隐藏着人的认知局限难以克服的根源。认知科学研究发现，人类在长期进化过程中通过一代代基因传承在头脑中形成与生俱来的认知模型。这种模型一方面为人类认知外部世界提供了便利和捷径；另一方面也导致人的认知容易受先天认知模型影响，存在天然局限，容易出现偏差，而且难以改变。② 美军恰恰利用基因传承和敌方文化传统制造确定性，不断强化敌方认知偏见，而后利用敌认知偏见因势利导、让敌方按照美军设计的流程行动，从而进入敌方 OODA 周期并控制敌方认知，实施认知控制战。

在近几场局部战争中，美军利用文化传统和基因传承制造确定性主要体现

① BOYD JR. The Essence of Winning and Losing ［Z］. edited by Chet Richards and Chuck Spinney, Atlanta: Kettle Creek Corporation, 2010: 3.

② BERMUDEZ JL. Cognitive Science: An Introduction of the Science of the Mind（3rd Edition）, Cambridge: Cambridge University Press, 2020.

为利用敌方宗教信仰。在中东很多国家，宗教对人的思想有巨大影响力和控制力。影响和控制力越强，认知偏见一旦形成就越顽固、越难以改变并越容易被利用。美军充分认识到这一点并加以利用。在伊拉克和叙利亚战场，美军把清真寺等宗教场所列为敏感目标并写入交战规则，严格限制对宗教目标的军事打击。这种做法释放了明确的确定性，对反美武装认知偏见的形成和固化起到诱导作用。反美武装认为美军不敢袭击清真寺等宗教场所，因此经常把清真寺作为重要聚集地。美军巧妙利用这一思维误区和认知偏见，把清真寺等宗教场所作为重点监控目标，从而成功发现反美武装很多重要领导人及重要活动。对于这些重要目标的处置也体现出美军对敌方文化传统和基因传承的重视和利用。通常先诱骗重要目标进入清真寺躲避，而后采取围而不剿、围点打援等策略，引诱敌军前来救援，之后将救援之敌一网打尽。待消灭敌援军后，美军采取广播喊话、威逼利诱、派谈判专家劝降等认知战手段诱捕清真寺内的重要目标。如果诱捕无效，美军则派东道国"代理人"部队入寺清剿，将寺内重要目标逼出清真寺。埋伏在外的美军等目标远离清真寺后再进行抓捕或狙杀。整个过程充分体现了控脑、攻心、猎杀等行动一体联动的特点，是物理机动、信息机动和认知机动协同增效的结果。

二是利用过往经验强化敌方思维定式。思维定式是认知偏见的具体表现。思维定式一旦形成就很难改变，会直接影响对战场态势的判断和决策质量。在伊拉克战争爆发前，伊军对海湾战争和科索沃战争等局部战争进行了认真研究，梳理出一系列经验教训，总结美军作战的一般做法，如地面进攻前通常进行长时间、高强度的空袭，甚至利用空袭效果直接影响战争结局，从而对美军作战特点形成了思维定式。这种思维定式被美军利用，美军反其道而行之，在渲染可能采取大规模、高强度空袭的同时以出其不意的斩首行动突然拉开"伊拉克自由"行动帷幕，开战第二天地面部队就越过边境长驱直入，直奔巴格达，令伊军感到震惊和意外。行动突然性的实现正是利用伊军思维定式的结果（如表2.3所示）。

表 2.3　　　　　　　　　　美、伊双方认知特点比较

项目	伊军	美军
相同点	都重视研究对手	
不同点	偏重于以往经验 聚焦上一场战争	注重前瞻设计 聚焦下一场战争
	思维定式	逆向思维 利用敌方思维定式
	形成认知偏见	利用敌认知偏见
效果	战势发展与战前认知不符，认知出现混乱，陷入被动，受制于人。	利用敌方认知偏见不断制造确定性，塑造态势，诱导战势发展，进入敌方OODA周期，控制敌方认知。

三是利用新信息强化敌方认知偏见。不断输入新信息是准确感知战场态势变化、判断形势发展的关键因素。美军对信息优势的重视和对信息的利用以信息论、控制论和系统论等科学理论为支撑，并将这些科学理论的精髓浓缩于OODA 模型之中。美军认为，在作战中没有持续的信息流系统就无法感知环境变化，无法控制新的行动；需要不断输入新信息才能对抗并抵消熵增。[1] 作战体系作为开放的复杂系统，一方面己方需要不断输入新信息以避免无序和混乱；另一方面，要利用新信息来诱导敌方出现无序和混乱，发生误解和误判。在战争实践中，美军通常采取信息过载和信息欺骗等手段不断强加确定性，以达到干扰敌人判断、加深敌方认知偏见的目的。信息过载是向敌方发送超过其处理能力的海量信息，将敌人淹没于信息海洋。在信息处理和认知能力有限的情况下，特别是在时间压力下，敌方倾向于从海量信息中选择与头脑中已有认知相符的信息，在获得确定性的同时也出现认知的路径依赖，使认知偏见不断得到印证和强化。信息欺骗是利用敌方认知偏见，故意提供与敌认知偏见相符

---

① VERTULI MD, LOUDON BS. Perceptions Are Reality: Historical Case Studies of Information Operations in Large-Scale Combat Operations [M]. Kansas: The Army University Press, 2018: 5.

的虚假信息，使敌方原有的认知模型不断得到证实，同时诱使敌方过滤掉那些与原有认知模型不符的真实信息。

四是利用分析与综合增加敌方判断难度。分析与综合是处理和加工其他四种要素的工具，是形成判断的思维过程。没有对各要素的具体分析，就无法深入理解战场环境和当前态势的各个方面；缺少在具体分析基础上的综合，就难以认清战场环境全貌，准确把握全局。一方面，美军利用分析工具，深入敌方"判断"环节内部，通过具体分析影响敌"判断"的各要素发现敌方认知弱点，进而因势利导加以利用。另一方面，美军利用综合工具从整体上强加确定性，利用复杂系统的非线性和涌现性特征形成确定性与不确定性向交织、"信号"与"噪声"叠加的复杂局面，增加敌方判断难度。

本章通过多角度研究对美军机动战思想形成了以下认知框架（见图2.29）。但是，作为活力对抗中的活思想，美军机动战思想的本质复杂且隐藏于复杂多变的表象背后，因此还需要继续深入研究。当前，在美军聚焦高端战争并且战争形态加速演变背景下，机动战思想为美军作战概念与实践创新提供思想支撑，与此同时自身也在丰富发展。

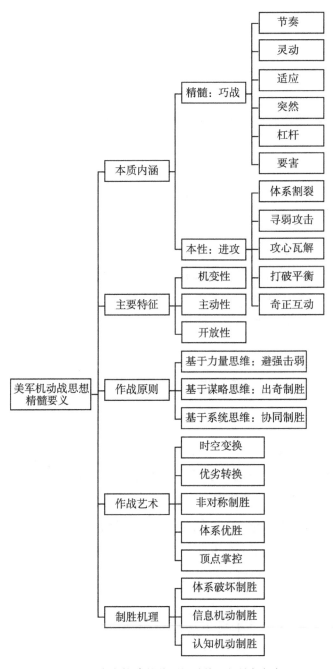

图 2.29 本书构建的美军机动战思想认知框架

第三章 美军机动战思想的现实应用

"全域机动战利用决策优势……威慑并击败对手。"

——美军参谋长联席会议

本章基于上一章对美军机动战思想本质内涵的揭示并结合当前时代背景，剖析美军新作战概念的思想内核及新作战实践的底层逻辑，主要解决"在当前时代背景下机动战思想如何支撑和引领美军作战概念与实践创新"等问题。

第一节 背 景 分 析

作战概念与实践创新具有鲜明的时代背景。当前时代背景的两大突出特点是美军聚焦打赢高端战争及战争形态加速向智能化方向演变。通过巧战智胜"势均力敌的对手"既是美军在不占据绝对优势情况下的主动选择，也是顺应战争形态演变的客观要求——智能化战争和"制智权"为智胜对手提供了新机遇。机动战思想顺应了形势发展：一方面为美军作战概念与实践创新提供思想支撑，另一方面在作战概念与实践创新中不断丰富发展。

一、为智胜高端战争提供思想指南

近年来，随着各国实力此消彼长，国际格局经历重大变化。一方面，经过多年全球反恐战争，美国软硬实力均受影响，"军事优势下降"①。另一方面，新兴大国和地区强国的综合国力和国际地位上升。这种变化引起美国政府焦虑，战略重点聚焦大国竞争，在军事上谋划高端战争，试图通过作战概念与先进技术的集成创新战胜势均力敌的对手。在"威胁步步紧逼"而自身实力又不占绝对优势情况下，美军寻求通过巧战智胜对手，途径是在汲取历史经验的基础上加速作战理论与新技术的组合创新。

（一）以史为鉴：历史上机动战思想与新技术组合创新实现巧战

美军认为，第二次世界大战中德军正是得益于将无线通信、坦克和航空兵等先进技术与革命性的作战理论相结合，才产生举世震惊的作战效果。反之，如果将技术与理论分离或只注重某一方面，都难以实现闪击制胜。例如，英、法两军坦克性能优于德军，英国先于德国提出机械化战争理论，但是由于不能将二者结合反而丧失优势，败给通过组合创新实现战斗力跃升的德军。美军以史为鉴，认识到无论是德军闪击制胜、苏军大纵深机动制胜还是以军在中东战争中速决制胜，实现巧胜的真正优势并不是武器装备，而是机动战思想与先进技术的组合创新。

（二）着眼现实：新作战概念与智能技术双向互动助推机动制胜

美军认为"技术决定战术"的传统观念已经不足以在高端战争中打败对手。战术对技术的指导作用越来越明显，技术效果的发挥受制于战术背后蕴含的作战思想。作战思想的最活跃因素和外在表现是作战概念。因此，美军加紧作战概念开发，参谋长联席会议立足顶层设计，从谋划在高端战争中智胜对手的角度提出"全域机动战""拓展机动"等概念。在联合作战概念指导下，各军种从不同角度提出"多域作战""分布式海上作战""敏捷作战"等新作战概念，虽然名称不同，但是谋求机动制敌、巧胜对手的核心理念相同。美军一

---

① U. S. Department of Defense. Summary of 2018 National Defense Strategy of The United States of America ［Z］. Washington DC：U. S. Department of Defense，2018：1.

方面通过作战概念开发对技术创新提出需求，另一方面通过人工智能等新技术为作战概念的实现提供支撑，在作战概念与新兴技术双向互动中开辟机动制胜的新途径。

二、顺应战争形态演变并主动求变

当前，战争形态加速向智能化演变，"制智权"正成为战场新制权，智胜对手成为战争形态演变的新趋势。以巧战为精髓的机动战思想顺应了战争形态演变趋势，为美军智胜对手提供思想支撑。

（一）顺应战争形态演变趋势

战争形态是人们关于战争的整体性认识，是人类战争发展客观规律的具体表现，战争形态演变不以人的意志为转移。武器装备、作战方式和组织结构是构成战争形态的三个基本要素，作战思想是将这三种要素凝聚在一起、使之相互联系并能动发挥作用的根与魂。机械化战争时代，战场机动主要靠机械能实现，坦克、飞机、舰船等作战平台增强了作战行动流动性，作战力量呈梯队或群队编组，催生"空地一体战"等体现机械化战争特征的机动战理论。信息化战争时代，信息与网络广泛应用于军事领域，武器装备信息化程度提高，在信息流驱动下作战效能大幅跃升。信息将机动与火力更紧密结合在一起，成为战斗力核心要素，催生"网络中心战"等体现信息化战争特征的机动战理论。当前，人工智能等新兴技术群体涌现并应用于军事领域，牵引战争形态加速向智能化方向演变，智能化战争形态初露端倪，催生出人机协同、智能无人集群等体现智能化战争特征的新作战方式，智胜对手的特征更明显。一方面，智能技术为追求巧战的机动战思想提供了新思路、新手段、新途径；另一方面，机动战思想为智能技术发挥更大效能、夺取"制智权"提供思想指导。

（二）为抢占先机而主动求变

美军为抢占智能化战争制高点积极谋局布势，谋求通过主动求变赢得先机，在战争形态演变浪潮中获得领先优势，为机动制胜注入新动能。

一是以武器装备智能化助力机动制胜。武器装备是作战思想得以实现的物质条件。"全域机动战""拓展机动"等蕴含机动战思想的新作战概念对武器装备的智能化提出新需求，要求将人工智能等新兴技术凝结于武器装备的研发，提升武器装备智能化程度，不但能够进行人机互动，还要具备自组织、自适应等能力，以武器装备的智能化为巧战制胜提供技术支撑。

二是以作战方式智能化助力机动制胜。作战方式是作战思想的外在体现，是战争形态的直接反映。机械化战争时代，美军以空地一体、空中机动、蛙跳战术等作战方式追求机动制胜。信息化战争时代，美军以网络中心战、空海一体战等作战方式追求机动制胜。面向智能化战争，美军正探索无人智能机动战、认知机动战、决策机动战、拼图作战、边缘作战等体现智能化战争特点的新作战方式，开拓机动制胜的新领域。

三是以组织结构智能化助力机动制胜。在战争形态加速向智能化演变的背景下，机动战思想为美军组织形态智能化升级提供了思考路径，为追求巧战将机械化战争形态下复杂庞大的作战体系分解为数量多、规模小、灵活机动的智能化作战模块。各模块根据战场态势变化自主协同、灵活编组，既是机动战思想的外在体现，也为面向智能化战争的机动制胜开辟新途径。

第二节　支撑美军作战概念创新

作战概念是作战思想中最活跃、最富变化、最能体现创新活力的组成部分。作战思想的支撑作用通过作战概念的创新发展体现出来，作战思想的活力在于作战概念的推陈出新。经过作战实验、训练演习和实战检验被证明行之有效的作战概念写入作战条令，丰富、发展原有作战思想。近年来，美军加速推出新作战概念，这些概念名称不同、形式各异，但都谋求机动制胜，本质上都是机动战思想的外在表现，同时不断丰富发展机动战思想，适应战争形态向智能化演变的趋势。

一、新联合作战概念的机动制胜思想

近年来，美军加速新联合作战概念迭代升级。新联合作战概念 1.0 版，以"全域机动战"为核心。新联合作战概念 2.0 版，把"全域作战"确立为"新的战争方式"，以"跨越时间和空间的拓展机动"为制胜途径，谋求以"机动制胜"破解"反进入/区域拒止"威胁。新联合作战概念 3.0 版，蕴含机动战思想的"节奏快于对手""非对称能力""决策优势"成为关键词。2023 年 8 月，美军将新联合作战概念正式写入新版顶层联合作战条令，"拓展机动"成为最重要的一条核心原则。在新联合作战概念迭代变化中，不变的本质内核是机动战思想，始终谋求机动制胜。各军种依据新联合作战概念的核心思想开发各自作战概念，形成联合概念引领军种概念、军种概念支撑联合概念、各种概念加速迭代、机动战思想贯穿始终的格局。谋求机动制胜成为引领新联合作战概念迭代升级、纵向贯通上下位概念、横向打通各分支概念联系的主题主线与核心诉求。美军各种新作战概念之间的关系见图 3.1。

（一）全域机动，谋求决策优势

"全域机动战"是"利用决策优势（通过太空、电磁频谱和网空得到增强），为陆、海、空等领域行动提供支撑，威慑并击败对手。"[1] 本质上是信息化与智能化战争融合发展背景下机动战思想的应用与发展，是更高级、更复杂的机动战，谋求利用人工智能等新兴技术群通过太空、网空和电磁频谱等新兴领域跨域赋能，实现作战力量在有形和无形空间全时域快速机动，增加作战行动的流动性和战场态势的复杂性，形成形散力聚、弹性伸缩、功能非线性涌现的复杂作战体系，将传统的 OODA 循环升级为"OODA+智能"循环，从而加速决策周期，提高决策质量，塑造决策优势，进而利用决策优势扩大在陆、

---

① U. S. Joint Chiefs of Staff. Futures & Concepts［Z］. Washington DC：Joint Chiefs of Staff，2019：7.

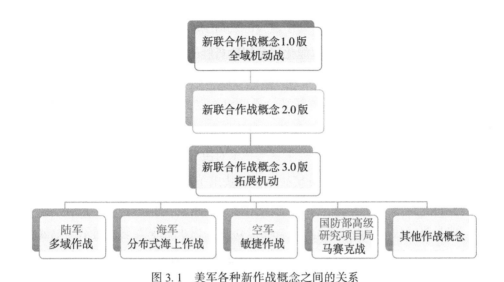

图 3.1　美军各种新作战概念之间的关系

海、空等传统领域行动优势；与此同时增加敌方认知、决策及行动难度，促使敌方凝聚力瓦解，并使敌方作战体系陷入崩溃。

　　"全域机动战"主要特点如下。一是包含领域广。"域"本质上是机动空间，进入并控制"域"对行动自由（主动权）和取得优势至关重要。① "全域机动战"目前包括陆、海、空、太空、电磁频谱、网络和决策等七个领域。这七个领域可归为三类：物理域（陆、海、空、太空、电磁频谱）、信息域（网络空间）及认知域（决策）。将认知域作为智胜对手、决战决胜的新高地，凸显"上兵伐谋（决策）"、以巧取胜的制胜观。

　　二是以机动为核心。"机动"是"全域机动战"概念的中心词，凝结着这一概念的精髓要义。在这一概念中"机动"有两层含义：在作战行动层面，以"机动"作为打通各域联系、实现跨域聚能、全域作战的主要途径，强调作战行动的流动性、变化性和不可预测性，以增强战争的不确定性和复杂性；

---

　　①　REILLY J. Creating Competitive Space Through a Framework of Joint All Domain Maneuver ［R］. Herculeslaan: NATO Command and Control Centre of Excellence, 2020: 5.

在作战思想层面，"机动"揭示了这一概念的思想内核和制胜理念，谋求以灵活机动的战术战法巧胜对手。其中蕴含的机动制胜观既反映出美军谋求智胜高端战争的主观企图，也顺应智能化战争智取巧胜的客观要求。

三是聚焦决策优势。"全域机动战"将巧胜的关键聚焦于决策优势，是深得机动战思想精义的表现。美军机动战思想不仅提出"战争应瞄准敌方的决策系统"①，而且提供了攻击决策系统的思维框架。聚焦决策优势反映美军谋求通过智斗取胜的思想理念，注重新兴技术对决策优势的赋能作用，反映美军崇尚技术的传统思维，二者相互补充，反映出美军作战概念创新呈"东方谋略+西方技术"的发展趋势。

四是跨域联动、谋势造势。"全域机动战"谋求实现太空、网络、电磁频谱等新兴领域与陆、海、空等传统领域跨域联动，通过跨域赋能、全域聚能、多域释能制造有利于己、不利于敌的优势差，即节奏快于对手的时间优势、位置优于对手的空间优势、战场态势感知强于对手的认知优势、行动效果出敌不意的心理优势，从而塑造进入敌方决策周期并采取行动的决策优势。

五是上承下联、环环相扣。"全域机动战"上承美军顶层联合作战概念2030"全球一体化作战"，下接基于威胁的五个联合作战概念，然后是四个从作战职能角度出发的支持性联合作战概念（全球联合指挥控制、联合太空概念、情报作战概念和联合后勤概念），从而构成层次清晰、环环相扣的体系架构。

六是利用智能技术实施巧战。"全域机动战"塑造决策优势的关键在于发挥人工智能等新兴技术对各领域的渗透和赋能作用，实现己方决策优势，同时利用智能集群的多域部署和快速机动构建复杂战场环境，增加对手决策难度，使对手陷入决策困境。

七是加速迭代，不断演化。"全域机动战"概念在作战推演和演习中加速迭代，不断演化。美军参谋长联席会议依托各军种进行大量推演和演习，基于

---

① BROWN IT. A New Conception of War: John Boyd, the U. S. Marines, and maneuver Warfare [M]. Quantico: Marine Corps University Press, 2018: 107.

推演结果不断修改完善，推动作战概念迭代发展。例如，美海军战争学院多次组织"全球一体化战争推演"，检验一体化联合作战构想及部队运用构想，涉及联合信息优势、全球联合指挥控制、后勤、国土防御和全球火力等内容。

（二）拓展机动，扩大时空优势

美军取得决策优势的前提条件是享有信息优势。但是，美军通过作战推演发现，未来面对势均力敌的对手时可能"从一开始就无法获得信息"。在无法确保信息优势的情况下，美军另辟蹊径，谋求通过"拓展机动"获得优势。

"拓展"包括时间和空间两个方面（如图3.2所示）。空间上追求无处不至、时间上谋求抢占先机，在战场时空上塑造有利于己、不利于敌的优势差。时间的拓展体现在两个方面：第一，对抗时间从战时拓展到平时。在危机演变为冲突、紧张局势跨过武装冲突门槛前（"灰色地带"）就开始采取行动。第二，战时扩大对抗双方的时间差。美军认为，未来高端战争时间因素极为重要，时间增值效应凸显，扩大双方时间差是制胜关键：一方面，缩短己方OODA循环时间；另一方面，通过制造战场复杂态势延长敌方OODA循环时间。

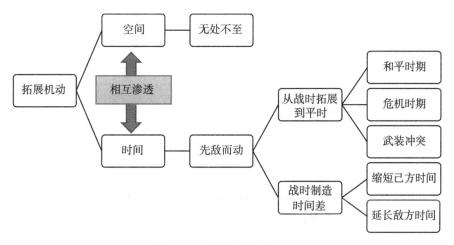

图3.2 "拓展"的时空要素

"拓展机动"的精要在于迅速集中力量歼灭敌人、快速分散力量确保生存。"拓展机动"是时间与空间、集中与分散、进攻与防御、歼灭敌人与保存自己等关系的辩证统一，而时空、分合和攻防的转换都是通过"机动"实现的，"如果机动迟缓，人人都知道你的位置，那么你就很危险"（如图 3.3 所示）。

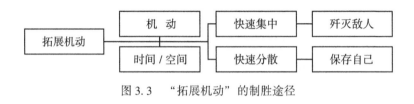

图 3.3　"拓展机动"的制胜途径

"拓展机动"涉及以下四个关键领域（如图 3.4 所示）。

图 3.4　"拓展机动"的四个关键领域

一是对抗后勤。美军认为，现代战争是敌对双方后勤保障能力的较量，未来高端战争后勤保障将面临巨大挑战。如果处于外线作战，后勤保障压力更大。俄乌冲突进一步让美军认识到增强后勤保障能力的重要性和紧迫性，提出以俄军在后勤方面暴露的问题为鉴，聚焦后勤领域、增强高强度对抗环境中的远程战略机动能力以确保后勤保障不中断。

二是联合火力。"拓展机动"谋求使用来自所有领域、所有军种提供的动能和非动能火力，拓展火力来源、形式和作用空间，使火力机动呈现前所未有的新面目，从而改写战场"方程式"和制胜法则。

三是联合全域指挥控制。联合全域指挥控制谋求将所有领域作战力量凝聚成有机整体，为指挥官敏锐感知战场态势变化提供系统支撑。该系统聚焦人工智能等新兴技术，试图构建云计算支撑的虚拟战场环境，通过数据全时域流动实现作战力量的多域分布、跨域融合。

四是信息优势。信息是打通各域并将各域融合在一起的黏合剂。信息机动促成各系统与人员实现无缝连接，为美军各军种之间以及美军与盟军之间实现互联互通互操作提供支撑。通过信息机动实现信息优势是拓展机动的重要目标。

二、"多域作战"的机动制胜思想

"多域作战"概念由美国陆军提出，几经迭代，其核心思想被美军参谋长联席会议部分采纳，融入新联合作战概念。2017 年美陆军颁布《多域战：21世纪合成部队的演进 2025—2040》白皮书，首次提出"多域战"概念。其核心思想可概括为"跨域聚能、机动制敌"①，以机动战思想为指导，以"机动"为"巧战"制胜途径，企图利用机动适应战争的复杂性和不确定性，强调当交战双方都面临复杂和不确定时更善于机动者胜。

2018 年，美陆军颁布《多域作战中的美国陆军 2028》，标志"多域战"升级为"多域作战"。其核心思想可以概括为逐步推进、环环相扣的三个环节：塑造有利态势，谋求不战而胜；"突破、破坏、瓦解"敌方体系凝聚力；为重回竞争塑造有利态势。机动战思想体现为战前谋势造势，战中破击体系，战后重塑有利态势。为实现这一思想，"多域作战"提出综合运用三项原则解决五个难题。五个难题分别是：如何赢得竞争，如何突破敌"反进入/区域拒止"体系，如何瓦解"反进入/区域拒止"体系，如何扩张战果进而实现战役和战略目标，如何在有利态势下重回竞争。为破解上述难题采取三项原则：调

---

① U. S. Army Training and Doctrine Command. Multi-Domain Battle：Evolution of Combined Arms for the 21st Century 2025-2040 ［Z］. Fort Leavenworth：Army Training and Doctrine Command, 2017.

整兵力布势、多域编成、全域聚能。这些原则相互交织、共同作用，为实现机动制胜谋势聚力。

经过反复演习和论证，2022 年 10 月"多域作战"被正式确立为美陆军核心作战概念并写入作战条令。条令明确，"多域作战"旨在"综合运用联合部队和陆军的各种能力，通过制造并利用相对优势实现目标、击败敌军、巩固战果"。支撑这一概念的机动战思想也成为指导美陆军作战的主导思想。"多域作战"谋求机动制胜主要体现为通过机动塑造相对优势、实现跨域聚优、破击敌方体系三个方面。

（一）通过机动塑造相对优势

根据美陆军新版作战条令，"多域作战"制胜的关键在于制造并利用相对优势，即"在各领域相对于对手的有利位置或条件"。相对优势体现为空间优势、时间优势、心理优势、认知优势等方面。这些优势正是通过多领域、各维度的机动得以实现的。实施机动是美军争取优势的途径，争取优势是美军实施机动的目的。相比于绝对优势，美军谋求相对优势的原因有两点：一是基于双方力量对比考虑。美陆军认为，与势均力敌的对手进行大规模作战很难获得绝对优势，争取相对优势才是切实可行的选择。二是基于作战效益考虑。根据复杂系统的非线性、涌现性原理，微小的优势经过迭代会非线式放大、涌现出难以预测的结果，进而对作战结局产生重大影响。因此，只求相对不求最优的"相对优势观"旨在利用复杂系统特性节约作战成本，提高作战效益。

"多域作战"将作战环境划分为相互联系的"五域三维度"，即陆、海、空、天、网五个领域和人的维度、信息维度、物理维度（如图 3.5 所示）。不同领域和维度通过"机动"实现融合互通、互补增效，通过"机动"在某个领域形成的时间优势、空间优势和心理优势可以加速其他领域目标的实现。例如，通过物理维度机动形成以高制低的空间优势、以快制慢的时间优势及火力机动产生的毁伤效果能够破坏敌方心理稳定，从而实现相对于敌的心理优势。

信息机动可以进一步放大物理维度机动形成的时空优势和火力毁伤效果，使对手感到震惊和突然，从而实现相对于敌的认知优势。正是在"机动"中实现全域多维互联互通，形成体系制胜优势，涌现任何单独领域和维度都不具备的新功能、新能力，同时给对手制造多个难题和更加复杂的战场态势，在这种有利与不利的对比变化和动态消长中制造并拉大双方差距，形成并扩大相对优势。

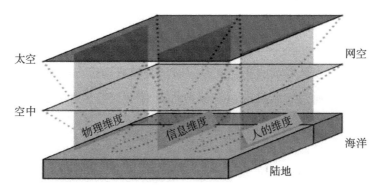

图 3.5　"多域作战"作战环境的领域和维度①

（二）通过机动实现跨域聚优

各领域协调联动、塑造相对优势的途径是通过机动跨域聚优。"跨域"指"一个域对另一个域产生影响"②，通过机动使各域取长补短、优势互补、协同增效，汇聚多域能力，涌现新质功能，己方实现协调、高效、低耗的内聚式融合，同时让对手面对复杂、混乱、无序的战场态势，从而陷入失调、低效、高耗状态，在正反对比中形成优势差。跨域聚优通过以下三种途径实现。

①　Headquarters, Department of the U.S. Army. FM 3-0, Operations［Z］. Washington DC：Department of the U.S. Army, 2022：1-17.

②　U.S. Army Training and Doctrine Command. The U.S. Army in Multi-Domain Operations 2028［Z］. Kansas：Army Training and Doctrine Command, 2018：GL-3.

一是跨域火力。跨域火力是指汇聚并释放陆、海、空、天、网等 5 个领域，以及电磁频谱和信息环境的致命性和非致命性火力。跨域火力是火力机动面向智能化战争的新发展，利用人工智能等颠覆性技术构建全域多维火力相融合、远中近程火力相衔接、高中低空火力相搭配、致命性与非致命性火力相交织的分布式自适应弹性火力网，增加敌方防御难度，为突破和瓦解"反进入/区域拒止"体系创造条件，为跨域机动提供火力支撑。在美陆军"融合计划"系列演习中，在人工智能等技术支撑下杀伤链闭合时间由 20 分缩短至 20 秒，火力机动速度呈指数级提高，从而扩大对敌火力优势。

二是跨域机动。跨域机动是指通过机动聚合并运用多个领域的致命性和非致命性能力，多域联动、相互支援，通过跨域机动扩大时空优势、心理优势和认知优势，通过跨域机动在全域多维给对手制造多个难题、多重困境，为美军行动自由提供支撑。"跨域机动"是美军对"机动"认识的进一步发展。

从"机动"到"跨域机动"，夺取对敌优势的目标和谋求机动制胜的本质没有改变，但是构成要素、实现方式和内在机理发生变化。此外，"跨域机动"指向明确，主要针对"反进入/区域拒止"威胁，要求美军领导人以全新方式构想并实施机动，为击败敌方作战体系提供支撑。美陆军为实施多域作战组建多域特遣部队，着力构建跨域机动能力，追求跨各领域和维度实施机动进攻和防御，谋求同时给敌方制造多个难题。

三是跨域协同。跨域协同是军兵种协同的演进和发展，不同领域的能力通过机动实现跨域，通过跨域取长补短、协同增效，通过协同增效形成超越对手的非对称优势。跨域协同的目的是全域聚优，汇聚来自所有领域的各种能力产生突变（非线性涌现），实现战斗力倍增，在决定性时间和空间形成瞬时优势，攻击敌方关键弱点，从而一举突破"反进入/区域拒止"体系。在打击具体目标过程中，陆、海、空、天、网等多域力量同时对目标进行观察，而后跨领域将目标信息发送给不同领域打击平台，通过协同选择最佳平台实施打击，打击完成后各领域侦察力量评估打击效果，确定是否进行补充打击，从而完成杀伤链闭合（如图 3.6 所示）。

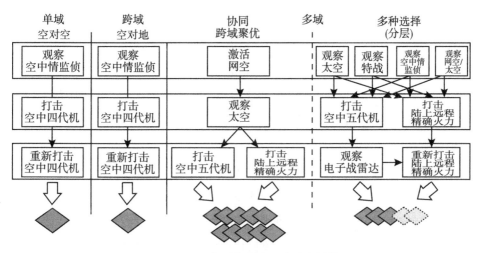

图 3.6　汇聚各种能力实现跨域协同①

（三）通过机动破击敌方体系

"多域作战"的关键制胜机理是"瓦解"。"瓦解"谋求通过打击侦察预警、指挥控制、通信枢纽等敌方作战体系关键节点和薄弱环节，破坏敌作战体系的连贯、有序和完整，使敌作战体系降级为一个个孤立的信息孤岛，进而陷入混乱和无序，心理稳定被破坏，作战意志崩溃。"瓦解"机理的本质是在机动中破击体系，是"突破—瓦解—扩张"环环相扣的连贯过程。

一是突破敌方体系。"瓦解"的前提是突破敌作战体系，实现破防。为突破"反进入/区域拒止"体系，"多域作战"提出三种方式：压制敌远程打击系统、打击敌机动作战力量、从战役和战略距离实施机动。其中，关键是在决定性空间使用陆军远程火力压制敌远程打击系统，为美军实施战略机动、进入战区创造条件。机动与打击相互支撑、互为条件，同时抑制敌方机动，从而构

① U.S. Army Training and Doctrine Command. The U.S. Army in Multi-Domain Operations 2028 [Z]. Kansas：Army Training and Doctrine Command，2018：21.

建"三位一体"破防机制。

二是瓦解敌方体系。瓦解敌体系可以在成功突破之后进行，也可以与突破同时进行。"多域作战"提出四种瓦解"反进入/区域拒止"体系的手段：击败敌远程打击系统，压制敌中程打击系统，采取独立的战役机动，实施欺骗。在这四种手段中，"多域作战"谋求打击、机动与欺骗"三位一体"、共同作用、实现瓦解。欺骗作为与机动和打击同等重要的要素，主要作用于敌方心理和认知，是"多域作战"谋求通过认知机动巧胜对手的体现，也是实现瓦解的精髓所在。

美军认为，面对势均力敌的对手，很难彻底瓦解其整个体系，而且瓦解复杂且有韧性的"反进入/区域拒止"体系通常只是暂时的；敌方一旦争取到时间，将通过调整战术、重组力量使体系得以恢复。因此，"多域作战"提出制造"优势窗口"①，谋求在特定领域和时空范围迅速聚集多种能力，实现局部主宰。其实质是在力量对比不占绝对优势的情况下通过瞬时聚优实现一点突破（击敌要害），通过一点突破瓦解敌作战体系（如图 3.7 所示）。

三是扩张战果。扩张战果旨在维持"优势窗口"，阻止敌方作战体系恢复，实现己方战役目标。扩张战果最能体现"多域作战"机动制胜思想对作战效益的追求。美军认为，扩张战果是成功的延续，可以迅速增加作战收益，在扩张战果中实现作战效益最大化；对敌方而言则是体系瘫痪的延续和失败程度的加深。美军研究大量战例发现，战场上敌方伤亡的激增、作战体系的瓦解、作战能力的崩溃及交战双方力量对比的真正改变正是发生在扩张战果阶段。从"空地一体战"的纵深原则到"空海一体战"的纵深攻击都重视通过追击扩大战果。相反，如果不能及时扩大战果，那么突破和瓦解的效果只能是昙花一现，不能产生决定性结果。因此，"多域作战"重视扩大战果，并提出扩大战果的三种方式：击败敌中程打击系统，压制敌近程打击系统，为孤立并击败敌陆上力量进行机动。

----

① U. S. Army Training and Doctrine Command. The U. S. Army in Multi-Domain Operations 2028 [Z]. Kansas：Army Training and Doctrine Command，2018：GL-9.

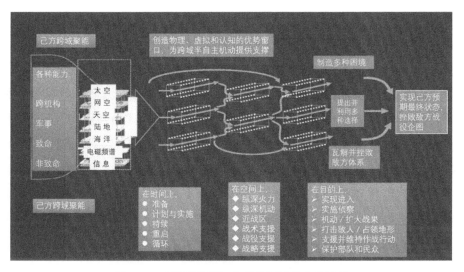

图 3.7　"跨域聚能"突破并瓦解敌方体系①

三、"分布式海上作战"的机动制胜思想

美海军于 2015 年提出"分布式杀伤"概念，组建"分布式杀伤"特遣部队，展开演习推演。经过迭代升级，该概念演变为"分布式海上作战"，成为推动海上作战理论与实践创新发展的三个主要作战概念之一，为构建"一体化全域海上力量"提供支撑。"分布式海上作战"以分布、融合和机动为主要作战原则，谋求在美军选择的时间和地点集中压倒性力量，达成决定性效果。"分布"旨在避开敌方打击，提高战场生力，形成复杂战场态势，增加行动不可预测性。"融合"以弹性杀伤网为技术支撑将分散部署的武器平台和传感器连为一体，增强己方战场态势感知，增加敌方侦察和监视难度，在特定时间和空间形成绝对优势。"机动"是实现形式分布、效能集中的途径，既是实现

① U. S. Army Training and Doctrine Command. Multi-Domain Battle：Evolution of Combined Arms for the 21st Century 2025-2040［Z］. Virginia：Army Training and Doctrine Command，2017：27.

分合变化的黏合剂，也是涌现新质战斗力的催化剂。通过机动实现跨域聚能，增强己方态势感知能力，增加敌方感知难度，增加行动不确定性，达成作战突然性。

"分布式海上作战"设计未来美军海上作战力量编成及行动具备以下特点：信号特征更小，机动能力更强，大型远程打击作战平台与低成本小型作战平台（包括无人平台）相结合，机动打击力量在各领域（从海底到太空、各大洋及滨海地区、信息环境、网空和电磁频谱）分散部署，从敌人意想不到的方向出其不意实施压倒性袭击。"分布式海上作战"本质上是智能化特征明显的新型海上机动战，注重人工智能赋能决策优势、自适应弹性杀伤网、有人/无人平台共同编组。

（一）兵力动中分散，效能动中集中

美军认为，航母编队等传统海上作战编队规模庞大、行动迟缓，越来越不适应智能化海战发展趋势，而且随着对手"反进入/区域拒止"能力不断提升，传统海上作战编队成为容易识别和打击的目标，脆弱性进一步凸显。因此，美军谋求将庞大的作战体系分解为灵活敏捷、机动力强的小型作战单元，广泛分布并机动于广阔战场空间。一方面，通过快速机动令敌方难以识别、瞄准和打击，提高战场生存能力；另一方面，通过机动迅速集中作战效能，对敌弱点实施决定性打击。在机动中实现分散与集中、保存自己与消灭敌人的统一。

一是通过机动分散力量。分布式海上作战注重发展敏捷、多能、可伸缩等能力，利用无人舰艇和无人机等体积小、成本低、行动灵活、智能化程度高的作战平台在广阔战场空间快速机动、灵活组合，达成以下效果。第一，提高单个作战平台生存力。以机动求生存是分布式海上作战的重要理念。小型智能作战平台机动速度快、灵活敏捷、分布领域广，增加了敌方发现、跟踪、瞄准和打击的难度，提高了战场生存力。第二，减少作战体系脆弱性。构成作战体系的大量小型有人/无人平台分散部署、动中聚合，使整个作战体系呈现去中心特征。人工智能、弹性杀伤网等技术助推特征明显的单一中心分解为特征不明

显的若干分中心，少数关键节点分解为大量一般节点，中心和关键节点的重要性和信号特征降低，而且在机动中不断动态变化难以被发现和摧毁，即使某些分中心和节点被毁也不会影响整体功能的发挥。

二是通过机动集中效能。分布式海上作战不是对传统集中原则的违背，而是赋予集中原则新内涵和表现形式：通过形散聚力（兵力分散、效能集中）在更高层次实现集中，在分散兵力确保生存的同时利用火力机动和电磁机动毁伤敌重要目标。第一，火力机动。分散部署的有人和无人作战平台从不同领域迅速向指定目标集中火力。特别是呈集群状和网状分布的海上无人集群从多个方向、沿多个轴线同时向指定目标投射火力，令敌方无法防御。第二，电磁机动。在复杂电磁环境中，利用电磁机动抗敌干扰的同时干扰敌方，通过电磁能的迅速集中、瞬间释放和快速转移破坏敌方侦察预警、防空反导、指挥通信等关键目标。与火力机动相比，电磁机动速度更快、更加隐蔽突然，重点对敌方作战体系的重心、关键节点和链路进行电磁割裂，破坏其内在凝聚力，对敌方体系造成的破坏更严重。

（二）聚焦决策优势，动中谋局布势

分布式海上作战"巧战"制胜的核心是决策优势。决策优势包含对己、对敌两方面：通过跨域联动获取信息优势，增强战场态势感知，缩短己方决策周期；通过多域分布机动构设复杂战场态势，增加敌方态势感知难度，延长敌方决策周期。

一是增强己方决策优势。实现决策优势的途径主要有三种：第一，信息机动。通过分散部署力量把传感器等情报搜集触角遍布于整个战场空间，搜集所有领域信息并实现信息共享。第二，缩短杀伤链（如图 3.8 所示）。利用人工智能和机器自主控制技术迅速处理海量信息，将传统杀伤链 $F^2 T^2 EA$（搜索、锁定、跟踪、瞄准、打击和评估）压缩为 FTE（搜索、瞄准、打击），并实现快速闭合。一旦海上作战指挥控制系统与美军联合全域指挥控制系统完全对接，将进一步增强战场态势感知能力，扩大决策优势。第三，网络机动。依托传输速度快、韧性好、可伸缩、抗毁性强的弹性杀伤网实施网络机动，在避免

被敌方发现和破解的同时跨域融合多源数据。

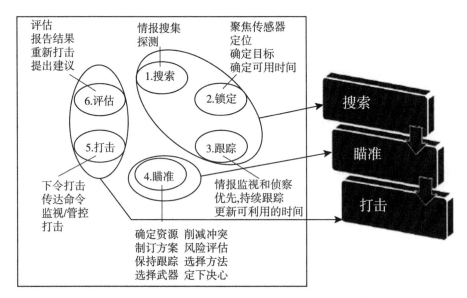

图 3.8　从传统杀伤链到分布式海上作战的杀伤链①

二是增加敌方决策难度。分布式海上作战谋求通过以下途径增加敌方决策难度。第一，制造多种打击路径。将传统杀伤链升级为弹性杀伤网，制造多种杀伤路径。多路径杀伤是机动战思想通过多路穿插迷惑敌方的具体体现。传统杀伤链是"为实现预期效果而瞄准敌方目标、进行打击的过程"②。美军 F^2T^2 EA 链是机械化战争时代作战思想的体现，本质上是顺序作战，决策和行动流程可预测，打击路径比较单一。分布式海上作战依托的杀伤网具备信息化和智能化叠加的特征，本质上是并行作战，通过多个杀伤路径同时采取行动，还可以动态重组生成新杀伤路径，使己方决策和行动更加难以预测，从而增加敌方决策难度。第二，采取欺骗行动。通过设置假目标或使用廉价无人蜂群等手段

---

① Popa, CHRISTOPHER H. Distributed Maritime Operation and Unmanned System Tactical Employment ［R］. California：Naval Postgraduate School, 2018：33.

② NICHOLAS A. O'Donoughue, Samantha Mcbirney. Distributed Kill Chains ［R］. Santa Monica：RAND Corporation, 2021：26.

迷惑、误导敌方。美军作战试验表明，用于干扰和欺骗的无人蜂群能够增加敌识别和瞄准目标的难度，诱导敌方消耗大量高价值弹药打击低价值目标和假目标，增加敌方战争成本。第三，实施电磁机动。利用电磁能的辐射、压制、吸收、拒止、增强或反射等方式进行干扰破坏或向敌方传递假信号，误导其决策。

四、"敏捷作战"的机动制胜思想

美空军"敏捷作战"概念提出以来不断迭代，目前仍在发展中。2015年，美空军提出"作战敏捷"概念，并作为未来作战概念的核心。"敏捷"包含"灵活、速度、协同、均衡和力量"等要素，是在不断变化的环境中恰当采取行动的能力，涉及物理、心理和行动等层面。物理上，"敏捷"指整体的快速运动，为有效应对刺激而迅速改变速度或方向。心理上，"敏捷"指能够快速且持续地评估、决策和行动。行动上，"敏捷"指能够根据动态变化的对手、移动的目标或战场条件改变而做出相应反应。"作战敏捷"是根据具体威胁迅速生成多种解决方案并在各种方案间进行转换的能力。①

经过演习和推演，"作战敏捷"升级为"敏捷作战运用"。"敏捷作战运用"最初是指空军从分散的不同位置采取作战行动，控制基地规模，减少行动痕迹，飞机能够在简易机场起降。目的是将空军力量化整为零以增加敌方打击难度，从而有效规避风险，增强体系抗毁性。迭代升级后的"敏捷作战运用"意为在敌方完成杀伤链闭合所需时间（威胁时限）内通过积极主动的机动增强弹性和生存力，增强己方行动灵活性，给敌方行动制造困难。② "敏捷"指通过机动在行动节奏上超过敌方，取得优势位置并在优势位置上作战，通过给敌方制造多个困境破坏其决策周期。"敏捷作战运用"的精髓是通过跨域融

① U.S. Air Force. Air Force Future Operating Concepts：A View of Air Force in 2035 [Z]. Washington DC：U.S. Air Force, 2015：7.

② U.S. Air Force, Agile Combat Employment [Z]. Washington DC：U.S. Air Force, 2021：1-2.

合产生比敌方更快的作战节奏，加速己方 OODA 循环，延长敌方循环，塑造有利于己、不利于敌的时间差和认知差，使敌方认知难以适应战场态势变化，利用敌方认知错位进入其决策周期并在敌方决策周期内采取行动（如图 3.9 所示）。

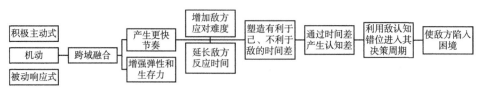

图 3.9 "敏捷作战"的制胜途径

（一）敏捷多变，动中制造复杂

"敏捷作战"注重运用空中、太空、网空等领域新质作战能力，迅速生成多种行动方案，规划不同杀伤路径，增加战场复杂性，给敌方制造更多困境。

一是敏捷行动制造复杂。复杂源于确定性与不确定性的混杂及不断变化。为增强战场复杂性，"敏捷作战"强调将战略上可预测（确定性）与战役战斗上不可预测（不确定性）相结合。战略上可预测表现为展示决心和能力，塑造有利态势，从而震慑住对手。战役战斗不可预测源于作战行动飘忽不定，力量编组和杀伤路径灵活多变，迫使敌方不得不同时应对来自多个方向的威胁（如图 3.10 所示）。

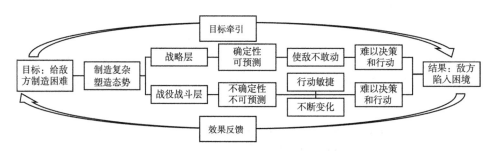

图 3.10 基于复杂系统理论和控制论视角剖析制造复杂的过程

基于复杂系统理论，"敏捷"是复杂性矩阵中各要素相互联系、发挥作用、涌现复杂态势的重要变量，是制造复杂的催化剂和利用复杂的力量倍增器。制造不完整信息、植入虚假信息、制造深度不确定性、利用杠杆支点（高价值目标或关键节点）等行动都依赖于"敏捷"。"敏捷作战"利用复杂性的途径见图3.11。

利用复杂性的途径		军事欺骗 	反情报监视侦察 	污染数据 	干扰辅助决策 	动能武器 
机构属性	网络		✓		✓	✓
	多层				✓	✓
降级作战态势图	制造不完整信息	✓	✓	✓		
	植入假信息	✓		✓		
	制造深度不确定性			✓	✓	
跨越边界	利用杠杆支点				✓	✓
	迟滞决策过程	✓			✓	
	使相互依赖最大化			✓		✓
干扰对手反应	反馈降级		✓			✓
	破坏适应能力			✓		✓
利用非性性特点	使对手不堪重负	✓	✓			
	压垮对手	✓	✓			

图 3.11　"敏捷作战"利用复杂性的途径①

二是灵活跨域制造复杂。灵活迅速地规划兵力兵器机动路线、力量编组和杀伤路径对敏捷作战至关重要。"灵活"体现为通过一体化跨域作战给敌方制造多种困境。美空军设想2035年实现空中、太空和网空作战能力的互操作，并与陆地和海洋等传统领域作战行动跨域融合，迅速形成多种杀伤链路并在各种杀伤链路间迅速转换。一旦某一领域行动受限，可灵活转移到其他领域继续给敌方制造新难题。特别是网空和太空行动更容易达成突然性，制造出敌不意效果。

三是敏捷决策制造复杂。敏捷决策主要指决策速度快，提高决策速度通过

---

① LINGEL S, SARGENT M. Leveraging Complexity in Great-Power Competition and Warfare（Volume I）［R］. Santa Monica：RAND Corporation, 2021：20.

物理域和认知域行动实现。在物理域，先进的指挥通信系统可以加快信息传输和处理速度。然而，在认知域快于敌方才是先敌决策的关键。加速 OODA 决策周期的关键是"判断"环节，判断即认知。要在认知上抢占先机，就必须克服战场信息不完整造成的战争迷雾。然而，信息不完整是难以克服的现实难题，在信息不完整情况下急于求快反而容易造成决策失误。因此，"敏捷作战"不追求完美信息，不过度求快，而是寻求利用不完整信息制造复杂，从而迟滞敌方决策，相当于变相加快己方决策。这正是机动战思想逆向思维和机变性的体现。敏捷决策、制造复杂的途径包括认知敏捷、指挥敏捷和通信敏捷（如图 3.12 所示）。

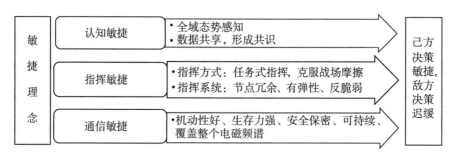

图 3.12　敏捷决策制造复杂的途径

以上途径的实现依赖于以下手段支撑。第一，构建作战云。利用作战云搜集、处理和分发来自各领域的情报信息。接入作战云的作战单元能够共享情报信息，生成通用作战图，构建复杂战场态势。第二，实施信息机动。对于己方来说，信息机动是指在正确的时间向正确的用户提供正确信息，从而提高决策速度和质量。对于敌方来说，信息机动包括制造不完整信息，向敌方传播假信息，篡改敌方数据及其他信息欺骗行动，使敌方陷入"分析瘫痪"① 状态。

---

① U. S. Air Force, Agile Combat Employment ［Z］. Washington DC：U. S. Air Force, 2021：10.

(二) 灵活部署，增强体系韧性

"消灭敌空军的最佳地点是地面。当敌空军基地数量少且缺少防御措施时更应如此。"受沃登思想的影响，"敏捷作战"高度重视作战基地防护，并试图构建"轴心"完备持久、"边缘"简易灵活的"中心辐射型轴辐式"网络，增强体系韧性且符合"集中指挥、分布控制、分散实施"原则。通过分散部署、化整为零来增加敌方打击难度，增强美军作战体系反脆弱性。

一是构建一体化基地网络。一体化基地谋求灵活调整和部署空军基地，克服作战环境和后勤保障方面的限制。美军根据修复能力和力量投送能力将基地分为四类（如图3.13所示）。

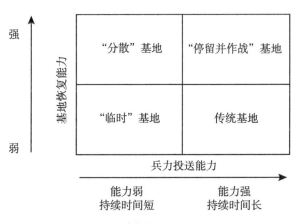

图3.13 "敏捷作战"的基地架构①

以上四种基地各有优势和不足。传统基地位于敌方威胁范围之外，能够维持持久作战，但是遭受打击后难以迅速恢复。"分散"基地遭受打击后能够迅速恢复，但是只适于为战机提供临时庇护的短期作战。"临时"基地投入最少，损失可以承受，但只适用于担负临时性作战任务。"停留并作战"基地能

① MILLS P. Building Agile Combat Support Competencies to Enable Evolving Adaptive Basing Concepts [R]. Santa Monica：RAND Corporation，2020：xiii.

够维持较长时间作战，且恢复能力较强。这四种基地共同构成一体化基地网络，分散部署于广阔战场空间，根据威胁和资源等因素灵活使用、优势互补，增加敌方瞄准与打击难度，提高己方体系韧性。美军试验发现，如果 120 架飞机集中部署到 1 个基地，只需 10 枚导弹即可完全摧毁；如果 120 架飞机分散部署到 10 个基地，则需 80 枚导弹。这表明相同数量的飞机部署越分散，需要消耗更多导弹才能实现相同毁伤效果。换言之，当敌方精确弹药有限时，己方飞机分散部署可有效稀释敌方高价值弹药，增加其战争成本，同时降低己方基地脆弱性（如图 3.14 所示）。

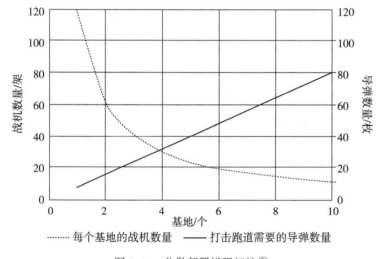

图 3.14　分散部署增强韧性①

二是实现快速伸缩。"敏捷作战"还通过后勤保障能力和轴辐式网络快速伸缩增强体系韧性。美军认为，未来作战环境对抗激烈且越来越复杂，空军前沿基地将被敌方远程打击覆盖。因此，在冲突爆发初期，必须减少对前沿基地的依赖，迅速缩小规模，减少信号特征，特别是迅速缩减易遭毁伤的兵力兵器

　　① PRIEBE M. Distributed Operations in a Contested Environment ［R］. Santa Monica：RAND Corporation，2019：17.

和重要资源；与此同时，保留能够快速扩张的弹性，一旦威胁解除迅速扩大规模、扩充实力。作战力量依托"中心辐射型轴辐式"网络迅速集中或分散。作战资源根据作战需求在保障地域与作战地域之间迅速流转。后勤保障利用轴辐式网络"轴心"完备持久、"边缘"简易灵活等特点，在维修服务及物资补给方面实现"轴心"（传统基地或"停留并作战"基地）与"边缘"（"临时"或"分散"基地）高效互动，实施强健且韧性好的快速响应后勤（见图 3.15）。

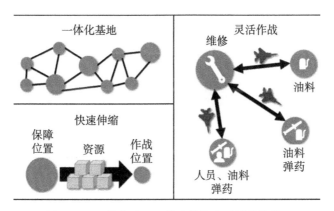

图 3.15　一体化基地、快速伸缩和灵活作战①

五、"马赛克战"的机动制胜思想

"马赛克战"本质上是具有智能化特征的分布式多域机动战。美军认为自身正面临网络破袭、体系破击等威胁。为避免遭到"击点、断链、破网、瘫体"式的打击，美军谋求从网络中心转向决策中心，并提出体现决策中心思想的"马赛克战"概念。② "马赛克战"的亮点是利用人工智能等新兴技术取

①　MILLS P. Building Agile Combat Support Competencies to Enable Evolving Adaptive Basing Concepts〔R〕. Santa Monica：RAND Corporation，2020：14.

②　CLARK B，PATT D，SCHRAMM H. Mosaic Warfare：Exploiting Artificial Intelligence And Autonomous Systems To Implement Decision-Centric Operations〔R〕. Washington DC：The Center for Strategic and Budgetary Assessments，2020：8.

得决策优势，同时使敌方陷入决策困境，进而将决策优势转化为制胜优势。攻击对手决策既是机动战思想精义的体现，也显露出信息化智能化战争叠加背景下美军谋求智胜对手的端倪。其强点、弱点、机会（所需条件）和威胁如图3.16所示。

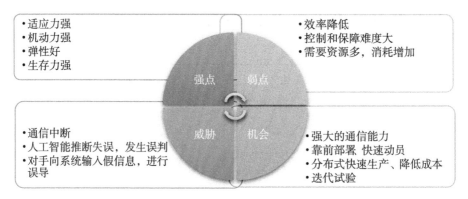

图 3.16　美军"马赛克战"强弱点分析

（一）　作战指挥谋求智能高效

美军机动战思想在作战指挥上强调任务式指挥。这种指挥方式在先进技术支撑下使"马赛克战"的作战指挥凸显智能高效的特点。"马赛克战"利用人工智能辅助决策，以科技助推智谋运用，在决策中分析海量数据、穷尽各种可能、生成超出人的认知和想象力的作战方案，使作战决策和行动更加难以预测。其指挥决策智能化特征体现在三个方面：第一，人负责指挥，人工智能主导的机器系统负责控制，通过人机协同、人机交互、人机互促增强己方决策优势，加重敌方认知负担，使敌方陷入决策困境。第二，开发先进算法，使分散的碎片化作战平台形成共识主动性①，涌现群体智能。在无中心控制情况下，

①　NICHOLAS A. O' Donoughue, Samantha Mcbirney. Distributed Kill Chains: Drawing Insights for Mosaic Warfare from the Immune System and from the Navy [R]. Santa Monica: RAND Corporation, 2021: 66.

算法支撑智能群体通过同频共振达到信息对称，单个平台在独立行动的同时互相修正、自我更新，实现自同步和自组织，从"人在回路"到"算法在回路"。第三，战术边缘自主决策。位于战术边缘的碎片化作战平台被赋予更多自主决策权，以确保在高强度对抗中战术边缘指挥不中断。

（二）作战力量谋求灵活分合

"马赛克战"谋求将复杂作战体系分解为数量更多、规模更小、更加灵活、更易组合的作战模块，类似于装上智能芯片的"马赛克碎片"，可随机组合、快速拼接，即使有些模块破损缺失也不会影响整体功能发挥。特别是在高强度对抗环境中，一旦通信受阻、指挥中断，人工智能主导的机器控制系统可以自主匹配指挥官与作战单元、自主搭配攻击目标与最佳武器平台，实现指挥链和杀伤链的动态闭环。

为实现作战力量灵活分合，"马赛克战"的体系设计致力于实现如表 3.1 所示目标。

表 3.1　　　　　　　　**"马赛克战"的体系特征及目标**

特征	"马赛克战"目标
分解	众多不同类型的平台通过通用数据网络连接在一起。
异构	按需容纳多军种、多机构的多样化平台。
快速组合	通过各种平台快速互动涌现新效果、新能力。
系统架构	建立多维度复杂关系并迅速演化。
伸缩能力和多智能体协作	联合多域资产进行互操作并能够根据需要快速伸缩。
人工智能/机器学习和自主控制	对人工智能/机器学习和自主控制的依赖性强。

表 3.1 表明，"马赛克战"谋求通过分解、异构、快速组合、建立多维度复杂关系等方式实现作战力量灵活集散，在降低体系脆弱性的同时增加战场态势复

杂性，制造战争迷雾。与追求确定性的传统思维相比，这是理念上的进步。"网络中心战"谋求拨开战争迷雾，增加己方确定性，减少摩擦，体现信息化战争特征；而"马赛克战"则拥抱战争迷雾，适应并利用不确定性，同时给敌方制造更多迷雾，增加摩擦，体现信息化和智能化叠加的特征（如图 3.17 所示）。

图 3.17　"马赛克战"与"网络中心战"比较

（三）作战行动谋求复杂多变

"马赛克战"借鉴马赛克拼图简单灵活、快速拼接等特点，将大量碎片化平台（智能传感器、有人及无人作战平台）分布在广阔战场空间，动态组合，生成复杂多变的杀伤路径，让对手难以判断。其实现途径是将庞大的作战体系分解成简单灵活的智能作战模块，从"大而全"到"小而散"，从集中统一规划到分散临机规划，从信号特征明显的中心（如联合作战中心）到信号特征不明显的分中心甚至无中心，从"一条链"（杀伤链）到"一张网"（杀伤网）再到"一片云"（作战云）。"链、网、云"形象揭示"马赛克战"杀伤路径的机理性变化：从中心和关键节点特征明显、程序固定的线式杀伤链到无固定中心控制、适应性、韧性更强、杀伤路径随机切换的非线式杀伤网，再到能够跨域搜集、融合、分发情报信息的作战云。作战云本质上是一种网络，网内各节点"碎片化"、智能化、分散化特征明显且弹性增强，数据、数据链频率及波形向标准化迈进，利于实现数据共享（如表 3.2 所示）。

表 3.2　　　　　　　　　　杀伤链、杀伤网和作战云比较

杀伤链	杀伤网	作战云
F^2T^2EA（搜索、锁定、跟踪、瞄准、打击和评估）；集中控制，分散实施；有中心，关键节点特征明显； 线式，杀伤路径单一；程序相对固定、僵化。	无固定中心控制；有冗余节点；适应性和韧性更强； 多条杀伤路径，随机切换，动中重组；非线式、网状； 动态、可伸缩。	节点"碎片化"、分散化；作战节点自主性和智能性增强；能够跨域、跨平台和系统快速搜集、融合、分发情报信息；数据、数据链频率和波形标准化； 各种系统共享数据。

杀伤路径弹性变化是复杂系统理论应用于作战领域的典型例证。其制胜途径是将多功能复杂平台进行离散处理，分解到最小作战要素，利用人工智能、自组网络等技术在复杂战场环境中动态组合，涌现新功能，制造更复杂的战场态势。其内在逻辑是先化繁为简再由简入繁，即从己方复杂到己方简单，再从己方简单到给敌方制造更多复杂，实现由"态"生"势"（通过制造复杂状态塑造相对于敌的有利形势）。

（四）智能组网谋求动态聚散

"马赛克战"谋求通过动态临机组网构建灵活机动、自主协同、按需集成、富有弹性的作战体系，在动态聚散中构设复杂战场态势。其关键技术支撑是人工智能技术，谋求将人的智慧（体现为作战决策的创造性和艺术性）与人工智能（体现为作战决策效率和科学性）相结合，采取"拼图作战""碎片化作战"等智能化特征明显的作战方式通过动态聚散实现巧胜。为实现动态聚散，"马赛克战"在通信手段和关键节点上都保留冗余。冗余不是简单复制，而是基于效果的弹性互补，一旦某种机制被破坏，其他机制能够替补更换，以确保作战功能可持续、预期效果可实现。

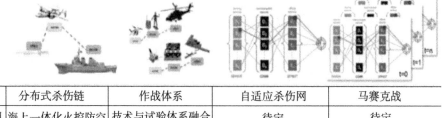

	分布式杀伤链	作战体系	自适应杀伤网	马赛克战
案例	海上一体化火控防空	技术与试验体系融合	待定	待定
特点	人工融合 现行系统	能够进行多种作战编组	具备半自主能力，能够在执行任务前选择预先设定的效果网	在战役时限内能够组建新的效果网
优点	·打击效果拓展 ·打击概率增加	支持更多样的杀伤链更快地融合	·允许任务前调整 ·杀伤力更强，给对手施加更多复杂性	·适应威胁和环境动态变化 ·能够灵活应变，同时进行多个交战
挑战	·静态 ·构建时间长 ·操作和改变难	·每个系统是静态的 ·适应能力有限 ·飞行中不能增加新能力 ·操作和改变难	·静态的"场景想定" ·杀伤链数量有限 ·可能无法灵活应变	·变化的弹性受到人为决策的限制

图 3.18　从杀伤链到"马赛克战"①

第三节　引领美军作战实践变革

信息化、智能化战争叠加发展的时代背景催生新的机动制胜理念，新机动制胜理念又引领美军作战实践发生一系列重要变革，产生连锁反应。

一、引领机动作战领域变革

近年来，美军试图突破传统作战领域，拓展新兴领域，注重新兴领域对传

---

① NICHOLAS A. O' Donoughue, Samantha Mcbirney. Distributed Kill Chains: Drawing Insights for Mosaic Warfare from the Immune System and from the Navy ［R］. Santa Monica: RAND Corporation, 2021: xii.

统领域的渗透、支撑和赋能。

（一）决策机动战

机动战思想主张"战争应瞄准敌方的决策系统"①，并为攻击敌方决策系统提供思维框架，是美军决策机动战的思想支撑。决策机动战以复杂为武器，通过施加和利用复杂对敌方决策流进行复杂攻击，进而取得决策优势。决策机动战包含两个方面：一方面，通过新兴技术与新作战概念相结合涌现新质能力，使己方战场态势感知和认知强于对手，决策速度和质量优于对手，以较低的成本利用复杂并抵消敌方施加的复杂；另一方面，通过增加战场不确定性和复杂程度增加对手决策难度，或是通过欺骗诱导重塑对手决策。在机械化战争时代，速度是武器，机械能加速决策周期。在信息化战争时代，信息是武器，信息流驱动决策流。在信息化、智能化叠加时代，复杂成为新的武器，人工智能等新兴技术既拨开战场迷雾又制造新的迷雾，利用复杂实施机动进而取得决策优势既需要人工智能又需要人的智慧（如表 3.3 所示）。

表 3.3　　　　　**不同战争形态影响决策的关键因素和途径**

战争形态	影响决策的关键因素	影响决策的途径
机械化战争	速度	机械能加速决策周期运转
信息化战争	信息	信息流驱动决策流
信息化+智能化	复杂	人工智能与人的智慧共同驱动

在战争形态加速向智能化演变的背景下，美军谋求抢占先机，利用智能化战争制高点智胜于敌。智胜关键是"上兵伐谋"，破坏对手决策。为此，美军提出决策中心战理念，把决策优势作为智胜关键，把决策机动作为智胜途径。实施决策机动的精要是以"复杂"为武器，在深入理解并有效应对"复杂"

---

① BROWN IT. A New Conception of War: John Boyd, the U. S. Marines, and maneuver Warfare [M]. Quantico: Marine Corps University Press, 2018: 107.

的基础上运用复杂系统思维制造、利用"复杂"，以迟滞、慑止或重塑敌方决策。

一是迟滞敌方决策。随着智能技术的迅速发展，人工智能辅助决策会生成令人意想不到的作战方案、力量编组和战术战法，使战场态势复杂程度非线性增长，对敌方决策的影响呈指数级放大，使其战场态势感知越来越模糊，认知越来越混乱，决策周期陷入停滞。美军认为迟滞敌方决策的关键是干扰其认知（判断）。因此，美军在新作战概念中把干扰认知作为迟滞敌方决策的关键，谋求在新兴技术赋能下通过分散部署、动态编组增加战场态势复杂性，使敌方难以判断美军作战企图、力量结构、兵力部署及战术运用。

二是慑止敌方决策。迫使敌方放弃原定计划，不敢采取行动，本质上是谋求改变对手决策。慑止敌方决策的前提是理解敌方决策过程和己方弱点，进而采取相应行动，通过弥补己方弱点、减少脆弱性来影响敌方认知，使其不敢决策。例如，"敏捷作战"采取以下步骤慑止敌方决策：第一步，从敌方角度分析美空军基地脆弱性。发现敌方可以通过多种途径攻击美空军基地，基地一旦遭到攻击将严重干扰和破坏美军空中作战。因此，"敏捷作战"把降低美军基地脆弱性作为重要任务。第二步，分析敌方决策过程。把敌方决策过程分解为至关重要的几步，从敌方角度出发比较双方优势和劣势，得出结论并作为驱动决策的前提条件。第三步，采取补差措施，影响敌方认知。采取措施降低己方基地脆弱性，构设复杂战场态势并利用复杂攻击敌方决策过程，重点影响其判断和评估，使敌方认识到攻击美军基地难以成功甚至得不偿失，从而放弃攻击企图（被成功慑止）。图 3.19 和图 3.20 表明，利用复杂攻击敌方决策主要是针对其判断和评估，通过施加复杂改变敌方对美军体系脆弱性的认知，从而知难而退。

三是重塑敌方决策。通过各种渠道制造并利用复杂影响对手认知，干扰其判断，重新塑造敌方决策流。其内在机理和途径如下：第一，降低敌方作战态势认知。通过制造不完整信息、植入假信息及制造深度不确定性，令敌方难以感知态势变化，造成认知困难，形成错误认知。第二，利用杠杆支点。杠杆支点指敌方复杂系统的关键节点和高价值目标。根据复杂系统理论，网状系统各

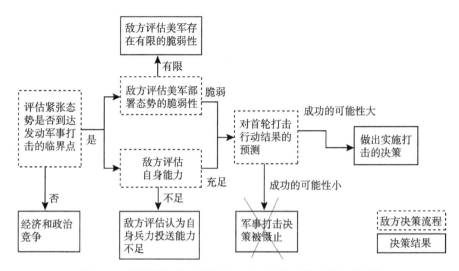

图 3.19 美军设想未实施复杂攻击时敌方决策过程和结果①

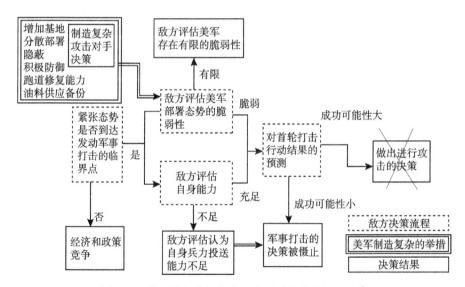

图 3.20 美军设想实施复杂攻击对敌方决策的影响②

① LINGEL S, SARGENT M. Leveraging Complexity in Great-Power Competition and Warfare (Volume I) [R]. Santa Monica：RAND Corporation, 2021：18.

② LINGEL S, SARGENT M. Leveraging Complexity in Great-Power Competition and Warfare (Volume I) [R]. Santa Monica：RAND Corporation, 2021：19.

节点价值和重要性不同，少数关键节点占据大量资源、联系多且复杂，破坏这些少数节点会产生严重影响，产生非对称因果效应。第三，利用各节点的相互依赖。复杂系统各节点之间相互联系，各分系统之间相互耦合。联系越密切，耦合越紧密，遭受打击后产生的连锁反应就越大，甚至引发"雪崩"效应，使整个体系崩溃。因此，美军企图通过污染数据和动能打击等手段打击关键节点和分系统。第四，利用临界点。通过军事欺骗和反侦察监视等手段不断加重敌方信息处理和通信负担，迫使敌方承受能力达到并超过临界点，从而因不堪重负而决策失误。

美军谋求通过以上途径产生两种效果：一是让敌方形成虚假的正反馈，即高估美军优势，低估美军弱点；二是让敌方形成虚假的负反馈，即低估美军优势，高估美军弱点。这两种效果都可以达成重塑敌方决策的目的。图3.21以"敏捷作战"为例展示制造复杂的途径以及利用复杂重塑敌方决策的内在机理。

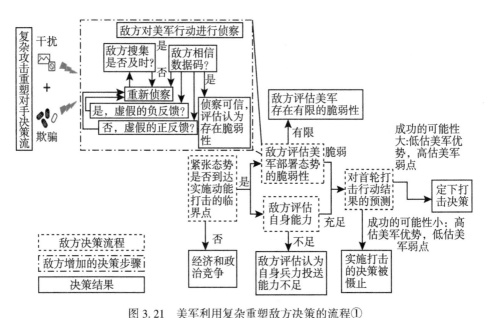

图 3.21　美军利用复杂重塑敌方决策的流程①

---

　　① LINGEL S, SARGENT M. Leveraging Complexity in Great-Power Competition and Warfare［R］. Santa Monica：RAND Corporation，2021：21.

(二) 网空机动战

美军认为网络空间是"信息环境中的全球域,由信息技术基础设施和所含数据构成相互依赖的网络,包括互联网、电信网、计算机系统及嵌入式处理器和控制器"①。网络空间(以下简称"网空")是美军机动战的新领域,各种新作战概念把网空作为获得决策优势并向传统作战领域跨域赋能的重要空间,为巧胜开辟新路径。

1. 网络空间特点

网络空间具有跨域性、泛在性和虚拟性。跨域性。网络空间是连接各作战领域的桥梁,依赖且反作用于其他领域:一方面,网空基础设施、链路和节点存在于陆、海、空、天等物理域,其功能发挥依赖于其他领域的支持和保障;另一方面,网空行动效果会产生连锁反应,并渗透到其他领域,如果有效利用能够对其他领域作战行动起到支撑和赋能作用,实现战斗力倍增。泛在性。美军将网络空间界定为全球域,可以突破传统物理空间制约,在作战地域之外甚至在敌方领土建立节点、链路并采取行动,从而极大拓展军事行动领域和范围,为实现"拓展机动"提供支撑。虚拟性。网空行动可以秘密潜入敌方或中间方虚拟网络空间,跨域、跨境投送力量且无须在境外建立有形的实体存在,从而降低行动的信号特征。

2. 网空机动内涵

网络空间上述特点规定网空机动既具备机动战一般属性,也具备特殊性。美军从敌对双方互动角度谋划网空机动。对于己方,网空机动指为确保己方网空安全对网空力量、各种传感器及防御措施进行配置和转移数据。转移数据谋求以下效果:一是减少网络时延,提高效率。数据存储位置和距离会影响数据传输速度和时间,通常远距离存储和传输数据会影响速度、延长时间,转移数

① U. S. Joint Chiefs of Staff. DOD Dictionary of Military and Associated Terms [Z]. Washington DC: Joint Chiefs of Staff, 2021: 55.

据可以减少时延、提高效率。二是规避风险，确保安全。美军认为，网空领域的网络带宽安全相当于物理域的交通线安全，重要但脆弱。当面临威胁时，将数据流从一个链路转移到其他链路可确保数据安全、维持网空机动自由，如从陆地光缆转移到卫星通信链路。对于敌方，网空机动旨在进入并塑造敌方网络空间：一是进入敌方网络链路和节点，具有秘密渗透、暗中潜入的隐蔽性；二是塑造敌方网络空间，通过秘密监视、暗中设伏为未来作战行动创造有利条件，构设有利网空环境，形成未战先胜有利态势。

美军网空"塑造"行动注重谋势造势，谋求出敌不意。具体内容：搜集敌网空相关信息；绘制敌网络空间地图，为未来军事行动提供态势感知；寻找敌网络空间漏洞，为未来发动网络袭击做准备；暗中植入恶意软件、病毒并秘密潜伏，需要时可立刻启动、实施网络闪击；定位敌网络关键链路和节点，需要时可实施干扰或通过切断链路、篡改节点配置等手段实施网络伏击（如图3.22所示）。

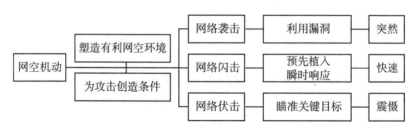

图 3.22　从网空塑造到网络攻击

3. 网空机动特点

网空机动隐蔽突然，通常秘密渗透、长期潜伏，在无形和虚拟空间塑造有利态势，为需要时突然发起攻击创造有利条件。网络攻击的时间、地点和方式都无法预料且难以追踪溯源，且成本低、效益高，体现信息化战争时代"巧战"特点。网空机动另一个突出特点是影响敌方认知。当敌方发现网络的某一局部遭到渗透、入侵或部分数据遭到窃取、篡改，会对整个网络和所有数据可靠性产生怀疑甚至产生深度不信任，从而使网络入侵后果被无限放大。这是由网络空间的跨域性、泛在性和相互依赖等特性决定的。作为全球域，网络空间是相互依赖的各种网络构成的复杂巨系统，具备难以预测的涌现性和不确定性，网空机动会产生非对称因果关系的级联效应，即任何链路或节点微小改变都可能产生连锁反应，造成严重后果。随着军事智能技术日益应用于网空领域，网空机动智能化特征越来越明显，复杂网络的涌现性和不确定性进一步凸显，网空渗透、潜伏和塑造行动后果的严重性陡增。

4. 网空机动战方式

美军把网络空间划分为彼此独立又相互联系的三个层次，即物理网络层、逻辑网络层和网络行为体层（如图3.23所示）。在不同层次，网空机动战内容和表现形式不同，但是内在机理都聚焦功能的发挥与丧失，即确保己方网络系统功能正常发挥同时阻止或破坏敌方网络系统功能发挥。

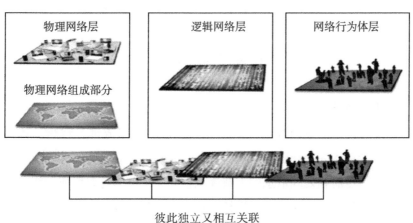

图 3.23 美军网络空间的三个层次①

一是物理网络层机动战。物理网络层包括存储、传输和处理信息的各种设

---

① U. S. Joint Chiefs of Staff. JP 3-12, Cyberspace Operations ［Z］. Washington DC：Joint Chiefs of Staff, 2018：Ⅰ-3.

备及基础设施。在物理网络层，美军机动战包含敌对双方两个方面：对己方，以机动防御为主，通过分散隐蔽部署和灵活机动配置，保护己方硬件设施免遭物理攻击和破坏，或者防止敌方秘密入侵，确保己方硬件设施正常发挥功能；对敌方，以机动进攻为主。利用各种途径侦察、发现、定位敌硬件设施、链路和关键节点，进而通过软杀伤或硬摧毁实施攻击和破坏；或者秘密进入敌方网络硬件设施，通过植入病毒等手段破坏敌方网络设备运转，使其陷入瘫痪（如图3.24所示）。"震网病毒"攻击就是通过物理接入方式，将染毒U盘插入计算机USB接口，使伊朗核设施遭受重创。

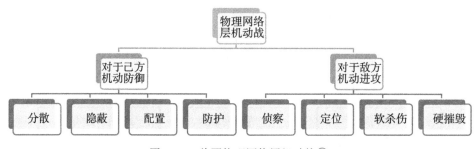

图 3.24　美军物理网络层机动战①

　　二是逻辑网络层机动战。逻辑网络层包含从物理网络层抽象出来、相互联系的网络要素，通过逻辑编成（代码）驱动网络各组成部分运行。各要素的相互关系不受具体的物理链路或节点束缚，而是取决于数据交换或处理能力。逻辑网络层是传输和处理信息的人造虚拟空间，可以通过有线或无线接入以虚拟方式实施远程机动，通过远程操控就可以产生预期效果，并不需要在物理空间靠近目标。其特点是全球机动、瞬时响应，摆脱了物理域限制，拓展了机动空间，缩短了机动时间，使瞬时作战和"秒杀"成为可能。美军逻辑网络层机动战也包含敌对双方两个方面：对己方，实现并保持对信息环境的逻辑接入，防范网空节点的配置被篡改，能够将数据转移至安全位置或使程序免遭破

　　①　U. S. Joint Chiefs of Staff. JP 3-12, Cyberspace Operations［Z］. Washington DC：Joint Chiefs of Staff, 2018：Ⅰ-3-4.

坏；对敌方，主动寻找或制造敌方漏洞，利用漏洞秘密渗透、长期潜伏，窃取或篡改敌方重要数据信息，需要时发起突然攻击，达成突袭效果（如图 3.25 所示）。

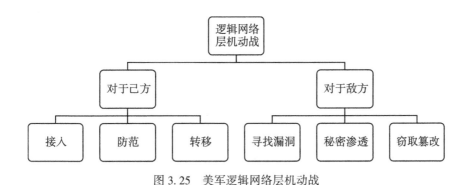

图 3.25　美军逻辑网络层机动战

三是网络行为体层机动战。网络行为体是真实的个人或实体机构在网络空间的数字化代表，是运用逻辑网络层规则对逻辑网络层的数据进行抽象形成的网络角色，包括网络账户或信息技术用户的账户，以及账户间的相互关系。在网络行为体层，一个网络用户可以创建并维持多个网络账户，扮演多种网络角色；多个网络用户也可以共享一个网络账户或扮演一种网络角色。这种一对多、多对一的复杂关系决定网络行为体层机动战的复杂性。

5. 网空机动战本质特征

美军网空机动战的本质特征是积极进攻，谋求通过拒止或操控等方式实施网络降级、破坏、摧毁、欺骗等行动，使敌方网络无法正常发挥功能甚至整体瘫痪。拒止是在特定时间内和特定程度上阻止目标正常发挥功能，按照程度由低到高分为降级、破坏和摧毁三个层次。其中，降级是在一定程度上阻止目标功能发挥，达到一定百分比；破坏是彻底但暂时地阻止目标功能发挥，是降级的特例（降级程度暂时达到100%）；摧毁是彻底阻止目标发挥功能且无法修复，是拒止时间和程度的最大化。操控是为了制造物理上的拒止效果而控制或篡改敌方的信息、信息系统及网络，操控手段包括欺骗、设置假目标、模仿、篡改、伪造等。网络操控谋求利用敌方信息资源为己方服务、达到己方目的，其效果往往不会立刻显现，被操控的敌方网络表面上运转正常。因此，与拒止相比，操控的隐蔽性更强、更难察觉，效果逐渐释放但是破坏性强、影响深远，更能体现网空机动战"巧战"本质（如图 3.26 所示）。

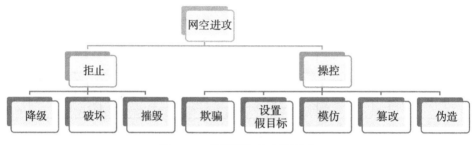

图 3.26　美军网络进攻的形式

（三）电磁机动战

美军认为电磁频谱是机动空间，与其他领域密不可分并且会影响整个作战环境和各种军事行动。① 电磁频谱广泛存在于陆、海、空、天等物理空间，与网络空间紧密相连，为太空军事行动的指挥控制、感知和信息传输提供支撑。可靠、稳定的指挥控制依赖于电磁频谱，军事行动各阶段都需要获取并保持电磁频谱优势。

在美军围绕"域"组建作战力量、展开作战行动的背景下，电磁频谱跨域渗透、多域融合的重要性凸显，既是美军"全域作战"连接各域的纽带，也暴露出美军弱点。未来战争电磁频谱将越来越复杂和拥挤，对抗越来越激烈，限制越来越多。为应对复杂，美军从敌对双方对抗角度提出两种破解方

① U. S. Department of Defense. Electromagnetic Spectrum Superiority Strategy ［R］. Washington DC：Department of Defense，2020：19. U. S. Joint Chiefs of Staff. JP 3-85，Joint Electromagnetic Spectrum Operations ［Z］. Washington DC：Joint Chiefs of Staff，2020：Ⅰ-1.

法：电磁频谱共享和电磁频谱机动。目标是实现电磁频谱优势，在一定程度
上有效控制电磁频谱，能够在特定时间和地点不受干扰地采取行动并使敌方
丧失这种能力。电磁频谱共享是针对己方，旨在通过协议减少自扰互扰、消
减冲突；电磁频谱机动是针对敌方，谋求获取对敌优势（如图 3.27 所示）。

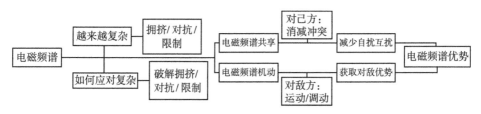

图 3.27　美军夺取电磁频谱优势的逻辑

　　电磁频谱机动是为了取得相对优势在三维定位、授时和电磁频谱行动参数
（如频率、功率和调制）等方面进行的运动。① 电磁机动战是使用电磁能或定
向能控制电磁频谱或攻击敌方的作战样式，目的是在电磁频谱领域取得决定
性军事优势。无论是"控制"还是"攻击"，都体现美军在电磁频谱领域谋
求积极进攻的本质，内在制胜机理包括使敌方体系功能难以发挥的功能失效
机理和对敌进行跨域渗透的认知控制机理。电磁机动战包含四种关键要素：
取得相对于敌的优势位置（如电磁侦察、刺探），通过机动适应电磁频谱环
境变化（如抗干扰），改变行动模式（如改变频率、功率、波形和方向），
采取电磁进攻、占领关键频段以阻止敌方使用电磁频谱。各要素运用不同手
段、达成不同效果，形成作战手段多元、样式灵活多变的电磁机动战架构
（如图 3.28 所示）。

　　电磁进攻能力。美军典型的电磁进攻能力包括电磁干扰和电磁入侵。电磁
干扰是指为阻止或削弱敌方有效使用电磁频谱而蓄意发射、重复发射或反射电

① U.S. Department of Defense. Electromagnetic Spectrum Superiority Strategy ［R］.
Washington DC：Department of Defense，2020：20.

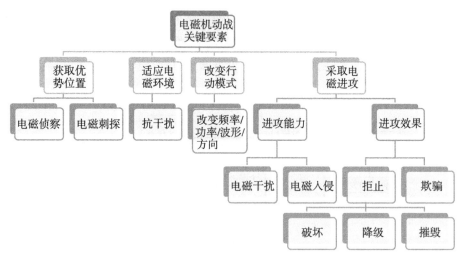

图 3.28　美军电磁机动战架构①

磁能，以削弱或压制敌方作战能力。电磁入侵是指蓄意以各种方式将电磁能切入敌方电磁传输路径，以达到欺骗敌操控人员、制造混乱的目的（如图 3.29所示）。

电磁进攻效果。美军电磁进攻谋求达成两种效果，即拒止或欺骗。拒止是指阻止敌发动电磁频谱攻击或削弱敌攻击能力，按照影响程度可分为破坏、降级和摧毁。其中，破坏是暂时干扰敌电磁频谱运行；降级是通过电磁干扰、欺骗和入侵等手段削弱敌电磁频谱的效果和效率；摧毁是使敌指挥控制节点、在轨卫星等高价值目标无法发挥功能且难以修复（如图 3.30 所示）。

电磁欺骗充分体现电磁机动战谋求巧胜的特点，通过操控、歪曲、篡改、伪造等手段诱导敌方采取对自身不利的行动。使敌方陷入不利态势。电磁欺骗效果具有跨域渗透、多域叠加等特点，通过各种传感器及语音通信、数据链等

①　此图为本文作者制作，参考美军条令：U. S. Joint Chiefs of Staff. JP 3-85, Joint Electromagnetic Spectrum Operations ［Z］. Washington DC：Joint Chiefs of Staff, 2020：Ⅰ-4, 7, 13.

基于电磁频谱的通信手段向敌方提供错误信息，操控信息输入，干扰敌方判断，使敌难以形成正确认知，进而影响敌决策与行动。

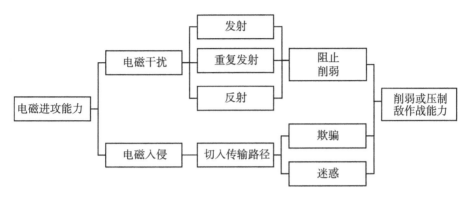

图 3.29　美军电磁进攻能力及作用①

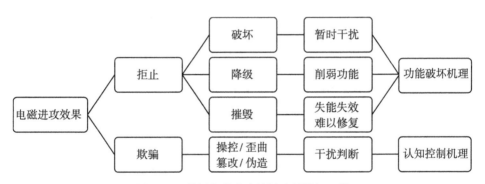

图 3.30　美军电磁进攻效果及制胜机理②

电磁机动战制胜机理。美军电磁机动战主要采取两种制胜机理：扰乱（dislocation）和破坏（disruption）。

一是扰乱。在电磁频谱领域，扰乱机制谋求阻止对手实现目标或迫使对手

---

① 此图为本文作者制作，参考美军条令：U. S. Joint Chiefs of Staff. JP 3-85, Joint Electromagnetic Spectrum Operations ［Z］. Washington DC：Joint Chiefs of Staff, 2020：Ⅰ-7.

② 此图为本文作者制作，参考美军条令：U. S. Joint Chiefs of Staff. JP 3-85, Joint Electromagnetic Spectrum Operations ［Z］. Washington DC：Joint Chiefs of Staff, 2020：B-1, 2.

无法在预定时限内实现目标，实现途径有三种：第一，电磁加固，包括为保护人员、设施和装备采取的各种行动，目的是清除、过滤、削弱、阻滞、束缚或屏蔽对手释放电磁能产生的不利效果。第二，分散部署，即将大量被动式静态传感器分散部署于广阔战场空间，阻止对手发现、定位美军的目标。第三，电磁攻击，即将防护性电磁攻击与定向能武器相结合，干扰对手攻势行动。

二是破坏。破坏的要义是削弱并破坏敌方凝聚力。在电磁频谱领域，一方面使用机载（车载）电磁干扰器或设置假目标，破坏敌方电磁攻击，提高己方生存能力；另一方面使用定向能武器（如无人平台配备的高能微波武器）和防区外打击武器破坏或摧毁敌电磁装备，使其失能失效。破坏机制主要依托电磁进攻的两种能力，即电磁入侵和电磁干扰。其中，电磁入侵谋求通过各种方式将电磁能植入电磁波传输路径，旨在欺骗敌操作人员或引起混乱；电磁干扰是指经过精心策划发射、重复发射或反射电磁能，阻止或干扰敌方使用电磁频谱，进而削弱敌方作战能力。

（四）太空机动战

太空域是在海平面 100 千米以上并环绕地球的物理空间，太空飞行器几乎不受大气层影响，是作战行动的"终极高地"①。美军认为，太空行动具有全球性和多域性，既依赖于其他领域，也对其他领域行动起到关键支撑和赋能作用，太空力量与陆、海、空等其他领域力量协调配合才能充分释放潜能。②

美军太空系统组成。美军太空系统由相互联系的太空、地面和链路三部分组成。太空部分包括地球大气层以外在轨航天器，可以从地面远程操控，也能够搭载成员，还可以自主运行。地面部分包括在陆地上操控或运维航天器的所有装备，如控制站、天线、跟踪站、发射场、发射平台等。链路是指通过电磁频谱连接太空和地面设备的各种电磁信号，包括控制航天器及载荷的遥测、跟

---

① U. S. Joint Chiefs of Staff. JP 3-14, Space Operations ［Z］. Washington DC：Joint Chiefs of Staff, 2018, Incorporating Change 1, 2020：vii, Ⅰ-2, Ⅰ-5, GL-6.

② U. S. Space Force. Space Capstone Publication：Spacepower ［Z］. Washington DC：Space Force, 2020：iii.

踪和指挥信号。

太空机动。美军太空机动是指对在轨飞行器等太空力量的部署、重新配置或重新定位，以更好地提供太空服务，防范各种威胁；或者将太空资产配置到利于进攻或防御的有利位置，以确保己方太空领域行动自由，并限制或阻止敌方行动自由，从而取得相对于敌方的太空优势。① 太空机动涉及太空系统的三个部分：太空部分机动包括航天器从一个轨道运动至另一个轨道（即变轨）及太空运输；链路（控制）部分机动包括改变频率、跳频、移动点波束、改变波束形状、改变调制计划、跨链路（通信从一颗卫星跨到另一颗）、跨波段（从电磁频谱的一个波段跨到另一个波段），还包括使用光纤或战区通信架构（如视距内通信或空中中继通信）等备用通信路径；地面部分机动是指地面单元为达成作战目的或为实施遥测、跟踪、指挥等活动，与卫星等太空力量建立并保持通信联系。履行遥测、跟踪和指挥职能的地面单元具备冗余、具有韧性，能够在主要系统或位置失能失效情况下通过机动和分散配置确保功能继续发挥、体系正常运转（如图 3.31 所示）。

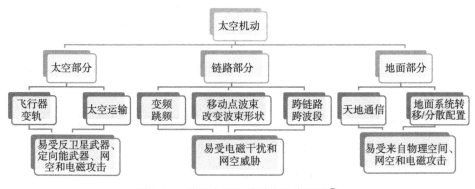

图 3.31 美军太空机动样式及脆弱性②

---

① U. S. Joint Chiefs of Staff. JP 3-14, Space Operations ［Z］. Washington DC：Joint Chiefs of Staff, 2018, Incorporating Change 1, 2020：Ⅱ-14.

② 此图为本文作者制作，参考美军条令：U. S. Joint Chiefs of Staff. JP 3-14, Space Operations ［Z］. Washington DC：Joint Chiefs of Staff, 2018, Incorporating Change 1, 2020：Ⅰ-7, Ⅱ-14.

太空机动战思想。美军谋求建设以"敏捷、创新、大胆"为主要特征的太空灵巧力量，瞄准对手思想，追求智胜对手和机动制胜。① 机动战思想在美军太空战领域的指导作用体现在两方面：一是以博伊德机动战思想为指导，利用"速度"和"聚焦"（将各种效果汇聚于同一目标）主导作战节奏，迫使敌方按照己方节奏交战，从而破坏敌方决策过程，迫使其被动应对；二是以间接路线思想为指导，强调先诱使敌方处于不利或脆弱的位置，然后从有利位置上利用己方强点攻击敌方弱点（如图 3.32 所示）。

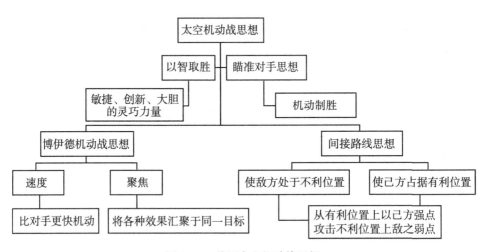

图 3.32　美军太空机动战思想

太空机动战维度。美军将太空作战划分为物理、网络和认知等三个相互联系的维度，谋求在这些维度同时展开太空机动战（如图 3.33 所示）。

物理维度，包括轨道环境和在轨航天器，显著特征是持续受重力影响，在轨飞行器不能占据固定位置而是处于运动状态。轨道飞行将传统战场空间的交通线拓展至远离人类活动的"终极高地"，可以超视距共享信息，跨所有作战领域协调全球力量投送，可以突破防御严密的战场和拒止环境并搜集情报信

---

① U. S. Space Force. Space Capstone Publication：Spacepower［Z］. Washington DC：Space Force, 2020：21.

息，形成太空态势感知。一旦与其他领域情报活动相融合，可能对战场情报准备产生颠覆性影响，在战略、战役和战术等层面令敌方难以达成行动突然性。

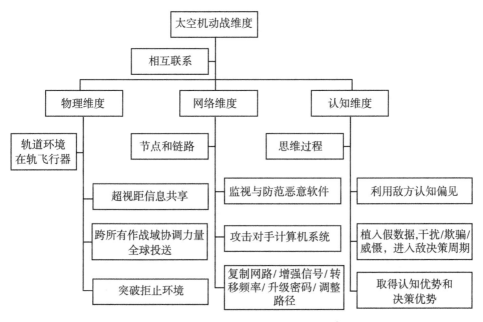

图 3.33　美军太空机动战的三个维度①

　　网络维度，主要组成部分是节点和链路。节点指太空体系架构中制造、处理、接收或传输数据的诸要素，包括地面任务系统、控制天线、用户装备、太空观察站、航天器载荷等。链路用于节点之间传输数据。除地面网络外，电磁频谱是太空体系架构的关键链路，是控制和利用太空的主要通道。网络维度是机动空间，战术机动包括监视和防范恶意软件，攻击对手计算机系统，复制网络，增强信号，转移频率，升级密码，调整数据路径。

　　认知维度，是人们传输、接收、分析、综合、报告来自太空及发往太空的信息并根据信息制定决策、采取行动的思维过程。认知维度的太空机动战谋求

　　① 此图为本文作者制作，参考美军条令：U. S. Space Force. Space Capstone Publication：Spacepower［Z］. Washington DC：Space Force, 2020：5-8, 22-26, 38-39.

在 OODA 周期每个环节都取得相对于敌方的认知优势，以达到威慑、劝阻、诱导敌方的目的。一方面，保持己方在太空域的观察和判断能力，能够决策和行动。另一方面，利用敌方决策者和太空系统操控人员的思维习惯和认知偏见，通过电磁频谱向敌太空网络植入虚假数据信息，进行干扰、欺骗和威慑，进入敌方决策周期，进而操控其认知过程。

美军太空机动战样式。主要样式包括轨道战、导航战、太空电磁战（如图 3.34 所示）。

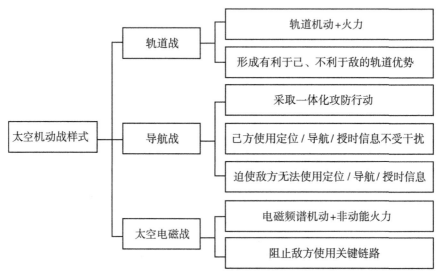

图 3.34　美军太空机动战样式①

一是轨道战。利用轨道机动及进攻和防御火力，保持进入太空领域行动自由，确保太空力量能够持续为美军联合部队提供太空能力，同时阻止敌方获得优势。轨道战制胜的精要是轨道机动（如变轨）与火力（对敌目标造成杀伤

① 此图为本文作者制作，参考美军条令：U. S. Space Force. Space Capstone Publication：Spacepower［Z］. Washington DC：Space Force, 2020：51. U. S. Joint Chiefs of Staff. JP 3-14, Space Operations［Z］. Washington DC：Joint Chiefs of Staff, 2018, Incorporating Change 1, 2020：Ⅱ-3, GL-5.

或非杀伤效果）相结合，占据相对于敌的有利位置，而后在优势位置上攻击处于劣势之敌。

二是导航战。导航战包含精心策划的一系列进攻性和防御性行动，企图通过协调运用太空、网空和电磁战能力确保己方使用定位、导航和授时信息不受干扰，同时阻止敌方使用此类信息，进而取得对敌优势。情报、监视、侦察和电磁频谱管理等支援行动可以增强导航战效果。

三是太空电磁战。太空电磁战是指基于频谱知识，通过在电磁频谱内机动并结合非动能火力拒止敌方使用关键链路。美军认为，实施太空电磁战既需要了解敌方利用电磁通信路径获得优势的方法手段，也需要具备操控电磁通信路径物理接口的技巧。

太空控制。美军太空机动战的目的是控制太空，确保美军太空行动自由（挫败敌方干扰或攻击），拒止敌方太空行动自由，包括进攻性太空控制行动和防御性太空控制行动（见图 3.35）。

进攻性太空控制行动包括欺骗、干扰、拒止、降级和摧毁，对敌方太空能力和太空系统的破坏逐渐加深。欺骗是指通过操控、歪曲、篡改、伪造敌方太空系统的信息误导对手，诱使敌采取对自身不利的行动。干扰是指暂时削弱敌方进入或使用太空系统的能力，通常不会对敌方系统造成物理毁伤。拒止是使敌方暂时丧失进入、使用或运维太空系统的能力，通常不会对敌方系统造成物理毁伤。降级是指永久性（部分或全部）削弱敌方使用太空系统的能力，通常对敌方系统造成部分物理毁伤。摧毁是使敌方永久丧失使用太空系统的能力，通常会给敌方系统造成物理毁伤。

防御性太空控制行动包括为保护己方太空能力免遭攻击、干扰或危害而采取的主动和被动太空防御，应用于太空系统所有组成部分（太空、链路和地面）。主动太空防御包括为应对己方太空能力面临的紧迫威胁而采取的行动，防御中暗含积极主动进攻，强调不仅要有效压制敌方进攻，而且要先发制人对潜在威胁发起攻击。此外，主动太空防御还与太空感知能力相融合，以便及时发现敌方进攻企图并先敌采取反制行动，塑造有效的太空威慑效果，影响敌方对美军太空能力的认知，迫使敌望而止步、放弃进攻。被动太空防御包括太空飞行器的快速机动、拆分解聚、分散部署、变轨、伪装、隐蔽等。拆分解聚和分散部署体现了美军分布式作战理念在太空域的应用。拆分解聚是为降低系统脆弱性而将少数关键节点的多种功能分解到大量功能单一的一般节点。分散部署是为增强系统抗毁性而将大量节点分散配置，形成松耦合网状结构。

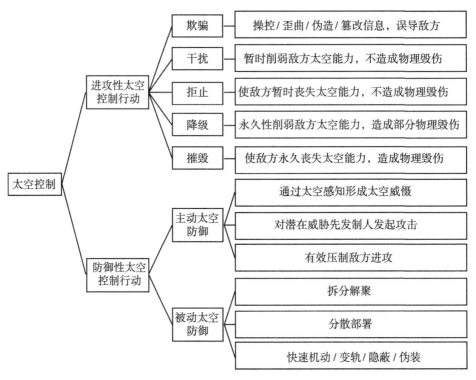

图 3.35　美军太空控制行动①

二、引领机动作战指挥变革

在战争形态加速向智能化方向演变的背景下，机动战思想引领美军作战指

① 此图为本文作者制作，参考美军条令：U. S. Joint Chiefs of Staff. JP 3-14, Space Operations［Z］. Washington DC：Joint Chiefs of Staff, 2018, Incorporating Change 1, 2020：Ⅱ-2, Ⅱ-3.

挥向智能化机动指挥方向加速发展。

(一) 推进联合全域指挥控制

随着战争形态演进，战场复杂性与日俱增：从平面到立体，从单域到多域、跨域。这些变化导致指挥控制复杂程度增加。（如图3.36所示）然而，由于传统上缺乏顶层设计和统一规划，美军各军种指挥通信网络互不兼容，不利于指挥控制高效顺畅实施。

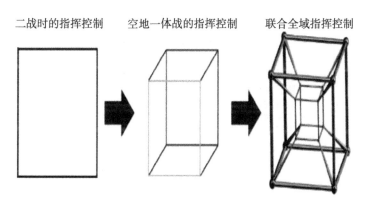

二战时的指挥控制　　空地一体战的指挥控制　　联合全域指挥控制

图 3.36　指挥控制复杂性变化①

美军机动战的创新发展对指挥控制提出更高要求，机动时间缩短、机动空间拓展意味着指挥控制各领域作战力量的难度增加。为此，美军提出"联合全域指挥控制"，并将其作为支撑"拓展机动"的关键要素。目的是打破军种间壁垒，打通连接各领域的链路，将海、陆、空、海军陆战队和太空军的传感器连接起来并纳入统一网络，利用人工智能等新兴技术驾驭战争复杂性的同时给敌方制造复杂并增加敌决策难度，塑造决策优势。决策优势的实现遵循"数据—云—机器—通用作战图"的步骤迭代发展：第一步，获取权威数据。这是实现决策优势的基础，既有数量要求，也有质量规定；既需要历史数据，

① Congressional Research Service. Joint All-Domain Command and Control：Background and Issue for Congress［R］. Washington DC：Congressional Research Service，2022：7.

也需要现实数据。第二步，云端融合并共享数据。在云端汇集、融合多源数据并实现数据共享。第三步，机器辅助决策。人工智能支撑的机器系统运用云端数据生成多种作战方案，提供决策支持。第四步，生成全域通用作战图。在图上直观显示可视化信息。"联合全域指挥控制"的优势在于基于机器系统的海量数据分析与处理能力，将历史分析与当前形势相结合，从容易被人忽视的细节中发现端倪、预测未来（如图3.37所示）。

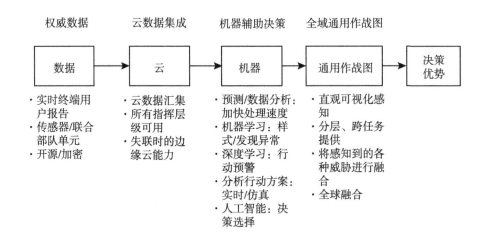

图 3.37　美军北方司令部 "联合全域指挥控制" 示意图①

在以上步骤中，为美军联合部队构建可以共享数据信息的云环境（即统一的数字化网络环境）是重点，依托该环境搜集不同领域传感器获得的数据，跨多个通信网络传输数据，实现全源数据融合和实时共享。人工智能是实现"联合全域指挥控制"的技术支撑，人工智能机器算法在分析和处理数据基础上提出目标打击和行动方案，为作战提供决策支持。

为实现决策优势，美国国防部采取跨机构、跨军种协作，由6个部门同时研发6个子项目，共同构成"联合全域指挥控制"系统。其中陆、海、空3个

　　① O'SHAUGHNESSY T J. Decision Superiority Through Joint All-Domain Command and Control [J]. Joint Force Quarterly, 2020, 99 (4)：79.

军种子项目最有代表性（如图 3.38 所示）。

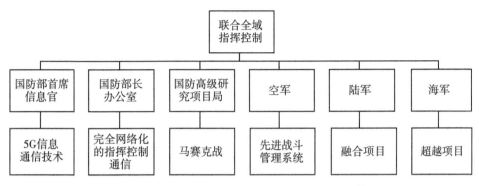

图 3.38 美军"联合全域指挥控制"系统架构①

一是美空军"先进战斗管理系统"。该系统是美空军对指挥控制领域的软件、硬件、基础设施和政策全面升级的重要引擎，反映美空军作战指挥理念的变化，从研发先进飞机等实体平台转为注重构建数字化、网络化云环境，通过云环境并运用新的通信手段和人工智能技术实现各领域作战力量无缝衔接、数据信息实时共享，以获得信息优势，实现决策优势。

为实现上述目标，美空军进行多次试验。2019 年 12 月，空军在首次试验中通过陆军雷达和海军驱逐舰向空军隐形战机传输数据。2020 年 9 月，空军在第二次试验中演示探测并击毁模拟巡航导弹的能力，以及发现并挫败敌方干扰美国太空作战的能力。9 月下旬在第三次试验中空军 KC-46 空中加油机执行战术级指挥控制任务，数据从四代机传送给 F-22 等五代机。2021 年 2 月，空军进行第四次试验，演练与盟军联合空战能力，测试美军与盟军联合使用 F-15E 战机发射防区外空对地导弹实施远程打击，同时使用 F-35 隐形战机实施基地防御任务。

二是美陆军"融合项目"。"融合项目"旨在实现陆军与联合部队深度融

---

① Congressional Research Service. Joint All-Domain Command and Control：Background and Issue for Congress ［R］. Washington DC：Congressional Research Service, 2022：summary.

合，在"联合全域指挥控制"框架内发挥更大作用。2020 年 9 月，美陆军进行两次试验，使用低轨卫星和"灰鹰"无人机探测空中和地面目标，而后将数据回传给后方联合基地进行分析处理。处理后的数据传回前方打击系统，对目标进行多域、多方向打击。从发现目标到完成打击的全过程不超过 20 秒。试验中，美陆军测试利用人工智能和机器人自主控制等新技术指挥控制地理上分散部署的部队。2021 年，美陆军测试能够突破"反进入/区域拒止"体系的关键技术及支撑"联合全域指挥控制"的新兴技术，重点是"探索利用人工智能、机器学习、自主技术、机器人技术、通用数据标准和架构，以加速跨作战领域决策"。2022 年，美陆军将海、空军及外军系统纳入其中，使"融合项目"具备以下功能：通过云网络在合适的时间将合适的数据传送到合适地点；实现自主探测、识别和优选目标；与联合系统实现互操作，为全域作战提供支撑；在强对抗的复杂电磁频谱环境作战。

三是美海军"超越项目"。美海军于 2020 年 10 月启动"超越项目"，该项目是海军为创建"海上作战架构"采取的举措，谋求依托该架构实现海军舰船与陆、空军武器装备联通，从各个领域不同距离沿不同进攻轴线协调一致投射致命性和非致命性火力，为实施海上分布式作战提供支撑。目前，"超越项目"已经完成三个迭代发展周期。试验中，美海军利用软件定义的通信系统将网络中的各种数据传送给作战人员，并尝试将无人平台融入"海上作战架构"。

（二）OODA 周期向 SMA 周期演变

OODA 周期是机械化战争时代的产物，初见信息化端倪。当前人工智能等新兴技术群正推动 OODA 周期向"OODA+智能"方向加速演变，并形成 SMA 周期（感知、理解、行动）。[1]制胜途径不再是以快胜慢，而是以智取胜，从火力制胜、机动制胜向决策制胜、智能制胜转变。在以智取胜过程中，新兴

---

[1] U. S. Department of Defense. Summary of The Joint All-Domain Command &Control Strategy [Z]. Washington DC: U. S. Department of Defense, 2022: 3-5.

技术主要发挥以下作用：一是帮助解决指挥官"淹没于海量数据，却缺少有用信息"的难题；二是避免大量重复性工作，指挥官可集中精力从事推理、判断等复杂的指挥活动；三是缩短杀伤链并加速决策周期（如图3.39所示）。

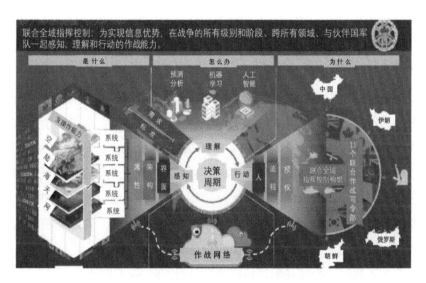

图3.39 美军"联合全域指挥控制"架构重塑决策周期①

"感知"是指跨领域融合并分享信息，形成信息优势和态势感知优势。"感知"是OODA周期"观察"环节的延伸，注重在"观察"的基础上将结果进行"融合"，包含发现、搜集、关联、汇聚、处理和利用全源数据的整个过程及相应能力，以更好地感知战场态势。为实现这一目标，"联合全域指挥控制"采取新的数据共享方案，构建融多元情报感知和信息共享网络于一体的"传感生态系统"，利用远程传感器、情报资产和公开资源感知所有领域信息并进行同步融合，为指挥官获取信息和决策优势提供支撑。

① U. S. Department of Defense. Summary of The Joint All-Domain Command &Control Strategy［Z］. Washington DC：U. S. Department of Defense，2022：3.

"理解"本质上是认知过程，对应 OODA 周期"判断"环节，是利用人工智能技术加速信息分析与处理、形成认知优势的思维过程，目的是更好地理解作战环境及预测敌方、己方和友邻的企图与行动。通过"理解"将数据转化为信息，并将信息转化为知识。实现这一转化需要融合、分析并传递来自所有领域并经过核实的数据信息，形成对作战环境可靠、持续、实时的理解。为充分"理解"作战环境，形成认知优势，加速决策周期，"联合全域指挥控制"以人工智能技术为突破口，利用机器之间自主交换技术提取、汇总、处理海量数据信息。

"行动"是制定决策并向部队下达，是对 OODA 周期"决策""行动"环节的合并。合并途径是将人的因素与技术手段相结合，更准确、更迅速地感知、理解、预测对手的企图与行动，进而采取有效行动。为确保决策能够快速、准确、安全地下达部队，美军着力构建有弹性和冗余的通信系统、综合性信息传输基础设施和灵活的数据格式。此外，"行动"还包括各级贯彻任务式指挥原则，运用任务式指挥方法，上下级之间相互信任，能够在战场通信中断、指挥失联情况下发挥主动性，保持信息和决策优势。

美军主要通过三种途径缩短指挥决策时间，向 SMA 周期演进。

一是利用人工智能打通作战指挥各维度。美军将指挥控制划分为指挥权、力量构成、时间、空间和技术五个维度（如图 3.40 所示），并将这五个维度划分为两个领域——指挥权力和技术。"指挥权力"主要涉及指挥官和指挥链，解决"谁指挥部队"这一问题。"技术"指帮助指挥官制定决策并向部队下达的系统和设备，包括指挥、控制、通信和计算机系统及情报、监视和侦察系统，主要解决"如何指挥部队"的问题。围绕"如何指挥部队"这一问题，指挥系统主要发挥三项功能：搜集并汇总指挥官决策需要的数据；经过分析处理将数据转换成信息，为决策提供支撑；将指挥官的决策下达给分散部署的部队。

美军"全域机动""拓展机动"将改变战场时空结构，作战行动将延伸到更多领域，作战力量分散程度、作战行动的节奏、作战指挥复杂性和时效性将超出人的认知能力，人自身能力很难驾驭越来越复杂的战争，需要人工智能帮

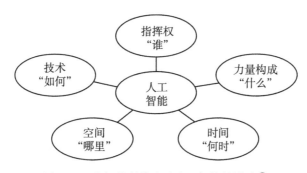

图 3.40 指挥控制维度及人工智能的影响①

助破解战争复杂性难题。人工智能的引入打通指挥控制的各维度，打破各维度之间的界限，推动"谁指挥"和"如何指挥"走向融合。人工智能逐渐成为指挥官的"外脑"，"智能算法+强大算力+大数据"的智能情报分析和处理模式可以处理超出人生理极限的海量数据，向指挥官提出决策建议。人工智能将"力量构成"和"地理"维度相结合，构建分散部署、动态聚合的复杂态势，增加敌方发现和打击目标的难度。人工智能可缩短作战时间，加快作战节奏，为满足太空、网空等新兴领域快速决策要求提供支撑。

二是增强指挥、控制和通信系统韧性。韧性是在遭到自然或人为干扰、破坏的情况下保持指挥、控制和通信不中断的抗干扰能力。为增强韧性，美军采取以下措施：第一，采取"情景中心型"指挥、控制和通信。各通信节点和作战单元既相互关联又相对独立，在高强度对抗中无须全时域通联，而是根据态势变化和实际需要动态组网、临机聚合。第二，采取完全网络化指挥、控制和通信。美军拟采取按需定制方式构建完全网络化的指挥、控制和通信系统，并区分为物理层、网络层和应用层，旨在提高互操作性和韧性（防止网络被干扰破坏），从而提供高质量的指挥、控制和通信服务。物理层和网络层提供能够与各种应用程序相连的通信基础设施。物理层主要指电台和发射器等硬

① Congressional Research Service. Joint All-Domain Command and Control: Background and Issue for Congress [R]. Washington DC: Congressional Research Service, 2022: 4.

件,网络层利用软件定义的网络技术将各种应用程序接入物理层。完全网络化指挥、控制和通信主要包含以下内容:受保护的超视距无线通信;多用户/多点高数据传输速率激光通信;水下通信;快速(低延时)且有韧性(抗干扰)的太空低轨通信网络。第三,加速发展 5G 通信技术。5G 无线通信数据处理能力强且延时低,不仅能够快速传输卫星、飞机、舰船及雷达等各种传感器的大量数据,而且能够在战术边缘将原始数据加工处理成有用信息。此外,5G 通信还能够实现动态频谱共享,在电磁频谱领域对抗激烈背景下支持多个用户在相同频段采取行动,可以在敌方干扰的情况下继续传输和接收数据,从而增强通信韧性。

三是采取智能集群涌现式指挥控制。智能集群为缩短决策周期开辟了新领域。智能集群具有复杂系统的涌现性,组成集群的单个智能体遵守简单规则、通过局部互动以自组织方式产生新功能,微观层面个体行为塑造宏观层面群体行为。在指挥控制领域,集群内智能体只需与邻近智能体建立局部联系,根据战场态势变化和任务需求动态组网、随机聚合,无须集中控制和按级传达。处于战术边缘的智能体以自组织、自协同方式适应战场态势变化,临机确定指挥控制关系。这正是"马赛克战"等概念谋求实现的效果,灵感源于鸟群、蚁群等动物群体的涌现性。这种特性在作战领域表现为战术边缘智能体的自组织行为,可以减少带宽需求,提高指挥控制韧性,增加通信和指挥控制范围。如果集中式、层级式和网络式指挥控制模式的通信范围用公式表示为 $A = \pi r^2$,那么涌现式指挥控制的通信范围则为 $A = x\pi r^2$(x 代表智能体数量),如图 3.41 所示。

三、引领机动作战方式变革

战争形态加速演变推动美军机动战思想持续发展,不断发展的机动战思想持续引领美军作战方式变革。机械化战争形态下,美军作战体系存在明显的重心和关键节点,从上到下层级分明。信息化和智能化战争叠加催生智能集群机动作战等新作战方式,对交战双方产生不同影响。对己方而言,智能集群机动

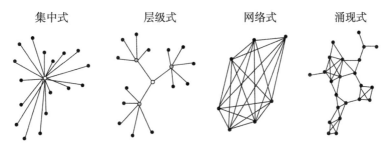

集中式　　　　层级式　　　　网络式　　　　涌现式

图 3.41　四种指挥控制模式①

作战体系不存在明显的重心和关键节点，具有反脆弱性（制造大量冗余节点，从而降低少数关键节点价值）；按照从下到上局部自组织、自协同方式进行作战指挥。对敌方而言，智能集群机动作战不仅是以量取胜（以数量优势压垮敌方系统），而且把敌对双方都视为一个有机整体和复杂系统，谋求利用复杂系统的不确定性、涌现性使敌方系统失能，打击重点不再是敌方重心或关键节点等高价值目标。智能机动集群将军事智能技术与机动、集中等作战原则相结合，在机动中集中力量从多方向、多领域同时打击敌方多个弱点（如图 3.42 所示）。

　　美军通过建模推演比较非集群作战和集群作战的效果，发现集群作战可以提高作战效益和战场生存能力。在提高作战效益方面，第一轮推演使用 1000 个智能体采取非集群方式作战，在 120 分钟内发现并摧毁敌方 47% 的目标，尚未使敌完全丧失作战能力。第二轮推演使用 800 个智能体采取集群作战方式，在 120 分钟内发现并摧毁敌方 55% 的目标。作战力量节约 20%，摧毁目标数量增加 8%，一减一增的变化证明集群作战可以提高作战效益（如图 3.43 所示）。

　　在提高战场生存能力方面，智能集群采取合作生存原则。当一个智能体发

　　①　WILLIAMS SM. Swarm Weapons：Demonstrating a Swarm Intelligent Algorithm for Parallel Attack［M］. Kansas：United States Army Command and General Staff College，2018：12.

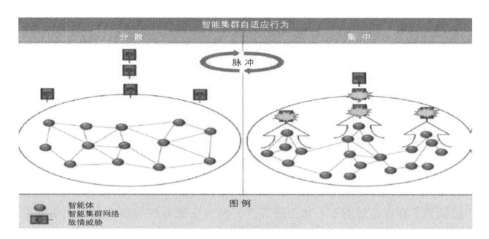

图 3.42　智能集群自适应行为①

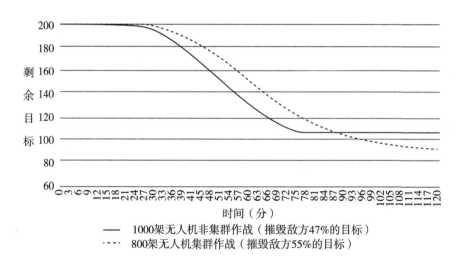

—— 1000架无人机非集群作战（摧毁敌方47%的目标）
----- 800架无人机集群作战（摧毁敌方55%的目标）

图 3.43　集群作战与非集群作战摧毁的目标对比②

---

① WILLIAMS SM. Swarm Weapons：Demonstrating a Swarm Intelligent Algorithm for Parallel Attack［M］. Kansas：United States Army Command and General Staff College，2018：5.

② WILLIAMS SM. Swarm Weapons：Demonstrating a Swarm Intelligent Algorithm for Parallel Attack［M］. Kansas：United States Army Command and General Staff College，2018：30.

现威胁后，进行规避的同时向附近其他智能体报警，采取规避行动，进而产生非线性连锁反应，通过微观层面个体行为改变影响宏观层面整体行为。其他智能体即使未发现威胁且不理解为什么要规避，但是在信任、和谐、协调等简单规则作用下不断调整自身行动，随集群协调一致地采取行动，从而提高整体生存能力。推演结果表明，与非集群作战相比，集群作战战场生存力提高9%（如图 3.44 所示）。

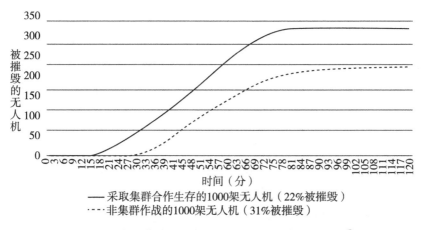

图 3.44　集群作战与非集群作战的战场生存能力对比①

以上研究反映出新型机动战的效果及影响。在信息化和智能化战争叠加的背景下，比较典型的美军新机动战方式有以下三种。

（一）人机协同机动战

在新兴技术推动下，美军机动战正在向人机协同、合力制胜方向发展。人机协同、混合编组可以发挥人的智慧与人工智能技术各自优长，取得超越对手的非对称优势。人的优势体现在认知能力，运用批判性和创造性思维进行推

---

① WILLIAMS SM. Swarm Weapons：Demonstrating a Swarm Intelligent Algorithm for Parallel Attack［M］. Kansas：United States Army Command and General Staff College，2018：33.

理、判断及基于经验和直觉临机决断的指挥艺术。人工智能的优势在于快速分析和处理海量数据，代替人执行高危险、重复性任务，减轻人的生理压力和心理压力。

一是人机互动，迭代发展。为提高信息处理和决策速度，美军重视发展人工智能技术。机器学习正经历"任务驱动的有监督学习、数据驱动的无监督学习、人工智能驱动的强化学习"的加速迭代（如图 3.45 所示）。在此期间，人的作用由前台监督转为幕后评估，为衡量机器算法可靠性确立以下标准：效率（计算所需时间）、正确性（算法是否产生正确结果）、优化（算法是否提供最佳结果）、鲁棒性（算法能否应对意外情况）、可解释性（人能否理解"为何"得出这样的结果）、可靠性（算法能否按照人的意图运行），从而有效应对信息不完整、噪声干扰、对手欺骗等造成的复杂战场迷雾，避免机器学习落入陷阱。

美陆军和海军把人机关系迭代发展分为三个阶段："人在回路中""人在回路上""人在回路外"，但是对各阶段的理解有所差异。陆军对人机关系理解如下：第一阶段，"人在回路中"控制机器作战。人下达指令后机器才能采取行动，人操控机器执行任务。第二阶段，"人在回路上"监督机器作战。机器能够自主感知、决策、行动，并接受人的监督和干预。第三阶段，"人在回路外"机器自主作战。机器系统在没有人干预的情况下感知、决策和行动。海军对人机关系理解如下：第一阶段，"人在回路中"。人决定打击目标和打击时间，并手控发起打击。第二阶段，"人在回路上"。人保留指挥决策和作战行动否决权，可终止机器系统生成的打击方案和行动。第三阶段，"人在回路外"。机器系统自主感知、决策、行动，不需要人干预。

美空军从作战人员角度出发，依据飞行员执行作战任务时的认知过程将机器系统自主性分为三类五级："三类"指核心（飞行和导航）、任务和编组；"五级"按照机器系统自主性从低到高划分（如图 3.46 所示）。

空战中，无人机智能水平和人机协同会影响空中机动表现和空战结果。试

1
有监督学习
任务驱动
机器直接通过反馈学习
明确界定数据并规定输出
分解
分类
回归
2
无监督学习
数据驱动
机器理解数据
确定结构和样式——分类归并
深度学习
3
强化学习
人工智能驱动
主动强化学习
被动强化学习
自主学习
对环境做出反应

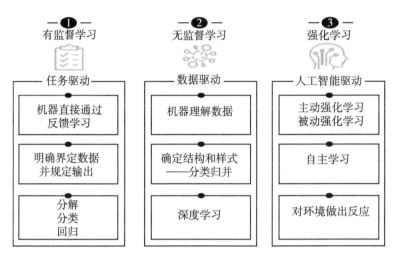

图 3.45　“全域作战”中机器学习的迭代过程①

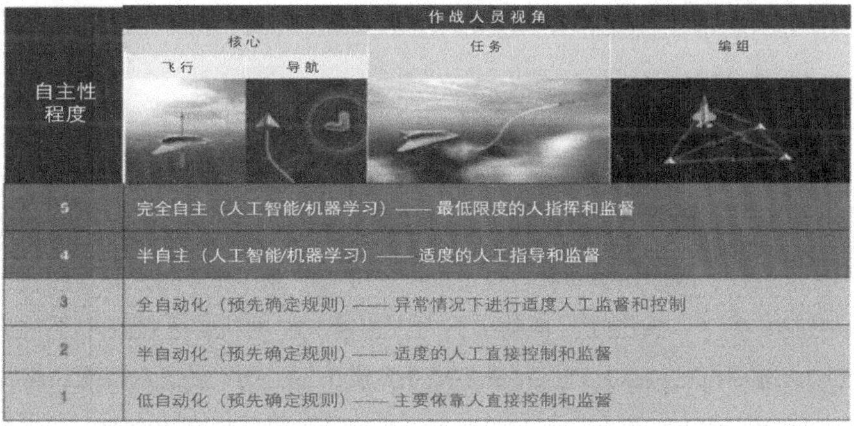

作战人员视角
自主性程度
核心
飞行
导航
任务
编组
5
完全自主（人工智能/机器学习）——最低限度的人指挥和监督
4
半自主（人工智能/机器学习）——适度的人工指导和监督
3
全自动化（预先确定规则）——异常情况下进行适度人工监督和控制
2
半自动化（预先确定规则）——适度的人工直接控制和监督
1
低自动化（预先确定规则）——主要依靠人直接控制和监督

图 3.46　美军空中作战机器系统自主性分类和级别②

① LINGEL S. Developing a Concept of Operations for Joint All-Domain Command and Control with an Embedded Role for Artificial Intelligence Applications [R]. Santa Monica: RAND Corporation, 2021: 3.

② PENNEY HR. Beyond Pixie Dust: A Framework for Understanding and Developing Autonomy in Unmanned Aircraft [R]. Arlington: Mitchell Institute for Aerospace Studies, 2022: 21.

验表明，在敌机没有进行超常规机动情况下，与有人机密切协同、共同执行任务的无人机可通过突然机动变向获得位置优势（见图3.47A）。然而，如果敌机进行超常规机动并超出无人机预先确定的参数范围，无人机将无法适应敌机变化，导致敌机获得位置优势（见图3.47B）。因此，只有增强机器智能特别是加强人机协同，才能够适应敌机变化并进行相应机动变位，使敌机难以获得优势（见图3.47C）。

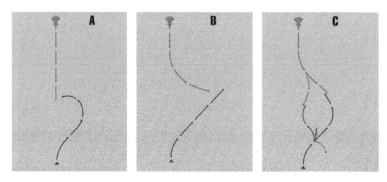

图 3.47　人机协同对空中机动作战的影响①

人机互动、迭代发展还体现为相互支撑、多域聚能。网络化的人工智能技术对情报侦察、指挥控制和火力打击都产生跨域赋能作用，与人相互配合实现多域聚能。在"多域作战"框架内，人工智能支撑的机器系统在单平台或单系统层面进行在轨数据处理，可满足单平台或小型封闭系统任务需求，但无法将多个领域的能力汇聚在一起，需要由人来主导。另外，在快节奏、高强度作战中，负责汇聚多领域能力的人员需要机器系统提供数据处理能力，快速融合各平台搜集到的数据，生成有用情报并进行共享（如图3.48所示）。

二是人机编组，协同增效。人机编组谋求协调一致运用有人和无人平台，

①　PENNEY HR. Beyond Pixie Dust: A Framework for Understanding and Developing Autonomy in Unmanned Aircraft [R]. Arlington: Mitchell Institute for Aerospace Studies, 2022: 23.

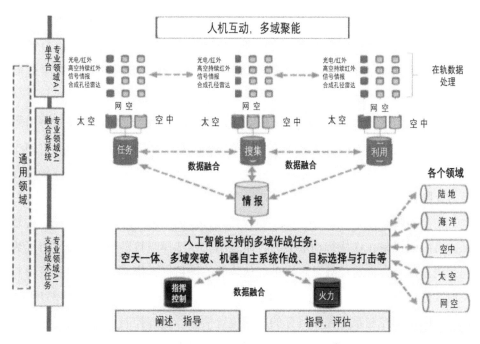

图 3.48 美军多域作战中的人机互动①

发挥人、机各自优势涌现整体合力，显著提高态势感知能力、杀伤力和生存力，塑造非对称优势。美军认为，在可预见的未来运用无人作战平台的最佳方式不是单独作战，而是与有人作战平台共同编组执行任务。关键且敏感的作战行动仍然由人指挥控制，由有人作战平台完成，无人作战平台提供关键支撑。

在"敏捷作战"中，人机编组效果体现在以下方面：第一，增加有人作战平台战场态势感知范围。无人平台在有人平台前方或翼侧机动，为有人平台提供预警信息，增强有人平台战场态势感知，做到先敌发现、先敌感知、先敌打击。

---

① U. S. Army Capabilities Integration Center. Operationalizing Robotic and Autonomous Systems in Support of Multi-Domain Operations White Paper［Z］. Fort Eustis：U. S. Army Capabilities Integration Center，2018：30.

第二，突破敌防空系统。大量小型无人机作为诱饵先于隐形轰炸机进入敌方防空区，引诱敌防空雷达开机，进而锁定其位置。而后无人机向敌防空系统发起自杀式袭击，消耗敌高价值防空导弹；与此同时，无人机将目标数据回传给有人机，有人机在敌防空系统射程外发射反辐射导弹，清除地面威胁。

第三，保护高价值装备。运输机、加油机、海上运输船和运输车队等后勤保障装备自身防护力弱，是美军作战体系中关键且脆弱的目标。大量廉价的小型智能平台与这些有人装备共同编组行动，提供保护，增强脆弱目标战场生存能力，降低美军作战体系脆弱性。

在"多域作战"中，美军设计了人机编组的具体场景和方法路径，构想了人机协同机制在作战行动层面的具体运用。以选择与打击敌方高价值目标为例，美军网空力量定位敌方正在进行伪装的关键目标，协调天基卫星系统对相关地区进行侦察监视。卫星系统经过在轨数据处理确认目标为敌导弹发射装置，并向指挥控制系统提供目标的准确位置信息。指挥控制系统接收经过处理的卫星数据并进行分析，决定使用陆军远程精确火力单元对目标实施打击并下达任务。空天系统在复杂空天和电磁环境中开辟从射手到目标的空天走廊，调配无人蜂群、巡飞弹等无人平台及 F-35 战机等有人平台飞往目标地域。位于敌目标上空的高空侦察气球监视打击行动，评估打击效果，确定是否需要进行补充打击。在敌目标空域附近盘旋并对可能实施补充打击有所预判的巡飞弹正向目标上空机动，因此接到指令后能够在很短时间内实施临空打击并一举摧毁目标。紧随其后的是从分散部署的临时基地起飞的大量无人机，对作战过程中发现的新目标实施火力打击。整个过程作战时间缩短，战场空间扩大，跨多个领域快速聚能、精确释能并达成预期目标（如图 3.49 所示）。

（二）智能集群机动战

集群战术是大量无人系统为实现共同作战结果积极协同行动、进行自组织的战术。

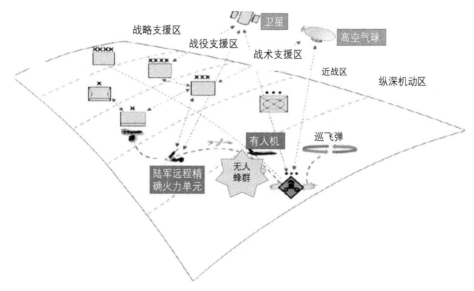

图 3.49　多域作战中人机协同打击目标①

1. 智能集群改变美军传统作战方式

智能集群机动战对美军传统作战方式的影响突出体现在以下方面。

（1）改变美军精确作战理念

在信息化战争形态下，美军确立精确作战理念，试图通过增强精确打击能力夺取非对称优势，在近几场局部战争中得以实践。当前随着战争形态向智能化演进，美军认知发生变化，认为对手"反进入/区域拒止"能力的增强导致美军精确作战成本提高但是作战效能降低，精确作战正面临越来越难以突破的"瓶颈"。智能无人集群作战为突破精确作战"瓶颈"提供了新路径，主要体现在四个方面。

一是饱和攻击。无人集群饱和攻击是对美军精确打击、精兵作战理念的一

---

① U. S. Army Capabilities Integration Center. Operationalizing Robotic and Autonomous Systems in Support of Multi-Domain Operations White Paper ［Z］. Fort Eustis：U. S. Army Capabilities Integration Center，2018：29.

种颠覆。基于数量优势的饱和攻击理念谋求将庞大复杂的紧耦合作战体系进行离散化处理，重新构建小型、灵巧、分散、可快速机动和动态组合的松耦合作战体系，由大量"成本低、耐消耗、可重复使用"的智能无人平台组成，以数量优势增加对手感知难度，以饱和攻击方式突破"反进入／区域拒止"体系。

二是以廉耐耗。在信息化与智能化叠加时代，智能集群作战使消耗战在更高层次发挥新的作用，消耗成为"巧战"制胜的新途径——以己方可以承受的消耗造成敌方难以承受的消耗。美军加紧对传统大型作战平台的智能化改造升级，同时加速研发小型智能无人平台。此类无人平台的研发和生产成本低、周期短，可大量消耗，效费比高于对手"反进入／区域拒止"系统的精确制导弹药。美军可以承受消耗大量小型无人平台的成本，同时使敌方难以承受高价值弹药的大量消耗。此外，与有人作战相比，无人集群不会产生紧张、恐惧和疲劳，可以通过牺牲"低成本、可消耗"的无人平台减少人员伤亡并换取作战时间和空间。

三是以量增效。智能集群再次凸显数量优势的重要性，甚至一定程度取代质量优势。智能集群的显著优势是数量多且机动能力强，可以迅速集中作战效能，在关键时间和空间塑造决定性优势，使敌方防空反导系统难以瞄准和应对，最终迫使敌方作战体系因不堪重负而陷入瘫痪。而美军智能集群即使出现损耗，仍然可以凭借数量优势弥补损失并保持甚至加快进攻节奏，从而确保突防成功。

四是以散抗毁。智能集群通过跨域弹性杀伤网实现智能互联，动态分散部署、临机编组作战，呈现多中心、弱中心、广域分布的复杂战场态势，增强力量部署和作战行动的不确定和不可预测性，从而增加敌方打击难度，提高己方战场生存能力。

（2）重塑美军传统机动进攻样式

美军传统机动进攻样式包括渗透、突破、正面进攻、包围和迂回等。智能集群为传统机动进攻提供了新的作战力量和方法手段。

一是集群渗透。渗透是进攻部队秘密穿越敌军防线，潜至敌重要目标附近或纵深关键地形，目的是破坏敌关键目标、占领要地、制造混乱。智能集群目标小、分布广、机动快且特征不明显，行动隐蔽突然且不易被发现，能够在短时间内秘密穿过敌防线的薄弱部位，出其不意出现在敌后方或关键目标附近，在两栖突击、空降和空中突击等主要进攻发起前占领关键地形，塑造有利态势，达成行动突然性（如图 3.50 所示）。

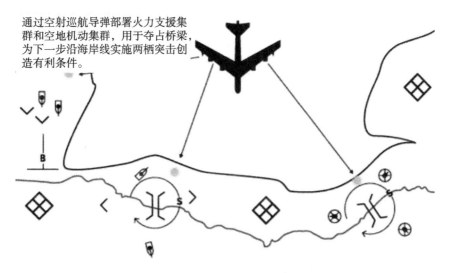

图 3.50 智能集群渗透①

二是集群突破。突破是进攻部队沿狭窄正面撕开敌军防线，突入敌防御体系。实现突破后，部队继续向敌纵深机动或者向两侧卷击。当无法进攻敌防守严密的翼侧或者没有时间采取其他机动样式时，通常利用敌防线的薄弱部位实施突破。智能集群沿敌防线分散部署，在机动中不间断进行侦察，搜集有关敌军编成和配置的数据信息并实时回传给后方数据处理中心。数据处理中心汇总数据信息，分析、评估各区域内无人机战损数量、弹药消耗量和消耗速度，进而确定敌防御的强弱点。一旦确定敌方弱点，智能集群就迅速集结、集中力量攻击敌弱点。智能集群完成突破后，机动作战部队再利用突破口向敌纵深攻

① HURST J. Robotic Swarms in Offensive Maneuver [J]. Joint Force Quarterly, 2017, 87 (4)：108.

击，进一步破坏敌防御体系稳定性（如图 3.51 所示）。

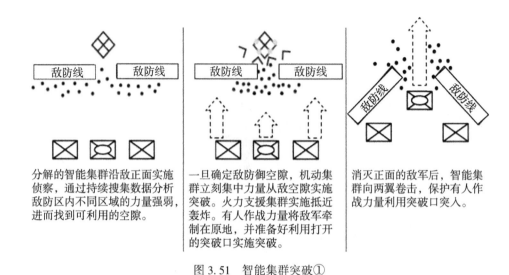

分解的智能集群沿敌正面实施侦察，通过持续搜集数据分析敌防区内不同区域的力量强弱，进而找到可利用的空隙。

一旦确定敌防御空隙，机动集群立刻集中力量从敌空隙实施突破。火力支援集群实施抵近轰炸。有人作战力量将敌军牵制在原地，并准备好利用打开的突破口实施突破。

消灭正面的敌军后，智能集群向两翼卷击，保护有人作战力量利用突破口突入。

图 3.51　智能集群突破①

三是集群正面进攻。当己方作战力量对敌形成压倒性优势时可通过正面进攻牵制或消灭敌有生力量。智能集群能够在出敌不意的时间和空间迅速集中，形成压倒性攻击力量。敌对双方两支同类型部队对抗、交战前各均不占明显优势。此时如果一方使用无人集群沿正面牵制敌人，掩护有人部队机动至敌翼侧或后方等有利位置，将获得非对称优势。正面牵制的"正兵"（无人集群）与迂回侧击的"奇兵"（机动部队）奇正配合、迂直互动（如图 3.52 所示）。尽管无人集群会出现战损消耗，但是这种消耗可以承受，而且是利用消耗吸引敌方兵力火力，通过机器消耗减少人员伤亡，在消耗与机动相互配合中塑造有利态势。

四是集群包围。包围的传统样式有一翼包围、两翼包围、合围、垂直包围等，都谋求避强击弱。为此，包围要具备三个关键要素：机动能力优于敌方、

---

① HURST J. Robotic Swarms in Offensive Maneuver [J]. Joint Force Quarterly, 2017, 87 (4)：109.

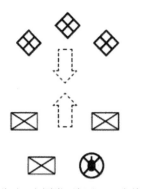

敌对双方同类型部队正面交战。
双方近距离对峙，交战前都不
占明显优势。

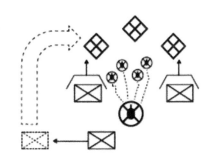

载有智能集群的平台占据战场中心位置并
释放部分集群。无人集群前出牵制敌军，
有人部队紧随其后向敌翼侧机动。

图 3.52　智能集群在正面进攻中牵制敌军①

信息优势（能够确定敌翼侧位置）、包围部队与牵制部队之间协同密切（如图
3.53 所示）。在这三方面智能集群都能发挥重要作用。首先，智能集群机动能
力较强，一旦发现敌方薄弱翼侧，能够在很短时间内发起攻击，容易达成突然
性。其次，智能集群通过持续抵近侦察搜集数据信息并回传给分析员，利于迅
速判定敌翼侧位置及防护力量。最后，智能集群与有人作战力量密切协同。有
人平台通过抛射等方式迅速释放无人集群，对撤退之敌实施垂直包围、阻敌溃
逃，而后无人集群与有人作战力量合力消灭被围之敌。

　　五是集群掩护迂回。迂回指进攻部队避开敌方主要防御力量，占领敌防线
后方目标，目的是通过夺占敌方重要目标或切断敌方补给线迫使敌放弃有利地
形，实质是通过机动改变双方态势对比，实现强弱转化。在迂回行动中，智能
集群可以安插于敌军和己方迂回部队之间，以隐蔽真实的迂回企图和行动并保
护迂回部队翼侧（如图 3.54 所示）。

————————

　　①　HURST J. Robotic Swarms in Offensive Maneuver［J］. Joint Force Quarterly, 2017, 87
（4）: 110.

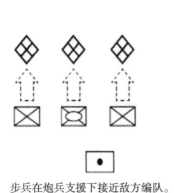 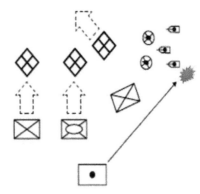

步兵在炮兵支援下接近敌方编队。

在双方接近过程中，炮兵将无人集群从空中和地面部署到敌军右翼，从右翼对敌实施包围。

图 3.53　智能集群实施包围①

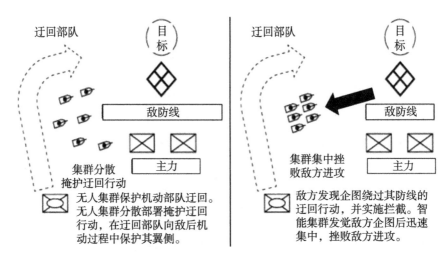

图 3.54　智能集群掩护迂回行动②

　　① HURST J. Robotic Swarms in Offensive Maneuver ［J］. Joint Force Quarterly, 2017, 87 （4）: 110.

　　② HURST J. Robotic Swarms in Offensive Maneuver ［J］. Joint Force Quarterly, 2017, 87 （4）: 111.

2. 智能集群催生新的机动作战方式

除改变美军传统作战方式，智能集群还催生新的机动作战方式。

一是智能集群并行战。并行作战思想源于沃登"五环理论"，以系统论为思维框架，把敌方视为一个有机整体，通过同时对敌方系统多点施压使敌指挥、控制、通信等功能失常，使整个系统陷入混乱。智能集群以自组织方式迅速集中作战效能，同时打击敌方多个弱点。内在机理在于利用复杂系统涌现性。涌现既是复杂系统的特殊性，也是智能集群的力量之源——不断产生新功能、新行动和难以预测的复杂态势。组成集群的智能体通过互动和自组织涌现新的协同效果，形成并行攻击能力，对敌全正面、全纵深多个目标同时发起多方向、多维度打击，改变集中精兵利器打击敌高价值节点的作战理念。信息化战争强调打击敌方体系少数关键节点，但是关键节点往往受到严密保护。智能集群并行作战不再寻求少数关键节点，而是攻击敌整个体系；不只是谋求发现敌弱点，而是通过并行攻击主动创造敌方新弱点。人工智能等新技术为实现"通过多路穿插发现并打击敌方要害"提供了新的制胜途径。图 3.55 展示智能集群绕过敌前沿部队直接对敌纵深缺乏防护的多个目标实施并行攻击。

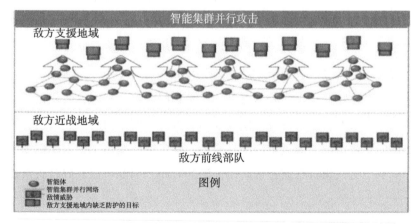

图 3.55　智能集群并行攻击敌方纵深缺乏防护的目标①

---

① WILLIAMS SM. Swarm Weapons：Demonstrating a Swarm Intelligent Algorithm for Parallel Attack［M］. Kansas：United States Army Command and General Staff College，2018：24.

二是智能集群分形机动战。分形机动是指智能集群依靠快速机动能力以不规则形式、采取小群多路方式且从多个维度、多个方向同时向敌目标聚集，同时打击敌作战体系多个目标，使敌顾此失彼、难以防范。分形机动一方面可以隐蔽己方机动企图和路线，增加不确定性和不可预测性；另一方面制造更加复杂战场态势，使敌方因同时面对多种作战难题而无力应对。分形机动注重利用"混沌边缘"（即有序和混沌之间的波动平衡点）制造己方可控的最大程度混乱，并不断制造新难题，最大限度增加己方进攻不可预测和不确定性，从而撕开并瓦解敌方作战体系。

三是智能集群机动突防战。在陆、海作战领域，智能集群可以突破敌防线，打开并守住突破口，为主攻方向作战力量利用突破口突入创造条件。在空战领域，智能集群可以突破和压制敌地空导弹等防空系统，保障后续空中作战力量利用突破口进入敌方空域。与常规力量相比，智能集群依靠数量规模优势和动态非线性变化使战场态势处于"混沌边缘"①。此时智能集群战场适应能力最强，行动最难预测，能够制造最复杂战场态势，给敌方施加更多"迷雾"，从而增加突防概率。典型的集群突防模式有两种：一是全域突防。全域突防是指无人集群通过全域机动的同时对敌防御体系实施全域多向突防，依靠数量规模优势压垮敌防御能力。特点是作战集群广域分布、自主组网、动态聚合、跨域联动，形成多域分布的多组攻击群，从多领域多方向攻击目标，同时给敌方制造多个困境，使敌既无法辨别主要进攻方向，也无法确定打击重点，更无法组织有效防御，进而陷入混乱。二是临门突防。临门突防是指通过运输机将小型无人集群投放到敌方防区外前沿。智能集群自组织、自协同，自主寻找敌防御弱点或空隙，而后乘隙蜂拥而入。临门突防缩短了无人集群途中机动距离、减少了无人集群暴露在敌防御前沿的时间，因此可以较好隐蔽自身作战

---

① Marinus. Maneuverist No. 3: The dynamic, nonlinear science behind maneuver warfare [J]. Marine Coprs Gazette, 2020, 11: 97. Antoine Bousquet. The Scientific Way of Warfare : Order and Chaos on the Battlefields of Modernity [M]. London: Hurst Publishers, 2009: 178-179. Frans Osinga. Science, Strategy and War: The Strategic Theory of John Boyd [M]. Amsterdam: Eburon Academic Publishers, 2005: 135-136.

企图，使敌方难以发现和预警，从而增加突防行动突然性。

四是智能集群区域机动防御战。当敌方逼近防区时，智能集群会主动探测敌情威胁，将敌情信息传输给指挥官，待指挥官验证、批准后集群对迫近之敌发起攻击。智能集群实施区域机动防御的优势体现在三个方面：第一，采取多层防御，可以在防区外围新增环形防御，增加防御弹性；第二，侦察能力强、侦察范围广，增加了预警和防御准备时间；第三，适应能力强，可根据敌情变化随时调整防御部署和队形，有效应对敌方突破或正面进攻。

五是智能集群广域侦察战。智能集群可以在搜索地域使用传感器侦测目标，而后将搜集到的数据信息带回后方基地进行分析处理，或通过超视距通信传回后方。智能集群广域侦察优势主要有三点：第一，集群的自适应广域通信网适应力强、韧性好，能够在智能体出现损失或网络受干扰情况下灵活调整、重新组网；第二，智能集群遵循合作生存原则，增强了集群进行广域目标搜索及在高强度对抗中的生存能力；第三，能够满足高强度对抗中的情报、监视、侦察需求。

3. 智能集群机动战的内在机理及应用

集群机动制胜利用了复杂自适应系统的涌现性。涌现源于复杂自适应系统内部各智能体之间的相互作用，产生系统原来所没有的新功能、新行为。智能集群涌现性主要体现在两方面：一是多元力量交互，涌现新功能。集群中单个智能平台功能相对单一，分别执行侦察、打击、通信、评估等不同任务，平台之间通过无线弹性网络进行广泛交互、共享信息、协调行动、随机组合，形成灵活多变的松耦合智能作战体系，涌现出单个平台不具备的新功能。二是简单规则交互，涌现新行为。无人集群遵循简单规则，类似于动物界鱼群、鸟群、蜂群采取的规避、防碰撞等简单规则，但是经过交互后可以涌现出复杂的战术动作和队形变化，实现集群内部有序与对外呈现无序的对立统一，制造令敌方难以应对的复杂态势。

美军"分布式海上作战"将集群战术作为破坏敌方杀伤链、实施巧战的重要手段。巧战主要体现在两方面。

一是以假乱真，诱骗对手。大量小型无人平台模拟航母等高价值大型目标的信号特征，诱使敌方侦察系统发生误判，进而消耗高价值弹药打击美军的廉价可耗资产。美军通过建模推演论证智能集群对敌方选择与打击目标的影响，见表3.4。

表3.4　　　　　　　　无人集群对敌方选择与打击目标的影响①

项目		核动力航母	船坞登陆舰	导弹驱逐舰	F-35 战机	无人集群	总计
不使用集群作战（0%）		45%	30%	20%	5%	0%	100%
集群充分发挥作用（100%）	开始	45%	30%	20%	5%	0%	100%
	调整后	31%	21%	14%	3%	31%	100%
集群部分发挥作用（65%）	开始	45%	30%	20%	5%	0%	100%
	调整后	35%	23%	15%	4%	23%	100%

表3.4数据表明，使用无人集群可以有效降低敌方选择与打击美军高价值目标的概率，诱使敌方消耗高价值弹药打击廉价可耗的无人平台，增加敌方作战成本，同时提高己方高价值目标生存概率（如图3.56所示）。

二是集群出动，压垮对手。大量小型无人平台蜂拥而出，同时出现在战场，迫使敌方雷达探测系统超负荷运转，直至不堪重负。根据复杂系统理论，系统承受能力一旦超过临界点，整体功能将出现非线式陡降，陷入混乱、崩溃。

（三）智能边缘机动战

智能边缘机动战的理论支撑是复杂系统理论的自组织、自适应原理，技术

---

① 数据来源：Popa, Christopher H. Distributed Maritime Operation and Unmanned System Tactical Employment ［R］. California：Naval Postgraduate School, 2018：73.

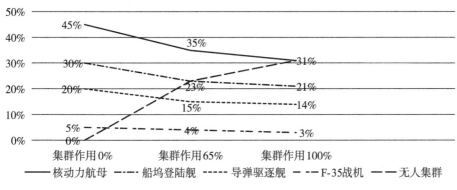

图 3.56 敌方选择与打击美军目标的概率变化①

支撑是人工智能、5G 通信、军事物联网特别是边缘计算等新兴技术。边缘计算旨在把云计算平台的能力迁移到网络边缘，将传统的移动通信网、互联网与物联网进行深度融合，缩短"云—边—端"延时。云计算把所有数据汇聚到顶端的"云"上进行计算，而边缘计算则把部分计算功能下沉到边缘，以解决以云端数据中心为核心的集中处理模式网络传输时间长、数据传输带宽要求高、能耗大等难题，并消除网络安全风险隐患。

边缘计算技术、复杂系统理论与美军机动战思想相结合，催生"马赛克战""拓展机动"等具有明显边缘作战特征的作战概念。"马赛克战"谋求在战术边缘直接实现 OODA 环快速闭合，在边缘侧动态组织作战单元进行快速机动。"拓展机动"包含向战术边缘的拓展，指挥决策权和行动自主权向战术末端延伸。人工智能等新兴技术为美军机动战所采用的任务式指挥赋能，涌现分布式战术边缘智能，战术边缘获得信息获取、处理、传输及决策等更多功能，由他组织转为他组织与自组织相结合，并向完全自组织方向演化。边缘自组织作战可以有效应对不确定性，适应复杂战场态势，同时能够以复杂为武器，给敌方制造更多作战难题和不确定性。边缘自组织作战既缩短决策周期，加

---

① 数据来源：Popa，Christopher H. Distributed Maritime Operation and Unmanned System Tactical Employment［R］. California：Naval Postgraduate School，2018：73.

快作战节奏，还催生边缘自主机动战和云、边协同机动战等新的作战方式。

一是边缘自主机动战。未来高端战争，美军分散部署的传感器和作战平台产生大量数据，需要上传到云端的数据量非线性增加，通信网络带宽将承受巨大压力，骨干网超负荷运转。此外，如果所有数据都从战术边缘传输到云端进行处理，再从云端回传到战术边缘执行将难免造成延时，导致决策和行动迟缓。

边缘自主作战则无须将数据传输到云端，战术边缘就具备数据获取、处理、传输及决策等多种功能，可以在复杂战场环境自组织、自协同、自适应，加快数据处理速度，缩短数据传输时间，解决战场数据激增造成的带宽难题，减轻数据存储和传输压力。美军仿真推演表明，在信息技术和人工智能支撑下，单架战机凭借灵敏的传感器、快速数据处理能力、先进的机器算法和数据链能够适应对抗激烈的复杂作战环境并迅速完成 OODA 闭环，成为"战场管理者"。"马赛克战"概念研发人员通过研究战史战例发现战术边缘的重要价值，提出"要在能够获得数据的位置上进行判断，判断和决策的节点距离采取行动的地点越近取得的结果就越快越好"①。原因在于战术边缘的作战单元对战场环境变化更灵敏，反应更迅速，行动更敏捷，而且经过个体间简单互动和迭代会产生非线性整体效果，涌现出令敌方难以预测的复杂行为。

二是云、边协同机动战。当前美军正探索云、边协同的价值和方法。云作战和边缘作战各有优长，云边协同、互补增效能够更好地应对复杂的战场迷雾。云作战是以作战云为支撑的高度互联、智能化分布式作战。作战云"不仅仅是网络，而是由传感器、发射器和连接设备构成，拓展至所有作战域，有凝聚力的有机整体"②，本质上是复杂系统。基于复杂系统（作战云）的云作战有以下特点：围绕信息组织跨域协同、多源信息融合、实时交换、分布式群组作战。云作战适合全局性、非实时、长周期的较大规模作战场景，可以作为

---

① DEPTULA D. Restoring America's military competitiveness: Mosaic Warfare [R]. Washington DC: Mitchell Institute for Aerospace Studies, 2019: 30.

② DEPTULA D. Evolving Technologies and Warfare in the 21st Century: Introducing the "Combat Cloud" [R]. Washington DC: Mitchell Institute for Aerospace Studies, 2016: 9.

"战场统筹者"；边缘作战更适合局部性、实时性、短周期的小规模作战场景，利于战场某个局部的实时决策与执行。边缘作战靠近战术末端和战场前沿，为云端数据采集和大数据分析提供支持；云作战通过大数据分析将输出结果下发到战术边缘。"中心云"主要负责大规模整体数据分析、深度学习训练、大数据存储、管理分布式云节点。"分布式云节点"主要负责小规模局部数据轻量处理、小数据存储、数据采集与实时控制、快速决策。

相反，如果海量数据都上传到云端处理，会给云端造成巨大压力。为分担"中心云"压力，战术边缘节点负责各自范围内局部数据计算和存储操作，进行近实时数据处理和分析，节省网络流量，可离线运行并支持断点续传，更好地保护本地数据。另外，大多数数据并不是一次性数据，因此经过处理的数据仍需要从边缘节点汇聚到云中心，云计算做大数据分析挖掘、数据共享，进行算法模型训练和升级，升级后的算法推送到前端，使前端设备得到更新升级，完成自主学习闭环。此外，"中心云"还可以对数据进行备份，以确保战术边缘出现意外时数据不会丢失。可见，云、边协同能够更好地满足作战需求，适应激烈对抗的战场环境。

四、引领机动作战力量变革

新的战争形态催生新的机动制胜理念，新的机动制胜理念牵引美军作战力量向动态、弹性聚集/解聚方向发展。聚集有两层含义：一是指相似智能体聚集成类、相互作用，是构建复杂自适应系统的主要手段之一；二是较简单的智能体通过聚集和互动涌现复杂行为，是复杂自适应系统的重要特征。智能体通过聚集形成更高级的"元智能体"，元智能体通过再聚集产生"元元智能体"。这个过程经过多次迭代会产生复杂自适应系统的层次结构。聚集不是简单合并，也不是消灭个体的吞并，而是个体以新的类型在更高层次上再现，原来的个体没有消失，而是在更适宜生存的新环境中发展。可见，聚合不是外部的、数量的简单叠加，而是内部结构、功能和性质的变化，是复杂系统的自创生行为。解聚是与聚合相反相成的过程。

（一）作战力量动态聚集/解聚

"全域机动战"要求美军作战力量分散部署，通过动态聚集/解聚达成作战行动突然性，提高战场生存力。因此，美军谋求作战力量编成进一步向"小而散"方向发展，且模块化、智能化特征越来越明显。复杂大型平台的多种功能分解到经过智能升级的大量小型作战平台，根据任务需求和战场态势变化动态聚集、随机重组、快速解聚，形成复杂战场态势，增加敌方判断和决策难度。动态聚集/解聚主要通过同频共振和网云聚力等方式实现。

一是同频共振。同频共振本质是"默契""心领神会"等机动战思想精要的体现，并以智能技术为思想赋予新的形式。云计算与人工智能、大数据等技术深度融合，形成智能化"云脑"，催生"蜂群""鱼群"等以智能无人集群为代表的新型作战力量。智能集群通过同频共振实现多域融合的动态聚集/解聚，即通过"共识主动性"涌现群体智能，生成新质作战力量。"共识主动性"是指在没有中枢控制情况下，个体之间通过同频共振相互修正、自我更新，达到信息对称、形成整体合力。这是美军将生物免疫系统的免疫应答与免疫调节动态平衡原理及免疫细胞的协同感知决策机制迁移到作战领域的跨学科探索。[①] 智能体之间通过同频共振进行自组织不仅能够解决作战力量分散造成的控制难题，而且能够涌现新的力量对敌方实施快速、猛烈、出其不意的打击。其中暗含的新机动制胜理念是整个作战体系的大 OODA 循环分解为位于战场前沿、跨多个领域的小型智能 OODA 循环，众多小循环在多个领域同步运转并自主完成闭合，外在表现为在快速机动中动态聚集、编组力量，完成任务后迅速解聚、躲避打击（如图 3.57 所示）。美军认为，未来高端战争胜利者未必是 OODA 循环最快的一方，而是能够通过灵活聚集/解聚保持变幻莫测的一方。这正是同频共振的目的所在。

---

① NICHOLAS A. O'Donoughue, Samantha Mcbirney. Distributed Kill Chains：Drawing Insights for Mosaic Warfare from the Immune System and from the Navy ［R］. Santa Monica：RAND Corporation，2021：66.

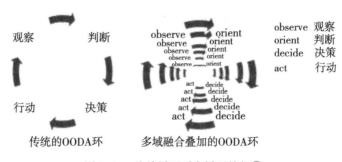

图 3.57　从单循环到多循环并行①

　　二是网云聚力。传统链式结构反应时间长且相对脆弱，关键节点被毁可能造成连锁反应，导致体系作战能力整体轰塌。科技赋能的新机动制胜理念牵引美军作战力量从传统链式杀伤结构向智能网云聚力演进。网云聚力是利用人工智能等技术将传统链式结构解聚为由众多分散的传感器、发射器和指挥控制节点组成的动态网云结构，动态聚合涌现新质能力。

　　与传统链式结构相比，网云结构有以下特点：第一，态势感知能力强。构成网云结构的作战平台可弹性伸缩，分布于广阔战场空间和不同领域，众多分散的小型智能平台都可以成为搜集、传输和处理数据的信息节点。第二，突防能力强。网云结构由大量小型智能无人平台与少量有人平台共同构成。在高强度对抗环境中，无人平台通过秘密渗透、集群突防、超视距通信将数据按需发送给正在突防或在防区外准备突防的有人平台，有人平台借此找到敌防御弱点并实施突破，或在防区外打击敌高价值移动目标。网云结构内的有人平台和无人平台可以共同编组，同时对敌发起多路多方向攻击，给敌方制造多个难题的同时在机动进攻中发现或制造敌方弱点。第三，编组形式难以预测。作战力量动中编组使敌方难以确定美军力量使用方式，从而增加了不可预测性，进而乘

　　①　JAMIESON V D. An ISR Perspective on Fusion Warfare ［R］. Washington DC：Mitchell Institute for Aerospace Studies，2015：3.

敌不意从多领域同时实施分布式机动进攻，使敌方难以组织有效防御。第四，增加对手消耗。高低搭配、真假相掺的多种力量动态聚集/解聚使敌方难以辨别目标真伪，难以识别高价值目标，从而诱骗敌方消耗高价值弹药打击廉价目标，增加敌方作战成本。

（二）作战力量弹性聚集/解聚

弹性聚集/解聚可以增强美军作战体系抗干扰能力和反脆弱性，实现途径如下。

一是制造大量冗余节点。大量相互联系的智能微型传感器遍布于广阔战场空间，通过弹性组网增加网络节点冗余度，使整个体系向"多中心""去中心""无中心"方向发展，战术边缘自组织、自协同能力增强，与上级失联后仍然可以独立作战，作战体系反脆弱性增强。美军研究发现，随着传感器数量增加，单个传感器重要性降低，而整个网络情报搜集能力不断增强，到一定程度后放缓并略有下降。当传感器数量突破临界点后（超过饱和状态），整个网络情报搜集能力又呈指数级跃升，而单个传感器价值几乎降为零，出现战损不会影响体系整体功能发挥，从而降低了体系脆弱性（如图3.58所示）。

二是决策节点分散前置。将决策节点分散部署并靠前配置，不仅弱化了集中式指挥控制中心的特征，增强了战场生存能力，而且增强了战术边缘的主动性和灵活性。分散前置的节点不仅可以有效感知态势，而且机动灵敏、能够快速聚集/解聚，其优势在高强度对抗中更为明显。在通信失联、指挥中断情况下，位于战场前沿的分散节点能够根据上级意图自主协同、继续作战。边缘自主能力依靠异构无线自组网等通信技术支撑，每个节点只需与邻近节点联系，各节点临机加入和退出，参数动态调整，随机入网互通，通过自组织动态确定指挥关系。一旦某一波段受阻，数据可以通过备用线路传输，具备较强的弹性伸缩和自修复能力。

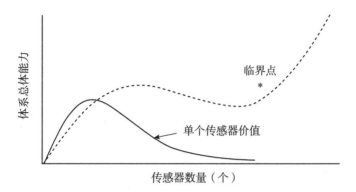

图 3.58　单个传感器对整个情报搜集网络的贡献率变化①

三是小型异构模块灵活组合。庞大复杂的多功能平台可分解成廉价可消耗的小型异构模块，由综合集成到弹性编组。结构和功能不同的异构模块聚集后不存在唯一的关键节点和数据链路，不依赖唯一的通用标准，而是以松耦合方式弹性组合、机动编组。编组方式更加多样，更难以预测，这增加了敌方判断、决策和打击难度，增强了己方作战力量战场生存力和作战体系弹性。

① TINGLE A. The Coming 5G Evolution in Network Centric Warfare：The Sensor Saturation Theory［R］. Washington DC：Mitchell Institute for Aerospace Studies，2020：8.

第四章　智　胜　思　考

"战胜不复，但是不复之中蕴藏不变的胜战之道，对胜战之道的求索永无止境。"

本章在前三章研究基础上从多角度思考制胜之道，回答"美军机动战思想蕴含哪些可以借鉴的机动制胜艺术？""在活力对抗中如何制敌机动？"等问题。本章从"智胜"角度思考制胜之道，主要有以下两点考虑：一是美军机动战思想本身就以智取巧胜为内核；二是顺应战争形态加速向智能化方向发展的大势。人的智慧与人工智能互促共生正推动战争加速向智胜方向发展。

第一节　正向思考：巧妙运用机动制胜的战争艺术

战胜不复，但是战争艺术历久弥新，因为其中凝结人的思想与智慧。从亚历山大斜行机动到美军全域机动，虽然跨越千年但是其中蕴含的谋巧战、求智胜的思想是相通的。本书从美军机动战思想八种理论来源和美军自身理论与实践中提炼出七种机动制胜的战争艺术，并运用多个学科的理论探究"运用之妙，存乎一心"的战争艺术背后蕴含的科学原理和制胜机理。

一、迂曲增力：活力对抗中沿对手意想不到的路线行动

"迂曲"表面上是地理和行动迂回弯曲，实质是谋略思维和战争艺术的体现，应用于从战术到战略、从思想到行动各个层面。在活力对抗中，"迂曲"遵循不守常逻辑，与"直线思维"和蛮力对抗相对。在战役战斗层面，"迂曲"之所以能够增力的关键在于出敌不意、攻敌弱点（如薄弱的翼侧或后方），从而削弱了敌方力量，变相地增加了己方力量。在一定条件下，"迂曲"效果随迂回纵深和弯曲度的增加而增大——两翼迂回弯曲度越大，越能够在敌翼侧和后方造成突然性和震惊效果。原因在于大曲度迂回在地理上距离敌方更远，与敌方形成更大时空差，一旦成功，给敌方造成的心理打击也更大。当敌方发现后路被切断、陷入包围时心理会发生动摇，一念之差会产生连锁反应，导致内部出现混乱甚至不战自溃。但是大弯曲度迂回成功需要具备一定条件，如行动隐蔽突然，使敌方难以察觉。如果敌人及时发现翼侧受到威胁并企图从尚未闭合的包围圈中撤出，那么迂曲增力的效果则难以实现。因为直接向后退要比两翼迂回机动距离近、时间短，体现了防御方的内线优势。这从反面证明，成功运用"迂曲增力"艺术的关键在于隐蔽突然、使敌无备。

相反，迂回弯曲度越小，迂回方与被迂回方的时空差越小，越难以在短时间内形成优势、达成合围目的。因此，要获得时空优势，迂回者就要向纵深机动，不确定因素随之增加，摩擦不断增大。原因在于攻防双方的活力对抗：从防御方角度，更容易发现进攻方的小曲度迂回行动，从而采取反迂回、反包围；从进攻方角度，小曲度迂回难以隐蔽企图，难以达成行动突然性，难以造成敌方心理上的无备。当然，活力对抗充满不确定性，实际效果因具体条件而定，而不局限于具体形式。我军在朝鲜战场就创造出通过小迂回、小包围打小歼灭战的成功范例。

在战略层面，"迂曲增力"通过利德尔·哈特的间接路线理论得到全面阐

述，"战略上，最长的迂回道路常常是达到目标最短的路线"①。智胜艺术在于真正的间接性（迂曲）不是物理上的而是心理上的，是对手最意想不到、抵抗力最弱的路线和方法。在军事思想层面，《孙子兵法》对"迂曲增力"的诠释充满辩证艺术——"以迂为直，以患为利"，通过"迂其途，而诱之以利"实现"后人发，先人至"。在军事实践层面，德军"施里芬计划""曼施坦因计划"、美军朝鲜战场仁川登陆及海湾战争"左勾拳"行动都是谋求大纵深、大曲度迂回的典型战例。战胜不复，但是不复之中都蕴含"迂曲增力"的艺术。

随着战争形态加速演变，网空、太空、电磁频谱和认知空间成为"迂曲增力"的新领域，人工智能等颠覆性技术为"迂曲增力"赋予新的活力和表现形式。但是，万变不离其宗，"迂曲增力"的奥秘在于让敌方意想不到从而削弱其抵抗力，相当于无形中增强了己方力量。"迂曲"的艺术在于思想善于迂直变化，"增力"的关键在于思想上始终比敌方多拐一道弯。未来战争智胜对手，关键要保持思想的迂曲度，多一些逆向思维和反常逻辑，善于制造突破强敌认知边界的意外和突然性。

二、时空集优：在关键时空条件下塑造"优势窗口"

"时空集优"蕴含以少胜多的制胜艺术。数量处于劣势一方要取得胜利需具备三个条件：一是在关键时间和空间集中精锐力量，形成战斗效能优势；二是比敌方更好地感知战场态势；三是发现敌方关键弱点并集中己方精锐以强击弱。很多战例之所以经典就在于能够以少胜多，以少胜多的奥秘在于通过"时空集优"改变力量对比。不同历史时期"时空集优"的方式方法和表现形式不同，但是思想内核一脉相承。在冷兵器和热兵器时代，亚历山大、汉尼拔、成吉思汗、拿破仑通过巧妙的兵力机动实现"时空集优"。机械化战争时

---

① HART L. Strategy: The Indirect Approach [M]. London: Faber And Faber Limited 24 Russell Square, 1967: 25.

代，机械化武器平台加速了兵力与火力的"时空集优"。"空地一体战"灵敏地读懂战场，主动塑造态势，协调各种力量，在特定时空集中优势并发起奔涌洪流般纵深攻击。信息化战争时代，信息和网络的运用加速作战机理嬗变，网络中心、分布式作战使"时空集优"展现新面貌：兵力分散，火力集中；形式分散，效果集中。"时空集优"艺术的形式与内容、行动与效果在更高层次上实现辩证统一。"时空集优"艺术的启示在于：未来战争在敌强已弱总体态势下，要善于集中精兵利器塑造局部"优势窗口"，利用在关键时空条件下的即时优势击敌要害、攻敌软肋。

三、优势递减：反向利用"防御优势随进攻方迫近而递减"

"优势递减"原指在攻防对抗中"随着进攻方逼近，防御方优势递减"，是迪普伊通过作战推演和数据分析得出的结论。基于这一认识，美军发现了"积极防御"作战条令存在的问题及应对苏军"大纵深-立体"作战存在的不足，进而反其道而行之，在作战思想上实现两方面突破：一是增强防御弹性。实施纵深梯次部署和机动防御，拉开与进攻方的距离，抵消其进攻优势，保持对防御方有利的时空差。二是由注重防御转向攻守兼备。美军认识到依靠防御不能取得胜利而是需要主动进攻，因此将作战条令从"积极防御"改为"空地一体战"，攻防一体、侧重进攻的特征凸显。在进攻中，强调保持攻击锐势，迅速贯穿敌防御纵深，破坏敌防御稳定性，瓦解敌体系凝聚力；在防御中，强调通过机动防御和纵深梯次配置增强防御弹性，抵消敌方进攻锐势，加速敌方进攻到达顶点。

美军的做法启示如下：一是善于借助科学方法为战争艺术赋能。战争艺术的运用讲究"运用之妙，存乎一心"，但是其中蕴含的制胜规律需要用科学的方法去研究和发现。这正是科学与艺术在认识和驾驭战争这个充满不确定性领域过程中的辩证统一。要紧盯科技之变并运用作战实验等科学方法研究未来战争，让明天的战争从今天的实验室打响。二是加强作战指导思想的进取性和主动性，战略上坚持积极防御思想的同时，战役、战术上要有主动进攻精神。三是以攻对攻，加速敌方进攻到达顶点。随着敌方进攻不断推进，其弱点也会越来越多暴露，如翼侧越来越暴露，前后方容易脱节，交通线不断延长，等等。为有效利用敌方弱点，同时避免己方防御优势因敌进攻逼近而递减，应反向利用"优势递减"：一方面，增强防御弹性，保持有利的时空差；另一方面，主动出击，以攻对攻，进击敌翼侧、后方、交通线等关键且脆弱的目标，打乱敌作战节奏，割裂敌作战体系，破坏其凝聚力，加速敌进攻顶点出现。

四、积差优胜：相对优势在双方互动中非线性放大

"积差优胜"是指在敌对双方对抗中不需要占据绝对优势，也没有必要通过一次沉重打击彻底战胜敌军——能力上难以实现且效费比不高，只要获得并保持相对优势即可，维持与对手之间的时间差、空间差和心理差，这些差距叠加形成的相对优势差通过 OODA 周期的循环迅速放大，最终导致敌方瓦解崩溃。"积差优胜"深得机动战思想通过思想、时间、空间三位一体塑造优势的精髓，并深刻影响美军各种作战理论。不同作战理论的相同之处在于谋求在时间上先于对手、快于对手，获得时间优势，在空间上通过纵深立体并行攻击获得位置优势，在心理上利用突然性取得心理优势。这些优势累积叠加和循环放大形成制胜优势。

对"积差优胜"的认识建立在控制论、系统论等科学理论基础上，内含复杂系统非线性原理，是科学理论助力美军突破追求绝对优势的传统认知，其效果在战争实践中得到展现。在海湾战争中，美军为谋求绝对优势采取"牛刀杀鸡"策略，使后勤保障承受巨大压力，造成物资极度浪费。在伊拉克战争中，美军不再追求绝对优势，而是运用精锐力量谋取相对优势，从"大水漫灌式"作战转为"精准滴灌式"作战，精兵制胜、速战速决，整体作战效益大幅提高。其中"快速决定性作战"理论充分体现"积差优胜"的艺术性。实现快速决定性效果的关键是形成并保持信息和决策优势，进而从敌方意想不到或无力反击的多方向、多领域同时对战略到战术级目标发起并行攻击。并行攻击的精要在于迅速聚集己方精锐力量打击敌方关键弱点（"时空集优"艺术

同时发挥作用），从而快速瘫痪敌作战体系，主宰战局。"快速决定性作战"不求全面压制，只求在关键时空形成相对优势，利用"思想-时间-空间"优势叠加并通过 OODA 循环反馈回路放大、不断拉大与对手差距，使对手无法适应、陷入混乱。

"积差优胜"不仅有助于战场上优势方提高作战效益，降低胜利成本，也有利于劣势方通过发挥人的主动性改变优劣对比和战局走势。对于劣势方而言，"积差优胜"蕴含以下启示：一是战场上的优劣对比相对而非绝对、动态变化而非静止不变，可以通过主观努力转化，因此劣势方应树立战胜强敌的信心。二是要善于分析比较敌我双方优势和劣势，进而以己方优势对敌方劣势，在总体劣势中塑造局部优势。强敌并非处处都强，而是强中有弱；弱军并非处处皆弱，而是弱中有强。因此，在总体劣势中塑造局部暂时优势既可行也必要，关键是发挥人的智慧与活力。三是维持时间、空间和心理的相对优势差。优势差会通过 OODA 周期循环不断放大，实现量变到质变、渐变到突变、局部优势到全局优势，积小胜为大胜。这就要求在思想上保持韧性，以持久作战思想克制敌方速胜企图；在行动上保持弹性，通过不断消耗逐渐增加敌方伤亡和作战成本，使其难以为继。越南战争越南人民军对美军的消耗战、阿富汗战争"塔利班"对美军的山地游击战等战争实践都是"积差优胜"艺术的体现。

五、跨域循环：复杂系统在跨域互动中涌现新质能力

"跨域循环"揭示了组成复杂系统的各要素和各领域相互作用和渗透，在循环反复、迭代发展中涌现新质能力，实现效能倍增。信息化战争时代，信息和网络等关键技术为"跨域循环"提供支撑，在"网络中心战"等作战理论中得到体现。

"网络中心战"是以网络为支撑、以信息为战斗力倍增器的联网作战。信息通过网空机动促使各域相互联系、相互渗透程度加深，发生机理性变化。一是美军"机动"的构成要素发生变化，由传统的"运动+火力"变为"运动+

火力+信息"。"信息"作为新质要素推动"机动"突破传统边界，加速各域融合，并催生出网空机动、信息机动等新机动样式。二是作战行动时空结构发生变化。网络支撑、信息赋能驱动作战空间延展、时间缩短，作战空间的广延性得以克服，作战时间的增值效应凸显，作战力量得以在更广空间、更短时间内机动作战。在作战空间上，作战行动不仅跨陆、海、空、天等地理域，也跨物理域、信息域和认知域等功能域，在各领域同步并行。在作战时间上，作战节奏不断加快，作战时间不断缩短，驱动 OODA 循环加速。1991 年"沙漠风暴"行动，美军为选择和打击目标进行协同需要 4 天；2003 年"伊拉克自由"行动，完成同样过程只需 45 分钟。[①] 三是集与散在更高水平辩证统一。"集散变换"的艺术在于以分散迷惑敌人，保存自己；以集中消灭敌人，赢得胜利。信息赋能的联网作战使传统"集散"的内涵和外在表现形式发生变化，从兵力、数量和空间集中转变为"兵力分散，火力集中""数量分散，效能集中""空间分散，时间集中（同步）""外在形式分散，内在效果集中"。此外，集与散频繁转换甚至同步并行，在一个领域分散的同时在另外一个领域集中，或者以一个领域分散促成另外一个领域集中。科技为"集散变换"艺术注入新活力，助推实现"以散抗毁、集中歼敌"的目的。

信息化、智能化战争复合发展时代，智能技术加速各领域互融互通，催生以网络为"神经链路"、以信息为"血液"、以智能技术为"外脑"的智能分布式并行作战，其新质战斗力的内生动力正源于智能技术支撑的"跨域循环"——各域在互动中涌现新质能力、加速己方决策周期的同时给敌方决策制造复杂性难题。这正是美军"联合全域指挥控制"塑造非对称优势的关键，在其分支项目陆军"融合计划"演习中，人工智能技术助力杀伤链闭合时间由 20 分钟缩短至 20 秒。上述理念与实践为深入思考如何在三化融合时代实现机动制胜提供了思路：真正实现"跨域循环"不仅要具备科技敏锐性，也要

---

① 数据来源：Congressional Research Service. Network Centric Operations：Background and Oversight Issues for Congress ［R］. Washington DC：Congressional Research Service，2007：23.

具备艺术的想象力和创新思维；不仅要突破物理空间"域"的边界，更要突破思想和认知边界，让思维在"思想-时间-空间""精神-心理-物理"之间机动回旋、跨域循环。

六、缓释递增：认知突袭效果缓慢释放，影响与时递增

认知突袭的本质是在活力对抗中利用对手认知局限和思维定式制造让对手意想不到的效果，从而智胜于敌。认知突袭是美、苏（俄）、德、以等军队实现机动制胜的重要途径。历史经验中蕴含着认知突袭的"缓释递增律"，即认知突袭的效果缓慢释放，影响与时递增。突袭一旦奏效，对敌方认知产生的影响短时间内不会因己方真实企图流露、真实行动暴露、真实信息披露而消失或改变；相反，效果会随时间推移不断增强。在自身认知局限和突袭方诱导双重影响下，被突袭方容易沿错误认知路径越走越远，从认知局限、认知偏差、认知偏见发展到认知偏执，最终当真相大白时出现认知混乱、陷入认知瘫痪。

认知突袭效果缓释递增的科学原理在于人脑在思考问题、处理信息的机制存在内在局限：大脑有自我保护机制，在处理复杂问题时潜意识地遵循省力原则（节省脑力，减少脑力消耗），通过内在的"心智模型"处理信息、认知外界。这种机制表现为某种认知一旦形成，往往会产生认知惯性和路径依赖，出现选择偏好。大脑中的思维模型对外界信息进行筛选和过滤，倾向于接受与已有认知相吻合的信息，同时本能地过滤掉异常信息，在无意识中偏离客观事实。在军事领域，这种机制会产生扩散效应，从个体认知错误扩展为集体认知错误。认知一旦成形，决策者为树立威信、营造"和谐"环境，会倾向于采纳符合己见的信息和建议，而排斥甚至打压反对派及持不同意见者。受此影响，各级为避免被边缘化而倾向于提供迎合上级意图和大众预期的信息和建议，甚至以牺牲客观性和真实性为代价过滤掉异常信息。在这种双向互动和反馈过程中，个体错误认知转化为集体错误认知并不断强化。与此同时，敌方不断从反面制造难题、进行认知渗透，导致真假更加难辨。

在敌对双方对抗中，认知突袭效果"缓释递增"表现为在己方认知局限

和敌方认知突袭共同作用下，决策者会潜意识地对信息进行分类和过滤，给信息打上"有利"或"不利"标签，主动搜集并接受那些符合已有认知的"有利"信息，本能地过滤掉那些"不利"信息，从而使错误认知不断固化，最终被自己的错误认知打倒。1940 年德军穿越阿登山区后法军的反应、1944 年盟军诺曼底登陆后德军的反应、1973 年以军巧渡大苦湖后埃及军队的反应惊人相似（如图 4.1 所示）：在一厢情愿幻想中不肯面对现实，固执坚持已经形成的错误认知，把对手佯攻当作主攻、把对手真实行动视为佯动欺骗。盟军为实施诺曼底登陆采取的欺骗行动不仅有效牵制了德军 50%预备力量，而且使德军在盟军成功登陆后仍然固执认为只是盟军佯攻。甚至诺曼底方向战斗持续 7 周后德军仍然关注加莱地区，备战想象中的"真正入侵"。

突袭方：德军 被突袭方：法军	突袭方：盟军 被突袭方：德军	突袭方：以军 被突袭方：埃军
主攻：穿越阿登山区	主攻：诺曼底	主攻：运河西岸
佯攻：荷兰、比利时	佯攻：加莱	佯攻：运河东岸
效果：误导法军坚信荷兰、比利时是主攻方向	效果：误导德军认为诺曼底方向只是佯攻	效果：误导埃及军队认为以军在西岸只是佯动

图 4.1　认知突袭的三个典型战例

认知突袭的科学原理和历史经验教训提供以下启示。

（一）基于科学原理设计认知突袭流程

根据心理学和认知科学原理及战史战例蕴含的经验教训，可以设计认知突袭流程如下：第一步知彼知己，尤其深研敌情，重点掌握敌方认知特点和局限，包括文化传统、思维习惯、指挥官性格特征等因素；第二步利用敌方认知局限进行欺骗诱导或制造不确定性，诱使敌出现认知偏差（偏离真相、出现错误）；第三步利用敌方认知偏差强加确定性，提供符合敌方心理预期的信息，诱导敌方认知偏差随时间推移不断加深、形成认知偏见（认知固化，筛选"有利"信息，拒绝"不利"信息）；第四步利用敌方认知偏见同时采取真假相掺的行动，使敌方因发现认知与现实严重"错位"而出现认知混乱，难以适应变化；第五步持续制造混乱，使敌方陷入认知瘫痪，无法采取行动或采取错误行动。

（二）保持认知觉醒，警惕认知反突袭

在对敌方进行认知突袭的同时，也要防止己方因突袭成功而故步自封，甚至自掘"认知陷阱"却不自知，遭到对手认知反突袭。历史教训一再警示：上一场战争胜利者往往难以摆脱"胜利病"困扰，思想上容易志得意满，行动上容易止步不前，认知上容易忘记"战胜不复"的战场法则，倾向于用上一次突袭成功的经验准备下一场战争，结果在下一场战争中被对手逆袭。以军禁锢于"六日战争"成功经验，企图在"赎罪日战争"中再现空中力量和坦克集群闪击制胜的辉煌，在思想上弱化、低估对手，没有预料到敌防空系统和反坦克武器的突然登场。德军于1940年和1944年两次穿越阿登山区，从认知突袭变为遭到认知反突袭，正反对比教训深刻（如图4.2所示）。历史教训的启示在于：上一次胜利的成功经验未必带来新的胜利，而是蕴藏下一场战争失败的基因，真正的失败不是败给对手而是败给自己禁锢于成功经验的"认知茧房"。未来战争胜败取决于思想上是否麻痹松懈，认知上是否时刻保持清醒，精神上是否具备自我革新的勇气。比战胜对手更可贵的是战胜自身思想上"胜利病"的诱惑，比击败顽敌更难的是击败自身认知的顽疾，比夺取胜利更不易的是持续胜利。

（三）由追求"最优解"转为争取"合适解"

"最优解"是指为实现认知突袭而完全欺骗对手；"合适解"是指在适应和利用不确定性方面只需比对手表现更好，保持相对优势。在活力对抗中，对手的反行动、反欺骗、反突袭导致不确定性增加，因此完全成功欺骗对手很难实现，而且往往需要耗费大量人力物力。研究表明，欺骗中应有

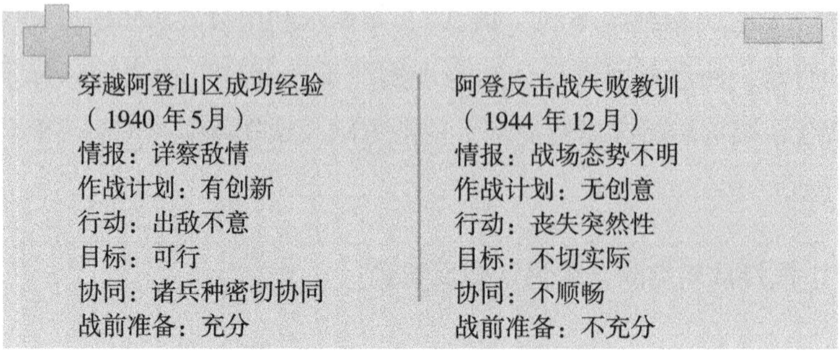

图 4.2 德军两次阿登战役对比

80%~90%的行动是真实的，欺骗越接近于真实，越可能成功。盟军为实施诺曼底登陆进行的复杂欺骗行动投入巨大。与追求"最优解"相比，争取"合适解"更容易实现，效费比更高，是对战争这个复杂系统的非线性、涌现性、不确定性等属性的巧妙利用。在利用不确定性方面保持相对优势并不断迷惑对手，不确定性会随 OODA 周期反复循环，非线性放大，涌现复杂态势，从而让对手陷入认知困境。因此，在认知突袭中没有必要追求"最优解"，而是需要持续用力、保持相对优势。随着时间推移，突袭效果会缓释递增并产生连锁反应。只需要创造初始优势并阻止对手抵消这一优势的"合适解"更符合活力对抗的本质。

（四）树立求异思维，突破"认知茧房"

要防范对手认知突袭，就要树立求异思维，在思想和行动上突破"认知茧房"。"认知茧房"指人的认知容易受先入为主的首因效应、基于经验的心智模型或上级（群体）的倾向性意见影响，将自己的认知禁锢于"茧房"之中。要从思想上突破"认知茧房"，就要反本能、反直觉、主动求异求变，增强认知的反脆弱、反突袭能力。要主动关注并善于分析异常信息，而不是忽视、排斥这些信息；要善于倾听并吸纳反对意见，而不是拒绝、打压不同意见；要善于通过证伪法检验和修正各种猜想，使之不断接近客观事实，而不是只搜集符合认知预期的实例去证实猜想。为从行动上突破"认知茧房",就要将"求同存异"转变为"求异存同"。"求异"不仅要宽容反对声音,还要主动塑造反对派、拥抱对立面、保持开放性,有意识摒除"镜像"思维,引入形神兼备的假想敌,通过背靠背演练发现真问题、解决真问题。"存同"不仅要搁置大量同质信息和众口一词的赞成意见,还要改变表面和谐、内在僵化的氛围,为新思想"破茧而出"营造百家争鸣、充满活力的环境。有时候"茧房"难以从内部突破,就要从体制外部引入新动能,如独立的第三方评估等,为打破同质和僵化注入活力。

七、突然性反噬:利用战争突然性的三个悖论

突然性是美军机动战思想本质内涵的关键要素之一。无论是诺曼底登陆、仁川登陆、海湾战争"左勾拳"行动、阿富汗战争的特种作战、伊拉克战争"斩首"行动,还是面向未来高端战争的"全域机动战",美军都把突然性作为实现巧胜的力量倍增器。然而,突然性却存在悖论,运用不当往往适得其反、反噬其身。突然性反噬是指突然性在短期内和战术层面可以加速目标实现,但是其发挥作用的时间有限,而且从长期和战略层面看效果可能适得其反,战役、战术层面短期收益会换来战略层面更大损失代价,甚至会加速突袭方失败。可以巧妙利用这些悖论反其道行之,智胜对手。

突然性悖论一:突袭成功中潜藏失败的因素

战争充满不确定性,尤其体现为战争结局不确定。进攻方通过欺骗等手段在战争发起时间、空间、方式等方面的突然性优势随时间延长和防御方的反行动而丧失,甚至会产生反噬效应——突然性最初有利于进攻方,但是从长期看反而会成为其最终失败的诱因。战争是由多个阶段组成的连续体。战争发起阶段,进攻方在攻击发起时间、空间和方式等方面占有主动权,较容易达成突然性,而防御方则很难防范突然性。然而,战争的活力对抗本质决定突然性往往有一次性效应,很难维持长久、连续实现。随着战争的持续,防御方的反应会将战争引向进攻方所不愿看到的方向。如果说战争爆发之初突然性是进攻方力

量倍增器，那么，随着时间推移和战争持续，突然性会变成防御方抵抗的倍增器。① 这一悖论一再被战史战例验证，"二战"时太平洋战场日军从成功突袭珍珠港到中途岛海战被美军反突袭，阿富汗和伊拉克战争美军从初始阶段出敌不意、速决制胜到稳定行动阶段久拖不决、陷入泥潭，都是突然性悖论的体现。这一悖论的极端情况在于，突然性在短期和战术层面有利于迅速实现目标，却换来长期和战略层面的更严重失败。"二战"中德军进攻苏联的"巴巴罗萨计划"和日军偷袭珍珠港都是前车之鉴。如同一场豪赌，不仅输掉了突袭的短期收益，而且最后血本无归。这启示我们，应对未来战争，重点应放在如何增强自身反制能力上，而非防范突然性上，需要保持思想定力和弹性，立足后发制人，争取后发先至。原因有两点：一是战争发起的突然性难以防范②；二是大国间大规模战争绝非短促一击，而是由多个阶段组成的连续体，结局充满不确定性，整个过程在思想、时间、空间三个维度都充满机动回旋的余地，存在智胜强敌的转机。

突然性悖论二：突然性的实际发生往往与认知相反

战争是交战双方智慧的比拼。能否达成突然性不仅取决于单方筹划，还取决于哪一方能够更准确地猜透敌方心理，在认知上胜敌一筹。认知对抗是一个持续互动、动态变化的思维过程，对抗结果和外在表现呈现反本能、反直觉特征：认为发生突然性的可能性越大，实际发生突然性的可能性往往越小；认为发生突然性的可能性越小，实际发生突然性的可能性反而越大；认为最危险的地方往往最安全，而最安全的地方反而最容易遭到突袭；认为越不可能发生的情况反而越有可能突然爆发；越是认为可能发生并做好充分准备，现实发生的可能性反而降低。这种悖论是活力对抗本质的体现，在历史上一再重演。诺曼底登陆战役前，德军认为盟军最有可能在加莱登陆并做了大量准备，盟军恰恰

①　WIRTZ JJ. Theory of Surprise [R] // BELTS RK. Paradoxes Of Strategic Intelligence [M]. London：Frank Cass Publishers, 2003：104.

②　以色列学者伊弗雷姆·卡姆通过研究大量史例及心理学等学科理论得出结论："突然袭击非常难以防范。"详见：KAM E. Surprise Attack：The Victim's Perspective [M]. London：Harvard University Press, 1988：229.

利用这种可能性并顺势伴动，导致加莱登陆永远停留在德军的臆想之中。朝鲜战场仁川登陆存在诸多不利因素，各方普遍认为登陆风险极高、成功可能性极小，麦克阿瑟恰恰利用"不可能心理"达成突然性。然而，利用突然性取胜的麦克阿瑟却忽视甚至低估了对手制造突然性的可能性，认为中国不可能出兵朝鲜，深陷认知偏见却不自知，结果被连续的突然性击败。① 历史经验教训的启示在于，突然性产生于认知与现实的"错位"，要在未来战争中智胜强敌就要善于制造并利用这种"错位"，要在敌方认为的"不可能"上下功夫，利用敌方思维定式因势利导，将敌方认知中的"不可能"变成己方智胜对手的"可能"。

突然性悖论三：越是警惕突袭，突袭越可能发生

产生这一悖论的主要原因有三个。一是相互恐惧心理。根据博弈论，突袭源于互不信任产生的"相互恐惧"②。在相互博弈中，敌对双方为了威慑对手进行的示形造势会加重互不信任，导致紧张升级，越来越猜疑、恐惧对方会发动突袭。恐惧感和相互猜忌在不断互动中通过"信号""噪声"叠加产生放大、扭曲和增强效应，由于认知偏见而逐渐加深，产生"倍增效果"和"复合预期"——既然突袭不可避免，那么先发制人将获得优势。强势方谋求通过先发制人获得更佳效费比，弱势方则谋求通过先发制人改变优劣对比。因此，相互恐惧的螺旋升级导致预言的自我实现——越是警惕突袭发生，突袭越可能发生。二是对手逆向思考和行动。个体和集体的认知能力都存在局限，活力对抗过程中在时间和对手双重压力下会特别警惕可能发生突袭的某些特定时空条件而忽视其他因素，从而被对手利用，导致突袭发生的时间、空间和方式超出心理预期。在"六日战争"中，埃及军队高度警惕以军突袭，并基于经验重点戒备周末和拂晓等时段。然而，以军恰恰反其道而行之，选择在星期一上午埃军交接班时间发动空袭。以军突袭企图在埃军预料之中，突袭行动却在

---

① Christopher M. Rein. Weaving the Tangled Web: Military Deception in Large-Scale Combat Operations [M]. Kansas : Army University Press, 2018: 170.

② SCHELLING T. The Strategy of Conflict [M]. London: Harvard University Press, 1980: 207.

埃军意料之外。三是"狼来了效应"造成预警的边际效用递减。"狼来了效应"是指多次预警但是突袭并未发生，导致决策者的敏感性和警惕性逐渐降低，这时突袭反而发生。"狼来了效应"是多种因素共同作用的结果。对于被突袭方而言，多次预警和长时间紧张戒备状态会造成认知疲劳、警惕性下降。日军突袭珍珠港前，美、日关系曾出现三个紧张时期（1940 年 6 月、7 月和1941 年 10 月），美军多次发出日军可能突袭夏威夷的预警。"赎罪日"战争前，以色列与埃及出现三次紧张关系升级时期，以军三次对埃军战争动员和准备做出预警（1971 年年末、1972 年 12 月和 1973 年 5 月）。预警效果随着预警次数增加和时间持续而下降——边际效用递减。对于突袭方而言，出于各种原因推迟、取消或改变原定计划。从 1939 年 11 月 12 日到 1940 年 5 月 10 日，希特勒推迟对西线战场的进攻达 29 次。① 特别是当突袭方因对手高度警惕而被迫推迟或放弃突袭时，成功阻止突袭发生的预警却往往被视为谎报军情，从而陷入预警成功反而遭到否定的悖论。

第二节　逆向思考：灵活把握制敌机动的战争艺术

除运用机动制胜的艺术外，还应灵活把握制敌机动的艺术。本书基于历史和战争实践考察，从活力对抗角度提炼出六种制敌机动的战争艺术。

一、倚地增效：利用地形增效克制敌方机动

"倚地增效"是指发挥人的主动性来利用和改造地形，充分释放地形制胜潜力，发挥地形"兵之助"作用，通过动与静、攻与防、自然与人为障碍、机动与消耗的巧妙结合来增强己方力量，削弱敌方力量。机动战的很多经典战

---

① KAM E. Surprise Attack：The Victim's Perspective［M］. London：Harvard University Press，1988：186.

例都巧妙利用"倚地增效"艺术制胜。

第二次世界大战太平洋战场日军抗登陆作战蕴含"倚地增效"思想。从马绍尔群岛战役到塞班岛战役,日军抗登陆作战主要采取岸滩抗击、滩头决战,结果遭到失败。日军在失败中摸索抗登陆制胜之道并进行调整,从 1944 年 10 月佩利留岛抗登陆作战开始采取新方法——诱敌深入、坑道固守,给美军以沉重打击。日军在随后硫磺岛和冲绳岛战役中延续并发展了这种策略,不但给美军造成了重大伤亡损失,而且拖延了美军取得战争胜利的进程(如图 4.3 所示)。

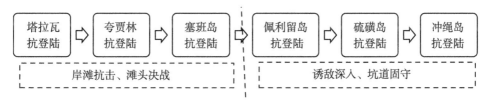

图 4.3 日军抗登陆作战的策略调整

图 4.3 后三次抗登陆作战表明防御方充分利用地形可以抑制敌方机动,消耗敌有生力量,抵消敌优势发挥,增强己方防御力量,达成以消耗制敌机动、倚地增力、倚地增效的效果。日军在佩利留岛抗登陆作战中毙伤美军 7919 人(阵亡 1500 人)。硫磺岛抗登陆作战,日军依托岛内严密防御体系重创美军,同时利用"神风特攻队"攻击美军军舰。尽管美军为硫磺岛战役进行了精心准备,但是在依托坑道的日军顽强抗击下仍然伤亡惨重。登陆前,美空军进行了 72 天火力准备,海军进行了 3 天直前火力准备,但是对登陆行动几乎没有产生任何实质性效果。在面积仅 20 平方千米的岛上,战斗持续了约 20 天,美军伤亡累计 24891 人(阵亡 6821 人)。美军两次登陆作战伤亡人数统计见图 4.4。

尽管美军在作战力量、作战协同、登陆行动组织与实施等方面均有所加强,但是两次登陆作战伤亡数据表明日军利用地形优势仍然给美军造成严重伤亡，抵消了美军整体作战优势，甚至对战争进程产生战略性影响（迫使美军放弃直接进攻日本本土的计划，是促使美军使用原子弹的原因之一）。

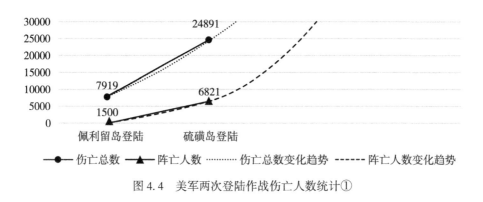

图 4.4　美军两次登陆作战伤亡人数统计①

历史经验说明，智胜未来战争应充分发挥己方主场优势、内线优势和地形优势，将人的意志、智慧与地形巧妙结合，通过精神（意志）、心理（智慧）、物理（地形）的三位一体汇聚成制敌机动的伟力，进入并破坏敌方的思想、时间、空间等维度。

二、实力容错：实力优势越明显，容错空间越大

"实力容错"是指绝对的实力可以弥补作战中出现的失误，而且己方实力优势越明显，与敌方力量对比差距越大，作战中容许犯错的弹性空间越大，反脆弱性越强，越不容易因"一招失误导致满盘皆输"。在第二次世界大战太平洋战场莱特湾海战中，美军实力占据绝对优势，尤其享有"制空权"，而日军处于航母没有舰载机的困境。因此，尽管美军犯了一系列失误并一度陷入被

---

① 数据来源：RUSSELL WF. The American Way of War：A History of United States Military And Policy ［M］. New York：Macmillan Publishing Co.，Inc. & Collier Macmillan Publishers，1973：301，307.

动，但最终仍然依靠综合实力优势战胜对手。相反，尽管日军战前精心策划，战中通过巧妙机动诱敌成功调动美军并一度掌握主动权，但是由于实力相差悬殊，容错空间有限，作战中偶然失误（日军栗田部误认为遇到美军主力舰队而主动撤退）却导致严重失败，再机巧的算计也无法弥补综合实力上的差距。"实力容错"的战争实践的启示在于：未来战争挫败强敌机动制胜企图的根本在于增强自身实力，增大自身容错空间。一是强大实力本身就是制敌机动的一种有效威慑力，使敌不敢轻举妄动，挤压了敌方机动制胜的空间和选择余地。二是自身实力增强后，智谋运用有了更好的基础和发力点。实力越强，不仅容错余地越大，而且为智胜强敌提供了更广阔的机动回旋空间。三是有了实力后还要善于巧用实力，让实力与智谋相得益彰。

三、以静制动：以己方独特作战韵律打乱敌方作战节奏

"以静制动"形式上是静，思想上是动，是静而后动、寓动于静、动静结合，是更高级、更复杂的制敌机动艺术。在战略上静观敌变、保持定力，坚持积极防御、后发制人。在战役战术上形成"以缓制急、攻守结合、动静结合、快慢结合、后发先至"的独特作战韵律。尤其在敌强己弱形势下，更应以我为主，不受强敌左右，同时以己方作战韵律调动敌方，打乱其作战节奏，迫使敌随我作战韵律舞动。这既是作战思想主动性和艺术性的体现，也洋溢着灵动的军事辩证艺术，更蕴含一种临敌不惧、保持静气的精神力量。

历史经验的启示在于，可以通过相对静止方式（如阵地战）挫败强敌机动制胜企图，制胜途径在于以己方独特作战韵律进入敌方决策周期，打乱其作战节奏，即从精神、心理、物理三位一体角度出发，通过物理空间的攻守转换、动静变换、快慢变化破坏敌心理稳定，消磨敌精神士气。独特作战韵律是作战思想艺术性的体现，其形成则源于临敌不乱的静气，这股"气"本质上是压倒一切强敌的精神力量，是未来战争制敌机动的精神支撑。

四、以动制动：在总体被动和劣势中创造局部主动和优势

"以动制动"与"以静制动"形式相反但实质相通，是作战思想主动性、灵活性和艺术性的体现。"以动制动"的精髓在于利用敌方恃强骄纵心理以攻对攻、以快制快，令敌方意想不到、措手不及。"以动制动"可以达成三种效果：一是在机动中调动敌方，创造战机；二是通过快速巧妙的机动动态改变双方力量对比；三是争取主动权，以主动进攻挫败敌方机动制胜企图。第二次世界大战中的莱特湾海战前，兵力规模处于劣势的日军没有坐以待毙，而是精心策划、敢于冒险、主动出击，通过佯动成功调动美军，分散了美军兵力，抵消了其数量优势（如图4.5所示）。相反，实力占优的美军被日军调动、削弱了自身力量，在关键时空条件下对日军的优势差缩小，取胜成本上升。此役交战双方在关键局部力量对比发生改变的动因可以归结为"主动出击，在机动中调动对手"。"动"是关键因素，通过动中生变、以动促变、调动对手，在总体处于被动和劣势情况下塑造局部主动和优势。

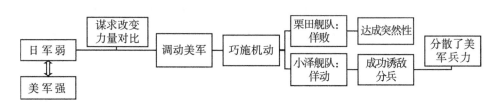

图 4.5　莱特湾海战日军以动制动的内在逻辑

阿富汗战争中的瓦塔普尔山谷之战，反美武装在实力对比悬殊情况下没有坐以待毙，而是充分利用地形、人脉、行动灵活等优势主动出击、先发制人，积极主动实施非对称作战，采取小群多路突袭、近距离缠斗、快打快撤等机动灵活的战术战法有效抵消了美军技术优势，使美军进退失

据、陷入困境。① 历史经验的启示在于，"以动制动"的本质是争取战场主动权，以己方行动自由克制敌方机动，应对未来战争仍应坚持通过"以动制动"争取主动、避免被动，在机动中调动强敌、创造战机，在动态变化中改变敌我力量对比，立足于在敌强己弱总体态势下通过"以动制动"在关键局部创造即时优势。

五、动态平衡：善于在动态平衡中率先发现突破口，打破平衡

通过研究美军与其对手的战争实践发现，进攻性与防御性武器作为一对矛盾相克相生，在与对立面的斗争中发展自己，而且很多技术和武器有攻防兼备的二重性。攻防矛盾在"平衡—打破平衡—再平衡……"的动态变化中螺旋发展。某项技术突破和新武器突然出现在战场会打破平衡状态，造成突袭效果，获得非对称优势。然而，这必然引起反制技术和对抗武器迅速跟进，使攻防失衡状态重新回到相对平衡。第一次世界大战时堑壕、铁丝网与机枪的结合抑制了机动，防御压制了进攻；而第二次世界大战时坦克和飞机的运用打破了阵地战僵局，使静止的战线重新流动起来，进攻重新获得优势。然而，这种情况刺激了反坦克和防空武器发展，使攻防双方、机动与反机动在技术层面重新恢复平衡。反坦克武器的出现刺激了坦克主动防御系统的研发，防空武器的发展催生出电子干扰技术，技术平衡再次被打破。可见，攻防技术、机动与制敌机动的战术正是在相互竞争、相互对抗、相互抵消过程中动态平衡，在动态平衡中交替发展。在这一过程中，率先发现技术突破口、实现技术突袭的一方可以打破平衡，获得相对优势。

"动态平衡"的规律蕴含四点启示：一是高度重视科技对作战思想和理论创新的催化作用。只有具备深厚科技素养，才能见微知著、敏锐洞察战争制胜

---

① WADLE RD. Hammer Down: The Battle for the Watapur Valley [M]. Kansas: US Army Combined Arms Center, 2014: 81, 84, 90-92.

机理的变与不变，进而找准发力点、瞄准突破口，在动态变化中首先打破平衡。当前人工智能等新技术的军事应用为打破平衡提供了新的突破口，需要以深厚的科技素养和丰富的艺术想象力去开发和利用，抢在强敌之前打破平衡、突破其认知边界。二是不在强敌占有相对优势的领域与其竞争，而应集中精力发挥己方自身独特优势。在敌方的优势领域与其竞争，会始终处于被动追赶的境地；集中精力发挥己方独特优势才能占据主动、超过强敌，打乱其心理节奏。三是要善于在攻防技术动态平衡中发现并利用突破口。既要善于找准突破口，率先打破平衡，争取相对优势；也要善于不断发现新突破口，保持非对称优势。四是保持思想活力，主动求新求变。制敌机动艺术不仅是克制敌方机动，而且比敌方更加灵活机动。关键是思想上远离平衡态，打破追求稳定和确定性的心态，主动求变求异、主动拥抱不确定性，以复杂自适应系统的生存和演进之道去适应并驾驭战争这个复杂王国。

六、优势悖论：利用敌方相对优势的暂时性实施逆袭

"优势悖论"存在于作战理论和技术创新中，一种新理论或新技术最初优势越明显，产生的震撼效果或颠覆性影响越强烈，其发挥有效作用的周期往往越短，反制理论或反制技术出现得越快。原因在于对手受到的冲击越大，产生的紧迫感和危机感就越强烈，反应就越迅速，力求尽快找到抵消策略或破解之道，从而导致迅速缩小新理论或新技术产生的相对优势。这体现了活力对抗的内在规律——行动引起反行动，作用力越大反弹（反作用力）越强，导致优势的相对性和最终效果的不确定性。德军"闪击战"的最初震撼效果导致其他军队加紧研究反制措施，导致德军越来越难以实现闪击制胜。冷战期间，美、苏军备竞赛引起作战理论相互赶超和武器装备加速迭代，"优势悖论"进一步凸显。

通过研究美军及相关军队的战争实践发现，活力对抗中相对优势尤其是技术优势及突袭效果具有相对性和暂时性，没有哪项技术或武器装备能够在战场

上永保绝对优势。一方技术创新会导致对方创新反制技术，"矛""盾"双方在相克相生中竞相发展、螺旋式演进。纵横战场的"陆战之王"坦克破解了"绵亘防御正面难以克服"的时代难题。但是，反坦克武器的出现使坦克作战效果和优势大大降低。第三次中东战争中以军占据压倒性优势的空中机动力量在第四次中东战争中却被对手防空力量压制，丧失了空中机动自由。阿拉伯军队的防空技术在战争中脱颖而出，为地面部队撑起对空"保护伞"。但是，这种优势并没有维持多久，很快被以军新的技术突袭（电子战技术）抵消。在贝卡谷地空战中，阿军防空系统遭以军电子干扰技术破坏，防空雷达变成反辐射导弹的活靶。

历史与现实的经验教训蕴含以下启示：一是作战概念与技术创新获得的优势有相对性和暂时性，因此既要树立超越并战胜强敌的自信，又要善于逆向思考，从思想的逆袭开始实现认知逆袭、技术逆袭、行动逆袭，缩短敌方优势窗口，塑造己方优势窗口。二是随着新兴技术不断涌现，作战概念与技术创新取得的相对优势越来越难以维持甚至出现一次性效应，"优势悖论"进一步凸显。要善于发现并利用"技术奇点"，采用敌方意想不到的新技术和新方式破击其弱点，使其优势锐减。三是从"优势悖论"角度出发，制敌机动的有效方式是以攻对攻。美军为谋取绝对优势斥巨资构建导弹防御体系，企图打造攻防兼备能力。然而，高超声速武器仍然可以实现突防，使耗费多年形成的导弹防御优势锐减。而且从历史上看，进攻性武器效费比往往高于防御性武器，发展速度也快于防御性武器，是率先打破攻防平衡的因素。因此，以攻对攻也可以成为制敌机动的有效方式。

第三节 横向思考：在国别比较中凝练智胜之道

科学只有依靠比较并在比较的范围内确定不同之处，才能取得巨大成就。正如战争与和平，"只有以对方为参照系，才能更好地说明自己，只有在对方的规定中才能取得自己的本质规定"。历史上，美、苏（俄）、德、以等军队国情、军情不同，但是作战思想中都蕴含机动制胜的艺术，对制胜规律的认识殊途同归。通过横向比较可以更好地揭示机动与制敌机动的艺术及内在机理，从中凝练智胜之道。

一、美军与苏（俄）军机动战思想比较

美、苏（俄）长期对抗、互为对手，在作战思想领域互动频繁，在比较互鉴中激发自身创新动力，呈现你追我赶发展态势。美军学习借鉴苏军战役法理论建立自身战役法体系，成为重塑机动战思想主导地位的认知工具和思维框架。美军通过全面深入研究苏军"大纵深战役"理论及"大纵深—立体"作战思想，有针对性提出"空地一体战"理论（如表4.1所示）。

表 4.1　　美军"空地一体战"理论与苏军"大纵深战役"理论比较

项目	美军"空地一体战"理论	苏军"大纵深战役"理论
形成时间	形成于 20 世纪 80 年代	形成于 20 世纪 30 年代
战争实践	海湾战争	第二次世界大战
战役法指导	1. 都是以战役法为指导的战役级作战理论。 2. 苏军战役法形成于 20 世纪 30 年代并划分战役级作战，形成战略、战役法、战术三级。 3. 美军传统上采取战略和战术两分法，借鉴苏军战役法理论于 20 世纪 80 年代提出战役法概念并形成战略、战役法、战术三级。	
关注重点	以近战为重点，纵深作战为近战服务，通过空中遮断使苏军第二梯队无法加入战斗，从而美军对苏军第一梯队形成局部优势。	以纵深作战为重点，近战是为纵深作战打开突破口、创造条件，纵深作战着眼于瘫痪敌方整个战役级作战体系。

续表

项目	美军"空地一体战"理论	苏军"大纵深战役"理论
制胜思路	始于纵深,终于前沿。 纵深作战是手段,目的是前沿作战取得胜利。	始于前沿,终于纵深。 前沿突破是手段,目的是压制敌方战役全纵深。
纵深作战	到达敌军第一梯队师的后沿。	贯穿敌方战役甚至战略纵深。
作战力量	倚重空中力量,谋求空中优势。	合成部队,协同作战。
指挥方式	任务式指挥,强调发挥各级主动性。	集中指挥,强调各级服从性和执行命令的坚决性。

　　时任美陆军训练与条令司令部司令迪普伊从现实威胁出发,比较并总结出美、苏两军在作战领域的重要差异(如表4.2所示),并针对差异提出"发挥美军优势,利用苏军劣势"的非对称应对思路和"在敌方决策周期内行动"、把敌方作战体系割裂成"战斗孤岛"的对抗策略。

表4.2　　　　　　　　迪普伊对美、苏(俄)两军的比较①

项目	美军	苏(俄)军
机动战	战役层面强调机动,战术层面机动优于火力。	战役层面强调机动,战术层面火力优先。
消耗战	反对消耗。	承认消耗。
指挥决策	注重指挥官个人主动性。	注重集体力量。

---

① DEPUY WE. Soviet War Ways: Sizing Up a Potential Foe [J] // Richard Swain. Selected papers of General William E. DePuy [M]. Kansas: U. S. Army Command and General Staff College, 1995: 345-346.

项目	美军	苏（俄）军
指挥方式	偏重任务式指挥。	偏重集中指挥。
力量运用	注重空中力量。	注重防空和地面火力。
战术级单位（营、团）	灵活，有独立性。	独立性弱，执行上级命令坚决。
领导与管理理念	强调领导力。	强调管理。

博伊德通过深研战史战例提炼出美、苏（俄）两军在战争实践中形成的作战原则。这些原则相对稳定，内含机动制胜的一般规律，同时体现个性差异（如表4.3所示）。

表4.3　　　　　　　　　美、苏（俄）军作战原则比较①

	美军	苏（俄）军
	目标	机动力/节奏
	进攻	集中
	集中	突然性
	节约兵力	战斗主动性
原则	机动	保存战斗效能
	统一指挥	目标/计划与实际情况相符合
	安全保密	协同/相互配合
	突然性	
	简单	

由表4.3可知，美、苏（俄）两军相同之处在于都注重目标、机动、集

① BOYD JR. Patterns of Conflict［Z］. edited by Chet Richards and Chuck Spinney, Atlanta：Defense and National Interest，2007：181.

中、突然性。相似之处是美军强调进攻,而苏(俄)军强调战斗主动性,本质上都强调积极进取、攻势作战。不同之处在于,苏(俄)军强调保存战斗效能并重视协同,体现了"同时压制敌配置全纵深"的思想,是保持持续进攻能力、突贯敌纵深的客观要求;美军对"节约、保密、简单"的重视反映其作战思想全面、辩证的特点,强调集中与节约辩证统一、以保密达成突然性、以简单驾驭复杂(以简洁减少内部摩擦)。

此外,苏(俄)军通过借鉴美军联合作战理论与实践,推动合同作战向联合作战发展。近年来,俄军借鉴美军"混合战争"概念,结合自身实际灵活运用于克里米亚、叙利亚、乌克兰等战场,形成具有俄军特色的"俄式混合战"。俄式"混合战争"实践反过来又刺激美军进行理论检讨与反思。此外,俄军"战斗群"概念的一个重要理论来源是美国兰德公司的一份研究报告——《集群原则和未来冲突》,而俄军"营战斗群"的实战运用反过来又促使美军反思并调整模块化部队编制结构。

总之,美、苏(俄)军作战思想在不断交锋与互动中激发创新灵感和动力,深化对制胜规律的认知。

二、美军与苏(俄)军、德军、以军机动战思想比较

苏(俄)军、德军、以军都是美军机动战思想的重要理论来源,这四支军队都具有丰富的机动战思想与实践。从这四支军队的实践中提炼出思想性成果并加以比较,有助于揭示机动制胜的一般规律、凝练智胜之道。

本书通过研究发现这四支军队机动战思想有以下特点[苏(俄)、德、以军机动战思想主要内容见附录]。一是重视速度、火力、突然性、机动和空地协同是各国军队作战思想共同点,反映了机动战思想本质特征。二是军事欺骗是各国军队谋求巧胜的共同要素,但是不同军队对军事欺骗的重视程度不同。德军、以军比美军、苏(俄)军更重视欺骗,是各国实力对比的映射。德国和以色列总体实力有限,且面临以少对多、两线作战难题,因此更注重谋求通

过欺骗巧胜对手；美、苏（俄）作为大国，总体实力占优、容错空间大，因此在作战思想上带有"重剑无锋"的一面。三是统分结合、松紧适度、富有弹性的指挥方式更利于实现机动制胜。苏（俄）军以集中指挥为主，强调下级服从上级和坚决执行命令，优点是效率高、执行力强，不足是难以适应战场形势变化和突发情况；德军、以军强调任务式指挥，注重发挥下级主动性，更容易适应战场复杂变化。美军取两者之长，既把统一指挥作为重要原则，也倡导任务式指挥。

从智胜角度，这四支军队成功的实践蕴含相同的制胜之道——通过出其不意的突袭赢在心理层面。美军诺曼底登陆、仁川登陆、海湾战争"左勾拳"行动、伊拉克战争"迅雷行动"成功的关键在于突破了敌心理防线，令敌感到意外。苏（俄）军强调战役胜负取决于能否利用隐蔽、伪装等手段达成突然性，在敌意想不到的一个或几个预定突击方向集中优势兵力。1999年俄军出其不意抢占普里什蒂纳机场、2014年出现在克里米亚的"小绿人"、2015年出兵叙利亚等军事行动都出乎对手意料。德军"闪击战"三个关键要素"速度、集中和突然"都有利于实现心理突袭：利用"速度"抢占先机，争取主动；"集中"精锐对敌弱点形成非对称优势；利用"突然"攻敌无备。这三个要素助力德军在欧洲战场多次成功突袭。[1] 以军擅长利用突袭巧胜。第三次中东战争，以军利用对手思维定式反其道行之。[2] 第四次中东战争，以军通过大规模佯攻牵制敌军主力，精锐力量则趁机巧渡大苦湖、割裂埃及两个集团军联系并切断第三集团军退路（见附录）。

苏（俄）军、德军、以军、美军机动战思想比较见表4.4。

---

[1] 法国历史学家马克·布洛赫认为德军速胜、法军速败的根本原因在于德军以"速度、集中和突然"为精要的"闪击"令法军心理上陷入瘫痪、斗志全无。参见：BLOCH M. Strange Defeat [M]. New York：Norton & Company，1999. // Ryan Gilmore. The Maneuver Warfare Mindset：Putting Theory into Practice [J]. Marine Corps Gazette，2020，6：60.

[2] 埃军认为以军通常在周末和拂晓发起突袭，而以军恰恰选择周一上午埃及军队交接班时间发动空袭。

表4.4　　　　　　苏（俄）军、德军、以军、美军机动战思想比较

项目	苏（俄）军"大纵深战役"思想	德军"闪击战"思想	以军"速决制胜"思想	美军"空地一体战"思想
速度	重视	重视	重视	重视
火力	重视	重视	重视	重视
突然性	重视	重视	重视	重视
机动	重视	重视	重视	重视
空地协同	重视	重视	重视	重视
军事欺骗	比较重视	重视	重视	比较重视
指挥方式	以集中式指挥为主	以任务式指挥为主	以任务式指挥为主	统一指挥+任务式指挥
体系制胜	重视形成体系合力	重视，但作战体系不完备	忽视，作战体系不完备	重视形成体系合力

　　表4.4定性分析建立在对实战数据定量分析基础上。例如，各国对速度的重视源于实战经验。在第二次世界大战期间维斯瓦河—奥德河战役中，苏军第4坦克集团军作战数据表明：当己方日均机动距离为30~33千米时，俘获敌军数量是日均机动距离10~13千米时的2倍；当己方日均进攻距离为25~50千米时，己方伤亡人数是日均进攻距离4~10千米时的1/2甚至1/3。

　　以上数据分析揭示：一是提高机动速度可以增加敌方战损；二是提高进攻速度可以降低己方战损。这印证了美军学者杜普伊的研究结论，他通过对战史战例定量研究推翻了传统认知（即推进速度与消耗速度成正比），并得出相反结论：随着进攻速度增加，己方伤亡呈下降趋势。原因是"当交战双方部队实施经常而快速的机动时，与实施慢节奏、低流动性的作战相比，使用武器的时间减少"。然而，杜普伊的研究尚未抓住根本。根本原因不在于速度造成的物理毁伤和消耗，而在于利用速度优势增加己方适应能力、剥夺敌方适应能力，本质上是敌对双方以速度为关键变量的适应力对抗。从制胜原理看，速度

是从压缩时间入手进入并撕裂敌方思想、时间、空间"三位一体",使其思想因无法适应时空快速变化而陷入混乱,这才是速度制胜艺术的精要。从制胜效果看,速度是改变力量对比、以少胜多、以小搏大、实现巧胜的"杠杆"。其效果显现于物理空间,但影响心理空间:在快速机动中产生变化,在不断变化中涌现越来越复杂态势,令敌方因无法认清形势、适应变化而陷入恐惧。因此,认识到速度价值的美军在作战条令中提出"速度是一种武器"①。

第四节　纵向思考:在历史发展中领悟智胜之道

尽管各国国情、军情不同,但是在历史发展中对智胜之道的探索却有相同之处。为避免以偏概全、得出失之偏颇的结论,本书以美军为核心并兼顾其对手和盟军,从历史演进中探索总结通往智胜之道的一般经验做法,提供三种智胜未来战争的思考维度。

一、历史维度:善于研史析理,从战史战例中探索智胜之道

战史战例中蕴含智胜之道。美军特别重视研史析理,机动战思想代表人物都从中汲取智慧、获得灵感。用批判性思维研究其经验做法有助于我们掌握美军机动战思想及重要理论形成的来龙去脉,从而更好地理解现实问题。本部分内容与第一章第三节"美军机动战思想的主要流派"前后呼应,前面主要研究其思想,此处从历史维度研究其思想的形成。

(一) 作战条令派迪普伊对制胜规律的探索

迪普伊结合自身在第二次世界大战中的实战经验,深入研究德军"闪击

---

① Headquarters U. S. Marine Corps. MCDP-1 Warfighting [R]. Washington DC: U. S. Marine Corps, 1997: 40.

战"理论与实践，对作战协同及协同与机动关系形成独到见解。①

一是突破协同与机动的传统认知，提出促进机动的新思路。美军传统观念认为，协同会导致僵化、失去活力，组织协同会降低效率、妨碍机动；快速机动会增加协同难度、破坏秩序。迪普伊通过深研战史战例得出不同结论：协同并不妨碍机动；相反，有效协同可以巧妙运用一切可利用资源促进机动。② 这一结论基于对战史战例的量化统计分析。迪普伊发现，从拿破仑到巴顿，尽管战场复杂程度不断增加，但是这些名将都能够适应复杂并加速机动，秘诀在于有效协调各种功能和行为体，形成良性互动、有序运转的有机整体，从而减少内部摩擦。迪普伊从中受到启发，针对美、苏对抗时代战场更加复杂的新情况，提出以"协调"应对复杂、促进机动。在他的倡导下，"协调"成为"空地一体战"理论一个重要原则并写入 1982 年版作战条令（见图 4.6）。

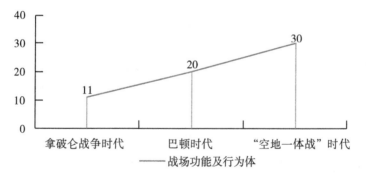

图 4.6 从拿破仑战争到"空地一体战"时代的战场功能及行为体变化趋势③

① 集中体现在根据其口述历史整理的文献中：Changing an Army：An Oral History of General William E. DePuy.

② SWAIN R. Selected papers of General William E. DePuy [M]. Kansas：U. S. Army Command and General Staff College, 1995：x.

③ 数据来源：DEPUY WE. Concepts of Operation：The Heart of Command, the Tool of Doctrine [J] // SWAIN R. Selected papers of General William E. DePuy [M]. Kansas：U. S. Army Command and General Staff College, 1995：414.

二是把握己方"协调有序"与敌方"失调混乱"的对立统一。美军传统思想偏重于促进己方协同、削减内部冲突，对如何破坏敌方协同、增加敌方内部摩擦不够重视。迪普伊突破重己轻敌的传统思维，综合思考敌对双方特点，在对立统一中突破创新。其灵感源于对最新战例的密切关注和深入研究。激发其创新灵感的直接动因是 1982 年以军"加利利和平行动"。以军吸取第四次中东战争没有形成体系合力的教训，一方面注重己方作战力量与行动的协调有序，凝聚体系作战优势；另一方面注重干扰、破坏敌方作战体系有序运转，设法增加敌内部摩擦。结果，以军成功克服数量劣势并在决定性时间和空间形成作战效能优势。开战 6 小时内，以军就击落叙利亚军队大量战机，掌握了制空权，令对手陷入被动挨打境地，展示了己方"协调有序"与敌方"失调混乱"相结合产生的威力。迪普伊从中受到启发，强调己方与敌方、协调与失调、有序与混乱的辩证统一，并以此指导"空地一体战"理论的开发。该理论的效果在海湾战争等实践中得到检验。

（二）科学哲学派博伊德对制胜规律的探索

博伊德深入研究了从中国"兵圣"孙子到第四次中东战争期间数十个经典战例和大量军事著作。基于对战史战例广泛深入研究，博伊德将人类冲突的样式分为三类（消耗战、机动战和精神战），在剖析各种冲突本质特征基础上，揭示了人类战争史上以少胜多、以弱胜强背后蕴含的内在机理——进入敌方的 OODA 周期，总结出在活力对抗中制胜的特点规律，对推动美军作战思想转变、重树机动战思想主导地位、加快作战理论创新产生深刻影响。其代表作《冲突的样式》彰显了史例研究的重要性，为其构建机动制胜认知模型（OODA 模型）提供了有力支撑，是其思想向哲学高度升华的基础。博伊德以史例为基础，经过二十年时间持续探索，将机动战思想上升到军事哲学高度并形成独特的战争观、认识论和方法论，成为美军作战理论与实践创新的底层逻辑。博伊德以史例为棱镜探索机动制胜规律的经验做法有三点启示。

一是在军事理论与战争实践统一中认识制胜规律。在军事理论方面，为实现思想上破旧立新，博伊德广泛涉猎世界各国经典军事理论，既包括克劳塞维茨、若米尼、朱利安·科贝特、爱德华·劳伦斯、查尔斯·富勒、利德尔·哈特等西方学者思想，也汲取孙子和毛泽东思想的精华。在战争实践方面，博伊德研究战争实践的跨度达 2500 年。为了揭开"胜利与失败"的真正奥秘，他将马拉松战役（公元前 490 年）、留克特拉战役（公元前 371 年）、阿贝拉会战（公元前 331 年）、坎尼会战（公元前 216 年）、成吉思汗远征花剌子模（1219—1220 年）、拿破仑战争（1803—1815 年）、施里芬计划（1914 年）、曼施坦因计划（1940 年）等不同历史时期经典战例融会贯通，从中提炼出"奇正""欺骗""突然""机动""非对称"等蕴含以少胜多艺术的思想颗粒，并将这些思想颗粒串联起来揭示了机动制胜的一般规律，并用于指导未来战争。海湾战争正是其思想的实践检验。这些穿越千年的战争实践的启示在于：虽然战场法则讲究"战胜不复"，但是胜战之道却穿越时空；有形战场对抗千古无同局，但是无形战场（思维与智慧）的较量却是古今同理。器、物常新，法、术常变，但胜战之道历久弥新。

二是揭示规律要以深厚历史底蕴为支撑，呈现的形式则要简洁直观。以简洁直观的形式呈现复杂深邃的思想有利于大众接受，便于思想传播、转化与应用。这是博伊德研史析理、总结规律的重要特点。他将研究发现浓缩为"纯金属小颗粒"，以幻灯片的形式呈现给大众，用简洁直观的 OODA 模型揭示人类社会存在活力对抗的领域"胜利与失败"的真正奥秘。博伊德通过史例研究揭示制胜规律的主要特点可以归结为：通过简单诠释复杂，通过已知探索未知，通过有限揭示无限，通过确定把握不定，通过混乱发现秩序。

三是对机动制胜规律的把握源于对战史战例的融会贯通。对战史战例的研究横向融会东西、纵向贯通古今，才能避免因知识局限和认知偏颇而得出片面甚至错误的结论，才能正确地认识机动制胜的一般规律，才能为理论创新打下牢固根基。博伊德正是在融会东西、贯通古今基础上比较准确地发现了机动制胜的一般规律，揭开了冲突中导致胜利与失败之分的根本原因。

（三）系统工程派沃登对制胜规律的探索

沃登通过深入研究战史战例并对数据进行量化分析，发现了"以量增效"

的制胜规律。他研究发现，在飞机性能和飞行员素养等因素相似情况下，当美军飞机数量处于绝对劣势时（26：108），战损率高达100%；当美军飞机数量略占优势时（287：207），战损率降为11.8%；当美军飞机数量占据绝对优势时（1641：250），战损率仅为1.3%（见表4.5）。

表4.5 　　　　　　　　　　战损率变化的实战数据统计①

战例1：1942年中途岛战役		
美海军陆战队出动战斗机	日军出动轰炸机和战斗机	美军损失
26架	108架	美军损失战机26架 战损率：100%
战例2：1944年1月11日美军攻击德军		
美军出动战机	德军出动战机	美军损失
轰炸机238架 战斗机49架	207架	美军损失轰炸机34架 战损率：11.8%
战例3：1944年2月19日美军攻击德军		
美军出动战机	德军出动战机	美军损失
轰炸机941架 战斗机700架	250架	美军损失轰炸机21架 战损率：1.3%

这些数据背后蕴含以下道理：空战中攻防双方在武器装备和人员素质等条件相同情况下，投入相同数量的作战力量交战，双方损失大致相同。当一方增加数量时，给对手造成的损失率上升速度要超过双方数量对比变化的速度。同时，数量增加方损失率的下降速度也超过双方数量对比变化的速度。这揭示了双方战损率变化与数量对比变化呈幂律分布的规律——己方战损会随数量增加而迅速下降，即在武器装备和人员素质等条件相同情况下，数量越多的一方自

----

① 战例和数据来源：METS DR. The Air Campaign：John Warden and the Classical Airpower Theorists［M］. Alabama：Air University Press，1999：97.

身遭受损失就越小，同时给对手造成损失就越大。利用这一规律制胜的艺术在于尽量集中力量形成规模优势，以规模优势实现"反向同步变化"——降低作战成本，提高作战效益。"以量增效"并不是单纯追求数量优势，而是利用规模优势产生"规模效应"，在降低己方战损率和消耗的同时提升作战效能和效益。

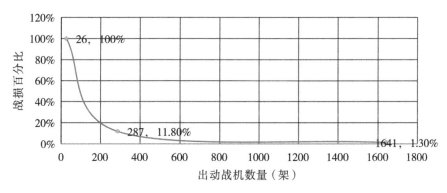

图 4.7　美军战机战损率变化

以上发现解释了越南战争中美军"逐渐添油、延绵用兵"战术和"滚雷行动"模式失败的根本原因，而且为美军在海湾战争中有效使用空中力量提供了思想指导和实践依据。在海湾战争中，美军改变了越南战争"添油战术"，而是集中力量连续 38 天实施猛烈空袭，使伊军深陷恐惧和混乱，不仅瘫痪了伊军作战体系，而且瓦解了伊军抵抗意志，从而为实现以较小代价获得胜利铺平道路，达到了"以量增效"的效果。当前，随着战争形态加速向智能化演进，无人智能集群赋予数量优势新的内涵，"以量增效"的制胜规律正不断衍生出新的表现形式。

（四）战史战例派马蒂斯对制胜规律的探索

马蒂斯熟读战史、深研战例，从中摸索机动制胜的一般规律。他认为历史研究可以拓宽指挥官视野，为发挥想象力提供思维模型，并积极倡导以史为鉴、创新未来。其经验做法有三点启示。

一是注重史例研究与战争实践紧密对接，提高成果转化率。无论是作为身处战场前线的指挥官，还是坐镇后方的国防部部长，马蒂斯的身份地位和独特个性使其能够将史例研究激发的创新灵感转化为指挥作战的实际行动，从而缩短从史例研究到实践应用的时间，提高成果转化和应用效率。此外，研究心得直接用于战争实践并经受实战检验，从实践效果中发现问题，反思不足，不断完善，加速思想的第二次创新与飞跃。

二是以现实作战问题为牵引，注重史例研究的现实针对性。与博伊德相比，马蒂斯的史例研究更加务实，减少了抽象的哲学思辨。他从现实作战难题出发，追溯历史经验，从经典战例中汲取智慧并寻找答案，进而参照史例解决现实问题，突出直接面对现实对手、破解现实难题的特点，解决现实问题的针对性、指导性和可操作性强。马蒂斯与博伊德在史例研究上的区别缘于各自性格特点、任职经历和研究方法等多方面差异（见表4.6）。

表4.6 博伊德与马蒂斯史例研究比较

项目	博伊德	马蒂斯
参战经历	朝鲜战场短暂参战经历，实战经验有限。	参加海湾战争、阿富汗战争和伊拉克战争，实战经验丰富。
军衔职务及任职经历	空军飞行员出身，空军上校退役，退役后以文职身份成为国防部军事顾问。	海军陆战队军官，长期任作战部队和战场一线指挥官，四星上将退役，后任国防部部长。
史例研究方法	较为抽象，偏重哲学思辨。	较为具体，注重实用。
史例研究转化途径	主要以"幻灯片+讲座"形式传播思想。直接或间接地影响决策、发挥作用。	作为战场指挥官和军方高层决策者，能够直接用新思想制定决策并付诸实践。
史例研究转化时间	时间较长，效果逐渐显现。	较短时间内见效。

续表

项目	博伊德	马蒂斯
史例研究与作战实践关联程度	较为松散；主要提供思想指导，不提供具体行动指南；成果难以直接得到作战实践反馈。	较为紧密；直面现实作战对手和现实作战难题，为作战行动提供具体的指南；成果可以直接获得作战实践的反馈。

三是思想上保持开放姿态，史例研究坚持兼容并蓄。在史例研究中，马蒂斯将世界各国军队不同历史时期的战争实践兼容并蓄，从中汲取破解现实难题的灵感。一是从外军史例中汲取创新灵感。第二次世界大战时期英军一支小型轻装部队秘密渗透到日军防线后方破坏通信设施，给缅甸北部的日军制造混乱。马蒂斯从中获得灵感，指挥美军特遣部队实施纵深机动，出其不意出现在敌后方、制造混乱。其中蕴含的制胜之道及启示如下：纵深机动的目标不在于地理纵深，而在于敌方心理纵深；不在于突破地理边界，而在于突破敌方心理边界，以地理空间的纵深为突破口进入并破坏敌方思想、时间、空间"三位一体"，打击其思想。二是从美军自身史例中汲取创新灵感。美国内战期间本杰明·亨利·格里尔森曾带领一支精锐力量在密西西比破坏交通线，在敌人后方制造混乱，令敌军面临两线作战困境。马蒂斯从中得到启发，派精锐部队秘密渗透到"基地"组织后方进行袭扰，不断制造难题和混乱，让敌方陷入两难困境。① 马蒂斯从史例研究中发现，进入敌方决策周期、破坏其思想稳定的奥秘在于制造并利用混乱，并将制造混乱作为巧胜的理念。

二、认知维度：思想灵活、主动、开放，突破对手认知边界

通过研究发现，无论是美军还是其对手，在机动博弈中制胜的共性特征

---

① VALENTI ML. The Mattis Way of War: An Examination of Operational Art in Task Force 58 and 1st Marine Division [M]. Leavenworth: Command and General Staff College, 2014: 21-22.

都是思想灵活、主动、开放，在特定时期内对制胜规律的认识和利用突破了对手认知，达到出敌不意的认知突袭效果，使认知突袭成为实现巧胜的"杠杆"。

（一）美军：对"机动"的理解和利用突破对手认知

美军借鉴苏军和德军"思想先行，引领实践；思想突袭，巧胜对手"的经验做法，在此基础上丰富、发展自身机动战思想。其突出特点是以"机动"为武器，对"机动"的理解和利用超越甚至颠覆对手认知。在机械化和信息化战争时代，美军利用出敌不意的兵力、火力机动制敌，以"主动、灵敏、纵深、协调"为原则的"空地一体战"在海湾战争中实现对伊拉克军队的认知突袭。当伊军按照海湾战争模式备战下一场战争时，美军已经开启新一轮思想和理论创新，在伊拉克战争中以"震慑论""快速决定性作战"再次颠覆了伊军认知。根本原因在于美军思想领先于对手，对"机动"的理解从兵力、火力机动上升到信息机动，以"网络中心战"为支撑，通过信息主导、联网作战实现机动制胜。在信息化、智能化战争叠加背景下，美军思想上敏锐捕捉智能化浪潮中的"技术奇点"，提出"决策中心战"，将"机动"重点转移到决策机动，谋求在人工智能等新兴技术赋能下实现复杂态势的非线性涌现，通过制造和利用复杂破坏对手决策，实现智胜。这一图谋已经在实践中初露端倪，美军介入俄乌冲突的方式一定程度上突破了各方认知，透露出其对智能化战争方式的新认知。

（二）苏军：聚焦时代性难题，解题之道超越对手认知

苏军通过总结第一次世界大战经验教训，敏锐把握"敌方绵亘正面难以克服"这一时代难题，从思想深处寻求破解这一难题造成的阵地战、消耗战僵局，形成"大纵深战役"理论。该理论以"大纵深机动"思想为精要，充分发挥装甲集群快速机动和突击能力，通过空地协同和纵深梯次部署来压制敌防御全纵深。这一思想领先于对手和时代，对技术进步及由此引起的作战方

式、力量编成、战场时空变化的领悟力和洞察力超越对手认知，在战争实践中释放巨大威力，令对手震惊，成为苏军在东、西两线战场对抗日、德军的思想指南，并取得诺门罕战役、斯大林格勒战役、维斯瓦河-奥德河战役等重要战役胜利。

苏军思想上从破解时代难题出发进行的理论创新蕴藏对战争制胜规律的深刻洞察，其思想精华凝结为"战役级"和"战役法"等概念，揭示了机械化战争时代装甲集群机动制胜的方法途径，对制胜规律的认知超越对手、引领时代。其作战对手德军"闪击战"思想聚焦于战术层面"突然袭击""短促一击"，缺乏"战役级"意识和"战役法"观念，不具备苏军"突贯并压制敌战役全纵深"宏阔视野，驾驭大兵团在广袤空间作战的思想格局和认知视角不及苏军开阔，一旦突入苏联广阔领土后闪击后劲不足、持续进攻乏力。美军对"战役级""战役法"的认知更是落后于苏军几十年，导致冷战期间在欧洲方向与苏军对峙很长一段时期处于被动。

（三）德军：以先进作战思想为引领，谋求作战效能优势

德军在第一次世界大战后的蛰伏期内敏锐思考技术进步对作战的影响，在基于自身实力发展严重受限的现实思想上另辟蹊径、酝酿闪击制胜思想。这一思想一经投入战争实践立刻震惊世人。德军的力量规模和武器装备数量、质量并不占优势，很多战斗都是以少对多。但是第二次世界大战中的 78 次交战结果显示，在同等条件下德军作战效能比美、英军高 20%～30%（如表 4.7 所示）。[①] 无论是进攻还是防御，德军战斗力都占有优势。其中一个重要原因是德军作战思想先进，在先进思想指导下作战指挥、力量编成、行动方式都超越美军，特别是巧妙利用速度、突然、欺骗等无形因素的"杠杆作用"，弥补自身数量劣势，实现了"四两拨千斤"的制胜效果。

---

①　CREVELD MV. Fighting Power：German and U. S. Army Performance 1939-1945 ［M］. Westport：Greenwood Press，1982：5.

表 4.7　　　　　　　　　双方在 78 次交战中作战效能比较①

交战各方及交战次数	交战双方作战效能比 （盟军/美军：德军）
盟军 65 次进攻	1：1.56
德军 13 次进攻	1：1.49
美军与德军之间的 50 次交战	1：1.55
全部 78 次交战	1：1.52

除对美军外，德军先进作战思想产生的作战效能优势和认知突袭效果在对法作战中体现更加明显。数据分析表明，1940 年 5 月德、法两军主战坦克技战术性能没有明显差别，法军某些方面略占优势（如图 4.8 所示）。

然而，法军思想保守，思维禁锢于第一次世界大战时阵地战、消耗战的窠臼，幻想凭借马奇诺防线固险据守，照搬上一场战争模式准备下一场战争，不能适应时代和对手的变化，在战争变化的认知上滞后于时代、落后于对手，败局在开战前就已经注定，但溃败如此之快仍然出人意料。历史经验教训启示我们：德军速胜不是胜在技术先进，而是胜在作战思想先进，对战争制胜规律的认知领先对手，闪击突破的不仅是法军地理防线，还有其思想的"马奇诺防线"和认知边界；法军速败不是败于技术落后，而是败于作战思想落后、认知固化，自缚于"认知茧房"而不自知，以至于溃败之际尚未认识到迅速落败的根本原因。

三、技术维度：保持科技敏锐性，捕捉制敌机动突破口

技术是推动作战方式变革和战争形态演变最活跃的因素。随着战争形态加速演变，技术引领作战思想和理论创新、技术决定战术的趋势进一步显现。新

---

① CREVELD MV. Fighting Power：German and U. S. Army Performance 1939-1945［M］. Westport：Greenwood Press，1982：6.

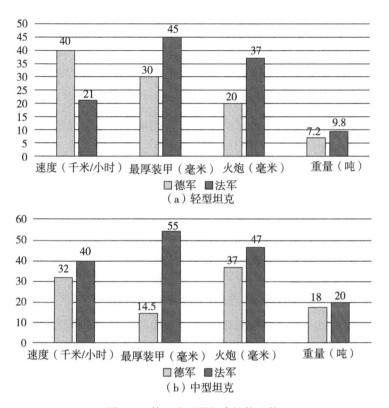

图 4.8　德、法两军坦克性能比较

技术首次出现在战场往往会产生令人震惊的突袭效果。技术突袭产生于某项新技术的出现或几项技术的组合运用，作用效果出人意料、颠覆传统认知，进而取得相对优势。新技术不会直接产生突袭效果，而是凝结于新型武器装备之中，进而释放出人意料的巨大威力。通过研究美军及其对手或盟军的战争实践发现：保持科技敏锐性、善于制造技术突袭的一方更有可能在战争初期获得优势。这对备战未来战争有以下启示。

（一）从单项突破到体系创新，突破对手物理和心理防线

单靠某项新技术本身很难产生突袭效果，更难以决定战场胜负，突袭效果产生于新技术与新作战思想、新域新质作战力量、新作战方式的组合创新，并以新面貌出敌不意地出现在战场上，从而强烈冲击传统战争观念和战争方式。坦克与飞机的运用是单项突破到体系创新的典型实例。坦克虽然第一次世界大时就现身战场上，但是其震撼效果只是短暂一瞬，只取得有限战术突破。第二次世界大战时，当坦克的运用得到"闪击战""大纵深机动"等先进思想指导、得到车载无线电通信等技术支撑并与航空兵等其他军兵种力量有效协同，才迸发出举世震惊的巨大威力，产生突袭效果。

第一次世界大战时飞机就出现在战场上空，但是并未发挥决定作用。在杜黑"制空权"和米切尔"空中国防论"等先进思想指导下，在其他技术和作战力量的支持和配合下，飞机在第二次世界大战中焕发惊人力量，导致战场制权发生革命性转移，夺取"制空权"成为"制陆权""制海权"的先决条件。"制空权"的作用体现为以空制陆、以空制海，从空中对敌陆上和海上目标实施闪电突击，与地面坦克集群、海上作战舰船等力量密切协同，对敌方全纵深实施立体机动突击。战场制权变化牵引机动战的作战空间从二维拓展到三维，作战范围从突破战术地幅发展为突贯战役全纵深，作战目标从夺取战术胜利发展为实现战役甚至战略目标。二维到三维、平面到立体、战术地幅到战役纵深、战术目标到战役战略目标，这些变化折射出战场结构和时空关系的改变：战场结构，前沿横向延伸的绵亘阵线变为从前沿向纵深发展的长方形，再发展为多维立体的长方体（如图 4.9 所示）；时空关系，作战空间拓展、时间压缩。在思想、时间、空间"三位一体"中，时间和空间的改变引发联动效应，不仅突破了敌方物理空间的防线，还突破了敌思想防线。

（二）在突袭与反突袭螺旋发展中捕捉"优势窗口"

战争是活力对抗，一方技术突袭会引起对方效仿和反超，不仅会抵消突袭方的初步优势，还会带来后果更严重的技术逆袭和反突袭。历次中东冲突中的以、阿双方攻防互动（背后是美、苏对抗）具有代表性。

第三次中东战争，以军通过空中突击和地面闪击出奇制胜，仅用六天就锁定胜局。战后埃及军队经过反思得出结论：一是以军主要优势在于空中优势和

图 4.9　战场结构的演进

装甲力量；二是以军关键弱点在于过度依赖空中力量且诸军兵种协同不够。针对以军弱点，埃及军队重点发展防空技术，加强防空力量部署，从苏联引进先进防空导弹，构建固定式防空导弹、移动式防空导弹、单兵肩扛式导弹与高射炮相结合的一体化防空体系，形成交织重叠的绵密对空火力网，实现动静互补、弹炮结合、远近搭配、高低衔接，在第四次中东战争初期实现了对以军的反突袭。以军吸取第四次中东战争教训，秘密研发空载电子干扰系统，既可以干扰和抑制敌军空中机动，也能够有效压制敌军地面防空系统，实现对敌防空技术新的技术突袭。其效果在 1982 年 6 月 9 日贝卡谷地空战中充分体现。以军仅用 6 分钟就摧毁了叙利亚和苏联经营 10 年、耗资 20 亿美元的 19 个地空导弹阵地，显示了电子战的巨大威力（图 4.10）。

历史的经验教训启示：技术突袭的效果往往是暂时的、相对的，制造突袭的一方要善于把握技术突袭的短暂"优势窗口期"，争取突袭效果最大化；遭到突袭的一方既要保持定力和信心，也要尽量缩短对手"优势窗口期"，尽早实现技术逆袭，给对手制造技术反突袭。

（三）利用关键技术的一点突破产生奇效

复杂系统的非线性涌现特性，在容易忽视却十分关键技术上的一点突破可

图 4.10　技术突袭与反突袭的互动

以产生连锁反应，引起全局性突破，引发整体性变革。因此，技术创新与其追求面面俱到，不如谋求一点独到。"面面俱到"往往耗资巨大但很难实现，而"一点独到"相对容易且效费比高。关键是要善于运用创新思维敏锐洞察起到"催化剂"作用的"技术奇点"。第二次世界大战期间法军坦克数量超过德军，总体性能优于德军，但是在无线通信这一关键技术上却落后于德军且缺乏技术敏感性，导致指挥控制及诸兵种协同等关键能力滞后，难以形成体系合力。相反，德军敏锐洞察无线通信技术的重要性并重点投入、加紧研发，使之成为凝聚体系合力的"黏合剂"和战斗力"倍增器"，成为闪击法军、迅速制胜的关键一点。美军从中受到启发，冷战期间在苏攻美守形势下通过关键技术一点突破"换道超车"，运用信息技术（C4ISR 系统）捅破机械化战争的"天花板"，不仅反超对手，而且率先跨进信息化战争的门槛。

（四）灵活运用"已知的未知"与"未知的未知"

"已知的未知"是指对已知技术的创造性运用，产生令人意想不到的奇效。这种效果是人创造力的体现，人们熟知的技术和普通武器装备蕴藏着尚未开发的巨大潜力，需要用人的智慧激活。只有善于创新、敢于突破，才能使一般的技术发挥不一般的功能，使普通的武器产生不普通的效果。在俄乌冲突中，美军动用商用"星链"卫星助力乌军战场侦察、通信和指挥控制，大量使用小型廉价无人机支援乌军行动，使民用技术发挥强大军事作用。

"未知的未知"是指运用不为外界所知的颠覆性技术或杀伤机理发生改变的新型武器，首次使用时产生突袭效果。例如，第二次世界大战末期核武器的突然爆炸震惊世人，加速了战争结束，成为美军第一次抵消战略的灵感来源。从核武器到隐形技术和远程精确打击技术，再到人工智能技术的军事应用，美军的三次抵消战略企图通过巧妙运用"已知的未知"和"未知的未知"威慑、迷惑、欺骗对手，实现巧胜目的。这就警示世人：一是既要防范敌方利用"已知的未知"（老旧技术升级或创造性应用）获得廉价的胜利，也要警惕其利用"未知的未知"（颠覆性新技术）形成代差优势，实施降维打击；二是要善于反其道而行之，运用逆向思维和创新思维，利用其技术上的盲点、死区和"域接合部"进行技术破袭和反突袭。

（五）提高军事人才科技素养，突出科技的核心战斗力地位

随着科技加速发展并应用于军事领域，科技对战斗力生成和战场制胜的贡献率不断提高。然而，无论是关键技术一点突破还是新兴技术群体系性创新，根本决定因素还是人，技术研发、应用及效果取决于人的科技素养。博伊德反复强调："机器不会打仗，是人在打仗，是人用思想打仗。"[1] 历史一再证明：只有具备过硬的科技素养，才能深刻领悟战场制胜的内在机理并敏锐洞察其变与不变。古德里安和博伊德这两位机动战思想代表人物创新之路充分印证了这一点。通信专业出身的古德里安精通技术，20世纪30年代率先研发战术电台并大量装备部队，利用训练演习不断改进关键技术，确保部队在快速机动中指挥通信不中断，使德军利用关键技术的一点突破实现战斗力整体跃升，实现通信技术与装甲战术的巧妙结合。

博伊德善于运用科学及工程技术领域最新成果实现突破创新。他在军事理论研究中借鉴的科学理论涵盖牛顿经典力学、热力学、进化论、量子理论、相

---

[1] BROWN IT. A New Conception of War: John Boyd, the U. S. Marines, and Maneuver Warfare [M]. Quantico: Marine Corps University Press, 2018: 202.

对论、信息论、控制论、系统论、耗散结构论、突变论、协同论等；研究了工程技术领域几十种重要成果的军事应用，包括电报、电话、无线电台、雷达、飞机、激光、计算机等。深厚科技素养为博伊德实现作战思想突破创新和跨界融合提供有力支撑。他构建的 OODA 模型内含多种科学理论之精华，包括进化论的"适应""演化"、热力学第二定律的"熵"、系统论的"开放""互动"、控制论的"反馈"、耗散结构论的"远离平衡态"、协同论的"自组织"等"金属小颗粒"，从而具备"开放、互动、反馈、不断演化、远离平衡态"等特质和广泛适用性。

与古德里安和博伊德的时代相比，当今世界正处于新一轮科技革命的前夜，以人工智能技术为核心的新兴技术群体涌现，加速推动战争方式发生整体性变革，对军事人才科技素养提出更高要求。因此，必须紧跟科技发展的节奏，突出科技的核心战斗力地位，使科技成为创新的天然基因和内生动力，锻造精通技术、深谙机理的军事人才，借助科技之力智胜未来战争。

结　语

　　一方面，机动战思想是支撑美军作战理论与实践创新的主导思想和原动力。另一方面，美军机动战思想在战争观、方法论和思想文化底蕴等方面存在难以克服的内在缺陷。

　　一是战争观扭曲，导致赢在物理层面而输在精神和心理层面。美军作为维护美国全球霸权和逐利的工具以侵略扩张为本性，思想深处以适者生存的社会达尔文主义为战争观，从"生命就是冲突、生存和征服"① 立场出发认知战争，行动上表现为以主动进攻为本性，一再进攻、不断侵略的最终后果只能适得其反。资本对利益的无止境追逐、对全球霸权的追求和战略野心的膨胀共同导致滥用武力、侵略成性。以逐利为目的、颠倒黑白、抹杀战争正义性的进攻和侵略只能激起被侵略国民众越来越强烈的抵抗和国际社会反对，赢在物理层面而输在精神和心理层面。军事手段的机巧可以更多、更快地消灭对手肉体却战胜不了对手的精神，反而输了人心，陷入先进作战思想指导下战役战斗胜利堆积的战争最终失利的矛盾之中。从越南战争到阿富汗战争，美军机动制胜的方式方法和武器装备在加速发展，但都陷入持久消耗困境。博伊德将机动战视为精神、心理、物理的"三位一体"，并以此作为衡量胜负的标准。按此标准评判，美军近几场局部战争主要赢在物理层面，其扭曲战争观指导下的机动战输在精神和心理层面。美军虽然认识到机动战的精义是深入人的思想、赢得人心，但是扭曲的战争观和侵略扩张的本性决定其难以在精神和心理层面取胜，

---

　　①　BOYD JR. A Discourse on Winning and Losing［M］. edited and Compiled by Grant T. Hammond, Alabama：Air University Press, 2018：27.

陷入知与行脱节甚至背道而驰的矛盾之中。

美军的教训一再证明，武力是"双刃剑"，既能伤人也会伤己，其效果取决于战争观是否正确、是否走正道，取决于能否赢得人心、赢得道义。如果战争观扭曲，为称霸世界、追求私利而滥用武力，就会成为国际社会公敌、失去人心。输了人心的滥用武力，用力越猛反作用力就越大，最终只能反噬其身。

二是方法论存在缺陷，重机巧、功利和实用而难以真正思考制胜大道。美军思想深处刻有重实用和功利的天然基因。"有用即真理"的美式实用主义是美军半官方哲学，深刻影响其军事思想，塑造其认知格局，支配其行动方式。表现为对内各军种之间争权夺利，对外将战争作为逐利工具；作战思想与理论创新始终伴有投机取巧、急功近利成分，且往往是各军种及"军工复合体"为逐利而斗争妥协的结果，不顾美军整体和长远利益，导致有些"创新"是饮鸩止渴；行动上追求机巧、诡诈、速胜，追逐利益、看重效果而且是立竿见影的短期效果。尽管美军把机动战思想上升到哲学高度，但本质上是从实用和效果的角度出发，将其作为通过讨巧用巧"以最小成本获得最大利益"的思维方式和理念，是精于算计的"小聪明"而缺乏真正思考制胜大道的"大智慧""大格局"，恰恰忘记了真正的巧乃是"大巧不工""大巧若拙"。由于方法论缺陷，近几场战争中美军为达到目的不择手段，结果机动制胜的图谋和精巧设计最终都变成机动乏力、持久消耗的困局。

其方法论缺陷还体现在无止境追求机动导致机动变异。美军机动战思想在演变中否定自身的因素也在增长，对"机动"的无限追求（超过临界点）会走向反面——使消耗增加、机动受限，这正是机动与消耗、有限与无限的辩证法。未来高端战争美军谋求通过全域机动、拓展机动给对手制造复杂，进入并破坏其决策周期。但是，按照唯物辩证法，机动和复杂都具有两面性，机动时空的变化不仅会增加消耗，而且会加大指挥、通信、协同及保障难度，使己方决策周期也面临复杂性难题，加剧作战空间与时间、机动与消耗、速决与持久的矛盾对立，违背机动战思想"以最小代价获取最大利益"的本质要求。作战形式上对机动的无限追求会导致机动异化，实质是思想机械、缺乏机动性的反映，有悖于"巧战"本质，造成思想与行动、理论与实践、战略与战术的脱节并加重矛盾对立。这些矛盾反映出美军思想上禁锢于零和博弈的误区且越陷越深，思维上禁锢于对抗对峙的老路且越走越远。如果美军仍沿着围堵、遏制、对抗的轨道加速机动，那么越战泥潭、伊战困局、帝国坟场（阿富汗）等历史教训未来仍将重演，未来大规模战争的战场将成为埋葬其霸权迷梦的下一个"帝国坟场"。

三是思想文化底蕴不足。美军历史有限，先天基因储备不足。美国既缺乏善于哲学思辨的丰厚土壤，也没有涵养哲学思想的悠久历史。缺少深厚思想文化底蕴支撑导致美军奉行拿来主义，很多重要思想都是其他国家军队舶来品，且难以真正学深悟透、消化吸收。美军机动战思想八种主要理论来源体现其思想的开放性和包容性，但是也反映出其拿来主义特征和自身思想积淀不足、文化底蕴欠缺的缺陷。此外，"军工复合体"不仅凌驾于国家利益之上，也绑架甚至扼杀了真正的思想。

综上所述，美军机动战思想存在难以克服的内在缺陷。因此，应辩证看待美军机动战思想并予以客观的评价。研究美军机动战思想、破解美军未来战争的底层逻辑是一个只有起点没有终点的持续过程。作为活力对抗中的活思想，美军机动战思想内在本质复杂、外在形式多样且处于不断变化中，客观上要求对其认识与研究要与时俱进、永不止步。因此，本书远未穷尽对美军机动战思想的认识，目前研究成果只是揭开"冰山一角"，却发现了更多未解之谜。特别是智能化战争时代，以人的智慧为内核的机动战思想与人工智能技术互动将产生哪些巨变？是人的智慧借助人工智能焕发更大潜力？还是人工智能颠覆人在长期进化中积累的经验和智慧？……因此，本书不下最后结论，而是以开放式的结语敞开研究之门，为进一步研究提供一个出发点。从这里出发，不断向外探索、向内求索。向外探索作战思想领域"无尽的前沿"，探索运用多学科最新理论和最新技术孵化新思想并促成思想"破茧而出"；向内求索如何传承中华传统兵学思想精华，以新思维和新视野回答新时代胜战之问。

参 考 文 献

[1] U.S. Joint Chiefs of Staff. DOD Dictionary of Military and Associated Terms [Z]. Washington DC: Joint Chiefs of Staff, 2021.

[2] U.S. Joint Chiefs of Staff. JP 3-0, Joint Operations [Z]. Washington DC: Joint Chiefs of Staff, 2018.

[3] Congressional Research Service. Joint All-Domain Command and Control: Background and Issue for Congress [R]. Washington DC: Congressional Research Service, 2021.

[4] U.S. Army Training and Doctrine Command. The U.S. Army in Multi-Domain Operations 2028 [Z]. Virginia: Army Training and Doctrine Command, 2018.

[5] U.S. Marine Corps, U.S. Navy, U.S. Coast Guard. Advantage at Sea: Prevailing with Integrated All-Domain Naval Power [R]. Washington DC: U.S. Marine Corps, U.S. Navy, U.S. Coast Guard, 2020.

[6] Headquarters U.S. Marine Corps. MCDP-1 Warfighting [R]. Washington DC: U.S. Marine Corps, 1997.

[7] Air-Sea Battle Office of U.S. Department of Defense. Air-Sea Battle: Service Collaboration to Address Anti-Access & Area Denial Challenges [R]. Washington DC: U.S. Department of Defense, 2013.

[8] U.S. Joint Chiefs of Staff. JP 5-0, Joint Planning [Z]. Washington DC: Joint Chiefs of Staff, 2020.

[9] Headquarters, Department of the U.S. Army. FM 100-5, Operations [Z]. Washington DC: Department of the U.S. Army, 1986.

［10］U. S. Department of Defense. Joint Operational Access Concept ［Z］. Washington DC: U. S. Department of Defense, 2012.

［11］U. S. Air Force, Agile Combat Employment ［Z］. Washington DC: U. S. Air Force, 2021.

［12］U. S. Department of Defense. Summary of The Joint All-Domain Command &Control Strategy ［Z］. Washington DC: U. S. Department of Defense, 2022.

［13］Headquarters, Department of the U. S. Army. FM 3-0, Operations ［Z］. Washington DC: Department of the U. S. Army, 2022.

［14］U. S. Department of Defense. National Defense Strategy of The United States of America 2022 ［Z］. Washington DC: U. S. Department of Defense, 2022.

［15］DEPTULA D. Restoring America's military competitiveness: Mosaic Warfare ［R］. Arlington: Mitchell Institute for Aerospace Studies, 2019.

［16］PRIEBE M. Multiple Dilemmas: Challenges and Options for All-Domain Command and Control ［R］. Santa Monica: RAND Corporation, 2020.

［17］CLARK B, PATT D, Harrison Schramm. Mosaic Warfare: Exploiting Artificial Intelligence and Autonomous Systems to Implement Decision-Centric Operations ［R］. Washington DC: Center for Strategic and Budgetary Assessments, 2020.

［18］LINGEL S, SARGENT M. Leveraging Complexity in Great-Power Competition and Warfare ［R］. Santa Monica: RAND Corporation, 2021.

［19］LIND W S. Maneuver Warfare Handbook ［M］. New York: Routledge, 2018.

［20］BOYD J R. Destruction and Creation ［Z］. edited by Chet Richards and Chuck Spinney, Atlanta: Defense and National Interest, 2010.

［21］KEM J. Deep Maneuver: Historical Case Studies of Maneuver in Large-Scale Combat Operations ［M］. Kansas: Army University Press, 2018.

［22］B. H. LIDDELL HART. Strategy: The Indirect Approach ［M］. London: Faber And Faber Limited 24 Russell Square, 1967.

［23］WEIGLEY RUSSELL F. The American Way of War: A History of United States Military And Policy ［M］. New York: Macmillan Publishing Co. , Inc.

& Collier Macmillan Publishers, 1973.

[24] BOYD J R. The Essence of Winning and Losing [Z]. edited by Chet Richards and Chuck Spinney, Atlanta: Defense and National Interest, 2010.

[25] BOYD J R. Conceptual Spiral [Z]. edited by Chet Richards and Chuck Spinney, Atlanta: Defense and National Interest, 2011.

[26] BOYD J R. Patterns of Conflict [Z]. edited by Chet Richards and Chuck Spinney, Atlanta: Defense and National Interest, 2007.

[27] MAXWELL THURMAN, ORWIN C. TALBOTT, PAUL F. GORMAN. In Tribute to General William E. DePuy [M]. Kansas: U. S. Army Command and General Staff College, 1993.

[28] SWAIN R. Selected Papers of General William E. DePuy [M]. Kansas: U. S. Army Command and General Staff College, 1995.

[29] NEWELL C R, MICHAEL D. KRAUSE. On Operational Art [M]. Washington D C: Center of Military History United States Army, 1994.

[30] KAM E. Surprise Attack: The Victim's Perspective [M]. London: Harvard University Press, 1988.

[31] MCNEILLY M. Sun Tzu and The Art of Modern Warfare [M]. Madison: Oxford University Press, 2001.

[32] RICHARDS J. HEUER, JR. Psychology of Intelligence Analysis [M]. Washington DC: Central Intelligence Agency, 1999.

[33] GEORGII SAMOILOVICH ISSERSON. The Evolution of Operational Art [M]. (trans. Bruce W. Menning), Kansas: Combat Studies Institute, 2013.

[34] BOYD J R. Organic Design for Command and Control [Z]. edited by Chet Richards and Chuck Spinney, Atlanta: Defense and National Interest, 2005.

[35] BOYD J R. The Strategic Game of ? And ? [Z]. edited by Chet Richards and Chuck Spinney, Atlanta: Defense and National Interest, 2006.

[36] FRANS OSINGA. Science, Strategy and War: The Strategic Theory of John Boyd [M]. Amsterdam: Eburon Academic Publishers, 2005.

[37] METS D R. The Air Campaign: John Warden and the Classical Airpower Theorists [M]. Alabama: Air University Press, 1999.

[38] KEVIN P. ANASTAs. The American Way of Operational Art: Attrition or Maneuver? [M]. Kansas: United States Army Command and General Staff College, 1992.

[39] HALBERSTAM D. The Coldest Winter: America and the Korean War [M]. New York: Hyperion, 2007.

[40] BERNAl A. Cognitive Warfare: An Attack on Truth and Thought [M]. Maryland: Johns Hopkins University, 2020.

[41] MARTIN V C. Air Power and Maneuver Warfare [M]. Alabama: Air University Press, 1994.

[42] FADOK D S. BOYD J, WARDEN J: Air Power's Quest for Strategic Paralysis [M]. Alabama: Air University Press, 1995.

[43] MICHAEL I. HANDEL. Masters of War: Classical Strategic Thought [M]. London: Frank Cass Publishers, 2005.

[44] LEONHARD R R. The Art of Maneuver: Maneuver-Warfare Theory and AirLand Battle [M]. Novato: Presidio Press, 1991.

[45] B. A. FRIEDMAN. On Tactics: A Theory of Victory in Battle [M]. Maryland: Naval Institute Press, 2017.

[46] HAMMOND G. The Mind of War: John Boyd and American security [M]. Washington D C: Smithsonian Institution, 2001.

[47] BOUSQUET A. The Scientific Way of Warfare: Order and Chaos on the Battlefields of Modernity [M]. London: Hurst Publishers, 2009.

[48] CLAUSEWITZ C V. On War [M]. (trans. Michael Howard and Peter Paret), New York: Oxford University Press, 2007.

[49] DUPUY T N. Understanding War: History and Theory of Combat [M]. Falls Church: NOVA Publications, 1987.

[50] SIMPKIN R. Race to the Swift: Thoughts on the Twenty-First Century Warfare

　　　　［M］. London：Brassey's Defence Publishers，1985.

［51］ MATTIS J，WEST B. Call Sign Chaos：Learning to Lead ［M］. New York：
　　　　Random House，2019.

［52］ EVANS M，RYAN A. The Human Face of Warfare：Killing，Fear & Chaos in
　　　　Battle ［M］. Sydney：National Library of Australia，2000.

附录 美军机动战思想理论来源精粹举要

一、亚历山大机动战思想精粹①

（一）以速度为武器实现以少胜多

在亚历山大指挥的四大会战中，每次总兵力都少于对手，处于劣势。亚历山大凭借快速机动弥补兵力的不足，在快速机动中改变双方力量对比，实现优劣转换，速度使亚历山大能用极少的兵力完成重大的任务。亚历山大用战争实践诠释兵贵神速的道理，其内在原理可以抽象为物理学公式：$M = (m \times l)/t$（M 表示动量，m 表示数量，l 表示距离，t 表示时间）。该公式揭示冷兵器时代作战空间（距离）、时间和数量的相互关系及对作战效能的影响。在兵力数量不变情况下，机动速度越快（距离除以时间），产生的动量越大，能够使己方有限作战力量发挥出更大作战效能。这一原理对后世美军作战思想与实践都产生影响，"以速度为武器"成为美军的信条。

（二）巧用力量，实现机动与打击相结合

动打结合是指机动与打击有机结合，增强进攻的冲击力和穿透力。重装骑兵是马其顿军队的一项重要军事创新，是当时条件下集机动力与打击力于一体

---

① 亚历山大（公元前 356 年至公元前 323 年）是古马其顿国王和军事统帅。其一生短暂但军事成就卓越，思想遗产泽被后世，其思想精华主要凝结在战争实践中。

的精锐作战力量，对敌军重装步兵有明显非对称优势。亚历山大充分发挥重装骑兵的机动和冲击力，使其成为击碎敌军防线、碾压敌重装步兵的"重锤"。重装骑兵冲击力强，加快了作战节奏，增强了战场流动性，作用相当于后世的重型坦克。重装骑兵的运用充分体现了机动与打击的辩证统一：机动为打击创造条件，快速机动可以发现或制造敌方空隙；打击为机动提供支撑，消灭当面之敌后可以更好地向敌纵深机动。

（三）在机动中寻找并攻击敌方关键弱点

亚历山大善于在快速机动中寻找或制造敌方弱点，进而乘虚而入，集中己方精锐攻击敌方弱点，寻求避实击虚、以强击弱。在当时条件下，重装步兵方阵的优点是抵御正面攻击的能力强，几乎无懈可击；缺点是缺乏灵活性，调转方向慢，调整能力弱，因此翼侧和后方往往薄弱。亚历山大敏锐洞察到方阵弱点，利用骑兵快速机动、实施迂回侧击，袭敌翼侧、攻敌背后。"翼侧迂回、切断退路、分割包围"环环相扣，以动中寻弱、击弱为巧战制胜的精要。对敌翼侧和后方等有形弱点的利用会产生严重的心理影响。敌军一旦发现翼侧和后方出现威胁却又无能为力，心理防线会崩溃，导致无心恋战、不战而溃。通过影响敌方心理实现巧胜正是机动战思想精髓的体现。

（四）在斜形机动中制造非对称态势

斜形机动是通过作战力量不均衡部署和战场空间非对称变化，集中己方精锐力量在决定点上塑造局部优势，形成能够迅速突破敌防线的攻击锐势和直击敌重心的贯穿力。斜形机动使传统上方阵与方阵面对面蛮力对抗发生不规则的几何变化，由对称转向不对称，由规则转向不规则，由平衡转向打破平衡，由传统转向反传统，本质上是创新思维、逆向思维的体现。制胜精要在于对敌我双方强弱点等有形因素准确判断和有效利用，更在于深刻洞察和巧妙利用影响双方心理稳定的无形因素。斜形机动孕育着美军"集中、节约、机动、目标、进攻"等联合作战原则的思想萌芽，以及"决定点、杠杆、重心"等战役法要素的实践雏形。

　　亚历山大斜形机动思想在阿贝拉会战中得到充分体现。面对波斯军队数量优势，亚历山大将精锐重装骑兵集中在己方较强的右翼（针对敌方较弱的左翼)①，并且亲自率领右翼先行，同时己方左翼靠后配置（如图 A.1 所示)。力量部署右重左轻，战场机动右进左退，作战行动右攻左守，右翼骑兵为歼敌奇兵，左翼步兵为牵敌正兵，从而塑造不均衡、非对称、非线性战场态势。一方面，己方在决定点上集中精锐加强力量，攻击距离缩短，减少机动时间，加快进攻节奏，在关键局部形成对敌优势。另一方面，拉大敌方较强右翼与己方较弱左翼间的距离，增加敌机动时间和前进距离，不仅抑制敌优势的发挥，而且使敌右翼因过度前出导致左右之间出现空隙。右攻左守、右进左退使整个战场时空呈现逆时针旋转态势，形成对敌阵营的割裂、瓦解和包围。阵型斜拉变形和兵力斜向机动是反传统、反直觉的战术创新，迫使敌军不得不临时调整阵型，造成内部稳定被破坏、作战节奏被打乱，使敌方在生理和心理上无法适应。

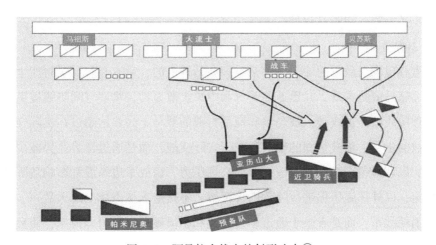

图 A.1　阿贝拉会战中的斜形攻击②

---

　　①　在方阵对决的冷兵器时代，士兵右手持矛、左手持盾，为了保护缺乏防护、暴露在外的右半身往往向右侧靠拢，导致方阵整体上出现右翼强、左翼弱。

　　②　BOYD JR. Patterns of Conflict [Z]. edited by Chet Richards and Chuck Spinney, Atlanta：Defense and National Interest, 2007：20.

二、汉尼拔机动战思想精粹

（一）基于系统思维协同制胜

聚焦敌方心理因素是美军机动战思想的精义所在，这种思想受到汉尼拔重叠包围的启发。重叠包围是指不同作战力量密切协同对敌军进行多层包围。在坎尼会战中，汉尼拔利用两翼骑兵的快速机动和打击能力从外线对罗马军团形成第一层包围：左翼伊比利亚和高卢骑兵快速冲击罗马军团右翼骑兵，迅速向罗马军团后方机动并在其后方进行横向机动，与右翼努米底亚骑兵会合，从外侧对敌军形成第一层包围。在内线，汉尼拔利用步兵前后运动和左右夹击对罗马军团步兵形成第二层包围。位于迦太基阵营中央步兵通过由"凸"到"凹"的阵型变化诱导罗马步兵突出冒进，深入迦太基阵营内部，造成两翼越来越暴露，前后越来越脱节。此时，迦太基步兵方阵两侧的重装非洲步兵从两翼钳击罗马步兵翼侧，切断其退路，割裂其前后联系，完成对罗马步兵的合围（如图 A.2 所示）。

重叠包围对敌军的冲击主要是心理和精神上的，后方和两翼威胁产生的恐惧感远超过威胁本身，并迅速向前方和中央扩散蔓延，物理空间防线被突破之前心理防线已经被攻破，被恐惧和慌乱打败的罗马士兵要远超过在实际交战中被击败的士兵。重叠包围的精义不在于实际交战，而是通过谋势造势减少实际交战，以有形包围给敌方制造无形的心理压力，以战术边缘混乱影响敌阵营核心稳定，以外部施压促进敌阵营内部瓦解。不是追求从肉体上消灭敌军、从物质上消耗敌军，而是着眼于通过制造混乱和恐惧破坏敌军内部稳定，使敌军生理上被消灭成为心理崩溃的自然结果。

（二）基于作战力量巧用强弱

汉尼拔基于双方强弱点排兵布阵，将战斗力较弱的伊比利亚和高卢步兵部署在阵营中央并向前突出，缩短与敌军的距离；将战斗力强的非洲步兵安置在

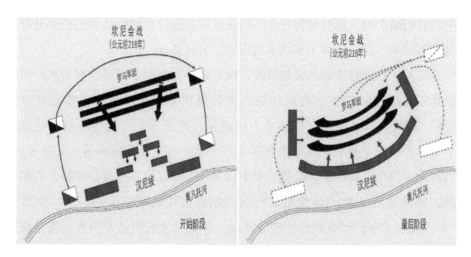

图 A. 2　坎尼会战示意图①

步兵方阵两翼，并靠后部署。步兵方阵整体呈现中间前突、两翼后张的"弓背"形。前突的阵营中央率先与敌交战并且战且退，吸引大多数罗马步兵不断突入，"弓背"逐渐拉平并随着步兵不断后退凹陷成"反弓背"形。迦太基阵营如同巨大的"口袋"将越来越多罗马步兵囊括其中。等罗马步兵钻进"口袋"后，两翼精锐的非洲步兵从后方切断其退路，扎紧"口袋"，完成合围。与此同时，阵营中央的步兵由退转攻，发起反击。这样就把罗马步兵主力围堵在狭窄战场空间内，因密度过大而出现拥挤践踏，陷入混乱，数量优势变成劣势。

（三）基于谋略思维出奇制胜

汉尼拔的谋略思维体现在三个方面。一是实施机动变位。机动变位是指通过兵力前后运动和阵型凸凹变化诱敌深入，化解敌军进攻锐势，进而将敌包围、歼灭。坎尼会战中，迦太基步兵方阵经历由"凸"到"平"再到"凹"

---

① BOYD JR. Patterns of Conflict［Z］. edited by Chet Richards and Chuck Spinney, Atlanta：Defense and National Interest，2007：23，39.

最终呈"环形"包围的机动变位。在机动力和灵活性有限的方阵对决时代，充分释放机动活力。虽然时代在变，但是汉尼拔通过巧妙机动变位实现出奇制胜的思想超越时空，成为美军机动战思想的组成部分。

二是基于心理特征设计会战进程。汉尼拔一方面善于洞察己方士兵心理特征，预判战斗力弱的伊比利亚和高卢步兵遇强必退，因此便顺势将其作为"饵兵"示弱欺敌，让己方弱旅变为诱敌深入的奇兵，实现对弱点的有效利用；另一方面善于洞察罗马军团骄纵心态，预判敌方会恃强而骄、乘胜冒进，因此故意用饵兵示弱诱敌。会战进程不仅显示了汉尼拔对双方心理特征的准确判断，而且实现了对"扬长避短"这一制胜规律的反向运用——"以短克长"，不是刻意保护己方弱点、避敌强点，而是充分利用己方弱点、使其成为诱敌克敌的奇兵。

三是基于地形分析采取背水迎战。汉尼拔背水列阵、险中求胜，表面反常之举蕴含对战场地形的深刻分析和充分利用。一是利用天然屏障保护己方后背。汉尼拔既注重攻击敌军后方，也注重保护自己后方，巧妙利用河流这一天然屏障防敌偷袭。背靠河流、正面迎敌，使己方后背有可靠依托，解除后顾之忧。二是基于心理因素巧用地形。汉尼拔一方面利用战斗力弱的饵兵且战且退、诱敌深入；另一方面为避免佯退变成真正的溃败、防止不断突入的敌军洞穿"口袋"底部，采取背水迎敌的布势，让阵营中央步兵认识到后退空间有限，从而激发士兵求生心理和求胜欲望，为求生、求胜而绝地反击、背水一战。

三、成吉思汗机动战思想精粹

(一) 调整"牙尾比例"①，提高机动突击能力

在兵力有限情况下，为提高机动突击能力，成吉思汗调整力量构成，增加

① "牙尾比例"是美军对打击力量与保障力量关系的形象比喻。

打击力量（"牙齿"），减少保障力量（"尾巴"），实施"增牙减尾"。如何协调"牙尾关系"、确定打击力量与保障力量合适比例，历来是制约机动作战能力的难题。成吉思汗为解决这一难题采取以下方法：一是作战力量骑兵化，提高"牙齿"（打击力量）的机动能力。在冷兵器时代，骑兵是机动能力最强的作战力量。成吉思汗指挥的作战力量大多由骑兵构成，五分之三为轻骑兵，五分之二为重骑兵，作战力量整体机动能力超越对手。二是保障力量轻便化，减轻"尾巴"重量。打仗在一定意义上就是打后勤保障。后勤保障对远征机动作战而言更为重要。为减轻保障压力，成吉思汗注重"消肿"，采取灵活轻便的轻型后勤：单兵在马背上随身携带基本物资，实现"牙尾一体"。三是物资保障当地化，减轻保障负担。物资保障主要依托当地补给，就地取材、就地征粮，减轻了保障压力，避免受制于漫长的补给线，为部队持续远程机动解除后顾之忧。

"系统结构决定其功能"揭示了结构与功能的关系。在冷兵器时代，成吉思汗敏锐洞察到军队力量结构对机动作战能力的影响，并进行相应调整，有效增强远程机动和突击能力。其做法影响了美军对"牙尾关系"的认知，进而从中汲取灵感提高机动作战能力。

（二）模块编组作战力量，采取"集群"战术

成吉思汗将作战力量编组为具备相同结构、能力和武器装备的作战模块，各模块可以灵活集散，从而提高作战行动的机动性和灵活性。简单的模块经过互动形成忽集忽散、灵活机动的"集群"，在战场上"来去无踪"①，成为美军模块化建设的灵感来源。

作为复杂系统，军队的组织结构决定其功能和战斗力。成吉思汗之所以能够成功运用快速集散、灵活分合的"集群"战术，得益于利于机动作战的组

---

① OSINGA F. Science, Strategy and War: The Strategic Theory of John Boyd [M]. Amsterdam: Eburon Academic Publishers, 2005: 189.

织结构。成吉思汗采用十进制方法组建模块化作战力量，每10名骑兵组成1个最小作战单元"阿班"（相当于班），每10个"阿班"组成1个"加洪"（100名骑兵），每10个"加洪"组成1个"民坎"（1000名骑兵），每10个"民坎"组成1个"图门"（10000名骑兵）。"图门"相当于现代的"军"，具备独立进行较大规模作战的能力。几个"图门"组成"豪德"，相当于集团军。① 纵向上，各级层次分明、组织严密；横向上，同级之间可分可合、密切协同。这样的组织结构具备复杂系统的层次性、多样性、自组织、自协同等特征，通过快速机动在战场上涌现出复杂态势。

（三）以"旋风般"机动调动敌人，夺取主动权

"旋风般"的机动是美军思想家杜普伊对成吉思汗作战特点的精辟提炼。② 机动是手段，调动敌人是途径，目的是形成优势、夺取主动权。成吉思汗率领的骑兵人数往往少于对手，其改变双方力量对比、以少胜多的秘诀在于通过灵活多变的机动调动对手，使敌暴露弱点，形成有利战机，在决定点形成局部优势。常用经典战术有两种：一是佯装撤退、诱敌深入。待敌进入伏击圈后突然发起攻击，令敌人震惊失措、陷入混乱，而后通过反击、追击将敌人一举歼灭。二是正面牵制，迂回包围。部分兵力正面佯动，吸引敌人注意，牵制敌军主力，同时奇兵秘密迂回，从敌薄弱翼侧和后方出其不意发起攻击。这一思想在摩西战役中得到充分体现。此役成吉思汗沿河列阵，与对岸敌军正面对峙，利用河流和沼泽等天然障碍迷惑、牵制当面敌人；同时派骑兵秘密穿越难行之地，绕过敌军翼侧向敌后深远迂回，从敌军背后发起突袭，令敌军陷入混乱（如图A.3所示）。

---

① GABEL C R, WILLBANKS J H, Great Commanders ［M］. Kansas: US Army Combined Arms Center, 2012: 43. Trevor N. Dupuy. The Evolution of Weapons and Warfare ［M］. London: Jane's Publishing Company Limited, 1982: 72.

② DUPUY T N. The Evolution of Weapons and Warfare ［M］. London: Jane's Publishing Company Limited, 1982: 71.

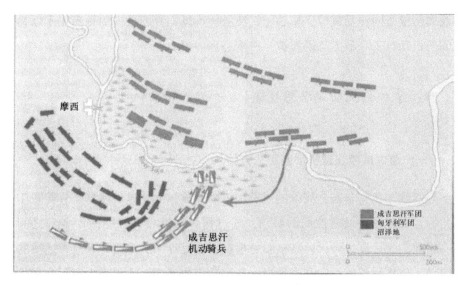

图 A.3　摩西战役示意图①

（四）避实击虚，主动进击敌方关键弱点

　　成吉思汗机动战思想的显著特征是善于在兵力对比处于劣势情况下主动进攻，其擅长的突袭、伏击、诱敌、迂回、包围、追击无不蕴含主动进攻精神，即使以防御为主的作战也贯穿着攻势行动。但是成吉思汗并非忽视双方实力对比、不加区分地硬打硬攻，而是集中己方精锐进击敌方关键弱点，而且即使是寻弱而击也注重隐蔽突然、出敌不意。这一思想在征战花剌子模过程中得到充分体现，美军将其作为机动战经典战例加以研究。尽管双方力量对比悬殊（22万人对 50 万人），成吉思汗仍主动进攻，将 22 万大军分为五路，其中三路正面牵制敌军，为主力从两翼迂回创造条件。成吉思汗亲率 5 万骑兵穿越荒漠，经过长途奔袭出敌不意出现在布哈拉城下，不仅成功绕到敌军主力背后，而且

---

　　① TURNBULL S. Genghis Khan & The Mongol Conquests 1190-1400 ［M］. London：Osprey Publishing，2003：54.

使敌难以回援（相距约 640 千米），从而迅速攻克防守空虚的布哈拉城。前方的花刺子模军团深受震惊，军心士气涣散。可见，寻弱攻击的真谛在于以物理空间的机动打击令敌方恐惧震惊，产生心理效果。

四、拿破仑机动战思想精粹

（一）通过持续快速机动割裂敌方体系

与以往相比，拿破仑战争的规模和范围明显扩大。这促使拿破仑着眼于战略目标，实施具有战略性质的机动，通过深远战略迂回切断敌军各部之间联系，将敌割裂后逐一歼灭。其核心思想在于通过迂回、分割、孤立等连贯的快速机动，破坏敌整体稳定和凝聚力，瓦解敌作战意志，不仅减少实际作战伤亡代价，而且有利于直接实现战略目标，其思想精髓可以概括为"体系割裂"。这一思想在乌尔姆会战中得到充分体现。拿破仑派一支军队与敌军（奥地利军团）正面对峙，沿敌军预期的黑森林方向佯动、吸引敌注意。与此同时，拿破仑多路并进，向乌尔姆以西、敌军后方实施远程战略机动，瞄准两个目标：一是从后方切断奥地利军团退路，将其包围；二是切断奥地利军团与俄军联系，孤立奥军，阻止俄军增援。奥军发现退路被切断后顿时军心动摇，丧失继续作战的决心，除少数溃逃外，绝大多数向法军投降。此役法军俘获 6 万敌军，"没有任何胜利像这样完全彻底和代价如此微小"。拿破仑手下将领揭示乌尔姆会战胜利秘诀："皇帝发现了一种新的作战方法，他利用我们的腿来代替刺刀。"

拿破仑割裂敌方体系的有效方法是中间突破（如图 A.4 所示）。面对敌众己寡、被包围的不利态势，拿破仑利用内线作战、机动距离短的优势，通过中间突破形成快于对手的进攻节奏，在敌方完成包围前集中己方力量实施中间突破，将敌方各部分割开，使敌无法集中，将敌方整体优势转变为局部劣势，将己方整体劣势转变为局部优势，集中己方优势力量各个歼灭敌军。

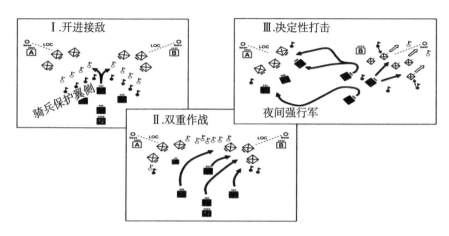

图 A.4　拿破仑中间突破①

（二）通过巧妙机动在关键局部塑造优势窗口

拿破仑长期在兵力对比处于劣势情况下与反法同盟作战。其以少胜多的秘诀在于利用巧妙机动在决定性时间和地点形成局部优势，在全局上以少对多、在关键局部以多胜少，其思想精髓可以概括为"局部聚优"。这一思想在奥斯特里茨战役中得到充分体现。此役 7 万法军对战 8 万敌军，拿破仑分兵佯动造势，将敌军主力吸引到法军右翼，以 1 万兵力成功牵制 4 万敌军。与此同时，拿破仑将主力迅速集中至己方中央和左翼，对敌军相对薄弱的战线中央形成绝对优势，并抓住短暂优势窗口对敌军中央（重心）发起迅猛攻击、取得决定胜利。此役拿破仑表面违背机动战"翼侧开刀"原则而采取中间突破，实际上是其思想灵活机变的体现：打破常规，调动敌军，直击重心，蕴含机动战思想的真谛。

---

① BOYD JR. A Discourse on Winning and Losing［M］. edited and Compiled by Grant T. Hammond, Alabama：Air University Press, 2018：53.

（三）示弱诱导敌骄纵犯错，进而寻机歼敌

广义的"机动"本身就包含诡计、用诈、欺骗的内涵。战场上成功欺敌往往是创造战机、机动歼敌的前提。奥斯特里茨战役拿破仑一再巧施欺骗、故意示弱，诱导敌人一步步踏入"陷阱"。战前示弱纵敌。俄、奥联军是否与法军决战犹豫不决之际，拿破仑故意通过兵力机动示弱欺敌，诱使敌军低估法军实力、决定与法军决战。战中示弱诱敌。为了分散兵力占优的敌军，拿破仑故意让己方右翼显得薄弱，以此为诱饵引诱敌集中力量攻击法军右翼，从而导致敌中央力量削弱、出现漏洞。拿破仑敏锐捕捉战机，迅速集中优势兵力乘虚而入，实施中间突破，将敌军割裂，使敌首尾不能呼应，为各个歼灭创造了条件。

（四）在运动中集中优势，歼敌有生力量

拿破仑注重动中歼敌，反对静态战争，提出"在战争中，躲在堑壕里的人一定会被击败"。集中优势力量在运动中打歼灭战、实现机动与歼敌的统一，是拿破仑机动战思想的突出特点：一方面，通过大量歼灭敌有生力量改变双方力量对比，使战场胜利产生决定性效果，这是机动的真正目的所在；另一方面，成功歼灭敌有生力量离不开灵活巧妙、出其不意的机动。这一特点在拿破仑战争前期实践中体现尤为明显，这一时期很多经典战例是动中寻机歼敌的歼灭战。①

机动为歼敌创造条件，如果没有纵深迂回、分割包围、佯动欺敌等手段调动敌人，改变交战双方在特定战场时空力量对比，就难以形成有利态势，难以发现或制造敌弱点，难以在决定点形成压倒性优势，也就无法大量歼敌。相反，如果只是通过机动占据有利位置、塑造有利态势，而不能继之以有力打

---

① 按照克劳塞维茨对拿破仑战争的研究及美军作战思想对"歼灭"的理解，"歼灭"并非指从生理上消灭敌军，本质是使敌无力抵抗。参见：Headquarters U. S. Marine Corps. MCDP-1 Warfighting [R]. Washington DC：U. S. Marine Corps，1997：25.

击、歼敌有生力量，那么就不能从根本上改变双方力量对比，不能将有利态势转变为胜利结果，机动也就失去意义，成为"不结果实而过早凋谢的花朵"。例如，1812年拿破仑率军长途机动入侵沙皇俄国并成功占领莫斯科，但是由于未能歼灭俄军主力，最终在俄军反击下溃败。

五、"间接路线"思想精粹

（一）通过瘫痪使抵抗失效比实际摧毁节省很多力量

瘫痪制胜是装甲制胜论的思想精髓。富勒提出的装甲制胜论以发挥机械化部队快速机动力为制胜关键，旨在打破第一次世界大战阵地战僵局，从拼火力消耗的死胡同中释放战争活力。装甲战以快速机动为制胜途径，以飞机、坦克和机械化部队等机动力强的作战力量为制胜手段，着眼于破坏敌方体系稳定性和凝聚力，目标是瘫痪敌军而不是从肉体上将敌消灭。聚焦精神和心理因素而非物理毁伤是实现瘫痪的精义。这源于富勒对拿破仑战争和克劳塞维茨思想的深入研究及对科技进步的敏锐洞察①，提出主力会战并不等于单纯杀戮，"精神力量的损失是决定胜负的主要原因"，因此应谋求瘫痪敌军而非消灭其肉体。利德尔·哈特受此影响，提出"一个战略家的思想应着眼点于瘫痪而非杀戮……通过瘫痪使抵抗失效要比实际摧毁节省很多力量"②。瘫痪制胜思想对美军"战略瘫痪论""五环理论""震慑论"等作战理论都产生重要影响。

（二）真正的目标并非寻求战斗而是寻求有利态势

塑造态势是间接路线思想的重要内容，强调"真正的目标并非寻求战斗，

---

①　富勒在深入研究拿破仑战争基础上，将拿破仑战争原则概括为五项：进攻、机动、奇袭（突然）、集中和保护（安全）。这些原则是机动战思想的具体体现，被美军纳入九大联合作战原则，成为美军作战理论的基石。

②　HART L. Strategy：The Indirect Approach［M］. London：Faber And Faber Limited 24 Russell Square，1967：228，359.

而是寻求有利战略态势，即使这种态势本身没有产生决定性结果，那么若继之以战斗则必然会实现这种结果"①。一方面，塑造对己有利态势，力求扬长避短，使己方优势得到充分发挥；另一方面，塑造对敌不利态势，暴露敌之弱点，使敌方优势难以有效发挥。在双方有利与不利态势对比中形成优势差，实现巧战制胜甚至不战而胜。塑造态势是为了避免与对手进行对等较量，制造对己有利的"错位"，遵循以下逻辑：以己方强点对敌方弱点，以己方优势对敌方劣势，以己方有利时间对敌方不利时间，以己方有利位置对敌方不利位置，以己方擅长的方式对敌方不擅长的方式。目标是形成交战双方不平等、不均衡、不对称的优势差，进而利用优势差迫使对手进行不公平的较量。

（三）间接性始终是心理上的

"间接路线"的真谛并不是地理上迂回夺要，而是心理上攻心夺志，以及二者的有机结合。一是始终以影响敌方心理为真正目标。"间接路线"真正目标并不是物理空间某个位置，而是敌方心理，着眼于敌方意想不到的心理效果，强调"这种间接性始终是心理上的"②。二是以敌方心理失衡为衡量标准。传统上，翼侧迂回、两翼包围被视为间接路线的一般原则，其实真正的间接性不在于地理上采取何种形式，而在于能否令敌方心理失衡，"追求的效果是使敌人心理失衡——这才是衡量间接路线的真正标准"③。因此，"翼侧开刀"的真义并非指地理上有形的翼侧，而是指敌方心理上意想不到的方面。如果明知敌翼侧有备，但仍然实施迂回侧击，就背离了"间接路线"真义，而是以"间接路线"之名行"直接路线"之实；相反，如果发现敌方重心薄弱、疏于防范，因而出敌不意直击重心，反而是真正的"间接路线"。三是注重物理与

---

① HART L. Strategy：The Indirect Approach ［M］. London：Faber And Faber Limited 24 Russell Square, 1967：365.

② HART L. Strategy：The Indirect Approach ［M］. London：Faber And Faber Limited 24 Russell Square, 1967：25.

③ HART L. Strategy：The Indirect Approach ［M］. London：Faber And Faber Limited 24 Russell Square, 1967：164.

心理辩证统一。心理上的间接性往往是通过物理空间有形的机动实现的，物理空间有形的机动又是以影响敌方心理为目标。二者共同作用从而实现攻心夺志，因此"唯有把这两方面融会贯通，才是使敌人失去平衡的真正间接路线"①。

（四）让对手用自己的力量打倒自己

"间接路线"思想强调巧借对手力量、顺势而动，利用对手思维定式和认知局限诱导其采取错误行动，"像柔道一样，让对手用自己的力量打倒自己"②。在实践中，借力发力的途径是洞察敌方意图，进而顺势采取符合敌方心理预期的行动，通过示形造势、隐真示假等方式不断向敌方传递符合其心理预期的信息，主动"帮助"敌方消除"不确定性"，增加"确定性"，诱导其形成错误认知并在"认知陷阱"中越陷越深。这一思想对美军机动战思想影响深刻。美军学者林德将"柔道之术"写入《机动战手册》，以此来阐述借对手之力取胜的"巧战"之道。受此影响，其他研究成果常把机动战比作柔道而非拳击，意在强调巧借对手之力而非使用"蛮力"，使用"巧劲"而非硬打硬拼。

六、苏军"大纵深战役"思想精粹

"大纵深战役"（战斗）是战役军团（兵团、部队）的作战样式，"以杀伤性兵器同时压制敌防御全纵深，在选定方向突破敌战术地幅，尔后将发展胜利梯队（坦克、摩托化步兵、骑兵）投入交战，并为尽快达成预定目的使用空降兵，迅速将战术胜利发展为战役胜利"。

"大纵深战役"理论蕴含丰富的机动战思想，指引苏军打破第一次世界大

---

① HART L. Strategy: The Indirect Approach [M]. London: Faber And Faber Limited 24 Russell Square, 1967: 341.

② HART L. Strategy: The Indirect Approach [M]. London: Faber And Faber Limited 24 Russell Square, 1967: 163.

战时阵地战僵局，重新释放机动活力，恢复战场流动性。苏联军事理论家、该理论创建者之一伊谢尔松指出："大纵深作战能够产生前所未有的机动……未来战争必将是机动战。"①

（一）实施"闪电"突击，快速突破敌军防御外壳

"大纵深战役"理论的形成与发展具有强烈问题意识，着眼于破解时代难题，即克服防御方绵亘正面、打破阵地战僵局，并针对这一时代难题提出对策。为走出阵地战"死胡同"，打破消耗战僵局，重新恢复战场机动性，苏军采取的关键措施可以提炼为"闪击破壳"。"闪击破壳"是指步兵、坦克和炮兵协同行动，在航空兵配合下以迅速猛烈的闪电突击突破敌防御体系外壳，在敌防御正面薄弱部位打开缺口。实现"闪击破壳"的关键是攻击的突然性和快速性，实施"闪电"突击。苏军条令规定："突然性能产生震慑效果。军队的一切行动都应最隐蔽和最迅速地完成。"

诺门罕战役集中体现了这一思想。朱可夫深谙"大纵深战役"精髓，决心采取步、坦、炮协同并伴有飞机支援，从两翼迅速突破日军防御，而后合围并歼灭日军主力。根据这一决心，苏联元帅朱可夫指挥苏、蒙联军组成三个攻击集群，从南路、北路和中央三个方向进攻日军。其中南路和北路集群加强大量坦克和装甲车，旨在对进突击日军主力。两大进攻集群犹如两把重锤，从相反方向同时砸向日军防御外壳，让日军顾此失彼、难以兼顾。对进突击便于从相反方向形成合力，更快地贯穿日军防御体系，迅速实现分割包围，进而各个歼灭。"突破—分割—包围—歼灭"整个过程环环相扣、一气呵成：战役第一天，苏、蒙联军全面突破日军防御，很快将战术突破发展为战役突破；第二天分割包围日军主力；第三天完成合围。日军惨败后总结："（苏军）最典型的是大炮、坦克和飞机的协同作战……其力量实在惊人，使人感到如同沉重的轧

① JSSERSON G S. The Evolution of Operational Art ［M］. Bruce W. Menning（translator），Kansas：Combat Studies Institute，2013：110，108.

路机在隆隆声中冲破一切向前推进。"日军总结从反面证明"大纵深战役"的威力。机械化战争时代的诺门罕战役与冷兵器时代的坎尼会战尽管时代不同，但是作战思想有异曲同工之妙，都蕴含机动战思想精华，因此被誉为苏军的坎尼之战。

在1945年1月至2月的在维斯瓦河-奥德河进攻战役中，为迅速凿穿德军防御外壳，苏军在整个进攻正面16%的突破地段集中90%的装甲和步兵力量。[①] 在关键局部形成对敌优势（如图A.5所示），形成能够一举击穿敌防御外壳的"万吨重锤"，以雷霆万钧之势迅速突破德军防线。

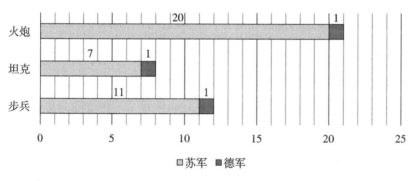

图 A.5　维斯瓦河-奥德河战役苏军、德军力量对比

（二）利用在敌防御正面打开的缺口向纵深突击

果断利用在敌防御正面打开的缺口迅速向敌防御纵深突击，贯穿敌防御全纵深，实现对敌全纵深的压制，是"大纵深战役"理论的精髓，可以提炼为"纵深突贯"。苏军条令对闪击破壳后迅速向纵深突贯有明确规定："各级指挥员应该向任何缺口突进，哪怕这样会将他们引向与原定方向不相符的新方向。即便以最小兵力实施但却指向敌人仍在抵抗的部队翼侧和后方的冲击，可能决

[①]　KEM J. Deep Maneuver: Historical Case Studies of Maneuver in Large-Scale Combat Operations [M]. Kansas: Army University Press, 2018: 107.

定战斗的命运。"对于正面突破后向纵深进攻的意义，伊谢尔松比喻："如果没有人穿门进去，那么砸破大门就变得毫无意义。"①

"大纵深战役"理论的一个重要贡献是提出突贯敌战役全纵深的方式方法和指标。一是作战力量纵深梯次部署。在战役布势中，"大纵深战役"摒弃沿绵亘正面横向排列的传统做法，采取纵向梯队式部署。面向敌纵深编成两个或三个梯队，各梯队要达到的突破深度都有明确指标。以两个梯队部署为例：第一梯队（前沿突破梯队）由坦克、炮兵和航空兵等力量编成，凭借快速打击力和冲击力迅速凿穿敌军防御外壳；第二梯队（纵深攻击梯队）由摩托化步兵、装甲兵和骑兵等力量编成，凭借快速机动和持续突击能力向敌战役纵深发起进攻。梯队式纵深部署的攻击效果"像一波接一波的海浪一样不断涌向海岸线，以不断增加的攻击强度冲击海岸线，凭借来自纵深的持续打击粉碎并冲走一切阻碍……最后的胜利属于拥有更深战役部署的一方"②。

二是诸军兵种协同。纵深突贯不是坦克集群等某一种作战力量单打独斗或各军兵种各自为战，而是依靠诸军兵种密切协同、优势互补。机械化部队特别是坦克集群快速推进离不开航空兵空中支援、空中遮断及纵深打击，离不开炮兵火力准备、火力支援和火力护送，离不开工兵、防化等各种保障力量支援配合。因此，苏军在各梯队作战力量编成上采取诸军兵种合成办法以确保突贯成功。例如，第一梯队以装甲部队为主，同时编有架桥、破障、排爆、筑路等工兵力量及步兵和炮兵等作战力量，地面部队进攻过程中能够得到航空兵支援。在维斯瓦河-奥德河战役中，苏联空军两天内出动 3400 架次飞机为地面部队提供支援，而德军仅出动飞机 42 架次。③ 苏联空军不仅支援地面部队突破敌前

---

① ISSERSON G S. The Evolution of Operational Art [M]. Bruce W. Menning (translator), Kansas: Combat Studies Institute, 2013: 66.

② ISSERSON G S. The Evolution of Operational Art [M]. Bruce W. Menning (translator), Kansas: Combat Studies Institute, 2013: 57, 64.

③ KEM J. Deep Maneuver: Historical Case Studies of Maneuver in Large-Scale Combat Operations [M]. Kansas: Army University Press, 2018: 109.

沿，还对敌战役纵深目标实施攻击，遮断敌前后方联系，割裂敌防御体系，为己方地面部队的第二梯队向敌纵深发起进攻创造条件，从而将战术突破发展为战役胜利。可见，空地协同特别是空军对地面部队的有力支援是苏军实现纵深突贯的关键因素。

（三）分割敌防御体系而后各个歼灭孤立之敌

纵深突贯部队将敌防御体系割裂开，将其各部分分割孤立，使其相互间无法协同配合，进而将被分割包围的敌军各个歼灭。其中蕴含的思想精华可以提炼为"体系破坏"。体系破坏不仅注重破坏有形实体，还着眼于干扰敌军心理稳定、破坏敌整个体系的凝聚力。

一是迂曲增力。"大纵深战役"理论认为，两翼迂回、合围敌军能够有效破坏敌体系稳定，瓦解敌抵抗意志；但是也面临一个难题，即迂回行动的深度及弯曲度问题。图哈切夫斯基深入研究了突击集团军进攻中实施两翼迂回的纵深长度、弯曲度及二者关系，并基于数据得出结论，揭示了通过迂曲增力破坏敌方体系的制胜规律。

二是垂直分割。垂直分割是指在敌防御的战术纵深和战役纵深实施空降和机降，夺控或破坏敌纵深关键要点、重要目标和道路枢纽，为纵深攻击梯队创造条件。垂直分割能够出敌不意迅速割裂敌军体系，破坏其完整性和稳定性。因此，在敌纵深及后方进行空降成为大纵深作战的重要原则。1935年，苏军在基辅大演习中第一次伞降一个团（1188人），机降2500人。1936年，白俄罗斯大演习伞降1800名伞兵，机降5700人及火炮和轻型坦克等武器。这些演习检验了垂直分割思想，证明在地面部队进攻的同时从空中对敌实施垂直分割的可行性。苏军在第二次世界大战中广泛使用空降兵配合地面部队作战，并实施独立的空降战役。

三是倚地增效。倚地增效是指利用地形障碍增强作战效果，通过翼侧迂回将敌军挤压在狭窄战场空间，使敌体系因受到过度挤压而外部扭曲变形，内部出现混乱，最终陷入瘫痪。图哈切夫斯基研究发现，在敌对双方兵力大致相等情况下，如果能够充分利用地形仍然可以破坏敌方体系。例如，可以充分利用江河、湖泊、沼泽、高山等天然障碍和难行之地，从一翼对敌军实施冲击和迂回，将敌挤压在因天然障碍无法通行的狭窄空间，使敌兵力密度超过战场空间容量，通过外部施压促发内部混乱。倚地增效充分体现人的主动性，充分释放地形的制胜潜力，通过静止与机动、自然障碍与人为机动的巧妙结合破坏敌方作战体系，增强己方作战效果。

（四）形成并保持使敌方无法适应的作战节奏

形成并保持作战节奏优势是"大纵深机动"思想的突出特点。苏军条令用"积极、迅速、大胆和速度"规定机动战中"节奏"的主要特征。形成进攻快节奏、保持相对于对手的节奏优势，进而获得相对于敌的时空优势和心理优势，使敌无法适应，是苏军实现大纵深突贯的关键因素。苏军认为，在对德军作战中保持节奏优势可以取得三种收益：一是产生突然性；二是阻止防御方转移兵力或占领预备阵地；三是令敌军无法组织有效反击。为保持进攻节奏优势，苏军重视运用以下原则。

一是在主攻方向集中优势力量，形成攻击锐势。苏军对"集中"原则的理解和运用超越了为突破敌战术地幅而聚集力量的传统观念，强调集中占压倒性优势的合成部队和武器装备实现战役目标。"在战役的决定性阶段沿主要前进路线巧妙集中兵力兵器"[①] 成为合成部队作战运用的核心思想。在1944年到1945年对德攻势作战中，苏军的火炮和坦克密度分别是战前计划的3.5倍和1.5倍（如图 A.6 所示）。在维斯瓦河-奥德河进攻战役中，苏军主攻方向执行突破任务的白俄罗斯第1方面军每千米的兵力兵器密度如表 A.1 所示，从而在苏军主攻方向上构成以下力量对比。

---

① KEM J. Deep Maneuver: Historical Case Studies of Maneuver in Large-Scale Combat Operations [M]. Kansas: Army University Press, 2018: 106.

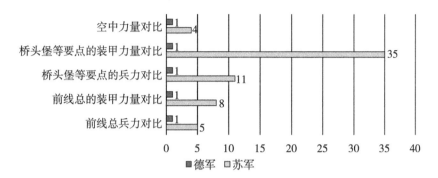

图 A.6 1944—1945 年苏军主攻方向上苏、德作战力量对比

表 A.1 白俄罗斯第 1 方面军每千米的兵力兵器密度①

	装 甲	步 兵	炮 兵	工 兵	航空兵
白俄罗斯第 1 方面军	140 辆坦克/ 自行火炮	1.2 个师	250 门火炮/ 迫击炮	17 个连	57 架飞机

通过对比可以看出，苏军通过"集中"在主攻方向上对德军形成绝对优势，具备快速突破敌防御前沿并向战役纵深迅速机动的能力，从而能够维持进攻节奏优势。此外，为保持进攻节奏，苏军对组成前沿攻击群的作战部队实施轮换，确保不分昼夜实施连贯突击，不给敌方进行休整和调整部署的机会。

二是不与敌纠缠，迅速向纵深突贯。面对德军抵抗，苏军采取以下方式以保持向敌战役纵深进攻的节奏优势：绕过抵抗之敌有组织的防御；以部分兵力包围防御之敌，主力从敌军翼侧迂回通过。被绕过、被包围的敌军由后续梯队处理，确保第一梯队进攻节奏不减。苏军总原则是"没有必要在敌人抵抗的所有地方与之展开意义不大的战斗，而应寻找并打击敌人弱点、绕过敌军、突入敌后方……如果敌人已经占领防御阵地，就不要发起冲击，最好绕过敌人继

① 数据来源：KEM J. Deep Maneuver：Historical Case Studies of Maneuver in Large-Scale Combat Operations ［M］. Kansas：Army University Press, 2018：109.

续前进"，如果不具备绕过敌军的条件则将其包围。上述原则的目的是避免进攻部队陷入缠斗、停滞不前、进攻节奏被破坏。

三是寻弱而击，先从敌军弱处开刀。为保持进攻节奏优势，苏军坚持"弱处开刀"，把寻找并攻击敌军关键且薄弱的部位作为迅速打开突破口、向敌纵深发起进攻的关键。其中，攻击翼侧既是"弱处开刀"原则的具体体现，也是保持节奏优势的有效举措。苏军野战条令非常重视通过迂回争夺翼侧，而且以动态变化而非以静止不变的视角看待翼侧，认为："在现代战斗中，尤其是现代防御中，将不会再有固定不变、似乎是静止的翼侧。翼侧通常是临时出现的、稍纵即逝的现象。因此，争夺翼侧，要实施快速行动和突然的闪电突击……利用敌人哪怕是瞬间出现的临时翼侧，闪电般前出其退却道路。"可见，苏军争夺翼侧的真谛在于"迅速、突然、主动、灵活、机变"，这正是苏军形成并保持节奏优势的关键所在。

面对多个敌人时，"弱处开刀"原则体现为先打弱旅、后击强敌。在斯大林格勒反击战中，苏军没有直接攻击战斗力强的德军，而是先攻击战斗力弱、武器装备较差的罗马尼亚、匈牙利、意大利等军队。这些军队不仅战斗力弱，而且处于德军第六集团军的翼侧。苏军先歼灭弱敌，导致德军翼侧暴露，既保持了进攻节奏，也为下一步歼灭强敌创造了条件。

四是迅猛追击退却之敌，注重扩张战果。追击是进攻的延续，能够保持并扩大节奏优势。敌方真正损失的出现、己方决定性战果的取得、双方实质性差距的形成，往往是通过迅猛追击在扩张战果中实现的。因此，"大纵深战役"强调对退却之敌实施追击，像"楔子"一样插入退却之敌的纵队之间，或者以更快的机动速度绕过敌军出现在其撤退的必经之路上，切断敌军退路。

七、德军"闪击战"思想精粹

（一）在活力对抗中利用速度争取优势

"闪击战"思想谋求决策和行动速度都比敌方更快，在与敌方对抗中获得时间优势，并以时间优势争取制胜优势，其精髓要义可以概括为"竞时优势"。竞时优势的关键在于速度，争取相对于敌方的速度优势。德军从实战经验中认识到"速度才是最令人称心的素质"。威廉·冯·托马指出："正是依靠速度，出其不意的速度，我们才战胜了法国。"曼陀菲尔总结："坦克速度的快慢要比装甲钢板的厚薄更重要……实战时坦克的速度最重要……速度对于坦克具有生死攸关的作用，速度快就能迅速变化位置，就能躲避敌人致命的炮火。机动性由此可以演化为'武器'，其作用通常不亚于火炮和装甲。"可见，在德军思想深处，速度本身就是一种武器，是战斗力倍增器，可以弥补德军兵力兵器数量之不足。德军还创造出"机动变位"概念，以突出跨国作战时坦克速度的重要性。1940年5月在闪击法国作战中，德军在兵力兵器数量不占优势情况下能够迅速突破法军防线，速度是关键制胜因素（见图A.7）。

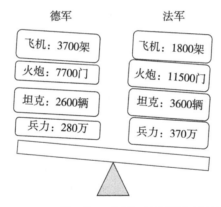

图A.7　1940年5月10日德、法两军力量对比①

　　图A.7显示，德军只是在飞机上有数量优势，其他方面法军占优。德军通过速度产生的时间优势弥补自身力量不足，使力量对比"天平"重新向己方倾斜。古德里安指挥第19军在17天战斗中狂飙突进600千米，从德、法边

---

　　①　数据来源：MCNEILLY M. Sun Tzu and The Art of Modern Warfare［M］. Madison：Oxford University Press，2001：53.

境一直打到英吉利海峡。进军速度之快不仅令法军震惊，甚至出乎德军高层意料。正是在对手震惊慌乱之中实现速战速决。

如果把兵力兵器等有形要素加以抽象，会发现"速度"这个无形因素是德军在活力对抗中改变静止状态下双方力量对比、在动态变化中形成战斗力优势的"催化剂"。德军以少胜多的要诀在于以速度差制造时间差，以时间差弥补数量差，造成敌方心理落差。从速度差、时间差、力量差到心理差环环相扣，在反复迭代中差距不断放大，在增强己方优势的同时抑制敌方优势发挥。可见，"闪击战"实现双方力量对比动态转换的奥秘蕴藏于"速度"之中，而且"速度"的真谛并不是争快慢，而在于让对手意想不到。

反观法军，失败根源不在于武器装备和部队数量，而在于作战思想落后、思维僵化，筑起的马奇诺防线不仅是地理的有形防线，更是心理上的无形防线，对"速度""时间"的认知滞后于德军、落后于时代，禁锢起自己的思想却防不住敌人突袭，结果在一场看不懂的战争中迅速溃败。利德尔·哈特揭示："随着战役深入，时间因素显得越发重要。法军反攻一再贻误战机，就是因为他们的时间观念跟不上战局进展。"

（二）利用思想突袭和技术突袭谋取胜利

突袭的本质是出敌不意、使敌无备，通过作战时间、地点、方式和手段的突然性实现巧胜。"闪击战"从战略到战术层面都注重达成突然性，闪击波兰、征服法国和入侵苏联等作战行动都利用了突然性。其中，闪击法国的"曼施坦因计划"计划与实施最为经典。德军巧妙利用法军认为德军会重演"施里芬计划"的思维定式并反其道而行之，创造性提出并实施"曼施坦因计划"（亦称"镰刀收割"计划）：将 B 集团军群部署在法军预期的主攻方向上（荷兰、比利时）实施佯攻，将法军主力吸引到这一方向；C 集团军群对马其诺防线实施牵制性进攻；主力 A 集团军群出其不意穿越法军认为难以通行的阿登山区，实施中间突破。实践证明，德军行动完全出乎法军意料，达成战略和战役突然性，因此主攻方向没有遇到顽强抵抗，如同快速旋转的"镰刀"从侧后包围、"收割"法军。

　　此役德军突袭成功的关键是思想和技术突袭。思想突袭体现为巧妙利用对手思维定式，沿法军预期的比利时和荷兰方向佯攻。德军第 6 军成功吸引法国最高指挥部注意，从而忽视了阿登山区的真正威胁。技术突袭体现为法军固守坦克无法通过阿登山区的旧观念，放松对这一地区的防守；相反，古德里安等德军指挥官对技术进步保持敏锐洞察力和深刻领悟力，通过战前推演证明坦克部队可以通过阿登山区，从而实现对法军技术突袭。

　　此外，德军还擅长利用欺骗实现突袭效果。隆美尔在北非战场经常采取虚实变化、真假相掺的手段迷惑敌人。为掩盖己方坦克数量不足，隆美尔让卡车扬起沙尘，制造德军从四面八方逼近的假象，令"英军闻风丧胆，顷刻崩溃"。隆美尔还经常用坦克作为诱饵，引诱英军坦克进入由反坦克炮兵组成的埋伏圈，而后发起突袭。隆美尔神出鬼没的突袭战法被称为隆美尔战术，各部队竞相效仿。

（三）通过协同聚集优势，实施快速闪击

　　"闪击战"的威力不在于装甲集群"一枝独秀"，而在于各种力量密切协同、优势互补。通过诸军兵种力量密切协同充分聚集并发挥己方优势，达成闪电突击效果，这一思想可以概括为"协同聚优"。

　　一是地面合成。地面合成是指坦克部队、步兵、炮兵、反坦克炮兵等地面作战力量共同编成、相互配合、协同作战。古德里安结合亲身实践总结："坦克单独使用，以及与步兵一起使用，都不会具有决定性意义。……只有当其他兵种达到坦克同等的速度和越野能力，坦克才能发挥最大效能。"这一思想在其指挥地面部队闪击波兰和法国等实践中得到充分体现，闪电般的攻击锐势源于合成。在北非战场，隆美尔通过力量合成弥补数量劣势并形成进攻合力，成功击溃英军第 8 军。

　　二是空地合击。空地合击，特别是空中力量有力支援地面装甲集群，产生巨大震慑效果，形成合力制敌的体系优势。一方面，制空权为地面进攻提供关键支撑，空中闪击为地面突击开辟进攻通道，撑起"空中保护伞"；另一方面，地面进攻将空中闪击创造的"优势窗口"转化为实际成果。在空地合击

中，地面突击是主力，但是空中力量能够发挥非对称关键性作用。德军地面装甲集群之所以能够长驱直入、向敌纵深发起进攻，得益于包括情报侦察、火力打击和关键物资补给等空中支援。

三是纵深空降。纵深空降不仅能够超越地形障碍、克服战场空间广延性，而且能够出其不意直抵敌纵深关键目标，与空中力量和地面装甲集群相互配合，形成前沿与纵深、空中与地面、正面与翼侧、机动与打击相互协同的全纵深多维立体攻击，迅速破坏敌军体系稳定性。空降作战在 1940 年 5 月德军进攻荷兰与比利时作战中发挥重要作用，"德军对荷兰和比利时的正面进攻势不可挡，给人们的印象似乎是投入了重兵。值得注意的是德军并未投入重兵……它的兵力远不如对手……德军主要依靠空降兵的突袭来掌握主动权"。

（四）集中己方优势力量攻击敌方关键弱点

为了在关键时间和空间形成能够迅速突破的进攻锐势和穿透力，"闪击战"强调迅速集中己方优势力量攻击敌方关键弱点，即"集优攻弱"。这一思想在德军闪击波兰过程中得到充分体现。德军于 1939 年 9 月 1 日秘密集结，从南北两个方向同时发起对进合击。在南方，德军集中优势力量攻击波兰战斗力最弱的部队，仅用 9 天就推进 225 千米，抵达波兰首都华沙以南的维斯图拉河，机动至波兰军队主力后方，完成对波军战略包围。对于一支军队而言，翼侧和后方往往最敏感、最脆弱。德军从两翼和后方包围波军的行动迅速击溃其心理防线，在很短时间内以微小代价迫使波军放弃抵抗。

集优攻弱的另外一种形式是从多个方向同时向敌发起攻击时，主攻方向的选择及作战力量的集中与使用因敌而变、灵活调整、保持弹性。一方面，及时加强进攻顺利，取得突破的方向，投入机动力强的预备队以增强攻击锐势和持续力，利用打开的突破口向敌纵深发起进攻，巩固并扩张战果。另一方面，对于进攻受挫、难以突破的方向及时止损，将作战力量向进攻发展顺利的方向转移。其精义在于思想的灵活性、主动性和机变性，主攻方向和主要力量部署的不确定性背后蕴藏始终瞄准敌之弱点，始终谋求避实击虚，始终追求集优攻弱的确定性，把集中优势的确定性留给自己，把攻击目标的不确定性留给对手。

八、以军"速决制胜"思想精粹

（一）通过空袭闪击和地面突击争取速战速决

速战速决是"速决制胜"思想最直接的体现，以 1967 年第三次中东战争（亦称"六日战争"）最为典型。空袭闪击和地面突击成为以军速战速决的关键因素。

一是空袭闪击。为达成突然性，以军运用空中力量进行首轮攻击。在先期侦察和充分准备基础上，以空军几乎全部出动，发起大规模空袭。空袭突然性得益于空袭路线和时间的选择。一方面，采取间接路线。为避开敌方雷达探测，以空军从地中海上空进行深远的迂回，飞行高度距离海面不到 10 米。接近目标后，以军飞机没有直接发动攻击，而是再次选择间接路线，从埃及军队后方发起突袭，攻击高度只有 100~150 米。另一方面，选择意外时间。利用敌军认定以军通常选择周末和拂晓发动空袭的思维定式反其道而行之，以军选择在星期一上午埃及军队交接班时间发起突袭，形成两大优势：一是"时间窗口"优势，短暂的 15 分钟（上午 8 点 45 分到上午 9 点）既是埃及军队交班时间，也是执行空中警戒的巡逻飞机着陆时间，是埃军守备薄弱的空档期，而且此时运河雾气消散、能见度好，便于对地攻击；二是背光攻击优势，以军战机处于背光攻击的有利阵位，而埃军防空火力则处于逆光迎敌的不利位置，难以观察和瞄准。

二是地面突击。地面突击制胜的关键是迅速突破敌防御"外壳"，为纵深机动创造条件。以军装甲师充分利用混乱的形势，于 1967 年 6 月 5 日夜间和 6 月 6 日在拉法至伊尔阿里什地段实施快速强行突击，被称为"教科书级"的突破战斗典范。以军突破成功的因素如下。首先，利用混乱。"混乱"是战争固有属性，是影响战局走向的关键变量和不确定因素。混乱无法消除，只能适应和利用。开战之初形势尚未明朗，敌对双方都面对混乱的战场态势，以军能够更快地适应混乱，并利用混乱大举进攻，开战首夜就完成突破，从而赢得战场主动权。其次，利用时间。以军确立"战争首日将决定战争结局"的观念，重视缩短作战时间、加快作战节奏，实施昼夜连贯突击，尤其善于利用夜暗掩护实施突破。最后，利用地形。以军在突破地形选择上把握"择敌弱处、避敌雷区、保护翼侧"三个条件：选择埃军与巴勒斯坦武装的接合部"拉法缺口"实施突破；利用埃军出于己方机动需要没有沿海边公路埋设地雷的条件，选择沿海岸线的公路实施突破；把海岸线作为天然屏障，使翼侧在机动途中得到保护。

（二）在机动中时空集优，塑造局部优势

在第四次中东战争中，以军在前期作战失利情况下能够变被动为主动、逆势取胜，关键在于敏锐发现并充分利用埃军部署上的空隙、大胆穿插，从大苦湖北侧渡过苏伊士运河，实施大纵深机动、迂回和包围，从而一举扭转战局、转败为胜。其中暗含战场制胜的"时空集优律"：数量上处于劣势的军队要取得胜利，需要在战场上的关键时间和地点集中力量、形成优势，需要比敌人更好地感知战场态势，"要比敌人看得更清楚，知道往哪里走、何时走"①。"时空集优律"蕴含以军以少胜多、转败为胜的秘诀：在特定时空条件下集中精锐力量对敌关键弱点形成决定性优势。

以军巧渡大苦湖的"瞪羚行动"由沙龙少将具体指挥。此次行动是先进军事技术、谋略思想和指挥艺术的完美结合。以军借助美军侦察卫星提供的情报，发现埃及第二集团军和第三集团军之间的巨大缺口，并果断抓住战机乘虚而入，沙龙率领装甲部队从缺口处迅速西渡运河，机动至埃及第三集团军背后，切断退路、将其包围，并将埃及两个集团军割裂开。以军出其不意的穿插、包围不仅突破了敌军地理防线，还击碎了敌军心理防线。

（三）通过示形佯动迷惑欺敌实现巧胜

通过迷惑欺敌实现巧胜是以军"速决制胜"思想显著特点。在第四次中

---

① SWAIN R. Selected Papers of General William E. DePuy [M]. Kansas: U.S. Army Command and General Staff College, 1995: 77.

东战争中，以军之所以能够成功利用敌方弱点，插入埃及两个集团军之间的缺口而不被对手发觉，离不开在"中国农场"的佯攻欺骗行动，成功吸引埃军注意，为以军装甲部队巧渡大苦湖减少了阻力。为迷惑埃军，以军在渡河点东岸故意向北进攻，在"中国农场"摆开与埃军激战架势并成功迷惑了埃军。埃军误认为以军将威胁担负运河东岸（自湖区至运河北部沼泽地）防御任务的第二集团军翼侧安全，以至于发现以军在运河西岸活动后，仍不相信以军会渡河西进，反而坚持认为以军只是佯动造势，被以军欺骗、陷入认知误区却不自知。

以军欺骗行动成功还归因于注重隐蔽真实企图与行动。以军步兵渡过运河后全部隐藏在灌木丛中，坦克隐藏在以军占领的飞机库中。此外，最先渡河的以军为隐蔽企图、迷惑对手没有架设浮桥而是采取摆渡，诱使埃军误认为只是以军小分队佯动。